精品课程配套教材
21世纪应用型人才培养“十三五”规划教材
“双创”型人才培养优秀教材

市场营销

主　编　卢慧敏　夏清明　张李明
副主编　郭庆利　蔡志君　杨小宁
　　　　刘　娜　陈霞芳
参　编　谢华兴

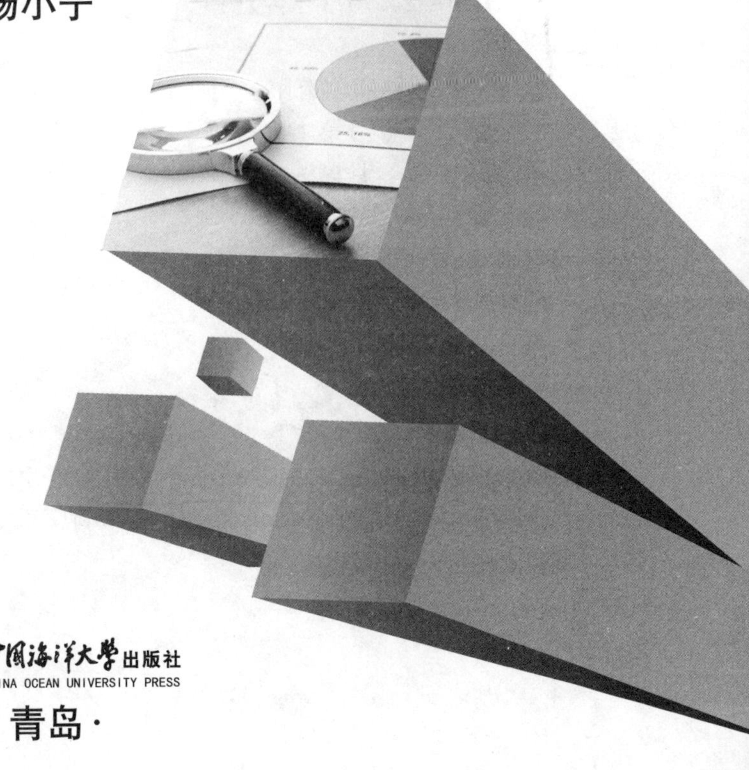

中国海洋大学出版社
CHINA OCEAN UNIVERSITY PRESS
·青岛·

图书在版编目（CIP）数据

市场营销/卢慧敏，夏清明，张李明主编．—青岛：中国海洋大学出版社，2017.8
ISBN 978-7-5670-1468-8

Ⅰ．①市… Ⅱ．①卢…②夏…③张… Ⅲ．①市场营销-高等学校-教材 Ⅳ．①F713．50

中国版本图书馆 CIP 数据核字（2017）第 156059 号

出版发行 中国海洋大学出版社
社　　址 青岛市香港东路 23 号　　邮政编码 266071
出 版 人 杨立敏
网　　址 http//www. ouc-press. com
电子信箱 2880524430@ qq. com
订购电话 010-82477073（传真）
责任编辑 郑雪姣
印　　制 北京俊林印刷有限公司
版　　次 2017 年 8 月第 1 次版
印　　次 2017 年 8 月第 1 次印刷
成品尺寸 185mm×260mm
印　　张 17. 25
字　　数 372 千
印　　数 1-10000
定　　价 36. 00 元

高等院校教育教材研究与编审委员会

前　言

中国经济在高速运行，中国企业的实力和影响力与日俱增，向国际化迈进的过程越来越离不开市场营销工作的影响和推动。《中华人民共和国国民经济和社会发展第十三个五年规划纲要》中强调：要着力培养创新型、复合型、应用型和技术技能型人才，人才培养比例显著提高，人才培养结构更趋合理。各类人才服务国家和区域经济社会发展、参与国际竞争的能力显著增强。同时指出，必须加强课程教材等基本建设。在此背景下，围绕培养创新型、复合型、应用型和技术技能型人才的目标，本书汲取国内外优秀同类教材的精华，重点强调市场营销的科学知识和规律，帮助学生构建完整的市场营销理论体系。

本书围绕市场营销过程中的十个步骤编排了全书的内容：理解市场营销理论的发展历程和现代营销观念、根据企业所处的行业地位制订营销战略、掌握营销环境分析方法和对策、理解消费者行为的影响因素和决策过程、掌握市场细分和目标市场选择策略、掌握产品和产品生命周期各阶段的营销策略、掌握产品定价的影响因素和产品定价策略、掌握分销渠道的作用和分销渠道的选择策略、掌握促销组合的选择策略、掌握国际市场营销的组合策略。

本书主要特色表现在以下几点：

（1）理论体系完整。本书构建了完整的市场营销学理论体系，具体内容包括：市场营销学导论、市场竞争环境、市场营销环境、市场购买行为分析、市场细分策略、产品策略、价格策略、分销策略、促销策略、国际市场营销战略。

（2）编排设计创新。在本书的编写过程中努力突出教材的专业特色和教育特色。以“案例导入、任务描述、任务分步、相关阅读、小思考、小练习、课堂讨论”构筑体例，同时，在每个项目的学习完成后通过同步测试、项目训练、案例思考、学生学习小结，供学生巩固所学知识、提高自学能力。力图使本书的体系和内容安排有一些创新，从而更加符合复合应用型人才的培养规律和教育需要。

⑶案例丰富详细。本书每章开头有引导案例，每章最后有课后讨论的案例，每章中间也穿插了多个案例、每章的概念和论述中又多有举例。尽力使本书的理论能更多地与企业实践联系起来，增加读者对营销理论的感性认识，使读者在阅读本书时不感到枯燥和乏味。本书在选择案例时尽可能选择新案例、知名企业的案例。

⑷方便教学。为了方便老师教学和学生学习，本书配备了 PPT 供教师教学时使用，并且每一章都包含学习目标、引导案例、本章小结、思考题、课后讨论案例。思考题既包括

对理论的理解和思考，也包括对营销实践的分析和训练。最后附有参考文献，读者需要进行延伸阅读时可以进一步参考。

本书由卢慧敏、夏清明、张李明担任主编，郭庆利、蔡志君、杨小宁、刘娜、陈霞芳担任副主编，谢华兴参编。具体分工如下：项目一、项目二、项目三由卢慧敏编写；项目四、项目五、项目六由夏清明、张李明编写；项目七至项目九由郭庆利、蔡志君、杨小宁、陈霞芳编写；项目十由刘娜、谢华兴编写；最后由卢慧敏统稿。

本书在编写的过程中，参考了大量的文献资料，在此向所有参考文献的作者表示感谢！由于编者水平有限，书中存在有不足之处，敬请广大读者批评指正！

编　者

2017 年 3 月

目　　录

项目一　导　论

学习目标

通过本章的学习了解市场营销理论渊源和发展历程；

准确把握市场营销理论的核心概念及理论框架；

了解市场营销理论与实践的时代变革，初步树立现代营销观念。

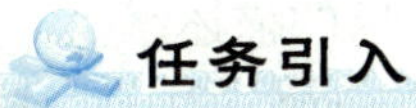

任务引入

宝洁公司和一次性尿布

1956 年，宝洁公司开发部主任维克·米尔斯在照看其出生不久的孙子时，深切感受到一篮篮脏尿布给家庭主妇带来的烦恼。洗尿布的责任给了他灵感。于是，米尔斯就让手下几个最有才华的人研究开发一次性尿布。一次性尿布的想法并不新鲜。事实上，当时美国市场上已经有好几种牌子了。但市场调研显示：多年来这种尿布只占美国市场的 1%。原因首先是价格太高；其次是父母们认为这种尿布不好用，只适合在旅行或不便于正常换尿布时使用。调研结果显示：一次性尿布的市场潜力巨大。美国和世界许多国家正处于战后婴儿出生高峰期。将婴儿数量乘以每日平均需换尿布次数，可以得出一个大得惊人的潜在销量。宝洁公司产品开发人员用了一年的时间，最初样品是在塑料裤衩里装上一块打了褶的吸水垫子。但在 1958 年夏天现场试验结果，除了父母们的否定意见和婴儿身上的痱子以外，一无所获。1959 年 3 月，宝洁公司重新设计了它的一次性尿布，并在实验室生产了 37 000 个样子，拿到纽约州去做现场试验。这一次，有 2/3 的试用者认为该产品胜过布尿布。降低成本和提高新产品质量，比产品本身的开发难度更大。到 1961 年 12 月，这个项目进入了能通过验收的生产工序和产品试销阶段。公司选择地处美国最中部的城市皮奥里亚试销这个后来被定名为“娇娃”（Pampers）的产品，发现皮奥里亚的妈妈们喜欢用“娇娃”，但不喜欢 10 美分一片尿布的。在 6 个地方进行的试销进一步表明，定价为 6 美分一片，就能使这类新产品畅销。宝洁公司把生产能力提高到使公司能以该价格在全国销售“娇娃”尿布的水平。“娇娃”尿布终于成功推出，直至今天仍然是宝洁公司的拳头产品之一。

（案例来源：市场营销学教学案例 MBA 智库文档）

思考题

1. 宝洁公司开发一次性尿布的决策是在什么基础上进行的?
2. 宝洁公司对“娇娃”尿布的营销符合哪一种市场营销观念?

学习任务一　市场及相关概念

市场营销在一般意义上可理解为与市场有关的人类活动。因此，我们首先要了解市场及其相关概念。

一、市场的概念与构成要素

关于市场的概念，人们从不同的角度对其有着不同的解释：在日常生活中，人们习惯将市场看作是买卖的场所，如集市、商场、批发市场等，这是从时间和空间来理解市场的概念。我国古代有关“日中为市，致天下之民，聚天下之货，交易而退，各得其所”的记载（《易·系辞下》），就是对这种在一定时间和地点进行商品交易的市场的描述。

经济学家从揭示经济实质角度提出市场概念。他们认为市场是一个商品经济范畴；是商品内在矛盾的表现；是供求关系；是商品交换关系的总和；是通过交接反映出来的人与人之间的关系。经济学家指出，市场是社会分工和商品生产的产物。在商品生产的条件下，“社会内部分工的前提首先是不同种类劳动的相互独立，即它们的产品必须作为商品相互对立，并且通过交换，完成商品的形态变化，作为商品相互发生关系”。因此，“哪里有社会分工和商品生产，哪里就有“市场”。

管理学家则侧重从遵照市场运行的规律对具体的交换活动进行管理、控制的过程。在市场经济中，产品生产者和经营者的经济活动都是在市场规律的调节下追求自身利益的最大化，根据市场供求的情况，决定自己的生产经营活动。因此，价值规律发挥着重要作用，即自发调节生产资料和劳动力在部门之间的分配，对资源合理配置起到积极作用。在他们看来，市场是供需双方在共同认可的条件下所进行的商品或劳务的交换活动。

从市场营销角度出发，市场构成有三个主要因素：一是人口，二是购买力，三是购买欲望，即有某种需要的人，有满足这种需要的购买能力和购买欲望。所以，从市场营销的角度来看，可以概括地用下列简单公式来表示市场。

市场=人口+购买力+购买欲望

人口因素是构成市场的基本要素。消费者人口的多少，决定着市场的规模和容量的大小，而人口的构成及其变化则影响着市场需求的构成和变化。人口越多，现实的和潜在的消费需求就越大。

购买力因素是指人们支付货币购买商品或劳务的能力。购买力水平的高低是决定市场容量大小的重要指标；是构成现实市场的物质基础。一定时期内，购买力的高低是由消费者的可支配的收入水平决定的。

购买欲望指导致消费者产生购买行为的动机、愿望和要求。它是消费者将潜在购买力变为现实购买行为的重要条件。例如，一个国家（或地区）虽然人口众多，但收入水平很低，购买力有限，则市场狭窄；反之，尽管一个国家或地区居民收入水平很高，但人口很少，市

场同样十分有限，像瑞典、瑞士就是如此。而有的国家或地区，既人口众多，又有一定的收入水平，这就属于有潜力的市场。中国是一个人口众多的国家，改革开放以来，人民生活水平逐年得到大幅度提高，因此，造就了一个庞大的市场。但如果商品货不对路，引发不了消费者的购买欲望，购买力不能转化为购买行为，则对卖方而言仍不能形成现实的市场。

因此，对市场来说，人口、购买力和购买欲望这三要素互相制约，缺一不可。只有将这三者结合起来才能构成现实的市场，才能决定市场的规模和容量。它们共同构成企业的微观市场，而市场营销学研究的正是这种微观市场的消费需求。

二、市场的分类

（1）根据市场竞争状况可分为完全竞争市场、垄断竞争市场、寡头竞争市场和完全垄断市场。

（2）以商品流通区域为标准来划分可分为地方市场、全国市场和国际市场。

（3）根据市场客体结构来划分可分为产品市场、劳动力市场、资金市场、技术市场、信息市场。

（4）根据市场主体结构来划分可分为消费者市场和组织市场。

消费者市场是个人或家庭为了生活消费而购买产品和服务的市场。组织市场是指工商企业为从事生产、销售等业务活动及政府部门和非营利组织为履行职能而购买产品和服务所构成的市场。简言之，组织市场是以某种组织为购买单位的购买者。组织市场又可以继续向下细分。

①生产者市场是指购买产品或服务用于制造其他产品或服务，然后销售或租赁给他人以获取利润的单位和个人所形成的市场。

②中间商市场也称为转卖者市场，指购买产品用于转售或租赁以获取利润的单位和个人（包括批发商和零售商）所形成的市场。

③非营利组织泛指所有不以营利为目的、不从事营利性活动的组织。我国通常把非营利组织称为机关团体或事业单位。非营利组织市场指为了维持正常运作和履行职能而购买产品和服务的各类非营利组织所构成的市场。

④政府市场是指为了执行政府职能而购买产品和服务的各级政府和下属各部门所形成的市场。

从经营者的角度来看，人们常常把卖方称之为行业，而将买方称之为市场，它们的关系如图 1-1 所示。

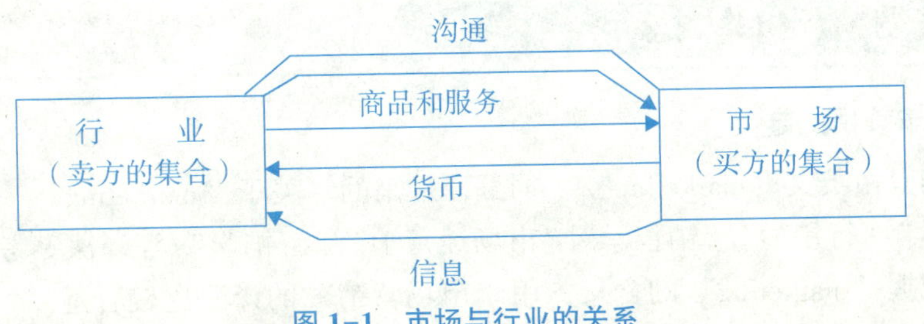

图 1-1　市场与行业的关系

这里买方与卖方之间有四种流动相连，卖方把商品或服务送到市场，并与市场取得沟通，买方把金钱和信息送至行业。图中，内环表示钱物交换，外环表示信息交换。

从宏观角度来看，市场是所有交换关系活动的总和，其交换内容可以是有形的，如商品市场、金融市场、生产要素市场等，也可以是无形的，如服务市场。这些由交换过程连接而形成的复杂市场就构成了一个整体市场，如图 1-2 所示。

在整体市场中，生产者主要从资源市场（工业品市场）购买资源，生产出商品或服务卖给中间商，中间商再出售给消费者，消费者则从出卖劳动力所得到的报酬来购买其所需的商品和服务；政府则是另一种市场，它为公众需要提供服务，对各市场征税，同时也从资源市场、生产者市场和中间商市场采购商品与服务。

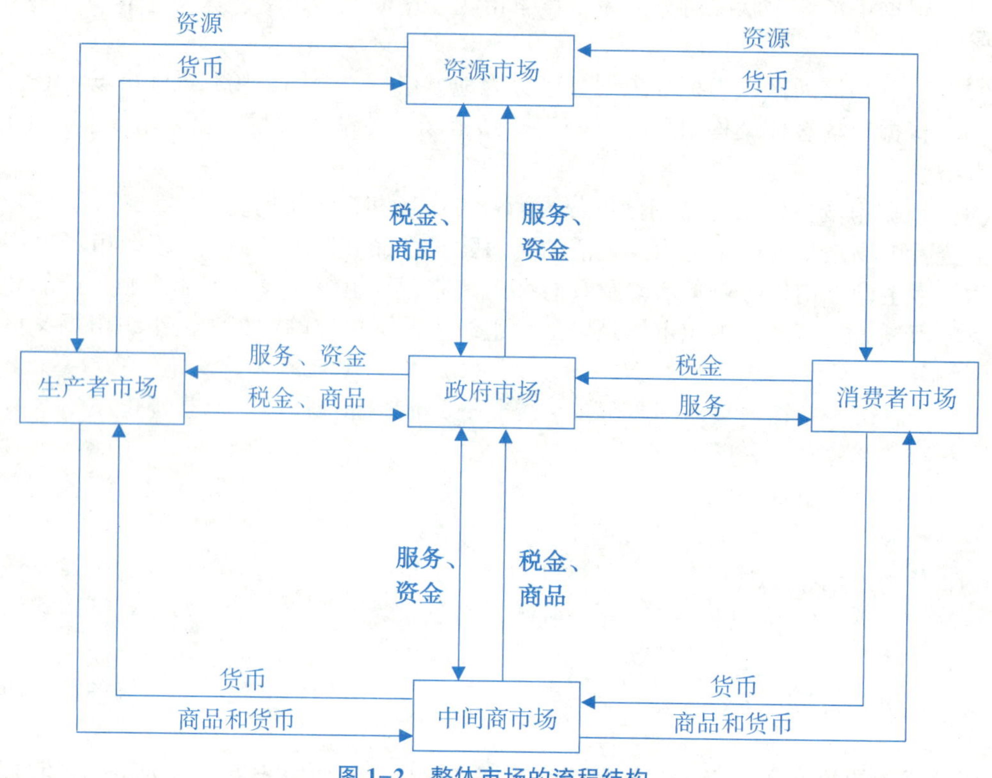

图 1-2　整体市场的流程结构

三、市场营销及相关概念

（一）市场营销的定义

市场营销是由英文“marketing”一词翻译过来的。关于“marketing”一词的翻译，中文有“市场学”“行销学”“销售学”“市场经营学”“营销学”等译法，考虑到从静态和动态结合上把握“marketing”的含义，用“市场营销”的译法比较合适。“市场营销”一词的含义是什么，长期以来，许多人仅仅把市场营销理解为推销（selling）。其实，推销只是市场营销多重功能中的一项，并且通常还不是最重要的一项功能。正如美国著名管理

学家彼得·德鲁克所言：可以设想，某些推销工作总是需要的，然而，营销的目的就是要使推销成为多余，从而使产品或服务完全适合顾客需要而形成产品自我销售；理想的营销会产生一个已经准备来购买的顾客群体，剩下的事情就是如何便于顾客得到这些产品或服务。

国内外学者对市场营销定义的有上百种，美国学者基恩·凯洛斯曾将市场营销的定义分为三个类别：一是将市场营销看作是一种为消费者服务的理论；二是强调市场营销是对社会现象的一种认识；三是认为市场营销是通过销售渠道把生产企业同市场联系起来的过程。

随着营销理论与实践的不断创新，营销的概念也在不断地发展与完善。如美国市场营销协会（AMA）在1960年的定义是："市场营销是引导货物和劳务从生产者流转到消费者或用户所进行的一切企业活动"；而到1985年，该定义则变为"市场营销是（个人和组织）对理念（或主意、计策）、货物和劳务的构想、定价、促销和分销的计划与执行过程，以创造达到个人和组织的目标的交换"。2004年，AMA在夏季营销教学者研讨会上公布了市场营销的新定义：营销既是一种组织职能，也是为了自身及利益相关者的利益而创造、传播、传递客户价值，管理客户关系的一系列过程。

相关专家认为可以从几个方面理解市场营销的含义：第一，市场营销分为宏观和微观两个层次。宏观市场营销是反映社会的经济活动，其目的是满足社会需要，实现社会目标。微观市场营销是一种企业的经济活动过程，它是根据目标顾客的要求，生产适销对路的产品，从生产者流转到目标顾客，其目的在于满足目标顾客的需要，实现企业的目标。第二，市场营销活动的核心是交换，但其范围不仅限于商品交换的流通过程，而且包括产前和产后的活动。产品的市场营销活动往往比产品的流通过程要长。现代社会的交易范围很广泛，已突破了时间和空间的壁垒，形成了普遍联系的市场体系。第三，市场营销与推销，销售的含义不同。两者包含的内容也不同，市场营销包括市场研究，产品开发，定价，促销，服务等一系列经营活动。而推销、销售仅是企业营销活动的一个环节或部分，是市场营销的职能之一，不是最重要的职能。第四、市场营销学是一个完整的体系。企业要从整体的角度和战略的高度来谋划营销方案，在深入的市场分析和准确的市场定位基础上，制订营销方案。营销策略与策略之间要相互匹配，通过营销策略的组合，谋求整体效果的最优。第五，营销活动贯穿于企业活动的全过程。市场营销不是企业某一方面的活动，而是贯穿于企业经营活动的全过程；也不只是营销部门的事情，而是整个企业的事情。因此，企业要树立全员营销的概念。

著名的营销学家菲利普·科特勒教授的定义则为：市场营销是通过创造和交换产品及价值，从而使个人或群体满足欲望和需要的社会过程和管理过程。

市场营销概念的要点如下：

（1）市场营销的最终目标是"满足需求和欲望"；

（2）"交换"是市场营销的核心；

（3）交换过程能否顺利进行，取决于营销者创造的产品和价值满足顾客需求的程度和交换过程管理的水平。

（二）市场营销的核心概念

1. 需要、欲望和需求

需要和欲望是市场营销活动的起点。

需要是指某些基本要求没有得到满足的感受状态，是是人类与生俱来的。人们为了生存时刻存在对食品、衣服、住房、安全、归属、受人尊重等的需要。这些需要蕴藏于人类自身生理和社会关系之中，市场营销者可用不同方式去满足它，但不能凭空创造。

欲望是指想得到满足上述基本需要的具体物的愿望，是个人受不同文化及社会环境影响表现出来的对基本需要的特定追求。例如，一个人需要食品，想要得到一碗面条；需要引起别人注意，想要一套名牌运动服；需要休闲放松，想要到海南旅游等。

如为满足“解渴”生理需要，人们可能选择（追求）喝开水、茶、汽水、果汁、绿豆汤或者蒸馏水。市场营销者无法创造需要，但可以影响欲望，开发及销售特定产品和服务来满足欲望。

需求是指人们有能力购买并且有愿意购买某个具体产品的欲望。需求实际上也就是对某特定产品及服务的市场需求，是人们有能力购买并且有愿意购买某个具体产品的欲望。当具有购买力时，欲望便转换为需求。许多人想要一辆高质量高性能的轿车，但只有一部分人愿意并能够购买到这样的轿车。因此，企业不仅要评估有多少人想要本企业的产品，更重要的是要了解有多少人真正愿意并有能力购买。

营销者无法创造需要，需要早就存在于营销活动出现以前。但营销者连同社会上的其他因素可以影响欲望，并通过开发、创造及销售特定产品和服务来满足欲望，通过使某种产品富有吸引力、适应消费者的支付能力和容易得到来满足消费者的需求。因此，优秀的企业总是会通过各种方式深入了解顾客的需要、欲望和需求，并依此来制定自己的营销策略。市场营销是通过各种营销手段来影响需求，并根据对需求的预测结果决定是否进入某一产品（服务）市场。

2. 产品和服务

产品是指能够满足人们需要和欲望的任何事物。这个名词使我们能够马上想到的某种具体有形的实体产品，如汽车、电视等。对于这种实体产品，其重要性并不在于拥有产品实物本身，更重要的在于它们满足我们的某种欲望，买空调不是为了欣赏而是它能够提供调节空气温度的服务。因此，产品实际上是向我们传送服务的工具。人们购买小汽车不是为了观赏，而是为了得到它所提供的交通服务。产品实际上只是获得服务的载体。

服务是一种无形的产品，它是将人力和器械的运用作用于人与物的结果，如医院的健康检查、饭店里提供的餐饮及环境等。当消费者购买一个产品时，实际上是购买他们认为的该产品能够提供的效用和满意程度。比如说欧米茄手表，它的销售并不只是告诉人们时间，而是为了表现消费者的一种成功的身份。实际上，服务是建立在顾客满意的承诺基础上的购买。人们不是为了产品的实体而买产品，人们买化妆品只是由于它能够满足人们对美的追求，买轿车也只是它能够提供代步的服务，或者说，产品实体是服务的外壳。营销者的任务是推销产品实体中所包含的效用或服务，而不能仅限于描述产品的外形，否则将会由于目光短浅而引发营销危机。

3. 效用、费用和满足

效用是指产品或服务满足人们欲望的能力，它来自于人的主观评价，同一消费者，在不同状态下对同一产品的主观感受不同，效用也就不同。人们是否购买产品或接受服务并不仅仅取决于产品或服务的效用，同时也取决于人们获得效用的代价，即费用。在诸多产品和服务的购买选择中，消费者总是根据多项标准去选择提供最大效用的产品作为购买目标。简单来讲，费用就是为取得一定效用所支付的成本，在某种程度上，它也是主观的。

消费者成本不仅包括消费者所支出的货币成本，还包括消费者在购买产品中所支付的时间成本、心理成本和体力成本。市场交换能否顺利实现，往往取决于人们对效用和费用的比较。如果人们认为产品的效用大于其支付的费用，即使再贵的商品也愿意购买，因为消费者的满足程度高；如果人们认为费用大于效用，那么再便宜的东西也不会要，这就是人们在交换活动中的价值观。消费者购买决策的基本原则是用最少的货币支出换取最大效用的产品或服务。所以企业不仅要为消费者提供产品，还必须使消费者感到在交换中价值的实现程度比较高，这样市场交易才能顺利实现，才可能建立企业的稳定市场。

例如，某人为解决其每天上班的交通需要，他会对可能满足这种需要的产品选择组合(如自行车、摩托车、汽车、出租车等）和他的需要组合（如速度、安全、方便、舒适和节约等）进行综合评价，以决定哪一种产品能提供最大的总满足。假如他主要对速度和舒适感兴趣，也许会考虑购买汽车。但是，汽车购买与使用的费用要比自行车高许多。若购买汽车，他必须放弃用其有限收入可购置的许多其他产品（服务）。因此，他将全面衡量产品的费用和效用，选择购买能使每一元花费带来最大效用的产品。

4. 交换、交易、关系

交换是指从他人处取得所需之物，而以自己的某种东西作为回报的行为。交换是一种过程，在这个过程中，如果双方达成一项协议，我们就称之为发生了交易。

交易是指人们通过提供或转移货物、服务或创意，以换取有价值的东西。交易是交换的基本组成单位，是交换双方之间的价值交换。

交换过程中一旦双方达成协议，交易就发生了。交易能否真正产生，取决于买卖双方能否找到合适的交易条件，即交易以后双方都比交易以前更好。交易通常有两种方式：一是货币交易，如甲支付800元给商店而得到一台微波炉；二是非货币交易，包括以物易物、以服务易服务的交易等。

一个交易的发生必须满足四个条件：首先，要有两个或更多的个人、团体或组织参与，每方必须有其他方想要获得的东西；其次，交易能够为交易双方提供利益或满足；第三，每一方必须对其他方所承诺的“有价值的东西”有信心；最后，为了建立起信任，交易双方必须满足双方的条件。同时，交易包括几个可以度量的实质内容：有能够提供价值的事物，买卖双方所同意的条件、协议时间和协议地点等。在市场经济中，通常通过建立健全法律制度来支持和强制交易双方执行，交易双方也在交易过程中签订交易合同，以便得到国家法律的保护。

营销的本质就是开发令人满意的交易，使顾客和营销者从中获益。营销活动也应该尝试创造和维持满意的交易关系。精明能干的市场营销者都会重视同顾客、分销商等建立长期、信任和互利的关系。而这些关系要靠不断承诺及为对方提供高质量产品、良好服务及公平价格来实现，靠双方加强经济、技术及社会联系来实现。关系营销可以减少交易费用和时间，最好的交易是使协商成为惯例化。处理好企业同顾客关系的最终结果是建立起市场营销网络。市场营销网络是由企业同市场营销关系人建立起的牢固的业务关系。

四、市场营销管理的任务

市场营销管理是指为了实现企业目标，创造、建立和保持与目标市场之间的互利交换关系而进行的分析、计划、执行与控制过程。

企业可以设想一个在目标市场上预期要达到的交易水平，同时，实际的需求水平可能高于、等于或低于这个预期的需求水平。也就是说，可能存在着没有需求、需求很小、需求很大或超量需求，市场营销管理的基本任务，就是为达到企业目标而对需求的水平、时机和性质进行管理。换言之，营销管理的实质是需求管理，以对付低于、等于或高于预期的需求水平。只有不断调整预期需求与现实需求之间的差异使之均衡，才能实现企业目标。

下面是八种典型的不同需求状况及其相应的营销管理任务。

（一）负需求与扭转性营销

负需求指绝大多数人不喜欢甚至花费一定代价也要回避某种产品的需求状况。针对负需求，营销者的任务是分析市场：消费者为什么不喜欢这种产品或劳务，是否可通过产品的重新设计、降低价格和更积极的营销方案来改变市场的信念和态度，是否能将负需求变为正需求，这就是扭转性营销。例如，全脂奶粉容易让消费者上火、发胖，且口感过甜——重新设计产品，如不上火的南山奶粉、低脂、脱脂奶粉。

（二）无需求与刺激性营销

无需求是对提供的产品不了解或不感兴趣而毫不关心，不予购买，无购买欲望与念头。这就要通过推销广告活动，设法把产品的好处和人的自然兴趣联系起来，促进消费者了解产品增加兴趣，这就是刺激性营销。例如，对某些陌生的新产品，与消费者传统观念、习惯相抵触的产品，被认为无价值的废旧物资等，必须进行大力促销，形成刺激性营销。

（三）潜在需求与开发性营销

潜在需求指消费者可能对某物有一种强烈的渴求，而现成的产品或服务却无法满足这需求。例如，人们对无害香烟、安全的住宅、节油汽车等有一种强烈的需求，这就为经营者提供了开发产品或服务的机会。因此，市场营销的任务便是衡量潜在市场的范围，开发有效的产品和服务来满足这些需求，这就是开发性市场营销。

（四）下降需求与恢复性营销

下降需求是指对某种产品或服务的需求低于正常销售水平，可能从此一蹶不振。由于科技发展，新产品层出不穷，市场上现存的产品因技术落后不再受用户的欢迎而进入衰退期。一般说，产品或服务趋于衰退是必然的，而拓展新的生命周期是不可能的。营销管理

的任务就是要分析需求衰退的原因，寻求与潜在需求相联系的新的经营组合手段，决定能否通过开辟新的目标市场、改变产品特色，或采用更有效的促销手段来重新刺激需求，扭转其下降趋势，以赋予企业再生活力，这就是恢复性市场营销。例如，火柴随着打火机的出现和普及，市场需求量迅速萎缩，大有退出市场的趋势，大量火柴生产企业随之倒闭，但有些企业却发现了新市场，在高档酒店用火柴给人点烟比打火机点烟让对方更有面子。因此，开始生产高档酒店使用的各种高档火柴。

（五）不规则需求与协调性营销

不规则需求指市场对某些产品（服务）的需求在不同季节、不同日期，甚至一天的不同钟点呈现出很大波动的状况。对企业而言，最理想的状态是供应与需求同步，于是提出协调性营销，即是企业的储备手段与供应能力能保持供求关系的协调。例如公众对旅游宾馆、公园、公共汽车、博物馆的服务需求，就是不规则需求。市场营销管理的任务就是通过灵活定价、大力促销及其其他刺激手段来改变需求的时间模式，努力使供、需在时间上协调一致。

（六）充分需求与维持性营销

充分需求是指某种产品或服务的需求水平和时间与预期相一致的需求状况。是企业最为理想的时候。

市场营销管理的任务就是维持性营销。密切注视消费者偏好的变化和竞争状况，经常测量顾客满意程度，不断提高产品，设法保持现有的需求水平。但是应该看到，市场需求可能而且必然要起变化。

（七）过度需求与限制性营销

过度需求即市场需求量超过了供应者所能供应的数量。例如，水资源的限制使用，提高水价，宣传节约用水等。压低需求的任务称为限制性市场营销。即通过提高价格合理分销产品，减少服务和促销等手段，暂时或永久地降低市场需求水平，有时是必要的，但不受消费者欢迎。

（八）有害需求与抵制性营销

有害需求是指市场对某些有害物品或服务及假冒伪劣商品的需求（迷信品、毒品、麻醉品、反动、荒诞、淫秽的书刊画报等）。对此类需求，营销管理的任务是抵制性营销。宣传其危害以劝说消费者放弃这种爱好和需求。对烟酒等商品，大幅度提高价格，以减少购买机会；而对毒品、黄色书刊，则应杜绝生产经营，采取适当措施来消除需求。

事实证明，企业经营管理人员，尤其是高层管理人员，如不具备市场营销学的基本知识，就很难维系企业的生存与发展。因而，在当今世界，特别是在西方发达国家中，市场营销学已经成为工商界人士必备的专业知识和高级管理人才的必修课程。

学习任务二　市场营销学的产生与发展

市场营销学于20世纪初期产生于美国。几十年来，随着社会经济及市场经济的发展，市场营销学发生了根本性的变化，从传统市场营销学演变为现代市场营销学，其应用从国内扩展到国外。当今，市场营销学已成为同企业管理相结合，并同经济学、行为科学、人类学、数学等学科相结合的应用边缘管理学科。西方市场营销学的产生与发展同商品经济的发展、企业经营哲学的演变是密切相关的。美国市场营销学自20世纪初诞生以来，其发展经历了四个阶段。

一、初创阶段（19世纪末至20世纪30年代）

现代意义上的市场营销思想于20世纪初。理性营销活动始于1823年美国人A. C. 尼尔逊创建的专业市场调查公司；早在1902年，美国密执安大学、加州大学和伊利诺大学的经济系开设了市场学课程。以后相继在宾夕法尼亚大学、匹茨堡大学、威斯康星大学开设此课。1905年，克罗西在宾夕法尼亚大学讲授以“产品市场营销”为题的课程，标志着市场营销首次进入大学课堂；1911年，第一个正式的市场研究部门在柯蒂斯出版公司内成立。这一时期，各主要资本主义国家经过工业革命，生产力迅速提高，城市经济迅猛发展，商品需求量亦迅速增多，出现了需过于供的卖方市场。与此相适应，市场营销学开始创立。在这一时期，出现了一些市场营销研究的先驱者，其中最著名的有阿切·W. 肖，巴特勒，约翰·B. 斯威尼及赫杰特齐。哈佛大学教授赫杰特齐走访了大企业主，了解他们如何进行市场营销活动，于1912年出版了第一本销售学教科书，它是市场营销学作为一门独立学科出现的里程碑。阿切·W. 肖于1915年出版了《关于分销的若干问题》一书，率先把商业活动从生产活动中分离出来，并从整体上考察分销的职能。但当时他尚未能使用“市场营销”一词，而是把分销与市场营销视为一回事。这一阶段的市场营销理论同企业经营哲学相适应，即同生产观念相适应。其依据是传统的经济学，是以供给为中心的。

二、形成阶段（1931年至第二次世界大战爆发）

从1931年至第二次世界大战爆发，是市场营销理论的形成时期。1929~1933年，资本主义国家爆发了严重的经济危机，生产过剩，产品大量积压，经济出现了大萧条、大萎缩，社会购买力急剧下降，市场问题空前突出。这时，关系到企业存亡的根本问题是如何将产品销售出去。因而，企业主从过去主要关心生产产量转而关心产品的销售。注重推销和广告很自然地成了企业和市场学家们认真思考和研究的课题，市场营销学也因此从课堂走向了社会实践。在这一时期，市场营销的研究范围在扩大，它对社会的影响也逐渐扩展。学术界和企业界对市场营销学也逐渐重视起来，并初步形成了市场营销学的概念和理

论体系，并且各种市场营销学的研究组织相继建立并不断发展。

1926 年，在美国成立了“全国市场营销学和广告学教师协会”。1932 年，克拉克和韦尔达出版了《美国农产品营销》一书，对美国农产品营销进行了全面的论述，指出市场营销目的是“使产品从种植者那儿顺利地转到使用者手中。这一过程包括三个重要又相互有关的内容：集中（购买剩余农产品）、平衡（调节供需）、分散（ 把农产品化整为零）”。这一过程包括 7 种市场营销功能：集中、储藏、财务、承担风险、标准化、推销和运输。1937 年，成立了“美国市场营销学会（AMA）”。这个协会的成立，成为市场学发展史上一个重要的里程碑，它标志着市场营销学已经跨出了大学讲坛，引起了整个社会的兴趣和关注，成为一门实用的经济科学。这时，市场营销学研究也影响到中国。

1942 年，克拉克出版的《市场营销学原理》一书，在功能研究上有创新，把功能归结为交换功能、实体分配功能、辅助功能等，并提出了推销是创造需求的观点，实际上是市场营销的雏形。理论与实践的结合促进了企业营销活动的发展，同时，也促进了市场营销学的发展。但这一阶段的市场营销仍局限于产品的推销、广告宣传和推销策略等，且各种活动仅限于流通领域。

三、发展阶段（第二次世界大战后至 20 世纪 60 年代末 70 年代初）

第二次世界大战以后，市场营销学的研究，特别是美国对市场营销理论的研究进入了一个蓬勃发展的新阶段，提出了以消费者为中心的新的市场营销观念。第二次世界大战后，生产迅速发展，市场需求剧增，再加上科学技术的进步，资本主义生产有了较大的增长，劳动生产率大大提高，产品数量急剧增加，花色品种不断翻新，市场供过于求的矛盾进一步激化，市场一时出现了繁荣的景象。企业间的市场竞争也更加激烈。原有的只研究在产品生产出来后如何推销的市场营销学，显然不能适应新形势的需求。这种趋势必然地推进了市场营销学的研究进程。

在这一阶段，市场营销研究的一个突出特点是：人们将营销理论和企业管理的实践密切地结合起来，提出了以消费者为中心的新的市场营销观念。许多市场营销学学者纷纷提出了生产者的产品或服务要适合消费者的需求与欲望，以及营销活动的实质就是企业对于动态环境的创造性适应的观点，并通过他们的著作予以论述。从而，使市场营销学发生了一次变革。企业的经营观点从“以生产为中心”转为“以消费者为中心”，市场也就成了生产过程的起点而不再是终点，营销也就突破了流通领域，延伸到生产过程及售后过程。市场营销活动不仅是推销已经生产出来的产品，更是通过对消费者需要与欲望的调查、分析和判断，并协调企业的整体活动来满足消费者的需求。

1967 年，美国著名市场营销学教授菲利浦 · 科特勒出版了《市场营销管理：分析、计划与控制》一书，该著作更全面、系统地发展了现代市场营销理论。他精粹地对营销管理下了定义：“营销管理就是通过创造、建立和保持与目标市场之间的有益交换和联系，以达到组织的各种目标而进行的分析、计划、执行和控制过程。”并提出：“市场营销管理过程包括分析市场营销机会，进行营销调研，选择目标市场，制定营销战略和战术，制订、执行及调控市场营销计划。”

菲利浦·科特勒突破了传统市场营销学认为营销管理的任务只是刺激消费者需求的观点，进一步提出了营销管理任务还影响需求的水平、时机和构成，因而提出营销管理的实质是需求管理，还提出了市场营销是与市场有关的人类活动，既适用于营利性组织，也适用于非营利组织，扩大了市场营销学的范围。这一阶段市场营销学研究的一个突出特点是：人们将营销理论和企业管理的实践密切地结合起来。

霍华德的《市场营销管理：分析和决策》一书主张从市场营销管理的角度论述市场营销理论和应用。他提出，市场营销管理的实质是企业“对于动态环境的创造性适应”，市场营销管理的任务就是运用这些手段来实现最佳的环境适应。

四、完善阶段（20 世纪 70 年代至 90 年代）

完善阶段又称成熟阶段。20 世纪 70 年代至今，市场营销的研究进入了一个新的发展阶段。市场营销理论更加完善，市场营销学更紧密地结合经济学、哲学、心理学、社会学、数学及统计学学科，而成为一门综合性的边缘应用科学，并且出现了许多分支。例如，消费心理学、工业企业市场营销学及商业企业市场营销学等。在此期间，市场营销领域又出现了大量的新概念，使得市场营销学这门学科出现了分化的趋势，其应用范围也在不断地扩展。自 70 年代始，随着研究内容的深入，市场营销理论更加完善，提出了许多新观点和思想。

1981 年，克里斯琴·格罗路斯发表了《内部市场营销》的论文，科特勒也提出要在企业内部创造一种市场营销文化，即“企业市场营销化”的观点。1983 年，西奥多·莱维特提出了“全球市场营销”的概念。1985 年，巴巴拉·本德·杰克逊提出了“关系市场营销”“协商推销”等新观点。1986 年，科特勒提出了“大市场营销”这一概念。这些理论引起了争论，刺激了研究，指导了实践，显示出市场营销学正是一门研究如何在市场上从事经营、克敌制胜的学科。自此，市场营销学无论在国外还是在国内都得到了广泛的应用。

1981 年，瑞典经济学院的克里斯琴·格罗路斯发表了论述“内部市场营销”的论文，科特勒也提出要在企业内部创造一种市场营销文化，即使企业市场营销化的观点。1983 年，西奥多·莱维特对“全球市场营销”问题进行了研究，提出过于强调对各个当地市场的适应性，将导致生产、分销和广告方面规模经济的损失，从而使成本增加。因此，他呼吁多国公司向全世界提供一种统一的产品，并采用统一的沟通手段。

1984 年，菲利浦·科特勒根据国际市场及国内市场贸易保护主义抬头，出现封闭市场的状况，提出了大市场营销理论，即 6P 战略：原来的 4P（产品、价格、分销及促销）加上两个 P ——政治权力及公共关系。他提出了企业不应只被动地适应外部环境，而且也应该影响企业的外部环境的战略思想。1985 年，巴巴拉·本德·杰克逊提出了“关系营销”“协商推销”等新观点。1986 年，科特勒提出了“大市场营销”这一概念，提出了企业如何打进被保护市场的问题。在此期间，“直接市场营销”也是一个引人注目的新问题，其实质是以数据资料为基础的市场营销，由于事先获得大量信息和电视通信技术的发展才使直接市场营销成为可能。进入 20 世纪 90 年代以来，关于市场营销、市场营销网络、政治

市场营销、市场营销决策支持系统、市场营销专家系统等新的理论与实践问题开始引起学术界和企业界的关注。进入 21 世纪，互联网的发展的应用，推动着网上虚拟发展以及基于互联网的网络营销得到迅猛发展。

进入 20 世纪 90 年代，由于科学技术、互联网的发展，以及知识经济、信息时代的到来，市场营销理论又取得了突破性的进展，关系营销、整合营销、网络营销、合作营销和绿色营销等新的营销理论与实践相结合，极大地丰富了市场营销学的内涵。进入 21 世纪，互联网的普及应用，也推动基于互联网的网络营销，使其迅猛发展。因此，在新千年之际，菲利普·科特勒预言，市场营销领域将出现十大新趋势：①电子商务的发展，使批发和零售之间出现了实质性的非居间化；②销售店交易量减少，他们更多的是在推销“体验”，而不是产品；③建立客户信息库，根据客户的特别需要提供“定制商品”，成为公司时尚；④商家做了出色的工作，提供了富于想象力的方法，超出消费者的预期；⑤公司重视对个别客户、产品和销售渠道进行利润核算；⑥许多公司进一步树立忠于客户的远见；⑦公司的活动和需要，更多依赖外部资源和合作；⑧现场销售人员拥有更多的特许权利；⑨大量的电视广告、报纸杂志广告消失，因特网广告兴起；⑩ 公司不可能长久地保持竞争优势，除非他们具有学习和尽快地跟上形势变化的能力。

五、市场营销学在中国的传播与发展

市场营销学作为一门建立在经济科学、行为科学和现代管理理论基础之上的应用科学，在指导企业适应市场需要，开展卓有成效的市场营销活动，提高市场竞争力和市场占有率等方面起着十分重要的作用。回顾市场营销理论在中国的传播进程，展望具有中国特色的市场营销理论的发展前景，具有重要的学术意义和实践意义。

新中国建立之前，中国学者虽然曾对市场营销学有过一些研究（当时称“销售学”），但也仅限于几所设有商业或管理专业的高等院校。1949~1978 年，除台湾和港澳地区的学术界、企业界对这门学科有广泛的研究和应用外，在整个中国大陆上，市场营销学的研究一度中断。在这长达 30 多年的时间里，国内学术界对国外市场营销学的发展情况知之甚少。党的十一届三中全会以后，党中央提出了对外开放、对内搞活的总方针，从而为我国重新引进和研究市场营销学创造了有利的环境。1978 年，北京、上海、广州的部分学者和专家开始着手市场营销学的引进研究工作。虽然当时还局限在很小的范围内，而且在名称上还称为外国商业概论或销售学原理，但毕竟在市场营销学的引进上迈出了第一步。经过十几年的时间，我国对于市场营销学的研究、应用和发展已取得了可喜的成绩。从整个发展过程来看，大致经历以下几个阶段。

（一）引进时期（1978 年至 1982 年）

在此期间，通过对国外市场营销学著作、杂志和国外学者讲课的内容进行翻译介绍，选派学者、专家到国外访问、考察和学习，邀请外国专家和学者来国内讲学等方式，系统地介绍和引进了国外市场营销理论。因为当时该学科的研究还局限于部分大专院校和研究机构，从事该学科引进和研究工作的人数还很有限，所以对于西方市场营销理论的许多基本观点的认识也比较肤浅，大多数企业对于该学科还比较陌生。但这一时期的努力毕竟为我国市场营销学的进一步发展打下了基础。

（二）传播时期（1983 年至 1985 年）

经过前一时期的努力，全国各地从事市场营销学研究、教学的专家和学者开始意识到，要使市场营销学在中国得到进一步的应用和发展，必须在各地成立市场营销学的研究团体，以便相互交流和切磋研究成果，并利用团体的力量扩大市场营销学的影响，推进市场营销学研究的进一步发展。1984 年 1 月，全国高等综合大学、财经院校市场学教学研究会成立，在以后的几年时间里，全国各地、各种类型的市场营销学研究团体纷纷成立。各团体在做好学术研究和学术交流的同时，还做了大量的传播工作。这些营销学术团体对于推动市场营销学理论研究及在企业中的应用起了巨大的作用。例如，广东市场营销学会定期出版了会刊《营销管理》，全国高等综合大学、财经院校市场学教学研究会在每届年会后都向会员印发了各种类型的简报。这些团体也分别举办了各种类型的培训班、讲习班，有些还通过当地电视台、广播电台举办了市场营销学的电视讲座和广播讲座。通过这些活动，既传播了市场营销学知识，又扩大了学术团体的影响。在此期间，市场营销学在学校教学中也开始受到重视，有关市场营销学的著作、教材、论文在质量和数量上都有很大的提高。1980 年，外经贸部与设在日内瓦的国际贸易中心（ITC）合作，在北京举办了市场营销培训班。国家经委、国家计委和教育部与美国政府合作举办了以国有企业厂长、经理为培训对象的大连培训中心，聘请美国著名的营销专家讲课，对营销理论方法的实际运用起了推动作用。

（三）应用时期（1986 年至 1988 年）

1986 年以后，我国经济体制改革的步伐进一步加快，市场环境的改善为企业应用现代市场营销原理指导经营管理实践提供了有利条件，但各地区、各行业的应用情况又不尽相同，具体表现为：①以生产经营指令性计划产品为主的企业应用得较少；以生产经营指导性计划产品或以市场调节为主的产品的企业应用得较多、较成功。②重工业、交通业、原材料工业等和以经营生产资料为主的行业所属的企业应用得较少；而轻工业、食品工业、纺织业、服装业等以生产经营消费品为主的行业所属的企业应用得较多、较成功。③经营自主权小、经营机制僵化的企业应用得较少；而经营自主权较大、经营机制灵活的企业应用得较多、较成功。④商品经济发展较快的地区（尤其是深圳、珠海等经济特区）的企业应用市场营销原理的自觉性较高，应用得也比较好。在此期间，多数企业应用市场营销原理时，偏重于分销渠道、促销、市场细分和市场营销调研部分。

（四）扩展时期（1988 年至 1994 年）

在此期间，无论是市场营销教学研究队伍，还是市场营销教学、研究和应用的内容，都有了极大的扩展。全国各地的市场营销学学术团体，改变了过去只有学术界、教育界人士参加的状况，开始吸收企业界人士参加，其研究重点也由过去的单纯教学研究改为结合企业的市场营销实践进行研究。全国高等综合大学、财经院校市场学教学研究会也于 1987 年 8 月更名为“中国高等院校市场学研究会”。学者们已不满足于仅仅对市场营销一般原

理的教学研究，而对其各分支学科的研究日益深入，并取得了一定的研究成果。在此期间，市场营销理论的国际研讨活动进一步发展，这极大地开阔了学者们的眼界。1991 年 3 月，中国市场学会在北京成立。1992 年春，邓小平南方谈话以后，学者们还对市场经济体制的市场营销管理，中国市场营销的现状与未来，跨世纪中国市场营销面临的挑战、机遇与对策等重大理论课题展开了研究，这也有力地扩展了市场营销学的研究领域。

（五）国际化时期（1995 年至今）

1995 年 6 月，由中国人民大学、加拿大麦吉尔大学和康克迪亚大学联合举办的第五届市场营销与社会发展国际会议在北京召开。中国高等院校市场学研究会等学术组织作为协办单位，为会议的召开做出了重要的贡献。来自 46 个国家和地区的 135 名外国学者和 142 名国内学者出席了会议。25 名国内学者的论文被收入《第五届市场营销与社会发展国际会议论文集》（英文版），6 名中国学者的论文荣获国际优秀论文奖。从此，中国市场营销学者开始全方位、大团队地登上国际舞台，与国际学术界、企业界的合作进一步加强。

学习任务三　市场营销观念

市场营销观念是指企业从事营销活动的指导思想。市场营销观念是在一定的历史条件下产生的，并随企业外部环境的变化而变化。因此，在某种意义上说，市场营销学的产生和发展就是新的营销观念产生和发展的过程。根据西方发达国家的市场营销历史，我们可以发现市场营销观念的演进可大致分为五个阶段：生产观念阶段，产品观念阶段，推销观念阶段，市场营销观念阶段和社会市场营销观念阶段。前三个阶段的观念一般称之为旧观念，是传统观念，是以企业为中心的观念；后两个阶段的观念是新观念，是现代观念，可分别称之为顾客（市场）导向观念和社会营销导向观念。

一、生产观念

生产观念是一种最古老的营销管理观念。生产观念在西方盛行于 19 世纪末 20 世纪初。当时，资本主义国家处于工业化初期，市场需求旺盛，企业只要提高产量、降低成本，就可获得丰厚利润，市场趋势是求大与供的卖方市场。因而顾客最关心的是能否得到产品，而不是关心产品的微小特性。因此，企业的中心问题是扩大生产价廉物美的产品，而不必过多关注市场需求差异。在这种情况下，生产观念为众多企业接受。

生产观念认为，消费者总是喜爱可以随处买到价格低廉的产品，企业应当集中精力提高生产效率和扩大分销范围，增加产量，降低成本。以生产观念指导营销管理活动的企业称为生产导向企业，其重要表现是“我生产什么，就卖什么”。

如福特汽车公司 1914 年开始生产的 T 型汽车，就是在福特的“生产导向”经营哲学（使 T 型汽车生产效率趋于完善，降低成本，使更多人买得起）的指导下创出奇迹的。到 1921 年，福特 T 型车在美国汽车市场上的占有率达到 56%。

生产观念是一种重生产、轻市场的观念。在物资紧缺的年代也许能创造辉煌，但随着生产的发展、供求形势的变化，这种观念必然使企业陷入困境。

二、产品观念

产品观念和生产观念几乎在同一时期流行。与生产观念一样，也是典型的“以产定销”观念。认为消费者喜欢高质量、多功能和具有某些特色的产品。因此，企业管理的中心是致力于生产优质产品，并不断精益求精。

持产品观念的公司假设购买者欣赏精心制作的产品，相信他们能鉴别产品的质量和功能，并愿意出较高价格购买质量上乘的产品。这些公司的经理人员常迷恋自己的产品，而不太关注市场是否欢迎。他们在设计产品时只依赖工程技术人员而极少让消费者介入。由于过分重视产品而忽视顾客需求，这两种观念最终将导致“营销近视症”。如铁路行业以为顾客需要火车而非运输，忽略了航空、公共汽车、卡车以及管道运输的日益增长的竞争。计算尺制造商以为工程人员需要计算尺而非计算能力，忽视了袖珍计算器的挑战。只致力于大量生产或精工制造、改进产品，而忽视市场需要的最终结果是其产品被市场冷落，经营者陷入困境甚至破产。

三、推销观念

或称销售观念，认为消费者通常有一种购买惰性或抗衡心理，若听其自然，消费者就不会大量购买本企业的产品，因而企业管理的中心是积极推销和大力促销。执行推销观念的企业，称为推销导向企业，其表现往往是我们卖什么，就让人们买什么。与前两种观念一样，推销观念也是建立在以企业为中心，而不是满足消费者真正需要的基础上的。

推销观念盛行于20世纪三四十年代。当时，社会生产力有了巨大发展，由于科技进步，科学管理和大规模生产的推广，商品产量迅速增加，社会生产已经由商品不足进入商品过剩，市场趋势由卖方市场向买方市场过渡，卖主之间的市场竞争日益激烈。特别是1929年爆发的资本主义世界空前严重的经济危机，前后历时5年，堆积如山的货物卖不出去，许多工商企业纷纷倒闭，市场极度萧条。这种现实使许多企业家认识到，企业不能只集中力量发展生产，即使有物美价廉的产品，也必须保证这些产品能被人购买，企业才能生存和发展。

在推销观念指导下，企业相信产品是“卖出去的”，而不是“被买去的”。他们致力于产品的推广和广告活动，以求说服、甚至强制消费者购买。他们收罗了大批推销专家，做大量广告宣传，夸大产品的“好处”，对消费者进行无孔不入的促销信息“轰炸”，迫使人们不得不购买。大量产品销售不出去，因而迫使企业重视采用广告术与推销术去推销产品。推销观念表现为“我卖什么，顾客就买什么”。

如一家美国皮尔斯堡面粉公司20年代以前的口号是：“本公司旨在制造面粉”。30年代左右，它的口号改为：“本公司旨在推销面粉”。一些存货待售的企业，则更加重视推销技巧。

在这种情况下，推销观念的出现，提高了市场营销在企业经营工作中的地位，是经营指导思想的一个进步。但是，推销观念并未脱离以生产为中心，“以销定产”的范畴。因为它的着眼点仍然是产品，即仍是着眼于既定产品的推销，至于推销的产品是否满足顾客的需要，则未予以足够重视。

以上三种观念都是以企业为中心形成的，企业在营销活动中是一种典型的“由内向外”的思维逻辑。尽管每种观念与前一种观念相比都有一定的进步，但终究没有跳出以企业为中心的思维，仍然是一种卖方市场下的思维模式。

四、市场营销观念

市场营销观念，又称以消费者为中心的观念。这种观念认为，企业的一切计划与策略应以消费者为中心，正确确定目标市场的需要与欲望，比竞争者更有效地提供目标市场所要求的满足。

市场营销观念形成于20世纪50年代。战后，随着第三次科学技术革命的兴起，西方各国企业更加重视研究和开发，产品技术不断创新，新产品竞争上市。大量军工企业转向民品生产，使社会产品供应量迅速增加，许多产品供过于求市场竞争进一步激化。同时，西方各国政府相继推行高福利、高工资、高消费政策，社会经济环境出现快速变化。消费者有较多的可支配收入和闲暇时间，对生活质量的要求提高，消费需要变得更加多样化，购买选择更为指明，要求也更为苛刻。这种形势，要求企业改变以往单纯以卖主为中心的思维方式，转向认真研究消费需求，正确选择为之服务的目标市场，并以满足目标顾客的需要及其变动，不断调整自己的营销策略。也就是说，要从以企业为中心转变到以消费者（顾客）为中心。

执行市场营销观念的企业，称为市场营销导向企业。其座右铭是：“顾客需要什么，我们就生产供应什么。”市场营销观念改变了旧观念（生产观念、产品观念和推销观念）的逻辑。它要求企业营销管理贯彻“顾客至上”的原则，将管理重心放在善于发现和了解目标顾客的需要，并千方百计去满足它，使顾客满意，从而实现企业目标。因此，企业在决定其生产、经营时，必须进行市场调研，根据市场需求及企业本身的条件，选择目标市场，组织生产经营。其产品设计、生产、定价、分销和促销活动，都要以消费者需求为出发点。产品销售出去之后，还要了解消费者的意见，据以改进自己的营销工作，最大限度地提高顾客满意程度。总之，市场营销观念根据“消费者主权论”，相信决定生产什么产品的主权不在于生产者，也不在于政府，而在于消费者，因而将过去“一切从企业出发”的旧观念，转变为“一切从顾客出发”的新观念，即企业的一切活动都围绕满足消费者需要来进行。

20世纪50年代前后，美国皮尔斯堡面粉公司经过调查，了解到战后美国人民的生活方式已发生了变化，家庭妇女采购食品时，日益要求多种多样的半成品或成品（如各式饼干、点心、面包等等）来代替购买面粉回家做饭。针对消费者需求的这种变化，这家公司主动采取措施，开始生产和推销多种成品或半成品的食品，使销售量迅速上升，1958年，这家公司又进一步成立了皮尔斯堡销售公司，着眼于长期占领食品市场，着重研究今后

3 年至 30 年消费者的消费趋势，不断设计和制造新产品，培训新的销售人员。而福特汽车公司在相当长的一段时间里，由于无视消费者需求的变化，坚持生产和推销款式单一和色彩单调的汽车，使该公司的销售量日趋下降，甚至面临倒闭的危险，后来，该公司改变了营销观念，根据消费者需求特点改变了产品，推出了各种不同牌号、档次、型号和颜色的汽车，扭转了局面，打开了销路。

在这种观念的指导下，“顾客至上”“顾客是上帝”“顾客永远是正确的”“爱你的顾客而非产品”“顾客才是企业的真正主人”等成为企业家的口号和座右铭。营销观念的形成，不仅从形式上，更从本质上改变了企业营销活动的指导原则，使企业经营指导思想从以产定销转变为以销定产，第一次摆正了企业与顾客的位置，所以是市场观念的一次重大革命，其意义可与工业革命相提并论。

市场营销观念的意义具体可以体现为以下几点：

第一，企业的市场营销工作由以生产者为中心转向了以目标市场的顾客需要为中心，促进了“顾客至上”思想的实现。

第二，改变了企业的组织结构，提高了市场营销部门在企业中的地位，建立了以市场营销为中心的新的管理体制。

第三，改变了企业的经营程序和方法，企业的市场营销转化为整体性的营销活动过程，营销管理工作占据了重要的地位。

第四，销售工作由过去的高压或“硬卖”转变为诱导式的“软卖”，通过满足顾客的需求来获取利润。

由于市场营销观念符合“生产是为了消费”的基本原理，既能较好地满足市场需要，同时也提高了企业的环境适应能力和生存发展能力，因而自从被提出后便引起了广泛的注意，为众多企业所追捧，并成为当代市场营销学研究的主体。

五、社会市场营销观念

与生产观念、产品观念和推销观念相比，市场营销观念虽然是一种先进的、动态发展的观念，但是，它给企业所带来的动态发展是有限的。市场营销观念只是在“消费者—企业”两维空间中谋求动态发展，而忽视了消费者和企业所共同面对的社会环境。如果社会环境被破坏了，那么，企业和消费者都将无法继续生存，更谈不上什么发展了。所以，人们需要一种新的观念来修正或取代市场营销观念。于是，社会营销观念应运而生。社会市场观念打破了“消费者和企业二维交流的模式”，引入社会利益概念，使社会利益成为公司决策的重要因素。对社会利益的慎重考虑，可以为企业带来两方面的好处：从宏观来讲，可以保护消费者和企业生存与发展的环境，为人类社会生存价值的不断提高创造条件；从微观来讲，可以提高企业在消费者心目中的形象，从而有利于企业的生产与经营。从 20 世纪 70 年代起，随着全球环境破坏、资源短缺、人口爆炸、通货膨胀和忽视社会服务等问题日益严重，要求企业顾及消费者整体与长远利益即社会利益的呼声越来越高。社会营销观念认为，企业的任务在于确定目标市场的需要、欲望和利益，比竞争者更有效地使顾客满意，同时维护消费者和社会利益。

社会营销观念是对市场营销观念的补充与修正。市场营销观念虽然也强调消费者的利益，不过它认为谋求消费者的利益必须符合企业的利润目标，当两者发生冲突时，保障企业的利润要放在第一位。社会市场营销观念的基本观点是：把实现消费者满意以及消费者和社会公众的长期福利作为企业的根本目的与责任。理想的市场营销决策应同时考虑到：消费者的需求与愿望，消费者和社会的长远利益，企业的营销效益。

如贝因美发现许多中国家长因为缺乏育儿知识方面的科学的指导，并不能真正地判断什么样的食品是自己的孩子所需要的，从而影响了孩子的成长。贝因美就看到了实现社会利益和企业效益双赢才是真正可行的发展道路，在这样的认识的基础上，贝因美从诞生开始就确定了走社会营销的道路，通过运用丰富的社会手段来发现、引导消费者的需求并予以满足。贝因美提出了"育婴工程"的概念，竭力完善这个概念的内涵和外延，并运用这个概念进行了有效的市场推广。从而在一个制高点上实现了社会利益和企业利益的统一，巧妙地避开了国外品牌以巨大资金为后盾的强大的广告攻势，在十几年的企业发展中不断在市场取得胜利。

（案例来源：贝因美　一个婴童王国的诞生，中国论文网节选）

学习任务四　市场营销学的研究

一、市场营销学的性质

（一）市场营销学是一门科学，概括起来，大致分为三种观点

第一种观点认为：市场营销学不是一门科学，而是一门艺术。他们认为，工商管理（包括市场营销学在内）不是科学，而是一种教会人们如何作营销决策的艺术。

第二种观点认为：市场营销学既是一种科学，又是一种行为和一种艺术。这种观点认为，管理（包括市场营销学）不完全是科学，也不完全是艺术，有时偏向科学，有时偏向艺术。当收集资料时，尽量用科学方法收集和分析，这时科学成分比较大，当资料取得以后，要做最后决定时，这时艺术成分就大一点，由于主要是依据企业领导者的经验和主观判断，这时便是艺术。这种双重性观点，主要问题在于将市场营销同市场营销学混同起来了。市场营销是一种活动过程、一种策略，因而是一种艺术。市场营销学是对市场营销活动规律的概括，因而是一门科学。

第三种观点认为：市场营销学是一门科学。这是因为市场营销学是对现代化大生产及商品经济条件下工商企业营销活动经验的总结和概括，它阐明了一系列概念、原理和方法。市场营销理论与方法一直指导着国内外企业营销活动的发展。

（二）市场营销学是一门应用科学

市场营销学是一门经济科学，还是一门应用科学，学术界对此存在两种观点：一种是少数学者认为市场营销学是一门经济科学，是研究商品流通、供求关系及价值规律的科

学。另一种观点认为市场营销学是一门应用科学。无疑，市场营销学是于20世纪初从经济学的“母体”中脱胎出来的，但经过几十年的演变，它已不是经济科学，而是建立在多种学科基础上的应用科学。美国著名市场营销学家菲力浦·科特勒指出：“市场营销学是一门建立在经济科学、行为科学、现代管理理论之上的应用科学。”（《市场营销学原理》第10版，清华大学出版社）因为“经济科学提醒我们，市场营销是用有限的资源通过仔细分配来满足竞争的需要；行为科学提醒我们，市场营销学是涉及谁购买、谁组织，因此，必须了解消费者的需求、动机、态度和行为；管理理论提醒我们，如何组织才能更好地管理其营销活动，以便为顾客、社会及自己创造效用”（《市场营销学原理》第10版，清华大学出版社）。

（三）市场营销学既包括宏观营销学又包括微观营销学

美国著名市场营销学家麦卡锡在其代表作《基础市场学》中明确指出：“任何商品经济社会的市场营销均存在两个方面：一个是宏观市场营销；另一个是微观市场营销。”宏观市场营销是把市场营销活动与社会联系起来，着重阐述市场营销与满足社会需要、提高社会经济福利的关系，它是一种重要的社会过程。宏观市场营销的存在是由于社会化大生产及商品经济社会要求某种宏观市场营销机构及营销系统来组织整个社会所有的生产者与中间商的活动，组织整个社会的生产与流通，以实现社会总供需的平衡及提高社会的福利。微观市场营销是指企业活动或企业职能，是研究如何从顾客需求出发，将产品或劳务从生产者转到消费者手中，实现企业盈利目标。它是一种企业经济活动的过程。

西方国家受资本主义私有制的局限，其学术界主要是研究企业的微观营销，对宏观营销研究不十分重视，即使对宏观营销进行研究，也不是从实现社会总供需平衡的角度来研究，而只从客观角度来研究企业营销的总体作用。我国实行的是以社会主义公有制为主体的、多种经济成分并存的社会主义市场经济，国家实行宏观计划调控，因而从微观及宏观两个角度来研究市场营销就非常重要了。

二、市场营销学的研究对象

市场营销学的研究对象为：以市场为导向的企业市场营销活动及其规律性。具体来说，市场营销学的全部研究都是以产品适销对路、扩大市场销售为中心而展开的，并为此提供理论、思路和方法。它的核心思想是企业必须面向市场、面向消费者、适应不断变化的环境并及时做出正确的反应。企业必须发挥自身的优势，比竞争者更好地为消费者或用户提供令人满意的各种商品或服务，并且要用最少的费用、最快的速度将产品送达用户手中。企业应该而且只能在消费者或用户的满足之中实现自己的各项目标。

三、市场营销学的研究意义

（一）市场营销对企业发展的作用

从微观角度看，市场营销是连接社会需求与企业反应的中间环节，是企业用来把消费者需求和市场机会变成有利可图的公司机会的一种行之有效的方法，也是企业战胜竞争

者、谋求发展的重要手段与方法。

1. 发现和了解消费者的需求

企业只有通过满足消费者的需求，才可能实现企业的目标。因此，发现和了解消费者的需求是市场营销的首要功能。

2. 指导企业决策

企业决策正确与否是企业成败的关键。企业通过市场营销活动，分析外部环境的动向，了解消费者的需求和欲望，了解竞争者的现状和发展趋势，结合自身的资源条件，指导企业在产品、定价、分销、促销和服务等方面做出相应的、科学的决策。

3. 开拓市场

企业市场营销活动的另一个作用就是通过对消费者现在需求和潜在需求的调查、了解与分析，充分把握和捕捉市场机会，积极开发产品，建立更多的分销渠道及采用更多的促销形式，开拓市场，增加销售。

4. 满足消费者的需要

企业通过市场营销活动，从消费者的需求出发，并根据不同目标市场的顾客，采取不同的市场营销策略，合理地组织企业的人力、财力、物力等资源，为消费者提供适销对路的产品，搞好销售后的各种服务，让消费者满意。

（二）市场营销学对社会发展的意义

从宏观角度看，一方面，市场营销学强调适时、适地，以适当价格把产品从生产者传递到消费者手中，求得生产与消费在时间、地区的平衡，从而促进社会总供需平衡；另一方面，市场营销学通过指导社会营销活动，引导生产与消费，满足整个社会的需求，对实现我国现代化建设，发展我国各领域的经济起着巨大的作用。主要体现在以下几个方面：

1. 促进产品的适销对路，提高社会经济效益

成功的市场营销可减少滞销产品的生产，促进产品的适销对路，从而加快产品的周转和销售，减少产品的积压，减少资金的占用，节约有效劳动，将会大大提高社会的经济效益。

2. 引导消费者的需求，提高人民生活水平

有效的市场营销不仅能成功地销售产品，并且在产品的宣传过程中传播了新观念。当人们接受了新的流行时，一种新的价值观往往在他们身上潜移默化地起着作用，使原有的习俗、价值观念和社会规范发生一定变化，并直接影响艺术、文化、政治等社会生活的各个方面，从而提高了人民的生活水平，推动了社会发展。

3. 发展市场营销，加强第三产业的发展

第三产业在社会主义经济的发展中起着重要的作用，没有第三产业的发展，整个经济就不可能得到健康的发展。而市场营销尤其是服务市场营销是第三产业得以发展的重要条件与内容。树立市场营销的观念，努力提高服务质量和顾客满意度，我们的服务市场才会不断地壮大发展，社会主义经济才会健康稳定协调地发展。

4. 创造国际市场营销环境，促进我国经济发展

现代市场具有国际化和全球化的特点，任何一个国家的经济发展都离不开国际市场。

搞好市场营销有利于吸引外商来我国进行贸易与投资，也有利于我国企业进入国际市场，参与国际市场竞争，加速我国经济发展。

四、市场营销管理过程

市场营销管理过程就是企业为实现目标和任务而发现、分析、选择和利用市场机会的管理过程。包括以下四个步骤：

发现和评价市场机会→选择目标市场→确定市场营销组合→营销活动的管理

（一）分析市场机会

市场营销学认为，寻找、分析和评价市场机会是市场营销管理人员的主要任务，也是市场营销管理的首要步骤。

假设某大城市的市民和旅客需要快餐，而饮食公司、百货公司和旅游公司三家都想利用这种市场机会经营快餐。我们假设经营快餐必须具备 4 个条件：①有一定资金；②有生产经营快餐必需的店铺、设备、原料；③有生产经营快餐业务的技术；④在广大消费者中有一定的信誉。通过分析，饮食公司完全具备这 4 个条件，因此，它在经营快餐上有最大的优势，而享有最大的差别利益，生产经营快餐这种有吸引力的市场机会能成为它的企业机会。而百货公司只具备①②④ 3 个条件；旅游公司只具备①② 2 个条件。

（二）选择目标市场

目标市场，就是企业决定要进入的那个市场部分或亚市场，也就是企业拟投其所好、为其提供服务的颇为相似的那个顾客群。

（1）任何产品的市场都有许多顾客群，他们各有不同的需要，而且他们分散在不同的地区。

（2）任何企业都不能很好地满足所有的顾客群的不同需要。

（3）为了提高企业的经济效益，企业必须细分市场，并且根据自己的任务和目标、资源及特长等权衡利弊，决定进入哪个或哪些市场部分，为哪个或哪些顾客群服务。

（三）确定市场营销组合

市场营销组合是现代市场营销理论中的一个重要概念，概括为 4 个可控制的基本变量（4p）：

产品（Product）——代表企业提供给目标市场的货物和劳务的组合。包括：产品质量、外观、买卖权、式样、品牌名称、包装、尺码或型号、服务、保证等。

定价（Price）——代表顾客购买商品时的价格。包括：价目表所列的价格、折扣、让价、支付期限、信用条件等。

渠道（Place）——代表企业使其产品可进入和到达目标市场所进行的种种活动。包括：渠道选择、仓储运输等。

促销（promotion）——代表企业宣传介绍其产品的优点和说服目标顾客来购买其产品所进行的种种活动。包括：广告、人员推销、营业推广、公共关系。

市场营销组合应成为一个有机的整体，如图 1-3 所示。

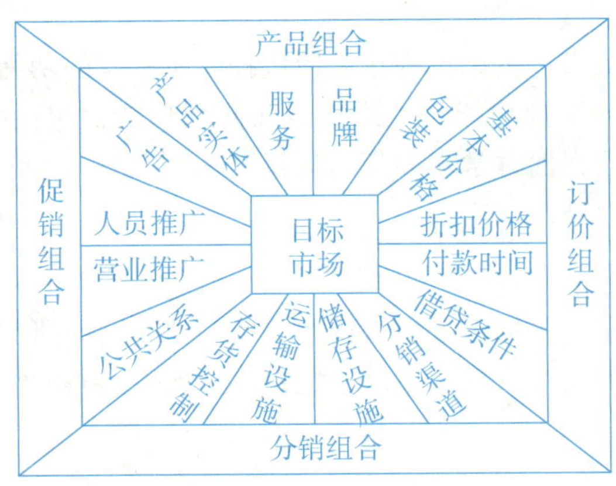

图 1-3 市场营销组合

因此，市场营销条件相同，但不同的企业就有不同的营销组合。企业进行整体营销活动，必须针对目标市场的要求，协调内部的人力、物力资源，考虑外部环境因素，从中选择最佳的组合。

把企业的市场营销因素分为可控制因素和不可控制因素，以及把可控因素（产品、定价、渠道、促销）概括为 4P 理论，在西方已有 40 年之久。近年来，在国际市场竞争激烈，许多国家政府干预加强和贸易保护主义再度兴起的新形势下，美国市场营销学家菲利浦·科特勒从 1984 年以来提出了一个新的理论，他认为企业能够影响自己所处的市场营销环境，而不应单纯的顺从和适应环境。因此，他提出以下“10PS”理论。

战略上的 4PS：探索、分割、优先、定位。

战术上的 4PS：产品、定价、渠道、促销。

大市场营销 2PS：政治力量和公共关系。

这就是说，要运用战略上的、战术上的及政治力量和公共关系，打破国际或国内市场的贸易壁垒，为企业的市场营销开辟道路。他把这种新的战略思想叫作“大市场营销”，符合经济全球化的思想。

五、市场营销学的研究方法

（一）传统研究法

1. 产品研究法

产品研究法即对产品，如农产品、机电产品、纺织品等分门别类的研究方法。其优点是具体使用，缺点是有许多共同的方面造成重复。这一方法的研究结果，形成各大类产品的市场营销学，如农产品市场营销学。

2. 机构研究法

机构研究法即对分销系统的各个环节（机构），如生产者、代理商、批发商、零售商等进行研究的方法。侧重分析研究流通过程的这些环节或层次的市场营销问题。其结果形成批发学、零售学等。

3. 职能研究法

职能研究法是从分析市场营销机构在营销过程中所具有的功能或作用来研究市场营销学。市场营销的功能分为交换功能、供给功能和便利功能，包括购、销、存、运、金融、保险、信息等。这一方法在西方学术界颇为流行。

优点：具有普遍性而被广泛应用。

（二）历史研究法

历史研究法是从发展变化过程来分析阐述市场营销问题的研究方法。市场营销学者一般都重视研究对象的历史演变过程，但也不把它作为唯一的研究方法。

（三）管理研究法

管理研究法是从管理决策的角度来研究市场营销学。从管理决策的角度看，企业的市场营销受两大因素影响：

1. 不可控因素（环境因素）

可控因素包括人口、经济、自然、政治、法律、技术、文化。

2. 可控因素

可控因素包括产品开发、品牌商标、包装、定价、渠道选择、促销等。

因此，管理研究法就是企业按照目标市场的需要，全面分析研究其外部环境因素，同时考虑企业自身的资源条件和企业目标，选择最佳的市场营销组合，以扩大销售，提高市场占有率，提高经济效益，增加盈利。这种方法是研究市场营销学的主要方法。

（四）系统研究法

系统研究法这是一种将现代系统论与方法运用于市场营销学研究的方法。在管理导向的营销研究中，这一方法通常结合起来采用。

六、市场营销理论新发展

随着企业营销实践的发展，营销理论也经历近百年的发展和演变，营销理论沿着管理实践继续向前发展。由于科学技术的发展，企业间竞争更加激烈，为了获得竞争优势需要新的营销理论指导企业的营销实践，导致传统营销理论产生了革命性变革。

（一）绿色营销

绿色营销是指企业在营销活动中，谋求消费者利益、企业利益与环境利益的协调，既要充分满足消费者的需求，实现企业利润目标，也要充分注意自然生态平衡。绿色营销以保护全球资源、生态和维持人类健康为宗旨，是社会营销观念的具体化、系统化。在产品方面，绿色营销强调节约生产资源，防止品质污染，反对过度包装；在定价方面，政府对绿色产品实行优惠的税收、成本政策；在分销方面，注重卫生、安全的物流管理；在促销方面，依靠社会公益性组织和活动展开推广计划。近年来，国际、国内营销学界已陆续出版了许多这方面的书著，绿色营销的分析研究正由一个新的概念向系统的营销学分支演变。绿色营销与传统营销相比，具有以下特征。

1. 绿色消费是开展绿色营销的前提

消费需求由低层次向高层次发展，是不可逆转的客观规律，绿色消费是较高层次的消费观念。人们的温饱等生理需要基本满足后，便会产生提高生活综合质量的要求，产生对清洁环境与绿色产品的需要。

2. 绿色观念是绿色营销的指导思想

绿色营销以满足绿色需求的中心，为消费者提供能有效防止资源浪费、环境污染及损害健康的产品。绿色营销所追求的是人类的长远利益与可持续发展，重视协调企业经营与自然环境的关系，力求实现人类行为与自然环境的融合发展。

3. 绿色体制是绿色营销的法制保障

绿色营销是着眼于社会层面的新观念，所要实现的是人类社会的协调持续发展。在竞争性的市场上，必须有完善的政治与经济管理体制，制定并实施环境保护与绿色营销的方针、政策，制约各方面的短期行为，维护全社会的长远利益。

4. 绿色科技是绿色营销的物质保证

技术进步是产业变革和进化的决定因素，新兴产业的形成必然要求技术进步，但技术进步如背离绿色观念，其结果有可能加快环境污染的进程。只有以绿色科技促进绿色产品的发展，促进节约能源和资源的可再生、无公害的绿色产品的开发，才是绿色营销的物质保证。

（二）整合营销

整合营销是指以消费者为核心，综合营销过程中的各种利害关系体，整合各种营销工具，以统一的目标和统一的传播形象，传播一致的产品信息，从而使营销作用长期化、最大化。简单地说，整合就是通过市场手段使产品与消费者的沟通“更好、更有效率”。整合营销的目的是让沟通更好，更有效率，而沟通的双方即买卖双方，沟通的实质性东西是产品、传播和销售，这也是整合营销中需要整合的东西。因此，我们可以更为直白、明确地描述整合营销：通过整合产品、传播和销售，使企业和消费者沟通更好。

（三）关系营销

关系营销是指以系统论为基本思想，将企业置身于社会经济大环境中来考察企业的市场营销活动，认为企业营销乃是一个与消费者、竞争者、供应商、分销商、政府机构和社会组织发生互动作用的过程。

关系营销是为了满足顾客需要，获得顾客的忠诚，企业与各个相关利益者，通过一系列的合作或配合创造各方亲密的相互依赖关系，同时实现各方目标的过程。

1. 关系营销的实质和核心

关系营销的实质是在买卖关系的基础上建立非交易关系，以保证交易关系能够持续不断地确立和发生。科特勒认为：企业营销应成为买卖双方之间创造更亲密工作关系和相互依赖关系的艺术。

关系营销的核心是建立和发展同利益相关者兼顾双方利益的长期关系。企业作为一个开放的系统从事活动，不仅要关注顾客，还应注意大环境的各种关系：企业与客户的关系、与上游企业的关系、企业内部关系及与竞争者、社会组织和政府之间的关系。其中与顾客的关系是关系营销的核心和归宿。

2. 关系营销的实现手段

顾客关系是企业至关重要的外部关系，是企业的生命线。关系营销非常重视顾客关系的管理，强调充分利用现有资源，为顾客服务，努力留住老顾客。因此，顾客服务是关系营销的基本手段。

关系营销是美国营销学者巴巴拉·杰克逊于1985年首先提出的，菲利普·科特勒在其《营销管理》第6版也有论述，从20世纪80年代起迅速风靡全世界。它是现代西方营销理论与实践在传统的“交易型营销”基础上的一个发展和进步。

(四) 网络营销

网络营销是指电子商务在市场营销上的应用，也就是通过电子信息网络进行市场营销，因特网成为市场营销的新途径，因而，网络营销又称为电子营销。网络营销的特点如下：

1. 网络互动式营销

网络营销区别于传统营销的最大显著的特点是网络的互动性。卖方可以随时随地与买方互动式地交易，而买方也可以一种新的方式与卖方互动交流。这种交流是双向的，而非单向的。为了更好地实行网络营销，企业要能够掌握互动营销的两个要点：一是网络营销传递信息的花费远比传统营销方式低廉得多。这对于着重提供大量信息，需要大量零售售货员的企业来说，互动媒介无疑是威力强大又经济的工具。另一点是需要消费者化被动为主动。消费者是否有主动查询信息的动机将是互动式营销能否有效发挥其潜力的关键性因素，在消费者搜寻信息动机强烈的市场中，互动式媒介是强有力的营销工具，其力量超过零售商店等传统营销方式。因此，在网络互动式营销中，企业只有树立良好的品牌形象吸引消费者的注意力，才能使消费者主动寻找你的商品和服务信息。

2. 网络整合营销

在网络营销中，企业和消费者之间的关系变得非常紧密，甚至牢不可破，这就形成了“一对一”营销关系。我们把这种营销框架称为网络整合营销，它始终体现了以消费者为出发点及企业和消费者不断交互的特点，它的决策过程是一个双向过程。这种个性化的“一对一”营销使消费者个性消费方式与网络个性营销方式结合，在满足个性消费需求的要求之下，企业必须严格地执行以消费者需求为出发点，以满足消费者需求为归宿点的现代市场营销思想。这样，网络营销首先要求把消费者整合到整个营销过程中来，从他们的需求出发开始整个营销过程。

3. 网络定制营销

互联网将逐渐影响消费者的期望，改善销售商和消费者的关系，随着厂商对消费者了解的增多，销售信息将变得更加定制。网络营销不断发展使大量销售转向定制的销售，而一些大企业也通过建立内部网来提供这一服务。通用汽车公司别克牌汽车制造厂提供网络定制营销服务，让客户在网上选择汽车部件，组装汽车模型，可以利用相关软件计算价格和设计建立模拟车辆，还可以继续更换部件，直到最终满意为止，然后填写订单。

4. 网络“软营销”

网络营销是一种“软营销”，与软营销相对的是工业化大规模生产时代的“强势营销”。在传统营销中，最能体现强势营销特征的有两种促销手段：不断“轰炸”式的传统广告和“敲门”式的人员推销。“软营销”是相较于“强势营销”而言的，企业以亲切、友善的方式进行推广和宣传自身及其产品和服务，淡化营销过程中的商业目标和野心，去掉直白的广告轰炸和告白，能够站在消费者角度，贴近消费者心理和动机，尊重消费者的感受和体验，和消费者站在一起道出消费者的心声和意见，一字一句都为着消费者的利益着想。

常用的“软营销”的形式表现为“软文”，比如在微博上传播的一篇名叫“喝了这么多年，原来我们喝的是‘奶罐头’”的文章，该文对通过有震撼力对的标题吸引读者，本是一篇识别好牛奶的科普文章，确不经意的配上了“好一多”品牌的奶盒子图片，巧妙地突出该品牌牛奶的优异品质，广告内容自然融入，并没有引起用户的反感。概括说来，软营销的主动方是消费者而强势营销的主动方是企业。个性化消费需求的回归也使消费者在心理上要求自己成为主动方，而网络的互动特性又使主动方真正成为可能。

小　结

（1）通过本章的学习，读者可以对市场有一个较为完整的认识，市场的含义和分类、市场营销的含义及相关概念。掌握市场营销的最终目标与核心；理解需要和需求、效用和费用、交换和交易的区别。

（2）市场是建立在社会分工和商品生产基础上的交换关系。市场营销是个人和群体通过创造并同他人交换产品和价值以满足需求和欲望的一种社会过程和管理过程。市场营销观念是指企业在一定时期、一定生产技术和市场环境条件下，进行全部市场营销活动，正确处理企业、顾客和社会三者利益关系的指导思想和行为的根本准则。其核心是如何处理企业、顾客和社会三方的利益关系。以此为标准，市场营销观念经历了生产观念、产品观念、推销观念、市场营销观念和社会市场营销观念五种观念。

（3）市场营销组合是指公司可控制的一组营销变量，公司可综合运用这些变量以实现其营销目标。营销组合包括公司为满足顾客需求所进行的所有活动，最具名声的营销组合是4Ps。

同步测试

一、思考题

1. 如何准确理解市场营销的含义？
2. 市场营销学是怎样形成和发展的？
3. 生产观念与产品观念有何不同？

4. 如何理解彼得·德鲁克所言：“营销的目的就是要使推销成为多余”？

二、案例分析题

福特的经营观念

美国汽车大王福特，在生产他那闻名世界的T型汽车时，步入了自我意识的陈旧观念泥潭，从而使福特汽车公司在20世纪20年代初期处于无所适从的十字路口。

1908年，福特突然宣布，他的公司日后将只生产一种汽车即T型汽车。T型汽车在当时的确集中了先前所有各种型号汽车的最优良的特点。而且直到第一次世界大战临结束，T型车的销售量逐年增加，而价格则逐年下降。对于这种汽车的赞扬声来自四面八方，甚至美国税务上税委员会也在1928年回顾说，T型车“是一种很好的经济实惠的汽车。它的声誉极好，各阶层的人都使用它。它是市场上最便宜的汽车，而按它的价格来说，它的实用价值又超过任何别的汽车。T型车市场的需求量比任何公司的汽车市场需求量都大。”

然而，对于在发生变化的汽车工业中的竞争条件，以及逐渐增长的城市居民的多样化消费需求心理，福特的适应能力则要差一点了。第一次世界大战后，经济繁荣了一阵子，到1920~1921年出现了大衰退。福特通过大幅度降低成本勉强渡过了这个难关。但是，20世纪20年代初期的汽车市场竞争激烈，主要来自占市场销售额大约20%的通用汽车公司。通用公司希望继续扩大它的市场占有额，它增加了产品系列，利用独立部门销售，以适应不同的市场；雪佛莱是低价车，接着是别克、奥尔兹和庞蒂别克，最后则是最为昂贵和豪华的凯迪拉克。

补锅匠出身的老福特认为，对付竞争的唯一办法，是遵循洛克菲勒和卡内基的先例，降低T型汽车的成本。这一方针的焦点是在底特律附近鲁日河边建立一个巨大的中心生产工厂，一年365天，天天都能以较低的成本生产出更多的汽车。然而，到1923年，情况已经很清楚，福特的低价政策并没有吸引买主，福特的个人统治为他带来的好处也不及通用公司权力分散的管理制度为扩大销售量带来的好处。

通用公司扩展市场的策略集中于美国人买车的赊购方法及更重要的生活习惯——每一两年改变一下汽车的式样。而在福特的生产和经营观念中，这是十足的邪门歪道。福特汽车公司的高级职员敦促福特改变他的基本方针，以便更好地对付竞争。甚至福特的夫人也劝告福特不要再固执己见。但是福特拒绝了，他争辩道：“我们希望造出某种永远能用下去的机器，我们希望买了我们一件产品的人永远不需要再买另一件。我们决不会作出使先前样式废弃不用的任何改进。”

他这样做的直接后果是他的大多数助手纷纷离去以及销售量的大幅度下降。到1927年，他把所有34家工厂关闭6个月，以便重新安排生产。但是关闭以后整整有一年时间生产没有全面展开。到1936年，在轿车销售量方面，它屈居第三，排在通用公司（占34%）和克莱斯勒（占25%）之后。1927年以后，通用汽车公司的实力表现在每年大张旗鼓地介绍新式汽车，研究及试制行驶性能更好的封闭汽车，以及精明老练地处理二手车的业务。而福特则喜欢取笑这些科学的管理制度。他把组织系统表比作一棵树，认为“结满累累的果实，每个果子上写了一个人或一个机构的名字，每个人都有头衔和一些职责，他们都严格受到果实大小的限制……”一个下级职员要把信息传递给董事会主席或总裁大

约需要6个星期，而到那个时候，他要报告的事很可能已成为历史。亨利·福特不仅仅是补锅匠，他是处于农村和城市之间的美国人的代表性人物。他的价值标准根植于农村，他所理解的城市，大规模生产的价值，是越来越多人买得起这些产品（T型车在1925年达到290美元的历史最低价），买卖中不做手脚，以及卖主和买主的长久关系，他提供服务也大体上符合农村的良好传统。然而，对于T型车而言，福特收到了最糟的宣传效果——不满意的顾客。因为有些城市的价值标准同农村的价值标准是掺和不起来的。

降低汽车价格是有限度的，这种限度却很少适用于西尔斯、彭尼、洛克菲勒和卡内基出售的低价商品。因为人们的价值观念和消费观念是变化的，而且是迅速变化的，到20年代，汽车已成为美国人个性的延伸。随着城市居民第一次超过农村居民，美国人发出了要求体现个性的呼声，而这在渴望自由呼吸的城市大街上拥挤的人群中曾受到长期的压抑。统一样式的T型汽车，用福特本人的说法就是："任何顾客都可以把它的车子漆上他喜欢的颜色，只要它是黑色的就行。"而通用汽车公司的口号则是："为不同经济能力的人和不同用途提供汽车。"在这样的口号下，通用汽车公司提供给顾客的是大家都买得起的形形色色的汽车。而福特公司在老福特的错误观念引导下，一直只生产一种型号的汽车，甚至只生产一种颜色——黑色的汽车，终于导致了它在当时激烈的市场竞争中败下阵来。直到1947年福特逝世以后，他的公司改变策略，才重新获得了它早期那种在经济上的领先地位。

思考题

1. 如果你是福特汽车公司的一名主管人员，请设想有什么办法可以使固执的老福特改变主意？

2. 请简要评价福特公司的经营观念。

项目二　市场营销战略

学习目标

理解竞争者的识别和竞争者分析的步骤；

理解市场营销的稳定、发展、竞争几种战略；

了解市场领导者、市场挑战者、市场跟随者及市场利基者的战略；

掌握市场营销战略的含义、掌握如何根据企业所处行业地位，选择适当的营销战略。

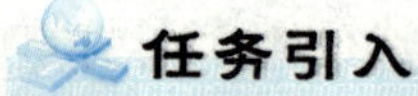

任务引入

哈尔滨“中央大街”药店大战案例

哈尔滨中央大街上演了一幕药品价格大战。2000 年 12 月 7 日，位于中央大街南端的宝丰药品总汇刚刚开业，就扔出了一枚“重磅炸弹”——总体价位低于同行 40%～50%。与其相邻的两家老药店——隶属于哈尔滨市医药公司的同泰连锁店中央大药房和隶属于哈尔滨市药材公司的人民连锁店中央大街药房立即应战，首先是回应价格战，其次是大打店面战、服务战和质量战。

宝丰并没有获取什么高额利润，但却在这条街上同两家老店（后来医药公司又开了一家叫作康泰的药品超市）三分天下，并为以后企业的发展打下了良好的基础。当然，药品价格虚高是综合因素造成的，仅仅从零售终端来探讨药品价格问题是不公平的。我们只是希望透过中央大街的药品价格战案例，来提高业内外企业对竞争的更加理性的认识。

1. 中央大街“开战”

在“宝丰”出现以前，哈尔滨药品零售市场基本上是医药公司和药材公司的天下，两个公司旗下的零售连锁店——“同泰”和“人民”，分别拥有 40 多家的零售网点。宝丰开业的第二天，“同泰”和“人民”分别打出大幅广告，宣布所售药品全线降价，让利于民。次年 5 月，医药公司又在宝丰对面开了一家面积在二三千平方米的康泰药品超市，针对宝丰展开竞争。

在价格战中，跟进者的成本要远远高于发起者，但在一个高度同质的市场，竞争者发起价格战，除了跟进，又别无选择，这就注定了价格战中的参与各方是一个长期博弈的过程。同泰中央大药房打出的广告是“全场商品最低价销售”；宝丰的广告是“为老百姓节省每一分钱”；人民药店广告是“全场药品进价销售”。

统计部门提供的资料显示：仅1至9月，哈尔滨市西药价格累计比去年同期下降8.3%，其中，在人民药店，一盒双黄连口服液，原价18元，现价是7.2元；一盒急支糖浆，原价7.4元，现价4.2元；在同泰中央大药房，一盒同仁堂的乌鸡白凤丸原价16元，现价是11.5元，在宝丰，一盒7.8元的逍遥丸卖4.8元。

另外，在康泰药品超市和宝丰，一楼的各个药品展示台前是人来人往，二楼付款处还要排队，据说在周末和每天的高峰时间，人比平时还要多1倍。

2. 价格战外的“大战”

人们都说价格竞争是商战中最低级的竞争，建立在价格竞争之上的，必然是质量的竞争和服务的竞争。

店面战。中央大街上的几家药店像大百货商场一样宽敞、明亮，留有足够大的顾客浏览、休闲空间。宝丰和康泰的商品摆放非常新颖，说超市不是超市，说封闭式柜台又不是柜台。一楼的展区将5 000余种药品充分展示，有整齐的开放式货架排列，也有环岛式的商品展示，给顾客充分贴近商品的机会。顾客进门来，如有需要，分立两厢的导购小姐会热情导购。在康泰，还辟出大片店面，作为顾客健康咨询中心。

宝丰也准备辟出三楼空间，搞一个老年健身中心，为老年人提供健身、娱乐设施和健康保健咨询。

质量战。同泰连锁店早在去年就通过了ISO9002质量体系认证，今年又顺利通过GSP认证，成为全国首批、黑龙江省首家通过GSP认证的企业；宝丰也于今年10月通过了ISO9001（2000版）质量体系认证，并正在积极准备明年申报GSP认证。

服务战。购物完毕，顾客都会得到一张信誉卡，凭此卡顾客可以无条件退货，发现假药可以索赔。人民药店还承诺顾客买到一次假药可获得赔偿2万元。在中央大药房，有免费煎药，24小时售药、免费邮购药品等14项服务措施，这样的服务也是哈尔滨市各大药房的共同承诺。

3. 为什么要打价格战

率先发动价格战的轰动效应是把牌子打响了。在哈尔滨的药品价格战中，宝丰无疑是收获最大的商家。民营药店率先打破游戏规则，让同泰和人民两家国有连锁公司猝不及防，只有仓促跟进。

4. 药价是如何降下来的

首先，压缩中间环节，直接从厂家进货。

其次，店面上规模，进货批量大。除了同泰、人民两家具有连锁的规模优势外，哈市新开的几家药店规模都在一千平方米以上，宝丰、康泰药品超市均有二三千平方米的营业面积，经营品种有四五千个。

最后，由于药店扎堆开，人气旺，薄利达到多销。销售量大，库存少，资金高效运作，形成良性循环。

5. 价格战的底线在哪里

主动挑起价格战的宝丰认为，价格战是市场竞争的必然阶段。但是价格战是把双刃剑，它可以克敌，也可以伤己。

同泰连锁店是全国较早开展联销经营的药品零售企业，也是黑龙江省首家通过GSP认证的企业经营上的亏损局面使公司的发展计划成为泡影。人民连锁店虽然在价格战中竭尽全力，在服务举措上推陈出新，比如免费送药等，已显露颓势。

一直坚称自己是良性运作、有利可赚的宝丰也不得不承认，10%的毛利对药品经营企业是太低了点。

（案例来源：有效营销网）

"战争是流血的政治，营销是流血的经济"，企业在市场中的不同地位，决定了其市场营销战略的不同，企业应根据自己所处的地位，采取有效的防御和竞争手段。市场竞争是市场经济的基本特征，正确的市场竞争战略，是企业成功地实现其市场营销目标的关键。企业要想在竞争激烈的市场中立于不败之地，获得竞争优势，不仅要考虑目标消费者的需求，还要树立竞争观念，制定正确的市场竞争战略，努力取得竞争的主动权。

学习任务一　竞争者分析

企业要制定正确的竞争战略和策略，就要做到"知己知彼"，即要深入了解竞争者。需要了解的主要方面有：谁是我们的竞争者，他们的战略和目标是什么，他们的优势是什么，他们的反应模式是什么，我们应当攻击谁、回避谁。其步骤如图2-1所示。

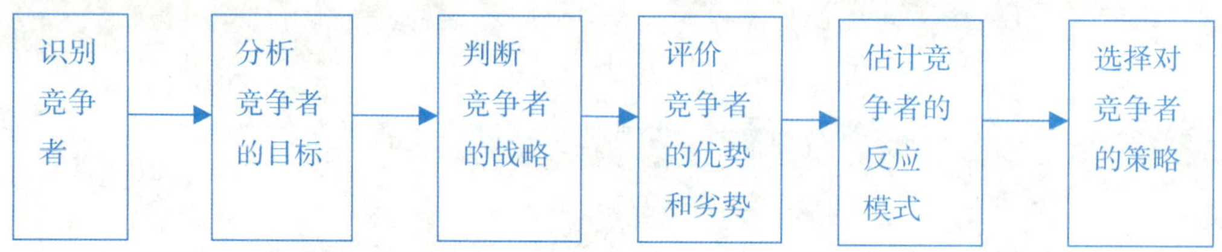

图2-1　分析竞争者的步骤

一、识别竞争者

企业参与市场竞争，不仅要了解谁是自己的顾客，而且还要弄清谁是自己的竞争对手。从表面上看，识别竞争者是一项非常简单的工作，但是，由于需求的复杂性、层次性、易变性，技术的快速发展和演进、产业的发展使得市场竞争中的企业面临复杂的竞争形势，一个企业可能会被新出现的竞争对手打败，或者由于新技术的出现和需求的变化而被淘汰。企业必须密切关注竞争环境的变化，了解自己的竞争地位及彼此的优劣势，只有知己知彼，方能百战不殆。

我们可以从不同的角度来划分竞争者的类型。

（一）从产品替代性识别竞争者

1. 品牌竞争者

企业把同一行业中以相似的价格向相同的顾客提供类似产品或服务的其他企业称为品牌竞争者。如家用空调市场中，生产格力空调、海尔空调、三菱空调等厂家之间的关系。

品牌竞争者之间的产品相互替代性较高，因而竞争非常激烈，各企业均以培养顾客品牌忠诚度作为争夺顾客的重要手段。

2. 行业竞争者

企业把提供同种或同类产品，但规格、型号、款式不同的企业称为行业竞争者。所有同行业的企业之间存在彼此争夺市场的竞争关系。如家用空调与中央空调的厂家、生产高档汽车与生产中档汽车的厂家之间的关系。

3. 需要竞争者

提供不同种类的产品，但满足和实现消费者同种需要的企业称为需要竞争者。如航空公司、铁路客运、长途客运汽车公司都可以满足消费者外出旅行的需要，当火车票价上涨时，乘飞机、坐汽车的旅客就可能增加，相互之间争夺满足消费者的同一需要。

4. 愿望竞争者

提供不同产品，满足消费者的不同愿望的企业称为愿望竞争者。如很多消费者收入水平提高后，可以把钱用于旅游，也可用于购买汽车，或购置房产，因而这些企业间存在相互争夺消费者购买力的竞争关系，消费支出结构的变化，对企业的竞争有很大影响。

显然，前两类竞争者都是同行业的竞争者。上述不同的竞争对手，与企业形成了不同的竞争关系。这些不同的且不断变化着的竞争关系，是企业开展营销活动必须考虑的十分重要的制约力量。

（二）从企业所处的竞争地位来看，竞争者的类型有

1. 市场领导者（leader）

市场领导者指在某一行业的产品市场上占有最大市场份额的企业。如柯达公司是摄影市场的领导者，宝洁公司是日化用品市场的领导者，可口可乐公司是软饮料市场的领导者等。市场领导者通常在产品开发、价格变动、分销渠道、促销力量等方面处于主宰地位。市场领导者的地位是在竞争中形成的，但不是固定不变的。

2. 市场挑战者（challenger）

市场挑战者指在行业中处于次要地位（第二第三甚至更低地位）的企业。如富士是摄影市场的挑战者，高露洁是日化用品市场的挑战者，百事可乐是软饮料市场的挑战者等。市场挑战者往往试图通过主动竞争扩大市场份额，提高市场地位。

3. 市场追随者（follower）

市场追随者指在行业中居于次要地位，并安于次要地位，在战略上追随市场领导者的企业。在现实市场中存在大量的追随者。市场追随者的最主要特点是跟随。在技术方面，它不做新技术的开拓者和率先使用者，而是做学习者和改进者。在营销方面，不做市场培育的开路者，而是搭便车，以减少风险和降低成本。市场追随者通过观察、学习、借鉴、

模仿市场领导者的行为，不断提高自身技能，不断发展壮大。

4. 市场利基者（nichers）

市场利基者多是行业中相对较弱小的一些中、小企业，它们专注于市场上被大企业忽略的某些细小部分，在这些小市场上通过专业化经营来获取最大限度的收益，在大企业的夹缝中求得生存和发展。市场利基者通过生产和提供某种具有特色的产品和服务，赢得发展的空间，甚至可能发展成为“小市场中的巨人”。

二、正确认识竞争对手

不管我们承认与否，在日益发达的当今社会，只要有人群的存在，就会有人与人之间的竞争存在。存在竞争，就会存在挑战者和应战者，也会存在胜者和败者。许多企业都把竞争对手视为一种威胁，这是不妥的，大多数竞争对手的存在对提升企业的竞争优势、维护市场稳健运行是有益的。

【案例 2-1】

动物学家在非洲奥兰治河域考察时，意外地发现河东岸的羚羊比河西岸的羚羊繁殖能力强，奔跑速度每分钟也要快 13 米。为了解开其中的奥妙，在当地动物保护协会的协助下，动物学家进行了一项实验，在河两岸分别捉 10 只羚羊送到对岸生活。

结果很是惊人：送到西岸的羚羊繁殖到了 14 只，而送到东岸的羚羊只剩下 3 只，有 7 只竟然被狼吃掉了。谜底最终揭开，东岸羚羊身体强健，是因为它们附近住着一个狼群，这个“对手”迫使羚羊每天都处在一个紧张的环境中。为了生存，它们才变得越来越有“战斗力”。而西岸的羚羊种群衰退恰恰是因为缺少天敌。

三、分析竞争者的目标

竞争者的最终目标当然是追逐利润，但是每个企业对长期利润和短期利润重视程度不同，对利润满意水平的看法不同。有的企业追求利润“最大化”目标，不达目的决不罢休。有的企业追求利润“满足”目标，达到预期水平就不会再付出更多努力。企业的战略目标多种多样，如获利能力、市场占有率、现金流量、成本降低、技术领先、服务领先等，每个企业都有不同的侧重点和目标组合。了解竞争者的战略目标及其组合可以判断他们对不同竞争行为的反应。比如，一个以低成本领先为目标的企业对竞争企业在制造过程中的技术突破会做出强烈反应，而对竞争企业增加广告投入则不太在意。

竞争者的目标由多种因素确定，包括企业的规模、历史、经营管理状况、经济状况等。

四、判断竞争者战略

竞争对手会采取什么样的竞争战略，可以通过迈克尔·波特的 3 种基本竞争战略来判断。

1. 成本领先战略

成本领先战略是指通过有效的途径，实现成本降低，以实现竞争优势的战略。这种战略要求企业努力取得规模经济，严格控制生产成本和间接费用，促使企业总成本下降。处于较低成本地位的企业通过让利消费者或在相同价格下获得更多的盈利而处于市场优势地位。

2. 差异化战略

差异化战略是指企业设法使自己的产品或服务有别于其他企业，在行业中起别具一格的经营特色，从而在竞争中获取有利地位。实施这一战略成功的关键是在消费者感兴趣的方面和环节树立自己的特色。比如，航空公司的乘客最关心的是什么呢？第一位就是安全，然后是便利。顾客关心的产品环节可能不止一个，企业在执行差别化战略时也就有多种选择。

3. 集中战略

集中战略是指企业将经营范围集中于行业内某一有限的细分市场，使企业有限的资源得以充分发挥效力，在某一局部超过其他竞争对手，赢得竞争优势。

集中战略主要有以下主要形式：

（1）产品线重点集中战略。对于产品开发和工艺装备成本偏高的行业，例如，汽车工业和飞机制造业，通常以产品线的某一部分作为经营重点。

（2）用户重点集中战略。将经营重心放在不同需求的顾客群上，是用户重点集中战略的主要特点。有的厂家以市场中高收入顾客为重点，产品集中供应那些注重最佳质量而不计较价格高低的顾客。

（3）地区重点集中战略。细分市场，可以按地区为标准。如果一种产品能够按照特定地区的需要实行重点集中，也能获得竞争优势。此外，在经营地区有限情况下，建立地区重点集中战略，也易于取得成本优势。如砖瓦、水泥、板材等建材企业，由于运输成本很高，将经营范围集中在一定地区之内是十分有利的。

（4）低占有率重点集中战略。市场占有率低的事业部，通常被视为“瘦狗”类业务部门。对这些部门，往往采用放弃战略或彻底整顿的战略，以便提高其市场占有率。然而，市场占有率低的事业部，如善于运用重点集中战略，将企业的经营重点集中在较窄的领域，充分发挥自己的优势，注重利润而不是成长，也能建立不败的竞争优势。

企业通常采取上述竞争战略中的某一个类型。实力雄厚的企业可能既采用低成本战略，又采取差异化战略，不过企业最关心的是那些处在同一行业采用同一战略的企业。他们是最直接的竞争者。

战略群体是指在某特定行业内推行相同战略的一组企业。战略的差别表现在目标市场、产品档次、性能、技术水平、销售范围等方面。区分战略群体有助于认识以下 3 个问题。

第一，不同战略群体的进入与流动障碍不同。比如，某企业在产品质量、声誉和纵向一体化方面缺乏优势，则进入低价格、中等成本的战略群体较为容易，而进入高价格高质量、低成本的战略群体则较为困难。

第二，同一战略群体内的竞争最为激烈。处于同一战略群体的企业在目标市场、产品类型、质量、功能、价格、分销渠道和促销战略等方面差别不大。任一企业的竞争行为都会受到其他企业的高度关注，并在必要时做出强烈反应。

第三，不同战略群体之间存在现实或潜在的竞争。不同战略群体的顾客会交叉，每个战略群体都试图扩大自己的市场，涉足其他战略群体的领地，在企业实力相当和流动障碍小的情况下尤其如此。

五、评估竞争者的优势与劣势

竞争者能否执行和实现战略目标，取决于资源的能力。评估竞争者可分为 3 步。

1. 收集信息

收集竞争者业务上最新的关键数据，主要有：销售量、市场份额、心理份额、情感份额、毛利、投资报酬率、现金流量、新投资、设备利用能力等。收集信息的方法是查找第二手资料和向顾客、供应商及中间商调研得到第一手资料。

2. 分析评价

收集有关竞争者的这些情报资料是一件相当困难的事，但还是要为此做出努力，因为它能对竞争者的优势与劣势进行较为准确的估计，帮助企业做出向谁挑战、怎样挑战的决策。在收集到足够的情报资料后，就必须利用分析比较的方法对竞争者进行评价。

3. 确认竞争者的战略、优势和弱点

一般说，多数行业中相互竞争的企业均可分为采用不同战略的群体。企业可通过了解各竞争者的产品质量、特色、服务、定价和促销策略等，判断由哪些企业组成了哪些战略群，这些战略群之间的差异如何。

每位竞争对手能否有效地实施其战略并达到目标，取决于他们的资源与能力、优势与弱点。企业可通过收集每位竞争者过去重要的业务数据，如销售额、市场占有率、投资收益率、生产能力，情况等分析其优势和不足，也可通过向中间商、顾客调查来了解竞争者的实力，还可跟踪调查竞争者的各项财务指标的变化情况，特别是利润率和资金周转速度的变化。

企业应当时刻进行监测的 3 组有用数据包括：

（1）市场占有率，衡量竞争者销售额在市场中所占的份额。

（2）心理占有率，指在顾客回答诸如“举出这个行业中你首先想到的一家公司”之类问题时，提名某竞争者的顾客在全部顾客中所占的份额。

（3）情感占有率，指在顾客回答诸如“举出你喜欢购买某产品的一家公司的名称”之类的问题时，提名某竞争者的顾客在全部顾客中所占的份额。

跟踪分析这 3 组数据的变化，可以发现，一家公司在情感占有率和心理占有率方面的稳步上升或下降会引起其市场占有率上升或下降。实际上，公司某一年的销售额和获利情况可能受多种因素影响而产生波动。因此，也许更重要的是稳步建立起心理占有率和情感占有率，即提高顾客的知晓度和顾客偏爱程度。

六、估计竞争者的反应模式

估计竞争者在遇到攻击时可能采取什么行动和做出何种反应，有助于企业正确地选择攻击的对象、要素和力度，实现每一次竞争行动的预期目标。竞争者的反应可以受它对各种假设的影响，也可以受到它的经营指导思想、企业文化和某些起主导作用的信念的影响，还可能受其心理状态的影响。下面仅从竞争者心理状态的角度，列举常见的一些反应类型。

1. 从容型竞争者

这类竞争者对其他企业的某一攻击行动采取漫不经心的态度，或不迅速反应，或反应不强烈。它可能深信顾客的忠诚，也可能待机行动，或仅因为反应迟钝，还可能缺乏反击的能力，如缺乏做出反应所必需的资金条件等。为此，企业采取进攻行动时关键在于弄清这一类型竞争者行为的具体原因。

2. 选择型竞争者

这类竞争者可能对某些方面的进攻做出反应，而对其他方面的进攻则无反应或反应不强烈。例如，某一竞争者对威胁其主营业务的攻击反应强烈，而对威胁其次要业务的进攻则反应冷淡；对产品更新、质量创优反应强烈，而对低价竞争不予理会；或者对降价行为做出针锋相对的回击，而对增加广告费用则不做反应。企业对这类竞争者的攻击要在具体分析的基础上选择竞争的方面。

3. 凶暴型竞争者

这类竞争者对向其所拥有的领域所发动的任何进攻都会做出迅速而强烈的反应。这类竞争者多属实力强大的企业，这类竞争者意在警告其他企业最好停止任何攻击，对它的任何攻击都将徒劳无益，以使其他公司轻易不敢发动攻击。

4. 随机型竞争者

这类竞争者对某一攻击行动的反应不可预知，对竞争攻击的反应具有随机性，有无反应和反应强弱无法根据其以往的情况加以预测。它可能采取反击行动，也可能不采取反击行动。显然，应付这类竞争者的难度要大一些。

七、进攻与回避对象的选择

1. 确定进攻与回避对象

了解竞争者以后，企业要确定与谁展开最有力的竞争。企业要攻击的竞争者不外乎下列 3 类之一：

（1）强竞争者与弱竞争者。攻击弱竞争者在提高市场占有率的每个百分点方面所耗费的资金和时间较少，但能力提高和利润增加也较少。攻击强竞争者可以提高自己的生产、管理和促销能力，更大幅度地扩大市场占有率和利润水平。

（2）近竞争者和远竞争者。多数公司重视同近竞争者对抗并力图摧毁对方，但是竞争胜利可能招来更难对付的竞争者。

（3）“好”竞争者与“坏”竞争者。“好”竞争者的特点是：遵守行业规则；对行业增长潜力提出切合实际的设想；按照成本合理定价；建立健全本行业，把自己限制在行业的某一部分或某一细分市场中；推动他人降低成本，提高差异化；接受为他们的市场份额和利润划定的大致界限。“坏”竞争者的特点是，违反行业规则，企业靠花钱而不是靠努力去扩大市场份额；敢于冒大风险；生产能力过剩仍然继续投资。总之，他们打破了行业平衡。公司应支持好的竞争者，攻击坏的竞争者。

2. 企业市场竞争的战略原则

企业的市场竞争战略会随着时间、地点、竞争者状况、自身条件和市场环境等因素的不同而变化。但某些基本战略是不会改变的，包括：创新制胜，优质制胜，廉价制胜，技术制胜，服务制胜，速度制胜，宣传制胜。

学习任务二　市场营销战略

选择市场营销战略实质是企业选择恰当的战略，从而扬长避短，趋利避害和满足顾客。其中需要决定的是现有的经营哪些需要发展、扩大，哪些应当分割、放弃。与此同时，企业需要建立一些新的业务，代替被淘汰的旧业务，否则不能实现预定的利润目标。而要建立新业务，首先，在现有业务范围内，寻找进一步发展的机会；然后，分析建立和从事某些与目前业务有关的新业务的可能性；最后，考虑开发与目前无关、但是有较强吸引力的业务。这样，就形成了以下战略。

一、市场稳定战略

稳定性战略，又称防御型战略，是以保持原有的业务经营水平为主要目标的一种战略。

（一）特点

（1）企业满足于它过去的效益，决定继续追求与过去基本相同或相似的营销目标。

（2）每年所希望取得的成果按大体相同的比例增长，如利润每年增长2%。

（3）继续用大体相同的产品为自己的顾客服务。

（二）方式

一般说来，企业奉行稳定发展战略，都集中生产单一的产品和劳务，它们的发展是靠在稳定增长的市场上保持它们的市场占有率，或依靠比较缓慢地提高它们的市场占有率，或依靠稳定增加的新产品和劳务。

（三）应用条件

稳定发展战略的风险比较小，对于那些处于正在上升的行业和稳定环境中的成功的企业来说是很有效的。在环境比较稳定、企业创新能力不高、顾客需求偏好长期保持不变的情况下比较适应。

值得注意的是，采用发展战略的企业必须具备以下几个基本条件：第一，有比较充裕的资金；第二，即使企业在短期内终止这一策略，仍能维持其竞争地位；第三，企业的外部环境尤其是政府支持的方向与企业发展战略一致。

（四）企业采用这一战略的原因

（1）企业的决策可能有保守倾向。

（2）改变资源分配模式很困难。

（3）发展太快可能导致企业的经营规模超出企业的能力，超过企业的管理水平和技术条件，因而会降低效率，导致管理混乱。

（4）信息传递受阻使企业不能进行有效的市场调查，不了解影响其产品市场和竞争对手的变化。

二、市场发展战略

市场发展战略是指企业在现有市场基础上，开发新的目标市场的一种战略。企业可供选择的市场发展战略包括以下列入表 2-1 的 3 种基本类型。

表 2-1　企业发展战略类型

密集发展	一体化发展	多元化发展
市场渗透	后向一体化	同心多元化
市场开发	前向一体化	水平多元化
产品开发	水平一体化	复合多元化

（一）密集性增长策略

当企业现有产品和现有市场还有发展力，企业尚未完全开发出潜在的产品和市场的机会，可采用密集性发展战略，如图 2-2 所示。

	现有产品	新产品
现有市场	1. 市场渗透	3. 产品开发
新市场	2. 市场开发	4. 多元化经营

图 2-2　密集性增长策略

1. 市场渗透策略

市场渗透策略是指把现有的产品，仍按原来的用途，在同一性质的市场上推广销售。如增加广告、增加销售网点、降价等，吸引更多的顾客。市场渗透实质就是向市场的深度方面发展，增加原来市场原有产品的普及率。

2. 市场开发策略

这种策略是指以现有产品寻找新的顾客或新的需求，向新的目标市场扩展。其途径有二：一是向旧的消费者开拓新的需要，提高消费者购买、使用频率，增加消费量；二是寻求新的消费者。如本田公司在20世纪60年代开始相继进入美国和欧洲摩托车市场并逐步发展扩张 。

3. 产品开发策略

这种策略是指在现有市场上通过改进原有产品或增加新品种，如增加花色品种、规格、型号等，以满足顾客需要，来达到增加销售的目的。如我国台湾顶新集团在大陆推出高值高价的“康师傅”方便面后，又开发出了高值低价的“福满多”方便面用以填补中低端市场的需求。

（二）一体化增长策略

一体化发展战略是在现有业务基础上，通过收购、兼并、联合、参股、控股等方式，向现有业务的上游或下游方向发展，形成产、供、销一体化，以扩大现有业务。该战略的优点是通过关联企业的紧密联合，可实现资源共享，降低综合成本。其缺点是管理幅度加大，不利于资源调配与利益关系的协调。具体形式有以下3种，如图2-3所示。

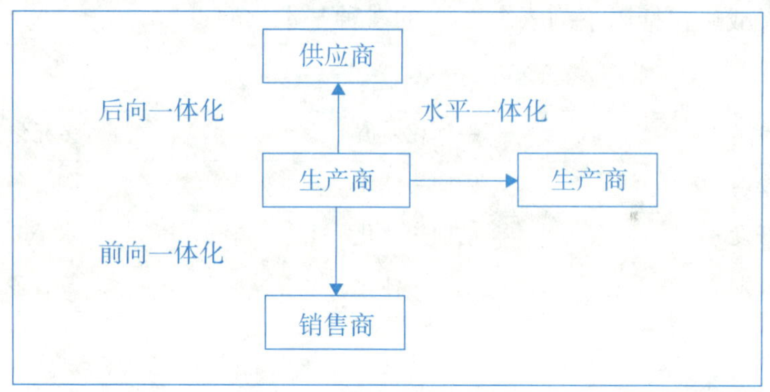

图2-3 一体化增长战略

1. 后向一体化

这是指企业收买或合并原材料供应企业。从过去向供应商购买原材料改变为自己生产原材料，实行供产联合。如福特的经营范围不断扩张，供应链延伸到基础原材料工业，在匹茨堡都有福特公司的铁矿，在五大湖的冶炼厂把铁炼成钢，再运往自己的汽车生产线制造出汽车，福特甚至还拥有自己的牧羊场，出产的羊毛专用于生产本公司的汽车坐垫。

2. 前向一体化

这是指企业向前控制分销系统（如控制批发商、代理商或零售商），实现产销结合。当一个企业发现它的价值链上的前面环节对它的生存和发展至关重要时，它就会加强前向环节的控制。典型的实施这一战略的例子是可口可乐公司，它发现决定可乐销售量的不仅仅是零售商和最终消费者，分装商也起了很大作用时，它就开始不断地收购国内外分装商，并帮助它们提高生产和销售效率。

3. 水平一体化

水平一体化也称为横向一体化，是指与处于相同行业、生产同类产品或工艺相近的企

业实现联合，实质是资本在同一产业和部门内的集中，目的是实现扩大规模、降低产品成本、巩固市场地位。如蓝剑从 1997 年开始，先后收购内江、成都、邛崃、绵竹、自贡、达州、广安、南充等八家啤酒公司，使蓝剑啤酒生产规模达到 150 万吨，跻身全国“四强”之列，成为西部地区啤酒行业的龙头。

（三）多元化增长策略

多元化增长策略是指一个企业同时经营两个或两个以上行业，实行跨行业经营的拓展战略，又可称“多行业经营”，主要包括 3 种形式：同心多元化、水平多元化、复合多元化。

1. 同心多元化

同心多元化即企业利用原有的技术、特长、经验等发展新产品，增加产品种类，从同一圆心向外扩大业务经营范围 ，逐渐开发与现有产品相近的或同一门类的新产品，吸引更多的新顾客。同心多元化的特点是原产品与新产品的基本用途不同，但有着较强的技术关联性。如本田公司除生产汽车和摩托车以外，还以发动机为基轴，生产小型喷气式飞机、农用机械、铲雪机、赛艇等，实施从水陆空全方位多元化战略。

2. 水平多元化

水平多元化即企业利用原有市场，采用不同的技术来发展新产品，增加产品种类。如摩托车生产商开发出电热手套、综合开关、防盗遥控器等。

3. 复合多元化

复合多元化直接利用新技术进入新市场实现的多元化经营。即大企业收购、兼并其他行业的企业，或者在其他行业投资，把业务扩展到其他行业中去，新产品、新业务与企业的现产品、技术、市场毫无关系。比如，海尔不但生产家电，还涉足生物科技、通信业、金融业。

注意事项：运用多元化增长战略，要求企业自身具有拓展经营项目的实力和管理更大规模企业的能力；具有足够的资金支持；具备相关专业人才作为技术保证；具备关系密切的分销渠道作后盾或拥有迅速组建分销渠道的能力；企业的知名度高；企业综合管理能力强 。

【案例 2-2】

格兰仕微波炉的战略

经过激烈的市场竞争，格兰仕攻占国内市场 60% 以上的份额，成为中国微波炉市场的代名词。在国家质量检测部门历次全国质量抽查中，格兰仕几乎是唯一全部合格的品牌，与众多洋品牌频频在抽检中不合格被曝光形成鲜明对比。去年，格兰仕投入上亿元技术开发费用，获得了几十项国家专利和专有技术；今年，将继续加大投入，使技术水平始终保持世界前列。

由于格兰仕的价格挤压，近几年微波炉的利润空间降到了低谷。今年春节前夕，甚至出现个别韩国品牌售价低于 300 元的情况，堪称世界微波炉最低价格。国内品牌的主要竞争对手一直是韩国产品，它们由于起步早曾经一度占据先机。在近几年的竞争中，韩国品牌落在了下风。韩国公司在我国的微波炉生产企业，屡次在一些重要指标上被查出不合标准，并且屡遭投诉，这在注重质量管理的韩国公司是不多见的。业内人士认为，200 多元的价格水平不正常，是一种明显的倾销行为。它有两种可能：一是韩国受金融危机影响，急需扩大出口，向外转嫁经济危机；二是抛库套现，做退出前的准备。

面对洋品牌可能的大退却，格兰仕不是进攻而是选择了暂时退却。日前，格兰仕总部发出指令，有秩序地减少东北地区的市场宣传，巩固和发展其他市场。这一决策直接导致了春节前后一批中小企业进军东北，争夺沈阳及天津市场。

这些地区已经平息的微波炉大战，有重新开始的趋势。格兰仕经理层在解释这种战略性退让时指出，其目的在于让出部分市场，培养民族品牌，使它们能够利用目前韩国个别品牌由于质量问题引起信誉危机的有利时机，在某一区域获得跟洋品牌直接对抗的实力，形成相对的针对洋品牌的统一战线，消除那些搞不正当竞争的进口品牌。

从长远看，格兰仕保持一些竞争对手，也是对自己今后的鼓励和鞭策。格兰仕的目标是打出国门。格兰仕微波炉出口额 5 000 万美元，比上年增长 2 倍，在国内家电行业名列前茅，其国际市场价格平均高于韩国同类产品的 25%。前不久，在世界最高水平的德国科隆家电展中，第二次参展的格兰仕不仅获得大批订单，而且赢得了世界微波炉经销商的广泛关注。今年格兰仕的出口目标是再翻一番。

为继续扩大规模，格兰仕将有选择地在国内微波炉企业中展开收购工作。1998 年收购安宝路未果后，公司总结了经验教训，今年将重点联合政府部门实现新的目标。鉴于亚洲金融危机的影响短期内可能不会消除，格兰仕表示，并购工作对海外品牌企业一视同仁。

分析：微波炉属家电业的后起之秀，而格兰仕微波炉更是其中的代表者。中国家电业发展经历了从无到有、从小到大、从引进到自立的过程，格兰仕微波炉也就是在这一过程中，通过不断加大技术投入，高起点进入市场，以质量取胜。面对众多的洋品牌，如 LG、惠而浦、松下和国内其他品牌，格兰仕迅速在国内市场崛起，进而成为我国最大的微波炉生产企业，产销量居全国第一。

同时，微波炉市场的竞争也进入了白热化的程度，微波炉价格战爆发，价格从上千元降到 300 元左右，可谓激烈悲壮。从生产的角度来看，我们都知道降价的最低线即是生产成本，超越成本就只有两种可能：一是以低价挤垮对手，两败俱伤；二是以次充好，低价低质。面对过分的降价，格兰仕选择了退却战略，这既避免了过分降价引起的企业亏损，也保证了企业形象，更在于这种退却把竞争留给别人，自己寻找、开发新的市场。从战略上讲这更有利于格兰仕的发展，通过暂时退却，使其产品出口和技术创新都得到了极大的发展。

（案例来源：格兰仕微波炉的战略　百度文库）

企业的发展离不开竞争对手，面对日趋激烈的市场环境，企业必须制定相应的发展战略，其核心在于保证企业长远健康地发展。

企业进入成长阶段，随着企业的快速成长，可采取一体化的成长战略，通过前向一体化、后向一体化、水平一体化战略，充分利用企业自身在产品生产、技术、市场等各方面的优势，沿着产品生产经营链条向纵向和横向不断地扩大业务经营的深度和广度来扩大经

营规模，提高企业收入和利润水平，使企业发展壮大；

当企业进入成熟阶段后，则可以采取多元化战略，通过相关多元化发展战略和非相关的多元化发展战略，在现有产品和业务的基础上增加新的产品和服务。

三、市场竞争战略

企业在不同时期、不同状态下要有不同的竞争策略，才能达到营销目标。所谓市场竞争战略，是指企业依据自己在行业中所处的地位，为实现竞争战略和适应竞争形势而采用的各种具体行动方式。处在行业里的每一个企业都具有一定的地位，根据企业在行业里的竞争力和影响力的不同，可以把企业所处的竞争地位分类为市场领导者、市场挑战者、市场追随者和市场利基者四类。处在不同市场竞争地位的企业，应采取不同的市场竞争者策略，如图 2-4 所示。

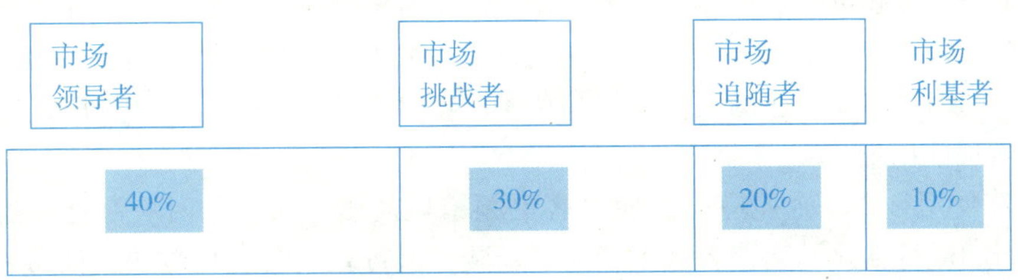

图 2-4　市场结构

（一）市场领导者战略

市场领导者是指在相关产品的市场上占有率最高的企业。一般来说，大多数行业都有一家企业被认为是市场领导者，它在价格变动、新产品开发、分销渠道的宽度和促销力量等方面处于主宰地位，为同行业者所公认。它是市场竞争的先导者，也是其他企业挑战、效仿或回避的对象，市场主导者所具备的优势包括：消费者对品牌的忠诚度高，营销渠道的建立及其高效运行，营销经验的迅速积累等。

市场领导者如果没有获得法定的垄断地位，必然会面临竞争者的无情挑战，因此，必须保持高度的警惕并采取适当的战略，否则，就很可能丧失领先地位而降到第二位或第三位。市场主导者为了维护自己的优势，保住自己的领先地位，通常可采取 3 种战略：扩大总需求；保护现有市场份额，提高市场份额。

1. 扩大总需求

当一种产品的市场需求总量扩大时，受益最大的是处于领先地位的企业。扩大总需求的途径是开发产品的新用户、寻找产品的新用途和增加顾客使用量。

（1）开发新用户

每种产品都有吸引新用户，增加用户数量的潜力，因为可能有些消费者对某种产品还不甚了解、产品定价不合理或者产品性能还有缺陷等。一个制造商可从 3 个方面找到新的用户。

①转变未使用者。说服那些尚未使用本行业产品的人开始使用，把潜在顾客转变为现

实顾客。例如，香水企业可设法说服不用香水的妇女使用香水。

②进入新的细分市场。新的细分市场是指该细分市场的顾客使用本行业的产品，但是不使用其他细分市场的同类产品和品牌。例如，香水企业可说服男士使用香水；美国强生公司婴儿洗发香波的扩大推销，是开发市场的一个成功范例。当美国出生率开始下降时，该公司制作了一部电视广告片向成年人推销婴儿洗发香波，取得了良好效果，使该品牌成为市场主导者。

③地理扩展。寻找尚未使用本产品的地区，开发新的地理市场。例如，在国内销售的香水可以向其他国家推销。雀巢公司所采取的是地理扩展战略，它总是力图成为进入市场的第一家食品公司。为了进入中国市场，雀巢公司先后进行了长达 10 年的谈判。

（2）开辟新用途

为产品开辟新的用途，可扩大需求量并使产品销路久畅不衰。例如，碳酸氢钠的销售在 100 多年间没有起色，它虽然有多种用途，但没有一种是大用量的，后来，一家企业发现有些消费者将该产品用做电冰箱的除臭剂，于是大力宣传这一新用途，使该产品销量大增。许多事例表明，新用途的发现往往归功于顾客。企业应及时了解和推广这些发现。

（3）增加使用量

① 提高使用频率。企业应设法使顾客更频繁地使用产品。如时装制造商每年每季都不断推出新的流行款式，消费者就不断购买新装，流行款式的变化越快，消费者购买新装的频率也越高。

② 增加使用量。这是扩大需求的一种重要手段。例如，益达口香糖广告“饭后嚼益达，两粒效果更好”。

③增加使用场所。电视机生产企业可以宣传在卧室和客厅等不同房间分别摆放电视机的好处，如观看方便、避免家庭成员选择频道的冲突等，宣传这是美好的需要，是生活水平提高的表现而不是奢侈或浪费，使有条件的家庭乐于购买两台以上的电视机。

2. 保护市场份额

处于市场领先地位的企业，必须时刻防备竞争者的挑战，保卫它的市场阵地。例如，可口可乐公司要防备百事可乐公司，柯达公司要提防富士公司，吉列公司要警惕毕克公司，丰田公司要小心日产公司等。这些挑战者都是很有实力的，主导者稍不注意就可能被取而代之。最好的防御方法是发动最有效的进攻，市场主导者任何时候也不能满足于现状，必须在产品的创新、服务水平的提高、分销渠道的畅通和降低成本等方面，真正处于该行业的领先地位。主导者应该在不断提高服务质量的同时，抓住对手的弱点主动出击。在军事上有一条原则：“进攻是最好的防御”。

防御战略的目标是，减少受攻击的可能性，使攻击转移到危害较小的地方，并削弱其攻势。虽然任何攻击都可能造成利润上的损失，但防御者的措施如何，反应速度快慢，其后果就大不一样。有 6 种防御战略可供市场主导者选择：

（1）阵地防御

指围绕企业目前的主要产品和业务建立牢固的防线，根据竞争者在产品、渠道和促销方面可能采取的进攻战略，制定自己的预防性营销战略，并在竞争者发起进攻时坚守原有

的产品和业务。这是一种静态的防御。对企业来说，单纯采用消极的静态防御，只保卫自己目前的市场和产品，是一种“市场营销近视症”。

(2) 侧翼防御

指企业在自己主阵地的侧翼建立辅助阵地以保卫自己的周边和前沿，并在必要时作为反攻基地。超级市场在食品和日用品市场占据地位，但在食品方面受到以快捷、方便为特征的快餐业的蚕食，在日用品方面受到以廉价为特征的折扣商店的攻击。为此超级市场提供广泛的、货源充足的冷冻食品和速食品以抵御快餐业的蚕食，推广廉价的无品牌商品并在城郊和居民区开设新店以击退折扣商店的进攻。

(3) 机动防御

指市场领导者不仅要固守现有的产品和业务，还要扩展到一些有潜力的新领域，以作为将来防御的中心。市场扩展通过两种方式实现：

①市场扩大化，就是企业将其注意力从目前的产品转到有关该产品的基本需要上，并全面研究与开发有关该项需要的科学技术。例如，把“石油“公司变成”能源“公司就意味着市场范围扩大了，不限于一种能源——石油，而是要覆盖整个能源市场。但是市场扩大化必须有一个适当的限度。

②市场多角化。即向无关的其他市场扩展，实行多角化经营。例如，一些烟草公司由于社会对吸烟的限制日益增多，纷纷转向其他产业，如酒类、软饮料和冷冻食品等。

(4) 收缩防御

指企业主动从实力较弱的领域撤出，将力量集中于实力较强的领域。当企业无法坚守所有的市场领域，并且由于力量过于分散而降低资源效益的时候，可采取这种战略。市场主导者设法提高市场占有率，也是增加收益、保持领先地位的一个重要途径。市场占有率是与投资收益率最相关的影响因素。

(5) 反击防御

指当市场领导者遭到竞争者攻击时，不能只是被动应战，应主动反攻入侵者的主要市场阵地。反击战略主要有：

①正面反攻。即与竞争对手采取相同的竞争措施。如是竞争对手开展大规模降价和大规模促销等活动，市场领导者可凭借雄厚的资金实力和卓著的品牌声誉以牙还牙地采取降价和促销活动可以有效地击退对手。

②侧翼反攻。即选择竞争对手的薄弱环节加以攻击，某著名电器公司的电冰箱受到对手的削价竞争而损失了市场份额，但其洗衣机的质量和价格比竞争对手占有更多的优势，是对洗衣机大幅度降价，使对手忙于救回洗衣机市场而撤销对电冰箱市场的进攻。

③围魏救赵。是在对方攻击我方主要市场区域时攻击对方的主要市场区域，迫使对方撤销进攻以保卫自己的大本营。富士公司与柯达公司就是这样的例子。当富士公司在美国向柯达公司发动攻势时，柯达公司报复的手段是以牙还牙，攻入日本市场。

④钳形攻势。即同时发起正面攻击和侧翼攻击。比如，竞争者对电冰箱削价竞销，则本公司不仅令电冰箱降价，洗衣机也降价，同时还推出新产品，从多条战线发动进攻。

⑤退却反击。是在竞争者发动进攻时我方先从市场退却，避免下面交锋的损失，待竞

争者放松进攻或麻痹大意时再发动进攻，收复市场，以较小的代价取得良好的战果。比如，某洗涤剂公司在竞争者开展大规模促销活动时偃旗息鼓，使竞争者对促销的效果估计过高。待竞争者结束促销活动后，该公司又强化促销，并在不提价的情况下增加包装内商品的分量，迅速夺回市场，并使竞争者怀疑促销效果，放弃以后的攻击行动。

⑥以攻为守。指在竞争对手尚未构成严重威胁时或该企业采取进攻行动前抢先发起攻击以削弱或挫败竞争对手。这是一种先发制人的防御，公司应正确判断何时发起进攻效果最佳以免贻误战机。有的公司在竞争对手的市场份额接近于某一水平而危及自己市场地位时发起进攻，有的公司在竞争对手推出新产品或推出重大促销活动前发动进攻，如推出自己的新产品、宣布新产品开发计划或开展大张旗鼓的促销活动，压倒竞争者。公司先发制人的方式多种多样：可以运用游击战，这儿打击一个对手，那儿打击一个对手，使各个对手疲于奔命，忙于招架；可以展开全面进攻，如精工手表有 2300 个品种，覆盖各个细分市场；也可以持续性地打价格战，如格兰仕微波炉曾数次率先降价，使未取得规模效益的竞争者陷于困境。

【案例 2-3】

山水豆腐闯北美

山水豆腐公司在中国是有一定名望的，但是，他们豆腐一直在国内销售。公司老板为了扩展业务，决定从国际化的观点去考虑全公司的经营。他们在开拓国外市场中，把美国这个消费最大的市场作为进攻目标。首先反复派员到美国实地考察。他们在考察中发现，豆腐这种低热量、高蛋白的天然食品是会受到注重保健的美国人青睐的。同时，了解到美国市场目前的豆腐容量每年 7 000 万美元左右，但却有韩国、日本、中国和美国人经营的 200 家豆制品公司参与竞争。山水豆腐公司做出决策：在美国设厂生产豆腐，但必须使自己的产品适合于美国人的饮食习惯和适应于美国超级市场的销售方式。山水豆腐公司与当地一家公司合营，开始在美国市场经营豆腐，以“白云”商标把产品投入市场，为了使产品在超级市场的货架上醒目，采用颜色鲜艳的、密封透明塑料盒包装。与此同时，聘请医生在电视等广告媒体上介绍豆腐的营养和对人体的保健作用，并介绍豆腐的食用方法和烹调技术。在推销方法上，山水公司采取了既利用大型批发商的销售网，又直接向超级市场供货的双管齐下推销术。经过几年的经营，山水豆腐公司在美国豆腐市场上已有很大的占有率，在加州，它已占据市场销量的 85%~90%，它已经成为美国最大的豆腐公司，拥有从业人员 64 人，月产豆腐 100 万块。然后该公司又建一条生产豆浆的生产线，雄心勃勃地开拓保健饮料的业务。

（案例来源：圣才学习网）

3. 扩大市场份额

市场主导者设法提高市场占有率，也是增加收益、保持领先地位的一个重要途径。市场占有率是与投资收益率有关的最重要的变量之一。市场占有率越高，投资收益率也越大。市场占有率高于 40% 的企业其平均投资收益率相当于市场占有率低于 10% 的企业的 3 倍。因此，许多企业在市场占有率上必须占据第一位或第二位，否则便撤出该市场。

但是，也有些研究者对上述观点提出不同意见。对某些行业的研究发现，除了市场主导者以外，有些市场占有率低的企业，依靠物美价廉和专业化经营，也能获得很高的收益，只有那些规模不大不小的企业收益最低，因为它们既不能获得规模经济效益，也不能获得专业化竞争的优势，所以，企业提高市场占有率时应考虑以下 3 个因素：

（1）反垄断法

为了保护自由竞争，防止出现市场垄断，许多国家的法律规定，当某一公司的市场份额超出某一限度时，就要强行地分解为若干个相互竞争公司。西方国家的许多著名公司都曾经因为触犯这条法律而被分解，微软公司也曾引起反垄断诉讼。如果占据市场领导者地位的公司不想被分解，就要对自己的市场份额接近临界点时主动加以控制。

（2）经营成本

许多产品往往有这种现象：当市场份额持续增加而未超出某一限度的时候，企业利润会随着市场份额的提高而提高；当市场份额超过某一限度仍然继续增加时，经营成本的增加速度就大于利润的增加速度，企业利润会随着市场份额的提高而降低，主要原因是用于提高市场份额的费用增加，如果出现这种情况，则市场份额应保持在该限度以内，市场领导者的战略目标应是扩大市场份额而不是提高市场占有率。图 2-5 是一个假设的例子，说明当某产品的市场份额持续增长而未超出 50%的时候，利润也同步提高，超出 50%以后，利润将随着市场份额的增长而降低。因此，市场份额保持在 50%为最佳。

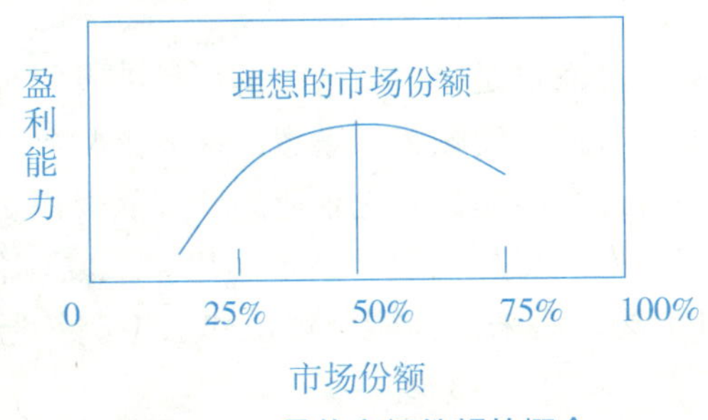

图 2-5　最佳市场份额的概念

（3）营销组合

如果企业实行了错误的营销组合战略，比如过分地降低商品价格，过高地支出公关费、广告费、渠道拓展费、销售员和营业员奖励费等促销费用，承诺过多的服务项目导致服务费大量增加等，则市场份额的提高反而会造成利润下降。

（二）市场挑战者战略

市场挑战者指在行业中占据第 2 位及以后位次，有能力对市场领导者和其他竞争者发动攻击行动，希望夺取市场领导者地位的公司。

【案例 2-4】

日本泡泡糖市场年销售额约为 740 亿日元，其中大部分被“劳特”所垄断。可谓江山唯“劳特”独坐，其他企业再想挤进泡泡糖市场谈何容易。但江崎糖业公司对此却不畏惧。公司成立了市场开发班子，专门研究霸主“劳特”产品的不足和短处，寻找市场的缝隙。经过周密的调查分析，终于发现“劳特”的四点不足：第一，以成年人为对象的泡泡糖市场正扩大，而“劳特”却仍旧把重点放在儿童泡泡糖市场上；第二，“劳特”的产品主要是果味性泡泡糖，而现在消费者的需求正在多样化；第三，“劳特”多年来一直生产单调的条板泡泡糖；缺乏新型式样；第四，“劳特”产品的价格是110日元，顾客购买时需多掏10日元的硬币，往往感到不便。通过分析，江崎糖业公司决定以成人泡泡糖市场为目标市场，并制定了相应的市场营销策略。不久便推出了功能性泡泡糖四大产品：司机用泡泡糖，使用了高浓度薄荷和天然牛黄，以强烈的刺激消除司机的困倦；交际用泡泡糖，可清洁口腔，祛除口臭；体育用泡泡糖，内含多种维生素，有益于消除疲劳；轻松性泡泡糖，通过添加叶绿素，可以改变人的不良情绪。并精心设计了产品的包装和造型，价格为50日元和100日元两种，避免了找零钱的麻烦。功能性泡泡糖问世后，像飓风一样席卷全日本。江崎公司不仅挤进了由“劳特”独霸的泡泡糖市场，而且占领了一定市场份额，从零猛升到25%，当年销售额达到175亿日元。

（案例来源：五星文库）

1. 确定战略目标和挑战对象

战略目标同进攻对象密切相关，对不同的对象有不同的目标和战略。一般来说，挑战者可在下列3种情况中进行选择：

（1）攻击市场领导者

这种进攻是风险很大的，然而也是吸引力很大的。挑战者需仔细调查研究领先企业的弱点：有哪些未满足的需要，有哪些使顾客不满意的地方。找到领导者的弱点，就可作为自己进攻的目标。此外，还可开发出超过领先企业的新产品，以更好的产品来夺取市场的领先地位。例如，施乐公司开发出更好的复印技术（用干式复印代替湿式复印），这就从3M公司手中夺去了复印机市场。后来，佳能公司也如法炮制，通过开发台式复印机夺去了施乐公司一大块市场。

（2）攻击与自己实力相当者

挑战者对一些与自己势均力敌的企业，可选择其中经营不善而发生亏损者作为进攻对象。设法夺取它们的市场阵地。

（3）攻击地方性小企业

对一些地方性小企业中经营不善、财务困难者，可夺取它们的顾客，甚至这些小企业本身。这种情况在我国比较普遍，许多实力雄厚的外国独资和合资企业一进入我国市场，就击败了当地资金不足、管理混乱的弱小企业。

总之，战略目标决定于进攻对象，如果以主导者为进攻对象，其目标可能是夺取某些市场份额；如果以小企业为对象，其目标可能是将它们逐出市场。但无论在何种情况下，如果要发动攻势，进行挑战，就必须遵守一条军事上的原则：每一项军事行动都必须指向一个明确的、肯定的和可能达到的目标。

2. 选择挑战者战略

在确定了战略目标和进攻对象之后，挑战者还需要考虑采取怎样的进攻战略。选择挑

战战略应遵循“密集原则”，即把优势兵力集中在关键的时刻和地点以达到决定性的目的。有5种战略可供选择：

(1) 正面进攻

正面进攻是指集中全力向对手的主要市场阵地发动进攻，即进攻对手的强项而不是弱点。在这种情况下，进攻者必须在产品、广告、价格等主要方面大大超过对手才有可能成功，否则不可采取这种进攻战略。正面进攻的胜负取决于双方力量的对比。正面进攻的另一种措施是投入大量研究与开发经费，使产品成本降低，从而以降低价格的手段向对手发动进攻，这是持续实施正面进攻战略最可靠的措施之一。

另一种价格挑战的策略是挑战者通过巨额投入以实现更低的生产成本，然后以此来向对手发起价格攻击。

(2) 侧翼进攻

侧翼进攻是指寻找和攻击对手的弱点。寻找对手弱点的主要方法是分析对手在各类产品和各个细分市场上的实力和绩效，把对手实力薄弱或绩效不佳或尚未覆盖而又有潜力的产品和市场作为攻击点和突破口。①分析地理市场，选择对手忽略或绩效较差的产品和区域加以攻击。比如，一些大公司易于忽略中小城市和乡村，进攻者可在那里发展业务。②分析其余各类细分市场，按照收入水平、年龄、性别、购买动机、产品用途和使用率等因素辨认细分市场并认真研究，选择对手尚未重视或尚未覆盖的细分市场作为攻占的目标。侧翼进攻使各公司的业务更加完整地覆盖了各细分市场，进攻者较易收到成效，并且避免了攻守双方为争夺同一市场而造成的两败俱伤的局面。侧翼进攻指出了营销目的就是发现需要并为之服务，成功概率高于正面进攻，特别适用于资源较少的攻击者。

(3) 包围进攻

包围进攻是一种全方位、大规模的进攻战略。比如向市场提供竞争对手所能提供的一切产品和服务，并且更加质优价廉；同时配合大规模促销。其适用条件是：①通过市场细分未能发现对手忽视或尚未覆盖的细分市场，补缺空档不存在，无法采用侧翼进攻。②与对手相比拥有绝对的资源优势，制订了周密可行的作战方案，相信全方位进攻能够摧毁对手的防线和抵抗意志。

(4) 迂回进攻

迂回进攻是避开对手的现有业务领域和现有市场，进攻对手尚未涉足的业务领域和市场，以壮大自己的实力。这是最间接的进攻战略，主要有3种方法：①多元化地经营与竞争对手现有业务无关联的产品；②用现有产品进入新的地区市场；③用竞争对手尚未涉足的高新技术制造的产品取代现有产品。在高技术领域实现技术飞跃是最有效的迂回进攻战略，可以避免单纯的模仿竞争者的产品和正面进攻造成的重大损失。公司应致力于开发新一代的技术，待时机成熟后就向竞争对手发动进攻，把战场转移到自己已经占据优势的领域中。

(5) 游击进攻

毛泽东主席对游击战有精辟的论述“敌进我退，敌驻我扰，敌疲我打，敌退我追”，也即向对手的有关领域发动小规模的、断断续续的进攻，逐渐削弱对手，使自己最终夺取永久性的市场领域。

游击进攻适用于规模较小、力量较弱的企业。主要方法是在某一局部市场上有选择性地降价、开展短促的密集促销、向对方采取相应的法律行动等。游击进攻能够有效地骚扰对手、消耗对手、牵制对手、误导对手、瓦解对手的士气、打乱对手的战略部署而己方不冒太大的风险。适用条件是对方的损耗将不成比例地大于己方。采取游击进攻必须在开展几次主要进攻或一连串小型进攻之间做出决策。通常认为，一连串的小型进攻够形成累积性的冲击，效果更好。

（三）市场追随者战略

市场追随者是指那些在产品、技术、价格、渠道和促销等大多数营销战略上模仿或跟随市场领导者的公司。追随者也应当制定有利于自身发展而不会引起竞争者报复的战略。

1. 市场追随者的优势

在很多情况下，做一个追随者比做挑战者更加有利：一是追随者可让市场领导者和挑战者承担新产品开发、信息收集和市场开发所需的大量经费，自己坐享其成，减少支出和风险；二是避免向市场领导者挑战可能带来的重大损失。许多居第二位及以后位次的公司往往选择追随而不是挑战。他们追随在领导者之后自觉地维持共处局面。这种共处状态在资本密集且产品同质的行业（如钢铁、化工等）中是很普遍的。在这些行业中产品差异性很小，但价格敏感度很高，随时都有可能发生价格竞争而导致两败俱伤。因此，这些行业中的企业通常会自觉地不互相争夺客户，不以短期的市场占有率为目标，而效法领导者为市场提供类似的产品，因而市场占有率相当稳定。

2. 市场追随者战略

市场追随者虽然要维持与市场领导者的共处局面，但并不等于说市场追随者可以忽视战略。追随者也应当制定有利于自身发展而不会引起竞争者报复的战略，以下是 3 种要选择的追随战略。

（1）紧密跟随

这指在各个细分市场和产品、价格、广告等营销组合战略方面模仿市场领导者，完全不进行任何创新的公司。由于他们是利用市场领导者的投资和营销组合策略去开拓市场，自己跟在后面分一杯羹，故被看作依赖市场领导者而生存的寄生者。有些紧密跟随者甚至发展成为“伪造者”，专门制造赝品。国内外许多著名公司都受到赝品的困扰，应寻找行之有效的打击办法。

（2）距离跟随

这种追随者是在主要方面，如目标市场、产品创新、价格水平和分销渠道等方面追随领导者，但是在包装、广告等方面与领导者保持一定差异的公司。如果模仿者不对领导者发起挑战，领导者不会介意，

（3）选择跟随

指在某些方面紧跟市场领导者，在某些方面又自行其是的企业。他们先接受领导者的产品、服务和营销战略，然后有选择地改进它们，避免与领导者正面交锋，并选择其他市场销售产品。这种跟随者通过改进并在别的市场壮大实力后有可能成长为挑战者。

市场追随战略不冒风险，但也存在明显缺陷。研究表明，市场份排第二、第三和以后位次的企业与第一位的企业在投资报酬率方面有较大的差距。

（四）市场利基者战略

规模较小且大公司不感兴趣的细分市场称为利基市场，市场利基者（又称“市场补缺者”）是指那些为规模较小的或大公司不感兴趣的细分市场提供专业化服务的公司。

【案例 2–5】

入境还得先问俗

通用食品公司曾挥霍数百万美元，竭力向日本消费者兜售有包装的蛋糕糊。等到该公司发现只有30%的日本家庭有烤箱的事实时，公司的营销计划已实施大半，陷于骑虎难下的境地。克蕾丝牙膏在墨西哥使用美国式的广告进行推销，一开始就败下阵来。因为墨西哥人不相信或者根本不考虑预防龋齿的好处，哪怕是符合科学道理的广告宣传对他们也毫无吸引力。

豪马公司的贺卡设计精美，并配之以柔情蜜意的贺词，历年来风行世界各国。但豪马公司的贺卡在最为浪漫的国度——法国却难以打开局面，原因很简单，浪漫的法国人不喜欢贺卡上印有现成的贺词，他们喜欢自己动手在卡片上写自己的心里话。

凯洛格公司的泡波果馅饼曾在英国失利。因为在英国拥有烤面包电炉的家庭比美国要少得多，而且英国人觉得这种馅饼过于甜腻，不合他们的口味，也有的企业通过在国外试销失败后，针对当地的营销环境重新设计产品或通过改变广告策略来达到促销目的，从而取得了巨大的成功。

荷兰飞利浦公司发现日本人的厨房比较狭小，便缩小了咖啡壶的尺寸来打开市场，同时该公司发现日本人的手比西方人的手要小，于是缩小了剃须刀的尺寸，经过这些改进，该公司才开始在日本盈利。

（案例来源：品牌推广案例分析 道客巴巴）

1. 理想利基市场的特征

利基市场不仅对于小企业有意义，而且对某些大企业中的较小业务部门也有意义，它们也常力图寻找一个或多个既安全又有利的利基市场。理想的利基市场具备以下特征：

第一，具有一定的规模和购买力，能够盈利。

第二，具备发展潜力。

第三，强大的公司对这一市场一般不感兴趣。

第四，本公司具备向这一市场提供优质产品和服务的资源和能力。

第五，本公司在顾客中建立了良好的声誉，能够抵御竞争者入侵。

2. 利基市场的类型

（1）自然利基市场

为了追求规模经济效应，很多大企业一般采用少品种、大批量的生产方式，这自然为中小企业留下了很多大企业难以涉及的“夹缝地带”，这些“夹缝地带”即为自然利基市场。

（2）协作利基市场

对于生产复杂产品的大企业来说，不可能使每一道工序都达到规模经济性的要求。大企业为了谋求利润最大化或节约成本，避免“大而全”生产体制的弊端，而与外部企业进行协作，这种协作关系为中小企业提供了空间。

(3) 专利利基市场

拥有专利发明的中小企业，可以运用知识产权来防止大企业染指自己的专利技术向自己的产品市场渗透，从而在法律制度的保护下形成有利于中小企业成长的专利利基市场。

(4) 潜在利基市场

现实中，常有一些只得到局部满足或根本未得到充分满足或正在孕育即将形成的社会需求，这就构成了潜在的市场需求空间。

(5) 替代利基市场

这是指那些竞争对手尚未准备充分、尚未适应、竞争力较弱的市场。消费者的需求没有得到很好的满足。这正是取而代之的市场机会。

3. 市场利基者竞争战略的选择

市场利基者发展的关键是实现专业化，主要途径有以下 11 种。

(1) 最终用户专业化

公司可以专门为某一类型的最终用户提供服务。例如，航空食品公司专门为民航公司生产提供给飞机乘客的航空食品。

(2) 垂直专业化

公司可以专门为处于生产与分销循环周期的某些垂直层次提供服务。例如，铸件厂专门生产铸件，铝制品厂专门生产铝锭和铝制部件。

(3) 顾客规模专业化

公司可以专门为某一规模（大、中、小）的顾客群服务。市场利基者专门为大公司不重视的小规模顾客群服务。

(4) 特殊顾客专业化

公司可以专门向一个或几个大客户销售产品。许多公司只向一家大公司提供其全部产品。

(5) 地理市场专业化

公司只在某一地点、地区或范围内经营业务。

(6) 产品或产品线专业化

公司只经营某一种产品或某一类产品线。比如，某公司专门生产不同花色品种的尼龙丝袜，某造纸厂专门生产水泥包装纸。

(7) 产品特色专业化

公司专门经营某一种类型的产品或者产品特色。例如，某书店专门经营“古旧”图书，某公司专门出租儿童玩具。

(8) 客户订单专业化

公司专门按客户订单生产特制产品。

(9) 质量—价格专业化

公司只在市场的底层或上层经营。例如，惠普公司在优质高价的微型电脑市场上经营。

(10) 服务专业化

公司向大众提供一种或数种其他公司所没有的服务。某家庭服务公司专门提供上门疏通管道服务。

(11) 销售渠道专业化

公司只为某类销售渠道提供服务。例如，某家软饮料决定只生产大容器包装的软饮料，并且只在加油站出售。

4. 市场利基战略实施步骤

(1) 创造利基机会，首先要敏锐捕捉消费者的需求信息

营销的关键在正确确定目标顾客的需要和欲望，并且比竞争对手更有效、更有利地传送目标顾客所期望的产品或服务，这些产品或服务是满足消费者的需要或解决他们所面临问题的工具。

其次要善于寻找和利用竞争对手的弱点。所谓弱点是指竞争者在满足该领域消费者需求时所采取的手段和方法与消费者最高满意度之间存在差异，正是这一差异构成我们的市场机会。如果企业有能力比竞争对手提供更好的令消费者满意的产品或服务，即能够有力地打击竞争者的弱点，那么，该市场就可成为我们的目标市场，这正是“避实击虚”思想在市场竞争战略上的应用。

(2) 扩大利基份额

一旦成功地切入某个利基市场，就要开始致力于扩大市场份额。扩大利基市场份额有两种思路：一是扩大销售区域，让更多的消费者知道这个产品存在的好处；二是让消费者成为你的忠诚顾客，不断地消费你的产品，或以老顾客带来新顾客。

(3) 保护利基市场

当利基市场开始赚钱时，一起会引起强大的竞争对手的注意，对手会来抢夺利基市场的胜利果实，越来越多的大公司也会相应划小业务经营单位去服务这些利基市场。

①树立差异化优势。所谓“差别优势”有两个基本含义：一是“差别”，即与竞争者不同的、有差异的地方，这突出强调了企业的个性，要求企业在产品质量、价格或者服务、促销等一切竞争手段上选择较少的几项，开发具有特色的长期利基，是企业寻求竞争优势，构造竞争堡垒的基础；二是“优势”，即不仅要与竞争者形成差别，而且还需要使这种差别成为竞争优势。这要求企业所选择的差别是有竞争价值且有资源能力可以实现的。差别是体现集中的方法，而优势是集中的目的。

②以技术创新构筑竞争壁垒。以市场潜在需求为导向，针对目标市场的利益关注点的变化，将技术创新紧贴市场需求，在顾客最重视的方面寻找质量改进的突破口。

③勇于向自己挑战。利基市场总是客观存在的，有些是竞争对手曾经涉足确因时机不成熟或培育市场的方法不对头，对手无功而返；有些是因市场出现了新变化引发的新关注点。积极的进攻代替消极的防守，主动发现新的利基机会，并竭力去占领它。

【案例 2-6】

“西瓜变方”的启示

多少年来，人们只知道西瓜是圆的，而今，日本有人生产出了方形西瓜，实乃破天

荒也。

西瓜如何由圆变方的呢？不说不知道，一说就明了。在小西瓜上套上事先做好的一定规格的方形模具，西瓜在后期生长中就按照人们意愿，长成方形了。传统的西瓜惹人喜爱，但是日本人认为圆西瓜占据存放空间、好滚动、易损坏，不利于长途运输和贮藏，不能获得最佳经济效益。西瓜由圆变方独特新奇，销路大增，获利可观。

（案例来源：市场营销案例分享　百度文库）

小 结

（1）通过本章的学习，读者可以对市场营销战略有一个较为完整的认识，企业在市场中的不同地位，决定了其市场营销战略的不同，企业应根据自己所处的地位，采取有效的防御和竞争手段。

（2）“战争是流血的政治，营销是流血的经济”。本章首先介绍了竞争者的识别和竞争者分析的步骤，然后阐述了市场营销的稳定、发展、竞争几种战略，在此基础上讨论了市场领导者、市场挑战者、市场跟随者及市场利基者的战略。

（3）重点理解市场营销战略的含义、掌握如何根据企业所处行业地位，选择适当的营销战略。

同步测试

一、思考题

1. 常见的竞争对手反应类型有哪些？
2. 市场领导者应该如何防御竞争对手的攻击？
3. 企业处于挑战者地位时，应如何选择营销策略？
4. 市场追随者的追随策略主要有哪些？
5. 试就国内市场的某一行业，分别列举出具有市场领导者、市场挑战者、市场追随者和市场利基者等特征的企业。

二、案例分析题

案例分析：

康师傅收购百事　目标挑战可口可乐

2011年底，康师傅以子公司5%股权，换取百事可乐在中国24家装瓶厂，以及部分品牌的独家分销权，而百事可乐则摆脱了连续亏损的中国业务。

联盟必然会对可口可乐产生影响，加剧了可口可乐的竞争压力，尤其威胁到可口可乐在碳酸饮料和果汁饮料等细分市场的地位。两者联盟后，联盟拥有了全面完善的产品线，而且百事可乐将借助康师傅庞大的销售通路下沉到二三线市场，而这一市场正是可口可乐的弱势所在，联盟无疑将抢先占据这一市场空白，不利于可口可乐市场拓展。

顶新集团董事长兼康师傅执行董事魏应交对媒体表示，这次收购的策略是“联合次要敌人，打击主要敌人”。他指出，这次并购成功将令康师傅新增碳酸饮料产品，令产品更加丰富，更重要的是，有助于拉开与竞争对手可口可乐的距离。魏应交强调，康师傅目前在中国的营收规模，是可口可乐在中国的1.2倍，但对可口可乐的防卫，他预期商务部审批通过这项并购案后，将拉大与可口可乐在中国的距离至1.7倍。

中投顾问食品行业研究员周思然认为：事实上，此次交易对两者而言皆是共赢之举。百事将利用康师傅庞大的分销渠道来挽救其在软饮料行业的不佳表现，而康师傅不仅丰富了产品线，扩充了产业链，同时也将两者在生产、渠道及品牌商的资源加以合并利用，有利于降低成本，提高品牌国际知名度。

周思然表示：“数据显示，2010年软饮料市场上，可口可乐、康师傅、百事可乐分别位于第一、第二和第四位，市场占有率分别为16.8%、14.4%和5.5%，康师傅和百事合作后，两者的市场份额达到19.9%，接近总市场的两成，牢牢坐稳了软饮料市场的首位。这表明此次联盟必然会使内地饮料业的排名座次发生变化。”

两者结合后，很有机会取代可口可乐在内地的龙头地位。

值得注意的是，在将中国大陆饮料业务转变为在全球普遍采用的特许经营模式的同时，百事将继续独立经营其在华成功的食品业务。百事在内地装瓶业务一直表现不佳，在2009及2010年度税后分别亏损4 550万美元及1.756亿美元，但市场认为主要是因百事供应浓缩液的价格偏高所致。花旗银行指出，根据康师傅收购其业务的有关资料，预料浓缩液价格有下调的空间，成本也将随之降低，相信康师傅很快可重整业务至收支平衡。

（案例来源：《财经界》2013年8期 周拓析）

思考题

1. 百事可乐和康师傅合作的目的是什么？

2. 面对百事可乐和康师傅的强强合作，可口可乐公司应该如何应对挑战，请你制订解决方案。

项目三　市场营销环境

学习目标

了解市场营销环境分析的重要意义；

理解微观环境和宏观环境的主要内容和变化趋势；

掌握市场机会和战略机会的评估方法；

了解市场营销环境对市场营销活动的重要影响作用；

掌握宏观、微观环境的主要构成要素；

能应用分析、评价市场机会与环境威胁的基本方法，分析企业面对市场营销环境变化所应采取的对策。

任务引入

万家乐缘何"乐"不下去了？

"万家乐，乐万家"，这曾是一句风靡全中国、数次被评为中国十大广告创意的广告词，万家乐公司与太阳神等一度被视为"新粤货"的代表企业，可是由于投资决策和品牌经营的重大失误，致使这家新兴企业在刚刚度过十周年生日之际就被迫踏上了被收购的悲惨之路。

1988 年，万家乐诞生于广东"四小虎"之一的顺德。顺德是国内著名的小家电城，加工能力之强、制造企业之多无出其右。在 1997 年 6 月于北京召开的"顺德名优产品博览会"上，人们再次为下面的数字所惊愕：电风扇产量占全国 1/3，微波炉占 1/3，电饭锅占 1/2，冰箱占 1/8，热水器占 1/2。不过这些数字的背后却掩藏着一个令人担忧的事实：产业严重同构，盲目投资趋多。有消息说，顺德 11 个镇都设有自己的镇级电风扇厂；有 6 个镇同时上马空调厂；另有四五个镇一起申报了摩托车项目。

1993 年以后，随着万家乐的崛起，顺德一夜之间冒出无数燃气具生产企业，仅政府批准领有"身份证"的企业就多达 30 家，而招之即来、挥之即去的地下工厂更是无法统计。万家乐在这些有形、无形的竞争对手的夹击下，虽然苦苦保持了国内市场 1/3 份额的"大哥"级地位，但经营成本始终无法降下来，而与此同时，由于竞争企业的急剧增多，热水器以平均 30%的幅度降价，也让万家乐难以提高主营业务的利润水平。

跟市场的无序竞争相比起来，经营决策上的失误是导致万家乐最终走向萎缩的根本原

因。20世纪90年代中期以来，国内热水器市场逐渐出现电热水器走俏的趋势。然而，作为业界老大，万家乐出现了判断上的重大失误。决策层始终顽固坚持燃气热水器的发展思路，在1997年的统计数字中，万家乐电热水器产量只有6.5万台，是燃气热水器产量的1/8。失去战机等于失去生机，万家乐由此逐渐失去市场主导权。

万家乐品牌效应的低效使用是其经营策略上的又一失误。股份公司在“万家乐”品牌的使用上出现了左右摇摆的紊乱。一方面，公司对万家乐品牌十分珍惜，认为不是百分之百成功的产品决不能用这一商标；另一方面，公司则“创”出了一大堆品牌，股份公司一度拥有23家子公司和关联企业，生产从缝纫机到化妆品的多类产品，且不说其多元化所带来的种种经营错乱，单是品牌管理一项便漏洞百出。

1998年，不堪亏损的万家乐突然宣布，以3.2亿元的价格将其29.8%的法人股让给同城一家知名度不高的企业——新力集团，由此退居第二大股东并交出了品牌经营权。

（案例来源：《企业活力》2007年07期　吴献忠）

思考题

1. 什么原因使得万家乐公司在短短几年内如此迅速地退出了市场？
2. 结合案例说明营销环境分析的重要性。

市场营销环境是指影响和制约企业市场营销活动的各种因素，每一环境因素都随着社会经济的发展而不断变化。这也给企业的营销活动带来潜在的机会或威胁。企业市场营销环境是多方面的，既有政治、法律、经济、自然、社会文化、科技等宏观环境因素的变化，也有企业自身、供应商、竞争者、消费者、营销中介、公众等微观环境因素的变化。市场营销环境不断在发展变化，对企业经营管理产生多种作用。对企业而言，属于能够加以影响的微观因素，企业必须积极地、能动地适应环境的变化，趋利避害；对企业而言，如果能够加以影响的因素，企业应该施加积极影响，使其朝着有利于企业经营管理的方向发展；对企业而言，企业能够完全控制的因素，应牢牢掌握其变化，使其成为企业经营管理的竞争优势所在。

学习任务一　市场营销环境概述

一、市场营销环境的含义

市场营销环境是指影响和制约企业市场营销活动的各种因素，这些因素和力量是与企业营销活动有关的影响企业生存和发展的外部条件（图3-1）。

市场营销环境的内容既广泛又复杂，可以根据不同的标志加以分类。菲利普·科特勒采用了将环境划分为微观环境和宏观环境的方法。

1. 按影响方式分类

（1）微观环境：指与企业紧密相连，直接影响企业营销能力的各种参与者。包括：企业本身、市场营销渠道企业、顾客、竞争者及社会公众。

（2）宏观环境：指间接影响企业营销活动的一系列巨大的社会力量和因素。主要是人口、经济、政治法律、科学技术、社会文化及自然生态等因素。

2. 按影响的时间长短分类

（1）长期环境：对企业市场营销活动影响的持续时间较长。

（2）短期环境：对企业市场营销活动影响的持续时间较短。

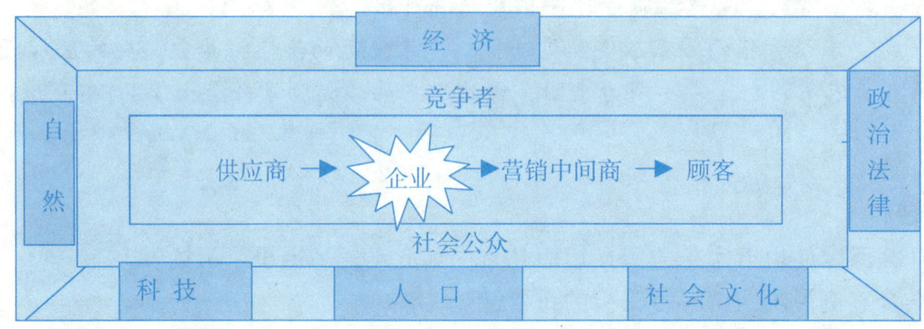

图 3-1 市场营销环境

二、市场营销环境的特征

（一）客观性

环境作为营销部门外在的不以营销者意志为转移的因素，对企业营销活动的影响具有强制性和不可控制的特点。一般说来，营销部门无法摆脱和控制营销环境，特别是宏观环境，企业难以按自身的要求和意愿随意改变它。如企业不能改变人口因素、政治法律因素、社会文化因素等。

（二）差异性

不同的国家或地区之间，宏观环境存在着广泛的差异，不同的企业，微观环境也千差万别。

（三）多变性

市场营销环境是一个动态系统。构成营销环境的诸多条件都受到众多因素的影响，每一环境因素都随着社会经济的发展而不断变化。

（四）相关性

营销环境诸相关因素间，相互影响，相互制约，某一因素的变化，会带动其他因素的相互变化，形成新的营销环境。如经济因素不能脱离政治因素而单独存在；同样，政治因素也要通过经济因素来体现。

（五）不可控性

影响市场营销环境的因素是多方面的，也是复杂的，并表现出企业不可控性。例如，一个国家的政治法律制度、人口增长及一些社会文化习俗等，企业不可能随意改变。

三、市场营销活动与市场营销环境

（1）市场营销环境通过其内容的不断扩大及其自身各因素的不断变化，对企业营销活动发生影响。首先，市场营销环境的内容随着市场经济的发展而不断变化；其次，市场环境因素经常处于不断变化之中。

（2）营销环境是企业营销活动的制约因素，营销活动依赖于这些环境才得以正常进行。

①营销管理者虽可以控制企业的大部分营销活动，但必须注意营销决策对环境的影响，不得超越环境的限制。

②营销管理者虽能分析、认识营销环境提供的机会，但是无法控制所有有利因素的变化，更无法有效地控制竞争对手。

③由于营销决策与环境之间的关系复杂多变，营销管理者无法直接把握企业营销决策实施的最终结果。

虽然企业营销活动必须与其所处的外部和内部环境相适应，但营销活动绝非只能被动地接受环境的影响，营销管理者应采取积极、主动的态度能动地去适应营销环境。

四、市场营销环境分析的意义

市场营销环境分析的意义具体表现在以下几个方面。

（一）是企业市场营销活动的立足点和根本前提

开展市场营销活动的目的一方面是为了更好地满足人们不断增长的物质和文化生活需要，同时也是为了使企业获得最好的经济效益和社会效益。要实现上述目标，其立足点和根本前提就是要进行市场营销环境分析。只有深入细致地对企业市场营销环境进行调查研究和分析，才能准确而及时地把握消费者需求，才能认清本企业在所处环境中的优势和劣势，扬长补短。否则，企业便不可能很好地实现其满足社会需求和创造较高经济效益和社会效益的目的，甚至陷入困境，被兼并或被淘汰。许多企业的实践都充分证明，市场营销环境分析是企业市场营销活动的立足点和根本前提，成功的企业无一不是十分重视市场营销环境分析的（图 3-2）。

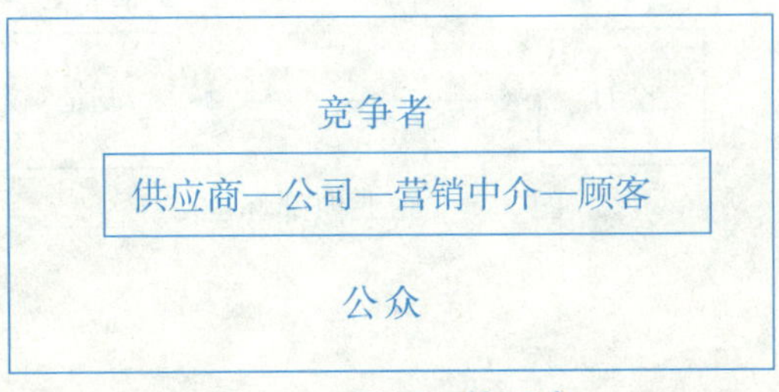

图 3-2 微观环境因素

（二）是企业经营决策的基础，为科学决策提供了保证

企业经营决策的前提是市场调查。市场调查的主要内容是要对企业的市场营销环境进行调查、整理分类、研究和分析，并提出初步结论和建议，以供决策者进行经营决策时作为依据。市场营销环境分析的正确与否，直接关系到企业决策层对企业投资方向、投资规模、技术改造、产品组合、广告策略、公共关系等一系列生产经营活动的成败。

（三）有利于企业发现新的市场机会，及时采取措施，科学把握未来

新的经营机会可以使企业取得竞争优势和差别利润或扭转所处的不利地位。当然，现实生活中，往往是机会与威胁并存，且可能相互转化。好的机会如没有把握住，优势就可能变成包袱、变成劣势，而威胁即不利因素也可能转化为有利因素，从而使企业获得新生。这里，关键在于要善于细致地分析市场营销环境，善于抓住机会，化解威胁，使企业在竞争中求生存，在变化中谋稳定，在经营中创效益，充分把握未来。

学习任务二　微观市场营销环境

一、企业内部

企业为开展营销活动，必须设立某种形式的营销部门，而且营销部门不是孤立存在的，它还面对着其他职能部门及更高层次管理部门（图 3-3）。这些部门的业务状况如何，它们与管理部门的合作及它们之间是否协调发展，对营销决策的制定与实施影响极大。

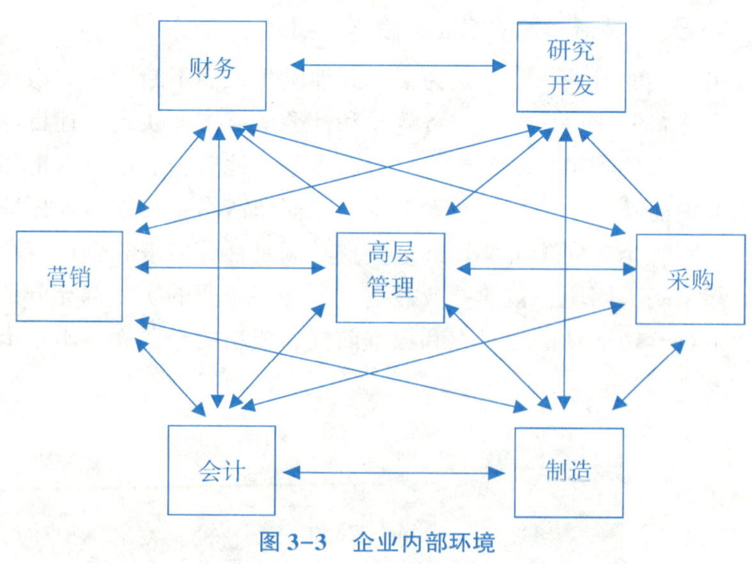

图 3-3　企业内部环境

二、市场营销渠道企业

（一）供应商

供应商是指企业及其竞争者提供生产经营所需资源的企业或个人，包括提供原材料、零配件、设备、能源、劳务及其他用品等。供应商对企业营销业务有实质性的影响。

1. 供应的及时性和稳定性

原材料、零部件、能源及机器设备等货源的供应保证，是企业营销活动顺利进行的前提。如棉纺厂不仅需要棉花等原料来进行加工，还需要设备、能源作为生产手段与要素，任何一个环节在供应上出现了问题，都会导致企业的生产活动无法正常开展。为此，企业为了保证货源在时间上和连续性上的供应，就必须和供应商保持良好的关系，必须及时了解和掌握供应商的情况，分析其状况和变化。

2. 供应的货物价格变化

供应的货物价格变动会直接影响企业产品的成本。如果供应商提高原材料价格，必然会带来企业的产品成本上升，生产企业如提高产品价格，会影响市场销路；虽然也可以使价格不变，但会减少企业的利润。为此，企业必须密切关注和分析供应商的货物价格变动趋势，使企业应变自如，早做准备，积极应对。

3. 供货的质量保证

供应商能否供应质量有保证的生产资料会直接影响到企业产品的质量，并进一步影响到销售量、利润及企业信誉。例如，劣质葡萄难以生产优质葡萄酒，劣质建筑材料难以保证建筑物的百年大计。为此，企业必须了解供应商的产品，分析其产品的质量标准，从而来保证自己产品的质量，赢得消费者，赢得市场。

（二）营销中间商

营销中间商主要是指协助企业促销、销售和经销其产品给最终购买者的机构，包括中间商、物流公司、营销服务机构和财务中介机构。

1. 中间商

中间商包括商人中间商和代理中间商。

（1）商人中间商。从事商品购销活动，并对所经销的商品拥有所有权的批发商、零售商等。

（2）代理中间商。专门介绍客户或协助商订合同但不取得商品所有权的中间商。代理中间商包括专门代理购销收取佣金的商品经纪人。

2. 物流公司

主要职能是协助厂商储存并把货物运送至目的地的仓储公司。如运输企业、仓储企业等。

3. 营销服务机构

营销服务机构即协助厂商推出并推广和促销其产品到恰当的市场的机构。如营销研究公司、广告公司、咨询公司、传播公司等。

4. 财务中介机构

财务中介机构即协助厂商融资或承担、处理货物购销储运风险的机构。如银行、信托公司、保险公司等。

三、顾客

如图 3-4 所示，顾客是指使用进入消费领域的最终产品或劳务的消费者和生产者，也是企业营销活动的最终目标市场。顾客对企业营销的影响程度远远超过前述的环境因素。顾客是市场的主体，任何企业的产品和服务，只有得到了顾客的认可，才能赢得这个市场，现代营销强调把满足顾客需要作为企业营销管理的核心。

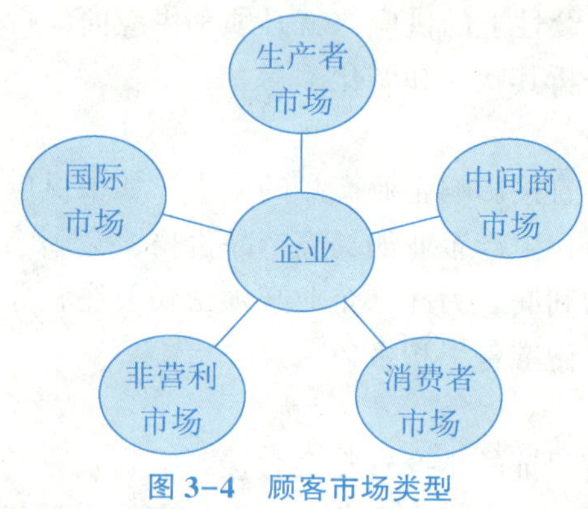

图 3-4　顾客市场类型

（一）消费者市场

消费者市场是指购买商品和服务供自己消费的个人和家庭。

（二）生产者市场

生产者市场是指购买商品及劳务投入生产经营活动过程以赚取利润的组织。

（三）中间商市场

中间商市场是指为转售牟利而购买商品和劳务的组织。

（四）非营利组织市场

非营利组织市场是指为提供公共服务或转赠需要者而购买商品和服务的政府机构和非营利组织。

（五）国际市场

国际市场是指国外购买者包括消费者、生产者、中间商和非营利组织所构成的市场。

四、竞争者

营销观念表明：企业要想在市场竞争中获得成功，就必须能比竞争者更有效地满足消费者的需要与欲望。因此，企业所要做的并非仅仅是迎合目标顾客的需要，而是要通过有效的产品定位，使企业产品与竞争者产品在顾客心目中形成明显差异，从而取得竞争

优势。

迈克尔 · 波特教授

简历

1973 年，获哈佛大学经济学博士，留任哈佛商学院，成为哈佛有史以來最年轻的教授，年仅 26 岁；1983 年，被里根政府招入“美国产业竞争力委员会”，他曾是许多国家的政府顾问，如新西兰、加拿大、葡萄牙等。

1980 年出版《竞争战略》；
1985 年出版《竞争优势》；
奠定了世界级战略大师的地位。

五力竞争模型是迈克尔 · 波特于 20 世纪 80 年代初提出的，对企业战略制定产生全球性的深远影响。用于竞争战略的分析，可以有效地分析客户的竞争环境。如图 3-5 所示，五力分别是：供应商的讨价还价能力和购买者的讨价还价能力、潜在竞争者进入的能力、替代品的替代能力、行业内竞争者现在的竞争能力。

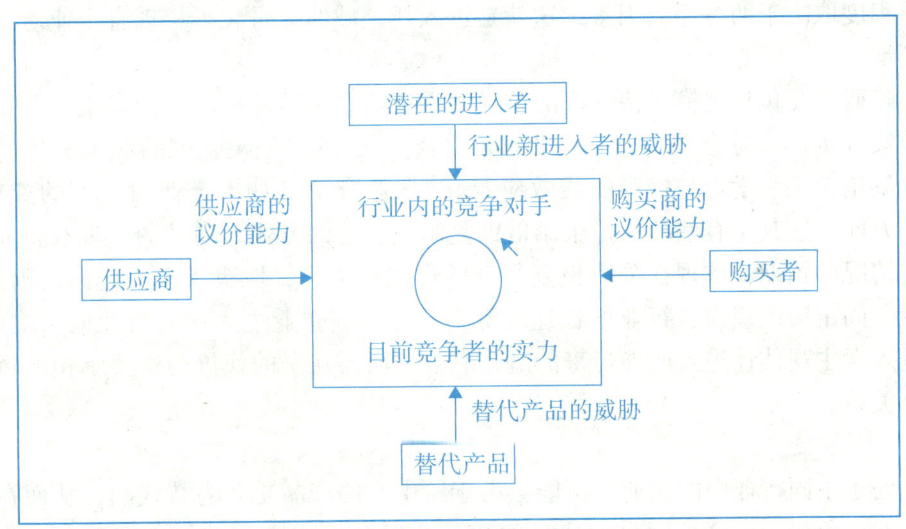

图 3-5　波特五力竞争模型

1. 供应商的议价能力

供应商主要通过提高投入要素价格与降低单位要素质量的手段，来影响行业里现有企业的产品竞争力与盈利能力。供应商力量的强弱主要取决于他们提供给买主的是什么投入要素，当提供的投入要素价值构成产成品总成本的较大比例，或者对产成品生产过程非常重要，或者严重影响产成品的质量时，供应商对于企业的潜在讨价还价能力就大大增强。一般来说，满足如下条件的供方集团会具有比较强大的讨价还价力量：

（1）供应商行业被一些市场地位稳固而不受市场剧烈竞争困扰的企业所控制，其产品的买主很多，以致每一单个买主都不可能成为供方的重要客户。

（2）供应商各企业的产品具有差异化特色，以致买主难以转换或转换成本太高，或者很难找到可与供方企业产品相竞争的替代品。

（3）供应商能够方便地实行前向联合或一体化，而买主难以进行后向联合或一体化。

2. 购买者的议价能力

购买者主要是通过其压价与要求提供较高的产品或服务质量的能力，来影响行业中现有企业的营利能力。一般来说，满足如下条件的购买者可能具有较强的讨价还价力量：

（1）购买者的总数较少，而每个购买者的购买量较大，占了卖方销售量的很大比例。

（2）卖方行业由大量相对来说规模较小的企业所组成。

（3）购买者所购买的基本上是一种标准化产品，同时向多个卖主购买产品在经济上也完全可行。

（4）购买者有能力实现后向一体化，而卖方不可能前向一体化。

3. 新进入者的威胁

新进入者在给行业带来新生产能力、新资源的同时，希望在已被现有企业瓜分完毕的市场中赢得一席之地，这就有可能会与现有企业发生原材料与市场份额的竞争，最终导致行业中现有企业盈利水平降低，严重的话还有可能危及这些企业的生存。新进入者竞争威胁的严重程度取决于两方面的因素，这就是进入新领域的障碍大小与现有企业对于进入者的反应预期。

进入障碍主要包括规模经济，产品差异，需要资本，转换成本，销售渠道开拓，政府行为与政策（如国家综合平衡统一建设的石化企业），不受规模支配的成本劣势（如商业秘密、产供销关系、学习与经验曲线效应等），自然资源（如冶金业对矿产的拥有），地理环境等方面，这其中有些障碍是很难借助复制或仿造的方式来突破的。现有企业对进入者的反应情况的预期，体现在采取报复行动的可能性大小，取决于有关厂商的财力情况、报复记录、固定资产规模、行业增长速度等。总之，新企业进入一个行业的可能性大小，取决于进入者主观估计进入所能带来的潜在利益、所需花费的代价与所要承担的风险这三者的大小关系。

4. 替代品的威胁

两个处于不同行业中的企业，可能会由于所生产的产品是互为替代品，从而在它们之间产生相互竞争行为，这种源自替代品的竞争会以各种形式影响行业中现有企业的竞争战略。

（1）现有企业产品售价以及获利水平的提高，将由于存在着能被用户方便接受的替代品而受到限制。

（2）由于替代品生产者的侵入，使得现有企业必须提高产品质量，或者通过降低成本来降低售价，或者使其产品具有特色，否则其销量与利润增长的目标就有可能受挫。

（3）替代品生产者的竞争强度，受产品买主转换成本高低的影响。

总之，替代品价格越低、质量越好、用户转换成本越低，其所能产生的竞争压力就强；而这种来自替代品生产者的竞争压力的强度，可以具体通过考察替代品销售增长率、替代品厂家生产能力与盈利扩张情况来加以描述。

5. 行业内现有竞争者的竞争

大部分行业中的企业，相互之间的利益都是紧密联系在一起的。作为企业整体战略一部分的各企业竞争战略，其目标都在于使得自己的企业获得相对于竞争对手的优势，所以，在实施中就必然会产生冲突与对抗现象，这些冲突与对抗就构成了现有企业之间的竞争。现有企业之间的竞争常常表现在价格、广告、产品介绍、售后服务等方面，其竞争强度与许多因素有关。

一般来说，出现下述情况将意味着行业中现有企业之间竞争的加剧：

（1）趋于成熟，产品需求增长缓慢；

（2）竞争者企图采用降价等手段促销；

（3）竞争者提供几乎相同的产品或服务，用户转换成本很低；

（4）一个战略行动如果取得成功，其收入相当可观；

（5）行业外部实力强大的公司在接收了行业中实力薄弱企业后，发起进攻性行动，结果使得刚被接收的企业成为市场的主要竞争者；

（6）退出障碍较高，即退出竞争要比继续参与竞争代价更高。在这里，退出障碍主要受经济、战略、感情及社会政治关系等方面考虑的影响，具体包括：资产的专用性、退出的固定费用、战略上的相互牵制、情绪上的难以接受、政府和社会的各种限制等。

行业中的每一个企业或多或少都必须应付以上各种力量构成的威胁，而且客户必须面对行业中的每一个竞争者的举动。除非认为正面交锋有必要而且有益处，例如，要求得到很大的市场份额，否则客户应该通过设置进入壁垒，包括差异化和转换成本来保护自己。当一个企业确定了其优势和劣势时，客户应该进行重新定位，以便因势利导，而不是被预料到的环境因素变化所损害，如产品生命周期、行业增长速度，等等，保护自己并做好准备，对其它企业的举动有效地做出反应。

五、公众

由于企业的营销活动必然会影响到公众的利益，因而，政府机构、融资机构、中介机构、群众团体、地方居民等公众，乃至国际上的各种公众，必然会关注、监督、影响制约企业的营销活动。这种制约力量的存在，决定了企业必须处理好与周围各方面公众的关系即搞好公共关系。遵纪守法，善于预见并采取有效措施满足各方面公众的合理要求（如及时归还贷款、防治污染等），开展一些力所能及的公益活动，努力塑造并保持企业良好的信誉和公众形象，是企业适应和改善微观环境的一个重要方面。

公众指与企业实现营销目标的能力有实际或潜在利害关系和影响力的团体或个人。企业所面对的公众主要有以下几种，如图 3-6 所示。

（1）融资公众。指影响企业融资能力的金融机构，如银行、投资公司等。

（2）媒介公众。主要是报纸、杂志、广播电台和电视台等大众传播媒体。

（3）政府公众。指负责管理企业运营业务的有关政府机构。

（4）社团公众。包括保护消费者权益的组织、环境保护及其他群众团体等。

（5）社区公众。指企业所在地邻近的居民和社区组织。

(6) 一般公众。指上述各种关系公众之外的社会公众。

(7) 内部公众。企业的员工，包括高层管理人员和一般职工。

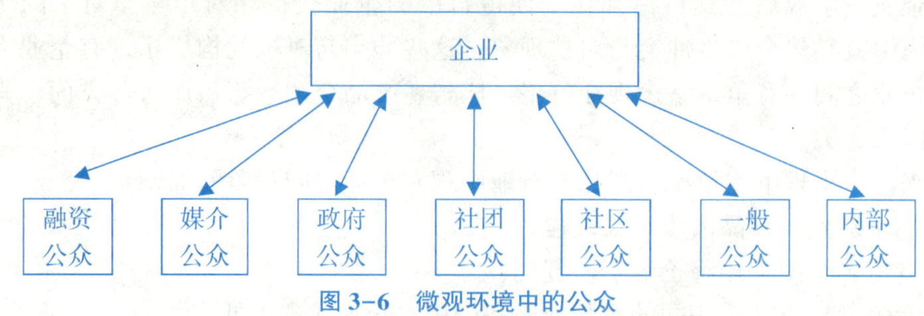

图 3-6 微观环境中的公众

以上这些公众，都与企业的营销活动有直接或间接的关系。他们对企业的影响有时十分直接，有时却又是间接而深远的。比如，媒介公众对企业有利或不利的宣传报道；金融公众的资金支持；政府公众发展政策与发展方向的确定；消费者组织、环境保护组织等对企业产品的认可及企业产品在普通老百姓中的形象与地位等，均对企业市场营销活动产生重大影响。因此，企业在市场营销活动中，必须正确处理好与公众的关系，使之成为企业市场营销活动成功的巨大推动力。

【案例 3-1】

日本石英技术誉满全球

一向以钟表王国著称的瑞士在机械表技术方面领先于世界，成为世界钟表市场的主要生产国。20 世纪 60 年代，一位瑞士工程师向政府提出了开发石英技术，发展石英表的建议。结果被打入冷宫。日本钟表业则对石英技术表现出浓厚的兴趣，并对全球钟表市场进行了深入的调查，结果发现机械表的发展已经呈现下降的趋势，潜力有限，石英表则以它成本低、全自动、华丽和方便的特点，具有极大的发展空间，是挑战机械表的核心技术。日本钟表商预测，钟表业今后市场竞争的焦点将是石英表，它能够引领日本钟表业挑战瑞士钟表王国的垄断地位。于是他们全力发展应用技术，在市场上遥遥领先。等到瑞士人猛然醒悟、奋起直追时，为时已晚，日本钟表业早已靠石英技术占据了世界钟表市场的主导地位。

（案例来源：《市场营销学》第二版 南京大学出版社 节选）

学习任务三 宏观市场营销环境

企业营销的宏观环境，涉及人口、经济、政治、自然、科学技术和社会文化环境等多个方面。宏观环境的发展变化，既会给企业造成有利条件或带来发展机会，同时也会给企业的生存发展带来不利因素或造成环境威胁，企业必须密切注意宏观环境的发展变化，并注意从战略的角度与之保持适应性。

【案例3-2】

在阿拉伯国家，虔诚的穆斯林教徒每日祈祷，无论居家或是旅行，祈祷者在固定时间都要跪拜于地毯上，且要面向圣城麦加。结果，比利时地毯厂商范得维格，巧妙地将扁平的“指南针”嵌入祈祷用的小地毯上，该“指南针”指的不是正南正北，而是始终指向麦加城。这样，伊斯兰教徒们只要有了他的地毯，无论走到哪里，只要把地毯往地上一铺，便可准确找到麦加城的所在方向。这种地毯一上市，立即成了抢手货。

（案例来源：《国际市场营销环境分析》 豆丁网）

一、人口环境

企业市场营销活动的最终对象是商品的购买者即自己的市场，而市场是由具有购买欲望与购买能力的人所组成的。人口作为市场的基本构成因素对市场与企业存在着整体性和长远性的影响，这种影响主要表现在人口的规模与增长速度、人口的自然构成、社会构成、地区构成等人口统计因素上，制约着市场规模与需求结构的变化。

人口环境包括人口的规模、密度、地理分布、年龄、性别、家庭、职业等等。

（一）人口规模与增长速度

一般地说，人口规模越大，市场规模（指现实商品需求与潜在商品需求的总和）也就越大，需求结构也就越复杂。

世界人口尤其是发展中国家人口持续高速增长，这是人口环境变化中的一个重要的情况。我国人口的迅速增长，将对企业乃至整个社会带来深刻的影响。

（1）新增人口将导致社会基本生活需求的扩大，不仅是吃、穿、用、住、行等方面的基本需求，在现代社会经济条件下还必然要产生培养、教育等多方面的需求，因而我国的市场潜力是很大的。

（2）人均国民收入将因人口增长过快而减缓上升速度从而使我国人民生活水平的提高呈现出渐进的趋势，这也会对企业的生产经营活动产生影响。

（3）人口的大量增加将导致人均资源占有量的减少，资源人均相对占有量较低及资源供应紧张将引起物价上涨、成本上升、利润率下降。

（4）就业作为一种社会问题会越来越突出，企业优化劳动组合的进程会遇到阻碍，从而制约企业劳动密集型向劳动集约型转化的速度。

（二）年龄结构

不同年龄的人，其需求倾向也不相同。为此，人口年龄结构的不同，其需求结构不尽相同。例如，中国人口的年龄结构正在老化。全国人口中60岁以上的老年人比重已超过10%，在一些大城市，老年人比重甚至接近20%。因此，人口结构中的消费主体也会相应老龄化。婴儿用品的需求正在下降，老年用品的需求却在上升。

（三）人口的地区分布与地区间流动

人口的地区分布，指的是人口在地理空间上的分布状态。一个地区的人口规模状况，会对该地区的市场规模产生直接的影响。此外，人们往往会因其所处地区的地理条件、气候条件、文化习俗、社会经济发展水平等的不同，而在生活方式、消费需求、购买习惯、购买力等方面呈现出明显的差异性。

随着社会经济的发展，近年来我国人口的地区间流动增强，人口迁移的规模有逐年上升的趋势。

我国人口的地区间流动呈现出三个特点：一是农村人口流入城镇；二是内地人口迁入沿海地区和工矿企业集中地区；三是旅游、异地学习、因公出差等人口逐年增多。人口的地区间流动，在一定程度上改变着我国人口的地区分布状况及不同地区的人口结构，进而影响着企业的营销环境。例如，人口流入较多的地区，基本生活需求明显增加，需求结构出现了某种程度的改变，由于相当部分的流动人口务工经商，因而又加剧了某些行业的市场竞争；人口流出较多的地区，基本生活需求减少，市场的人口压力在一定程度上得到缓解，但人口流出又往往伴随着人才的流失。人口流动导致的这些变化，既会给一些企业带来新的市场机会，同时也会给一些企业造成环境威胁。

（四）家庭组成

家庭组成是指一个以家庭为代表的家庭生活的全过程，也称家庭生命周期，按年龄、婚姻、子女等状况，可以分为 7 个阶段，如表 3-1 所示。①单身期：年轻的单身者。②新婚期：年轻夫妻，没有孩子。③满巢Ⅰ期：年轻夫妻，有六岁以下的幼童。④满巢Ⅱ期：年轻夫妻，有 6 岁以上的幼童。⑤满巢Ⅲ期：年纪大的夫妻，有已能自立的子女。⑥空巢期：身边没有孩子的老年夫妻。⑦孤独期：单身老人独居。

表 3-1　家庭生命周期的阶段

家庭生命周期的阶段	需求以及消费特征
单身期	注重社交需要、娱乐需要，新观念的带头人
新婚期	由住房需要，消费各种家具、电器等耐用品
满巢Ⅰ期	家庭用品购买的高峰期，购买较多的儿童用品
满巢Ⅱ期	注重档次较高的商品及子女的教育投资，文化娱乐消费增加
满巢Ⅲ期	更新耐用消费品，注重储蓄，购买行为冷静、理智
空巢期	注重健康需要，娱乐及服务性消费支出增加
孤独期	注重情感、健康需要，注重安全保障

一个市场拥有家庭单位和家庭平均成员的多少，以及家庭组成状况等，对市场消费需求的潜量和结构，都有十分重要的影响。

（五）性别差异

性别差异会给人们的消费需求带来显著的差别，反映到市场上就会出现男性用品市场和女性用品市场。企业可以针对不同性别的不同需求，生产适销对路的产品，制定有效的营销策略，开发更大的市场。

二、经济环境

经济环境是影响企业营销活动的主要环境因素，它包括收入因素、消费支出、产业结构、经济增长率、货币供应量、银行利率、政府支出等因素，其中，收入因素、消费结构对企业营销活动影响较大。

（一）消费者收入分析

收入因素是构成市场的重要因素，甚至是更为重要的因素。因为市场规模的大小，归根结底取决于消费者的购买力大小，而消费者的购买力取决于他们收入的多少。企业必须从市场营销的角度来研究消费者收入，通常从以下 4 个方面进行分析。

（1）人均国内生产总值。它是一个国家或地区，所有常住单位在一定时期内（如一年），按人口平均所产生的全部货物和服务的价值，超过同期投入的全部非固定资产货物和服务价值的差额。人均 GDP 则从总体上影响和决定了消费结构与消费水平。

（2）个人收入。消费者收入，指的是消费者从各种来源所得到的货币收入，通常包括人们的工资、奖金、退休金、红利、租金、赠予等。消费者收入是影响消费者市场购买力水平及消费者支出模式的一个重要因素。消费者收入的变化，不仅对生产经营消费资料和服务的企业的营销活动有直接影响，而且会间接地对经营生产资料和服务的企业的营销活动产生重大影响。

在实际生活中，消费者并不是也不可能将其全部收入都用于购买产品或劳务，消费者的购买力仅是其收入中的一部分。对企业营销来说，有必要将消费者个人收入区分为个人可支配收入和个人可随意支配收入。

（3）个人可支配收入。指的是从消费者个人收入中扣除消费者直接负担的各项税款及上缴给政府或组织的非税性负担之后余下的实际收入。这部分收入，或被用于消费支出或被用于储蓄，是影响消费者购买力和消费者支出模式的决定性因素。

（4）可任意支配收入。在可支配收入中减去维持生活的必需支出和其他固定支出后的余额，才是个人可任意支配收入。这部分收入是消费者可以任意决定其投向的，是影响消费需求构成的最活跃的经济因素。这部分收入的数额越大，人们的消费水平就越高，企业的营销机会也就越多。

由于消费者收入会受到价格变化的影响，因而还有必要将消费者收入区别为货币收入和实际收入。在消费者的货币收入不变时，物价上涨则实际收入下降，物价下跌则实际收入上升。在消费者的货币收入增加时，如果通货膨胀率超过了货币收入增长率，实际收入也是下降的。实际收入的变动，直接影响着实际购买力及消费者的支出行为。

（二）消费者支出分析

随着消费者收入的变化，消费者支出会发生相应变化，继而使一个国家或地区的消费结构也会发生变化。

（1）消费结构

德国统计学家恩斯特·恩格尔于 1857 年发现了消费者收入变化与支出模式即消费结

构变化之间的规律性。

(2) 恩格尔系数。

恩格尔所揭示的这种消费结构的变化通常用恩格尔系数来表示，恩格尔系数越小，食品支出所占比重越小，表明生活富裕，生活质量高；恩格尔系数越大，食品支出所占比重越高，表明生活贫困，生活质量低。恩格尔系数是衡量一个国家、地区、城市、家庭生活水平高低的重要参数。企业从恩格尔系数可以了解目前市场的消费水平，也可以推知今后消费变化的趋势及对企业营销活动的影响。

恩格尔系数（%）= 食品支出总额 /家庭或个人消费支出总额×100%

恩格尔定律（Engle's law）

①“当收入增加，时食物支出占总支出的比重下降。”

②“当其他条件不变时，新增加的收入用于食物支出较少；用于医务、燃料、住房等相对不变；而用于教育、医药、卫生、娱乐、体育方面的支出较大。”

③“食物支出的比重越大，表明家庭越贫穷，反之则比较富裕。”

联合国根据恩格尔系数制定的评价国家地区或家庭贫富的标准，一个国家或家庭生活越贫困，恩格尔系数就越大；反之，生活越富裕，恩格尔系数就越小，参见表 3-2。

恩格尔系数	贫富标准
>59%	绝对贫困
50~59%	勉强维持
40~50%	小康水平
30~40%	比较富裕
<30%	最富裕

表 3-2　我国农村居民家庭和城镇居民家庭恩格尔系数比较

年份	农村居民/%	城镇居民/%	农村-城镇/恩格尔系数
2000 年	49. 1	39. 4	9. 7
2001 年	47. 7	38. 2	9. 5
2002 年	46. 2	37. 7	8. 5
2003 年	45. 6	37. 1	8. 5
2004 年	47. 2	37. 7	9. 5
2005 年	45. 5	36. 7	8. 8
2006 年	43	35. 8	7. 2
2007 年	43. 0848	36. 3	6. 7848
2008 年	43. 6736	37. 9	5. 7736
2009 年	40. 9681	36. 5	4. 4681
2010 年	41. 1	35. 7	5. 4
2011 年	40. 4%	36. 3%	4. 1

（三）消费者储蓄分析

储蓄是指城乡居民将可任意支配收入的一部分储存待用。

消费者的储蓄行为直接制约着市场消费量购买的大小。当收入一定时，如果储蓄增多，现实购买量就减少；反之，如果用于储蓄的收入减少，现实购买量就增加。居民储蓄倾向是受到利率、物价等因素变化所致。人们储蓄目的也是不同的，有的是为了养老，有的是为未来的购买而积累，当然储蓄的最终目的主要也是为了消费。企业应关注居民储蓄的增减变化，了解居民储蓄的不同动机，制定相应的营销策略，获取更多的商机。

（四）消费者信贷分析

消费者信贷，也称信用消费，指金融或商业机构向有一定支付能力的消费者融通资金的行为，指消费者凭信用先取得商品的使用权，然后按期归还贷款，完成商品购买的一种方式。主要形式有短期赊销、分期付款、消费贷款等。信用消费允许人们购买超过自己现实购买力的商品，创造了更多的消费需求。随着我国商品经济的日益发达，人们的消费观念大为改变，信贷消费方式在我国逐步流行起来，值得企业去研究。

三、自然环境

营销活动要受到自然环境的影响，也对自然环境的变化负有责任。从长期的观点来看，自然环境应该包括资源状况、生态环境和环境保护等方面。

自然资源的范畴十分广泛，依照再生产性可以将其划分为可再生资源、不可再生资源和恒定性资源。在人类活动的参与下，当代自然环境变化的主要动向是，自然资源日益短缺，环境污染日趋严重。随着上述问题的普遍化和严重化，促使各国政府都不同程度地加强了对自然环境和自然资源的管理工作。

我国是一个幅员辽阔的国家，从总体看资源比较丰富，然而由于人口众多，因此从人均水平来说，不论是不可再生资源还是可再生资源又都是短缺的，绝大多数资源的人均占有量很低。但是，由于法制不健全、人们的环保意识差、缺乏全面效益观念等原因，对资源的破坏现象较为严重；同时，由于各种原因资源浪费问题又非常突出，高投入低产出、好原料次产品等现象较为普遍。这种情况要求政府部门必须进一步加强对资源的管理工作，运用法律、经济、行政等手段对破坏资源、消费资源的现象进行干预和控制。资源短缺，尤其不可再生资源越开采储量越少，资源成本趋于提高，政府对资源的管理不断加强，这对许多企业的发展来说无疑是一种威胁，然而反过来又迫使人们研究如何合理开发资源、有效利用资源及寻找替代品等问题，这又给许多企业带来了发展机会。

【案例 3-3】

物流配送中心选址问题

现代物流学原理已经证明，在城市现代物流体系规划过程中，配送中心的选址主要应考虑多个因素，其中自然环境非常重要，包括以下。

（1）气象条件。配送中心选址过程中，主要考虑的气象条件有温度、风力、降水量、无霜期、冻土深度、年平均蒸发量等指标。如选址时要避开风口，因为在风口建设会加速露天堆放商品的老化。

（2）地质条件。配送中心是大量商品的集结地，某些容重很大的建筑材料堆放起来会对地面造成很大压力。如果配送中心地面以下存在着淤泥层、流沙层、松土层等不良地质条件，会在受压地段造成沉陷、翻浆等严重后果。为此，配送中心选址要求土壤承载力要高。

（3）水文条件。配送中心选址需远离容易泛滥的河川流域与上溢地下水的区域。要认真考察近年的水文资料，地下水位不能过高，洪泛区、内涝区、故河道、干河滩等区域绝对禁止使用。

（4）地形条件。配送中心应选择地势较高、地形平坦，且应具有适当的面积与外形。若选在完全平坦的地形上是最理想的，其次选择稍有坡度或起伏的地方；对于山区陡坡地区则应该完全避开。在外形上可选择长方形，不宜选择狭长或不规则形状。

（案例来源：物流中心选址问题　百度文库）

四、政治法律环境

政治法律环境是影响企业营销的重要宏观环境因素，包括政治环境和法律环境。政治环境引导着企业营销活动的方向，法律环境则为企业规定经营活动的行为准则。政治与法律相互联系，共同对企业的市场营销活动产生影响和发挥作用。

（一）政治环境分析

政治环境是指企业市场营销活动的外部政治形势。一个国家的政局稳定与否，会给企业营销活动带来重大的影响。如果政局稳定，人民安居乐业，就会给企业营销造成良好的环境。相反，政局不稳，社会矛盾尖锐，秩序混乱，就会影响经济发展和市场的稳定。企业在市场营销中，特别是在对外贸易活动中，一定要考虑东道国政局变动和社会稳定情况可能造成的影响。在国际贸易中，不同的国家也会制定一些相应的政策来干预外国企业在本国的营销活动。主要措施有：①进口限制；②税收政策；③价格管制；④外汇管制；⑤国有化政策。

（二）法律环境分析

法律环境是指国家或地方政府所颁布的各项法规、法令和条例等，它是企业营销活动的准则，企业只有依法进行各种营销活动，才能受到国家法律的有效保护。近年来，为适应经济体制改革和对外开放的需要，我国陆续制定和颁布了一系列法律法规，例如《中华人民共和国产品质量法》《企业法》《经济合同法》《涉外经济合同法》《商标法》《专利法》《广告法》《食品卫生法》《环境保护法》《反不正当竞争法》《消费者权益保护法》《进出口商品检验条例》等。企业的营销管理者必须熟知有关的法律条文，才能保证企业经营的合法性，运用法律武器来保护企业与消费者的合法权益。对从事国际营销活动的企业来说，不仅要遵守本国的法律制度，还要了解和遵守国外的法律制度和有关的国际法规、惯例和准则。

【案例 3-4】

睡衣风波

美国和加拿大之间曾围绕“古巴睡衣”问题发生了一场政治纷争，而夹在两者之间的是一家百货业的跨国公司——沃尔-马特公司。当时，争执的激烈程度可以从下面的报纸新闻标题中可见一斑：“将古巴睡衣从加拿大货架撤下：沃尔-马特公司引起纷争”、“古巴问题：沃尔-马特公司因撤下睡衣而陷入困境”、“睡衣赌局：加拿大与美国赌外交”、“沃尔-马特公司将古巴睡衣放回货架。”

这一争端是由美国对古巴的禁运引起的。美国禁止其公司与古巴进行贸易往来，但在加拿大的美国公司是否也应执行禁运呢？当时，沃尔-马特加拿大分公司采购了一批古巴生产的睡衣，美国总部的官员意识到此批睡衣的原产地是古巴后，便发出指令要求撤下所有古巴生产的睡衣，因为那样做违反了美赫尔姆斯-伯顿法。这一法律禁止美国公司及其在国外的子公司与古巴通商。而加拿大则是因美国法律对其主权的侵犯而恼怒，他们认为加拿大人有权决定是否购买古巴生产的睡衣。这样，沃尔-马特公司便成了加、美对外政策冲突的牺牲品。沃尔-马特在加拿大的公司如果继续销售那些睡衣，则会因违反美国法律而被处以 100 万美元的罚款。且还可能会因此而被判刑。但是，如果按其母公司的指示将加拿大商店中的睡衣撤回，按照加拿大法律，会被处以 120 万美元的罚款。

（案例来源：考试资料网）

五、科学技术环境

科学技术是第一生产力，科技的发展对经济发展有巨大的影响，不仅直接影响企业内部的生产和经营，还同时与其他环境因素互相依赖、互相作用，给企业经营活动带来有利与不利的影响。新技术的应用，会引起企业市场经营策略的变化，也会引起企业经营管理的变化，还会改变零售商业业态结构和消费者购物习惯。

第一，改变着人们的消费习惯，创造了新的需求。

第二，大部分产品的生命周期有明显缩短的趋势。

第三，新兴产业相继出现，传统产业面临着改造的巨大压力，落后产业被淘汰的危胁加重。

第四，市场竞争日益激烈，技术因素的竞争更加突出。

第五，技术贸易的比重不断提高。

第六，发展中国家劳动力费用低廉的优势在国际经济联系中将受到进一步削弱。

第七，传统的流通结构、流通方式和手段面临着巨大的冲击。

第八，对企业的综合素质、经营管理工作等方面提出了更高的要求，以至观念的全面更新。

由此可以看出，随着科学技术的发展，企业将受到全面挑战，不能适应和引导这一过程的企业将面临被淘汰的威胁。

【案例 3-5】

美国“科幻餐厅”：新科技创造知觉体验新感觉

美国洛杉矶芙莱伍德市街上的“科幻餐厅”，重视新科技带来的动态模拟、虚拟现实等全新体验在餐馆的运用，其座席设计与宇宙飞船舱一样，顾客只要面朝正前方坐下来，就可见一幅 1m 见方的屏幕，一旦满座，室内就会变暗，并传来播音员的声音：“宇宙飞船马上就要发射了。”在“发射”的同时，椅子自动向后倾斜，屏幕上映现出宇宙的种种景色，顾客一边吃汉堡包，一边体验着宇宙旅行的滋味。为领略空中风光，获取高处不胜寒的体验。加拿大安大略湖畔多伦多市电视塔（该塔高 553.3m），在离地面 335m 处有一个可供 500 人同时进餐的“旋转餐厅”。餐厅直径 45.3m，每 65 分钟旋转一周。到餐厅用餐的顾客乘上电梯后，不到 1 分钟时间，就会被送到餐厅里。随着餐厅的旋转，人们可以一边进餐，一边眺望安大略湖和多伦多市的秀丽风光。

而在离澳大利亚悉尼港 82.30m 的海面上空有一处设计独特的“空中餐厅”。这个餐厅是从海边悬崖上自动降落到海面上边的，由钢缆绳悬吊并能随意旋转，一次可供 4 人同时就餐。这种抬头望蓝天，低头见大海的餐厅也确实吸引了不少冒险者的光顾。

（案例来源：人大经济论坛）

六、社会文化环境

社会文化环境主要是指一个国家、地区的民族特征、价值观念、生活方式、风俗习惯、宗教信仰、伦理道德、教育水平、语言文字等总和。它是影响企业营销诸多变量中最复杂、最深刻、最重要的变量。它影响和制约着人们的消费观念、需求欲望及特点、购买行为和生活方式，对企业营销行为产生直接影响。企业营销对社会文化环境的研究一般从以下几个方面入手。

（1）教育水平。教育程度不仅影响劳动者收入水平，而且影响着消费者对商品的鉴别能力，影响消费者心理、购买的理性程度和消费结构，从而影响着企业营销策略的制定和实施。

（2）宗教信仰。宗教是构成社会文化的重要因素，宗教对人们消费需求和购买行为的影响很大。不同的宗教有自己独特的对节日礼仪、商品使用的要求和禁忌。某些宗教组织甚至在教徒购买决策中有决定性的影响。为此，企业可以把影响大的宗教组织作为自己的重要公共关系对象，在营销活动中也要注意不同的宗教信仰，以避免由于矛盾和冲突给企业营销活动带来的损失。

【案例 3-6】

欧洲一冻鸡出口商曾向阿拉伯国家出口冻鸡。他把大量优质鸡用机器屠宰好，收拾干净利落，只是包装时鸡的个别部位稍带点血，就装船运出。不料这批货竟被退了回来。他迷惑不解，便亲自前往进口国调查原因，才发现退货的原因不是质量有问题，只是他的加工方法违反了阿拉伯国家的禁忌：阿拉伯国家人民不允许用机器和由女性屠宰家禽，也不允许家禽带血，否则便被认为不吉祥。

（案例来源：案例分析　百度文库）

（3）价值观念。价值观念是指人们对社会生活中各种事物的态度和看法。不同文化背景下，人们的价值观念往往有着很大的差异，消费者对商品的色彩、标识、式样及促销方式都有自己褒贬不同的意见和态度。企业营销必须根据消费者不同的价值观念设计产品，提供服务。

（4）消费习俗。消费习俗是指人们在长期经济与社会活动中所形成的一种消费方式与习惯。不同的消费习俗，具有不同的商品要求。研究消费习俗，不但有利于组织好消费用品的生产与销售，而且有利于正确、主动地引导健康的消费。了解目标市场消费者的禁忌、习惯、避讳等是企业进行市场营销的重要前提。

（5）消费时潮。由于社会文化多方面的影响，使消费者产生共同的审美观念、生活方式和情趣爱好，从而导致社会需求的一致性，这就是消费时潮。

【案例 3–7】

生活环境影响消费选择

狗在街上，彪马在脚上

每天上班的路上看到狗，是否会影响人穿某个品牌的运动鞋？美国宾夕法尼亚大学沃顿商学院市场营销学教授约拿·伯杰（Jonah Berger）最新的一份研究报告表明，人每天看到的一切会影响他作为消费者的决策行为。在这篇名为《狗在街上，彪马（Puma）在脚上：生活环境怎样影响产品价值和消费选择》的论文的开头部分，伯杰教授叙述了这个实验的结果。那些反复看见狗的照片的实验者比没有看到照片的人能更快识别出彪马品牌，且更喜欢这个牌子的运动鞋。是不是有点糊涂了？这是因为狗与猫有些类似，而猫则与彪马的品牌标识有些相似。

“经常看到狗的人不意味着他就会从椅子上马上跳起来，去购买 10 双彪马运动鞋。”伯杰教授认为，但实验结果的确表明，生活环境中的某些东西，的确会影响人的喜好和消费选择，哪怕他可能并没有清晰意识到周围这些东西的存在。

“市场营销人员总是认为，如果要让一个产品畅销起来，就需要一句郎朗上口、过目不忘的广告语，或者一个精美广告来引起消费者的广泛注意，”伯杰教授说，他的研究表明，广告主可以在自身产品与生活环境中的一些事物建立某种关联中得到回报，“我们倾向认为，广告是提醒消费者注意产品的一种方式，广告投入越多，产品的销量也就越多。但是，我们也应该注意将产品与生活环境联系起来，让生活环境为产品销售服务。”

伯杰教授以汰渍洗涤剂的例子说明了这一点。通常的做法是，消费者看到汰渍洗涤剂的广告越多，他们购买汰渍洗涤剂的概率也就越大。但伯杰教授认为，或许让消费者看到惊涛拍岸的潮水一样也能刺激他们购买汰渍洗涤剂的兴趣（译者注：汰渍英文名为 Tide，意为潮水）。

伯杰和他的合作者——加拿大安大略省沃特卢大学的心理学教授 Grainne Fitzsimons 在 2008 年 2 月的《市场营销研究》（*Journal of Marketing Research*）杂志上发表了他们的研究成果：“研究人员总是就微弱的环境暗示就能强有力地影响消费行为这一论题争论不休”，他们在论文中这样写道：“但很少有实证研究来论证这一论题。”

他们以火星糖（Mars Bars）的例子开始了自己的论述。1997 年 7 月 4 日，美国宇航局将探险者号宇宙飞船送上了火星。火星糖的销售量也为之一振。"尽管火星糖的名称来自于公司创立者而非地球的另一邻居，但消费者显然对有关火星的新闻资讯有了反应，他们购买了更多的火星糖。"两位教授这样写道："对这家糖果公司来说，这类特殊事件给了它喜出望外的回报，但为什么不把它当作一个了解消费行为的机会呢？"

橙色满眼，新奇士一定热销

生活环境能给特定产品以好感。伯杰和他的合作者为论证这一假设，设计了系列实验。在第一个实验中，他们想看看万圣节前后满眼的橙色对消费者想起某种产品时的效果如何。他们访问了144位消费者，让后者快速列举糖果、巧克力、苏打水中的品牌，其中一半的消费者是在万圣节前一天被访问的，另一半则在万圣节之后的一周。结果是，在万圣节前一天被访问的消费者列举橙色产品的次数几乎是万圣节后一周被访问的消费者的2倍。

"我们的结果表明，即便是生活环境中像颜色这样很简单的线索，也会影响身在嘈杂的现实消费世界中的消费者的产品接受度。"伯杰和他的合作者这样写道。在圣帕特里克节前后，伯杰说，"你可以想到，雪碧可能就会卖得很不错。"

在另一个实验中，29个实验者在大学校园里接受了一项"消费者选择调查"。一半的人用灌有橙色墨水的橙色钢笔完成问卷，另一半人则用装有绿色墨水的绿色钢笔完成问卷。让实验参与者写几个简单的句子，然后给他们展示糖果、洗涤剂、饮料等产品的照片，让他们从中选出两种产品。结果是：新奇士汽水和佳得乐饮料。

"让实验参与者用橙色钢笔，他们就更倾向于选择同一颜色的产品。"伯杰和他的合作伙伴这样写道。那些用橙色钢笔的人喜欢橙色产品，用绿色钢笔的人增加了20%的可能性选择绿色产品。这又一次说明了环境中的暗示线索会在一定程度上影响实验参与者的思考、选择。

记忆起爆效应

"尽管让消费者理解你所传达的信息的确非常重要……但市场营销人员也应该对自己的销售主张是否充分融入了消费者熟悉的生活环境元素给予更大的重视。"伯杰和他的合作伙伴这样写道。伯杰认为，他们的研究成果可以运用到各种产品的营销中去。尽管他说，他对如何销售更多的可乐没有兴趣，但如果能让大学生注意营养，吃更多的水果、蔬菜，则善莫大焉。

作为家养动物，猫与狗有很多相似的特征，因而两者之间具有强有力的记忆联想效应。在彪马品牌个案研究中，两位研究人员基于这一点展开了研究。他们给实验参与者看了20张图片，一些参与者看到的图片与彪马没有任何关联，如订书机的图片等，而另一些参与者看到的则是些狗的照片。当所有实验参与者看到不同品牌的运动鞋时，那些看了大量狗的图片的实验参与者识别彪马品牌的速度要比没有看到狗的图片的参与者快30%。

"我们发现，生活环境中的元素影响消费态度，与生活元素有概念联系的对象一样也能影响消费态度。"伯杰及他的合作伙伴这样写道。"除了在概念上建立连接点之外，研究数据还表明，市场营销人员可以在他们的产品与消费者熟知的生活环境元素之间建立一种新颖的联系。"

在彪马案例研究中，生活环境元素展示的频率同样也会影响产品的价值评价与选择。实验参与者看到的狗的图片越多，他们就越容易识别出彪马品牌的运动鞋，并对它越有好感。伯杰说："经常看到狗的人更喜欢彪马运动鞋。"

"记忆起爆效应在现实生活中强有力地影响着消费判断。"两位研究人员写道，这不是说，实验参与者有意识地在狗、猫和彪马品牌之间建立起记忆联想，"记忆起爆效应的产生不需要刻意学习，可以发生在意识之外。"

伯杰建议，广告主和市场营销人员有必要创造性地把自己的产品与人们日常生活中的某个东西联系起来。例如，市场营销人员如果要向商务旅行者销售产品，就可以把行李的图像当作一个生活环境提示元素。如果公司将自己的产品与行李建立起概念连接，商务旅行者每到机场时就很可能会想起它来。

当然，用同一个生活环境元素去吸引所有消费者并不是一个好方法。运用于广告语、品牌名称和广告信息中的生活环境元素应根据区域、人口社会学等不同因素而有所不同。同一生活环境元素对不同的人群而言可能意味着不同的事情。

"当设计产品名称、包装和广告营销活动时，市场营销人员应该考虑到消费者生活环境的特征。"两位研究者最后总结道，"明尼苏达州的汽车经销商可以将自己与寒冷的天气、手套联系起来，亚利桑那州的餐馆可以考虑与干燥气候联系起来。知道宇航局决定要去的下一个星球是谁，火星糖果公司或许就该着手设计一个新的糖果品牌了。"

（案例来源：市场调查协会 CMRA）

学习任务四 市场营销环境分析与对策

通过对市场营销环境的分析，企业可以认识和了解环境，把握环境的变化和发展趋势，趋利避害，提高对环境的适应性。

一、市场机会的分析

市场营销环境通过对企业构成威胁或提供机会而影响营销活动。

环境威胁，是指环境中不利于企业营销的因素的发展趋势，对企业形成挑战，对企业的市场地位构成威胁。这种挑战可能来自国际经济形势的变化，也可能来自社会文化环境的变化。

市场机会是指对企业营销活动富有吸引力的领域，在这些领域，企业拥有竞争优势。环境机会对不同企业有不同的影响力，企业在每一特定的市场机会中成功的概率，取决于其业务实力是否与该行业所需要的成功条件相符合。

（一）威胁与机会的分析、评价

企业面对威胁程度不同和市场机会吸引力不同的营销环境，需要通过环境分析来评估环境机会与环境威胁。企业最高管理层可采用"威胁分析矩阵图"和"机会分析矩阵图"

来分析、评价营销环境。

1. 威胁分析

对环境威胁的分析，一般着眼于两个方面：一是分析威胁的潜在严重性即影响程度；二是分析威胁出现的可能性即出现概率，其分析矩阵如图 3-7 所示。

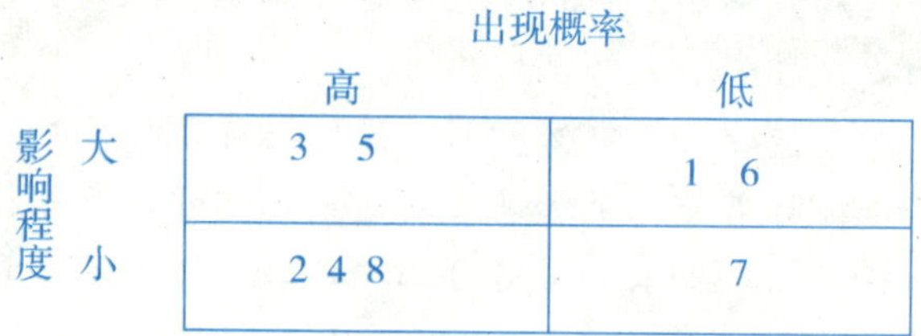

影响程度 \ 出现概率	高	低
大	3 5	1 6
小	2 4 8	7

图 3-7 威胁分析矩阵图

2. 机会分析

机会分析主要考虑潜在的吸引力（营利性）和成功的可能性（企业优势）大小，其分析矩阵如图 3-8 所示。

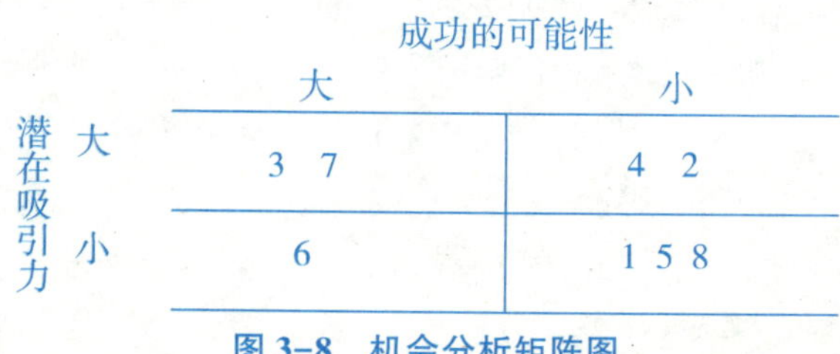

潜在吸引力 \ 成功的可能性	大	小
大	3 7	4 2
小	6	1 5 8

图 3-8 机会分析矩阵图

用上述矩阵分析、评价管理环境，可能出现 4 种不同的结果，如图 3-9 所示。

机会水平 \ 威胁水平	低	高
高	理想业务	冒险业务
低	成熟业务	困难业务

图 3-9 环境分析综合评价图

对市场机会的分析，还必须深入分析机会的性质，以便企业寻找到对自身发展最有利的市场机会。

（1）环境市场机会与企业市场机会。市场机会实质上是“未满足的需求”。但对不同企业而言，环境机会并非都是最佳机会，只有理想业务和成熟业务才是最适宜的机会。

（2）行业市场机会与边缘市场机会。企业通常都有其特定的经营领域，出现在本企业经营领域内的市场机会即行业市场机会，出现于不同行业之间的交叉与结合部分的市场机会，则称之为边缘市场机会。

（3）目前市场机会与未来市场机会。从环境变化的动态性来分析，企业既要注意发现

目前环境变化中的市场机会，也要面对未来，预测未来可能出现的大量需求或大多数人的消费倾向，发现和把握未来的市场机会。

（4）全面的机会与局部的机会。市场从其范围来说，有全面的、大范围的市场和局部的、小范围的市场之分。全面的机会是在大范围市场，如国际市场、全国性市场上出现的机会；局部的机会则是在局部市场。

（二）企业市场营销对策

在环境分析与评价的基础上，企业对威胁与机会水平不等的各种营销业务，要分别采取不同的对策。

（1）对理想业务，应看到机会难得，甚至转瞬即逝，必须抓住机遇，迅速行动，否则，丧失战机，将后悔不及。

（2）对冒险业务，面对高利润与高风险，既不要盲目冒进，也不应迟疑不决，坐失良机，应全面分析自身的优势与劣势，扬长避短，创造条件，争取突破性的发展。

（3）对成熟业务，机会与威胁处于较低水平，可作为企业的常规业务，用以维持企业的正常运转，并为开展理想业务和冒险业务准备必要的条件。

（4）对困难企业，要么是努力改变环境，走出困境或减轻威胁，要么是立即转移，摆脱无法扭转的困境。

二、战略机会的分析

分析和判断企业的战略机会是进行企业战略规划的前提，企业发展战略的制定有赖于对企业战略机会的评估。最有效的评估手段就是 SWOT 分析法即态势分析法。20 世纪 80 年代初由美国旧金山大学的管理学教授韦里克提出，经常被用于企业战略制定、竞争对手分析等场合。

（一）SWOT 分析法的含义

SWOT 分析法是一种综合考虑企业内部条件和外部环境的各种因素进行系统评价，从而选择最佳经营战略的常用方法。其中最核心的部分是评价公司的优势和劣势，判断所面临的机会和威胁，并做出决策，即考虑在公司现有的内外部环境下如何最优地运用资源，并且建立公司未来的资源。SWOT 中各要素的含义如下：

S：Strength，优势，是在竞争中拥有明显优势的方面，如产品质量优势、品牌优势、市场优势等

W：Weakness，弱势，是指在竞争中相对牌弱势的方面。一个公司具备相当的优势并不代表它就没有弱点，厂商只有客观评价自己的弱势，所采取的对策才会对企业发展真正有利。

O：Opportunity，机会，是指外部环境（通常指宏观市场）提供的比竞争对手更容易获得的机会，而这种机会往往可以比较轻松地带来收益。例如，一个城市要转移它的繁华地带，而我们是这个城市中的房地产商，拥有一定的经济实力，毫无疑问，在未来的繁华地带拥有一两片土地的开发权将意味着一个绝好的发展机会。

T: Threat，威胁，主要是指一些不利的趋势和发展带来的挑战，一般是指一种会影响销售、市场利润的力量。厂商一般会对可能出现的风险制定预防和管理的方案。风险本身并不可怕，可怕的是没有一套预警机制和相应的避免管理风险的机制。

企业内部条件	优势 strengths	劣势 weakness
企业外部环境	机会 opportunities	威胁 threats

图 3-10　SWOT 组成因素

如图 3-10 所示，从整体上看，SWOT 可以分为两部分。第一部分为 SW，主要用来分析内部条件；第二部分为 OT，主要用来分析外部条件。另外，每一个单项如 S 又可以分为外部因素和内部因素，这样就可以对情况有一个较完整的概念了。

SWOT 分析通过对优势、劣势、机会和威胁的加以综合评估与分析得出结论，然后再调整企业资源及企业策略，来达成企业的目标。

SWOT 分析方法可以用下面图 3-11 的矩阵图表示：

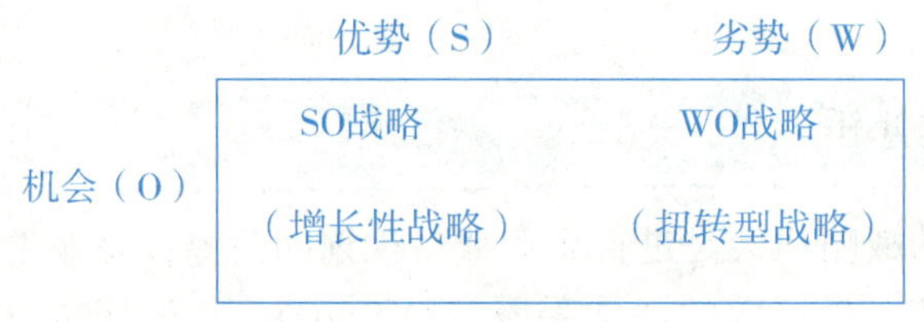

图 3-11　SWOT 矩阵

（二）SWOT 分析的步骤

SWOT 分析法很有针对性，有利于领导者和管理者在企业的发展上做出较正确的决策和规划。因此，SWOT 分析是分析组织的优劣势、面临的机会和威胁的一种方法。其中，优劣势分析主要是着眼于企业自身的实力及其与竞争对手的比较，而机会和威胁分析将注意力放在外部环境的变化及对企业的可能影响上。具体步骤如下：

（1）罗列企业的优势和劣势，可能的机会与威胁。

（2）优势、劣势与机会、威胁相组合，形成 SO、ST、WO、WT 策略。

（3）对 SO、ST、WO、WT 策略进行甄别和选择，确定企业目前应该采取的具体战略与策略。

【案例 3-8】

中国电信的 SWOT 分析

在已经过去的一年里，中国电信的新闻热点、焦点不断。中国电信又将上演一场“与狼共舞”的惊险剧目。面对激烈的市场竞争，对中国电信进行 SWOT 分析，也许能让大家对中国电信未来的发展有一个清醒的、客观的认识。

中国电信的优势和劣势分析

自20世纪80年代中期起，中国电信经历了近30年的高速发展，已经形成了规模效益。尽管此间经历了邮电分营、政企分开、移动寻呼剥离、分拆重组等一系列的改革，但在中国的电信业市场上，中国电信仍具有较强的竞争和发展优势。主要表现在客户资源、网络基础设施、人才储备和服务质量等方面：

(1) 国电信市场引入竞争机制后，中国电信与中国移动、中国联通、中国网通等运营商展开激烈竞争。中国电信南北分拆后，在保留原有大部分固定电话网和数据通信业务的同时，继承了绝大部分的客户资源，保持良好的客户关系，在市场上占领了绝对的优势。1.79亿的固定电话用户，1 500多万的数据通信用户，为中国电信发展业务，增加收入奠定了良好的基础。

(2) 中国电信基础网络设施比较完善。改革开放20多年来，中国电信已建成了覆盖全国，以光缆为主、卫星和微波为辅的高速率、大容量、具有一定规模、技术先进的基础传输网、接入网、交换网、数据通信网和智能网等。同时，DWDM传输网，宽带接入网相继建设数据通信网络和智能网不断扩容。中国电信的网络优势已经成为当前企业发展的核心能力，同时具备了向相关专业延伸的基础和实力。

(3) 中国电信在发展过程培养和储备了一大批了解本地市场、熟悉通信设备、电信管理和技术能力较高、结构合理的管理和专业人才。同时中国电信还积累了大量丰富的运营管理经验，拥有长期积累的网络管理经验、良好的运营技能和较为完善的服务系统。

(4) 中国电信日趋完善的服务质量。中国电信成立了集团客户服务中心，为跨省市的集团客户解决进网需求；中国电信还建立了一点受理、一站购齐的服务体系，最大限度地方便用户；紧接着中国电信推出了首问负责制，解决了企业在向用户提供服务过程中的相互扯皮、相互推诿的问题；另外，中国电信还设立了服务热线（10000）、投诉热线（180）等，建立了与用户之间的沟通服务，提供互动式服务。

虽然中国电信具有一定的发展优势，但我们应该辩证地看待这些优势。辩证法告诉我们，优势和劣势都是相对的，即在一定的条件下，优势很可能就转变成劣势。中国电信虽然拥有丰富的客户资源、完善的网络设施以及大量的储备人才，但缺乏现代企业发展所必需的战略观念、创新观念、人力资源开发管理、人文环境建设及与此相适应的市场制度环境。业内人士认为，中国电信拥有资源优势，但却缺乏资源运作优势。一旦不慎，优势很可能就转变成劣势。目前，中国电信的劣势主要表现在以下几方面：

(1) 企业战略管理与发展的矛盾。一方面是企业决策层只重视当前战术和策略，忽视长远战略，湮没在日常经营性事物中，不能统观大局；另一方面企业缺乏应对复杂多变环境的企业运作战略策划人才。这个问题是当前实现企业持续发展、保持长久竞争优势的核心问题。

(2) 企业内部创新与发展的矛盾。面向计划经济的职能化业务流程、管理模式、组织模式已经呈现出与快速发展的不适应，并逐步成为制约电信企业参与全球化竞争的主要因素。ERP、管理和组织模式的改革创新及企业特色人文环境的建设是实施企业发展战略应考虑的焦点问题。

(3) 中国电信现有的基础设施不能为用户提供特色服务。中国电信虽然拥有比较完善

的网络基础设施，但这大多不是根据市场的实际需要建设的，而是为了满足普遍服务的需要。

(4) 拆分让中国电信由主体电信企业降级到一个区域性的电信企业。新中国电信的主要阵地将固守在南方市场，而北方市场将由新中国网通占领。即使受到拆分影响，但中国电信的实力仍然最强，只是苦于无全国网络，无法开展全国性的业务。

中国电信的机会和威胁分析

我国国民经济的快速发展以及加入 WTO，将为我国的信息化建设和通信发展提供前所未有的发展机遇。同时也为中国电信提供了巨大的机会，主要表现为以下。

(1) 国民经济的持续快速发展，形成了潜力巨大的市场需求，为中国电信提供了更大的发展空间。据有关研究报告测算：中国到完成加入 WTO 的各项承诺之后的 2005 年，其 GDP 和社会福利收入将分别提高 1 955 亿元和 1 595 亿元人民币，占当年 GDP 的 1.5%和 1.2%。本地经济比较优势的重新配置资源所带来的巨大收益将进一步增强当地经济实力。而且入世将推动外资的引进和内需的拉动。入世后各地将极大地改善投资环境，法律透明度提高和国民待遇的实现将吸引大量外来资本，本地企业实力将得到提高和增强。企业电信消费水平随之提高。劳动力市场结构的调整和转移必然带来社会人员的大量流动，同时拉动巨大的通信需求，话务市场将进一步激活。

(2) 电信业法律法规不断健全完善，电信业将进入依法管理的新阶段，为中国电信的发展创造了公平、有序的竞争环境。随着电信业法制的健全，政府的经济职能将发生根本的转变，政府会把企业的投资决策权和生产经营权交给企业，让企业经受市场经济的考验。这意味着政府将给中国电信进一步松绑，给予应有的自主权，有利于中国电信按市场经济规律运作。

(3) 中国政府大力推进国民经济和社会信息化的战略决策，为中国电信的发展创造了历史性的机会。“三大上网工程”(政府上网、企业上网、家庭上网) 造就了我国消费能力强劲的信息产业市场，为我国信息产业市场创造良好环境的同时，使我国成为全球最大的信息产业市场之一。

(4) 中国加入 WTO 后电信市场逐步对外开放，将加快企业的国际化进程，有利于企业的经营管理、运作机制、人才培养与国际接轨。同时可促进中国电信借鉴国外公司的管理经验，积极地推进思维、技术、体制创新，提高产品档次，降低成本，完善服务质量，改进营销策略，增强核心竞争力。

(5) 电信市场潜力巨大。首先，我国经济发展不平衡，地区之间、消费层次之间的差异决定了电信需求的多层次和多样化，而通信技术的飞速发展，促进电信企业的网络升级换代和业务的推陈出新，在固定电话网与计算机通信的融合点上开发新业务潜力巨大，激发出新的消费需求。因而，从总体上看，我国电信市场孕育着巨大的需求潜力。其次，从固定电话看，中国电信平均主线普及率只有 13.8%，远低于发达国家平均水平。主线收入、盈利水平和市场规模也与发达国家平均水平相差甚远，发展的空间和潜力仍旧巨大。最后，从中国电信的其他业务看，互联网和固网智能网业务的市场规模和营利能力将随着企业外部环境层次的提高而不断扩大。

(6) 移动牌照的发放。原信息产业部部长吴基传曾经在公众场合说过，中国将拥有4个综合电信运营商，他们能够经营固定、移动、数据和其他各种基础电信业务，这意味着将再发两张移动牌照。目前，移动通信领域是潜力最大，也是竞争最激烈的通信领域，将成为各电信企业的必争之地。一旦中国电信拿到了移动牌照，那么移动领域将是中国电信的又一主营业务。

正所谓机会与威胁同在。任何事件的影响都是相对的，中国电信在迎接巨大机会的同时也将面临巨大的威胁，具体表现在以下几个方面。

(1) 电信市场竞争格局由局部转向全面、简单转向多元。首先，在竞争趋势方面，国内市场竞争将由价格竞争向核心能力创新竞争过渡。在过渡期间，市场份额的抢夺将成为市场跟随者的发展重点。其次，入世后的国际资本竞争压力也将逐步增大。国外电信运营商将通过兼并，联合和收购等方式实现全球服务化的速度不断加快。中国电信市场的ICP、EMAIL、数据库、传真、视频会议等增值业务首当其冲地受到较大冲击，对电信企业的稳定增长产生影响。

(2) 中国电信人才流失较为严重。国内外许多公司采用高薪、高福利等政策吸引中国电信人才，造成中国电信人才严重流失。这一现象至今仍未得到解决。人才的流动是竞争的必然结果，是关系中国电信生存发展的关键问题。因此，如何体现人才价值、发挥人才潜能，是中国电信必须正视的一个问题。

(3) 非对称管制对中国电信的影响。中国电信在经营许可、互联互通、电信资费、电信普遍服务等方面受到相对严格的行业管制。在目前的中国电信市场上，管制的不平等已经制约了中国电信的发展，在日趋激烈的电信市场竞争形势下，不尽快进行改革，中国电信只有一死。新中国电信公司不久后也将通过上市进行机制转换，实现与中国联通、中国移动相同的机制平台，从而开展有效的公平竞争。

(案例来源：道客巴巴网中国电信的SWOT分析案例)

小 结

经过这一章的学习，我们对市场营销环境有了一个较为全面的了解，主要内容包括以下几个方面。

1. 市场营销环境的概念

市场营销环境是指影响和制约企业市场营销活动的各种因素，这些因素和力量是与企业营销活动有关的影响企业生存和发展的外部条件。企业的营销环境包括微观环境和宏观环境因素，

2. 微观环境因素

微观环境是指与企业紧密相连，直接影响企业营销能力的各种参与者。包括：企业本身、市场营销渠道企业、顾客、竞争者及社会公众。

3. 宏观环境

宏观环境是指间接影响企业营销活动的一系列巨大的社会力量和因素。主要是人口、

经济、政治法律、科学技术、社会文化及自然等因素。

4. SWOT 分析法

S：Strength，优势，W：Weakness，弱势，O：Opportunity，机会，T：Threat，威胁。SWOT 分析法是一种综合考虑企业内部条件和外部环境的各种因素，进行系统评价，从而选择最佳经营战略的常用方法。其中最核心的部分是评价公司的优势和劣势，判断所面临的机会和威胁，并做出决策，即在公司现有的内外部环境下如何最优地运用自己的资源，并且考虑建立公司未来的资源。SWOT 中各要素的含义如下：

同步测试

一、思考题

1. 简述企业市场营销环境分析的意义。
2. 简述市场营销环境的构成。
3. 简述市场营销环境的特征。
4. 目前，人口老龄化问题在大中城市日益突出，请列举出这变化所带来的 3 个方面的市场机会。
5. 试述公安部整治酒驾，对酒类产品市场营销的影响。

二、案例分析题

星巴克，打出文化牌

星巴克（Starbucke Coffee）的起源是 1971 年西雅图的一间小咖啡屋，在短短的 30 多年时间发展成国际最著名的咖啡连锁店品牌，星巴克的成长可以称得上是一个奇迹：它在全球的连锁店达 4000 多家。星巴克 1992 年在美国上市，如今，股票价值在经历了 4 次分拆之后已经攀升了 20 多倍，收益之高超过了通用电气、百事可乐、微软、IBM 等大公司的收益的总和。星巴克于 1996 年，正式跨入国际市场，在时尚的东京银座开了第一家的海外咖啡店，不到十年的时间，已经使星巴克打入了世界 32 个国际市场，现在更是以每一天这个地球上就多了三四家星巴克的速度在成长。

固然，星巴克高品质的咖啡、忠诚的员工关系策略都是星巴克得以在市场上经久不衰的原因，而星巴克最吸引人的地方，就是把这样一种在西方传承数百年的古老消费品，变成一种时尚的代名词，重新演绎着现代人的生活方式和文化内涵。

星巴克从品牌名称到 LOGO 设计都让人产生联想，并充满好奇。“星巴克”一名取自美国古典冒险小说《大白鲨》，主人公是一位船上的大副，他有丰富的航海经验，幽默坚定，爱喝咖啡。星巴克的 LOGO 形象设计则来自于多数人都熟悉的古老的海神故事。荷马在《奥德赛》中描述了海神如何将水手引诱到水中，让他们在销魂的音乐中幸福快乐地死去。中世纪的艺术家们把这些生灵刻画成美人鱼，从此这些生灵传遍了整个欧洲，人们用它们装饰大教堂的屋顶和墙壁。星巴克徽标中的那个年轻的双尾海神，便是由中世纪的故事演绎而成的。星巴克自助式的经营方式，使顾客强烈地感觉到它的自由风格。

“我们喜欢打破规则，做到别人说不可能的事情”星巴克董事长华·萧兹（Howard Schult）认真道出星巴克成功的秘密。星巴克成为世界知名的咖啡品牌并不是销售一杯香甜的咖啡这样简单，更多的是销售一种在淡淡优雅的氛围中，放松的感觉和愉悦的心情中的美妙的咖啡体验。正是独特的文化定位使星巴克从平凡的咖啡店中脱颖而出，而正是萧兹给了星巴克这样一个创新飞跃的契机。

萧兹加入星巴克负责市场营销半年后，1983年到米兰参加商展，他走在街头，发现浓缩的咖啡馆一家接一家，而且都挤满了人。意大利人早中晚都会在咖啡馆徘徊片刻才回家，大家一进门就像参加朋友聚会一般，彼此会在歌剧和音乐声中相互攀谈聊天。萧兹对于人的需求的敏感让他捕捉到了扭转星巴克，也是扭转他自己一生的领悟。什么才是咖啡馆能够真正吸引顾客一来再来的主导因素，这是美国人在家里喝了上百年的咖啡，而星巴克销售了10多年的咖啡豆也仍无法体验和总结出来的，那就是一种舒适的人文环境和生活体验更多于对咖啡本身的消费需求。于是，萧兹把米兰的经验稍作调整，搬到了美国，歌剧音乐换成了美国崇尚流行的爵士乐，在柔和的暖暖的灯光下，恣意流淌在星巴克的是一种悠闲和自在，你可以挑选在看似随意设置的舒服柔软的沙发或木质桌椅前就座，尽情地享受在嘈杂和忙乱的工作和生活的节奏中偷得片刻的闲暇，无论是朋友小聚，或是悠然独酌，加上一杯高品质的咖啡，谁不会为这样的情趣所心动，而小小奢侈一把呢？尽管星巴克每杯咖啡的价格是其他咖啡店的2倍。星巴克的颇具文化味道的优雅的经营理念，开启了现代都市人们自己都不曾觉察到的需求。于是星巴克成了安静的早餐店，成了小聚的社交地，成了许多人静静思考的个人办公室，也成了除去家和办公室的人们最爱去的第三类场所。在中国，几十平方米的咖啡店里，常常可以看到衣着光鲜的白领们手捧咖啡杯，或聊天，或摊开资料、打开手提电脑讨论工作。如果运气好的话，还可以看见一些身着棉布衬衫、留着IT寸头的网络精英，其中一位很可能就是名气不小的“数字富豪”呢。现在世界上每周都会有2 000万人次光临星巴克，几乎是每个星期就能够积累出一个上海的人口。

星巴克在中国的成功也有赖于上面所提及的浓浓的文化情调和舒适的环境氛围，这和星巴克将目标群体定位在具有一定消费能力的“小资”人群和商务人士上无疑是一致的。

星巴克在选址上非常注重靠近所定位的目标群体。经过实践的调查，下午和傍晚时分人气最旺，不少的店直到零点还有顾客。当地的店长介绍说，这些大多是附近的人。这点不像酒店，也不像娱乐场所，人们不会为喝一杯咖啡而跑得很远，一般都是就近就便。所以星巴克的选点一般在写字楼集中的商务区域、休闲娱乐场、繁华的商业区等地方。在风格上，主要突出美式风格。每个新店的地点定下来之后，都要及时将店面形状绘成图纸发往美国，由位于西雅图的星巴克总部统一设计，然后再发回国内进行装修。在色调上一般用的是暗红与橘黄色，加上各种柔和略带暖色的灯光以及体现西方抽象派风格的一幅幅艺术作品，再摆放一些流行时尚的报纸杂志、精美的欧式饰品等，写一些诸如“咖啡是你一辈子的情人”等软语温存的话语，那种亦真亦幻的氛围就出来了，人们在这里交往就会觉得非常富有亲和力。

进入星巴克，你会感受到空中回旋的音乐在激荡你的心灵。店内经常播放一些爵士乐、美国乡村音乐以及钢琴独奏等。这些正好迎合了那些时尚、新潮、追求前卫的白领阶层。他们天天面临着强大的生存压力，十分需要精神安慰，这时刻的音乐正好起到了这种作用，确确实实让你在消费一种文化中，催醒你内心某种也许已经消失的怀旧情感。

一位顾客反映，星巴克人对此显得很会算计，他们会尽量选一些舒缓、优美的轻柔音乐，使人们沉醉其间，增加消费，这一点和一些快餐店截然相反。那些快餐店的音乐一般都是快节奏的，以期在音乐的暗示下，让你快点吃完走人。天津一位星巴克店长也直言不讳地说，星巴克期望你久坐在店中，然后用音乐来俘获你的心。不少人本来待不上一小时就走的，结果为美妙的乐曲所诱，于是一下子待了两三个小时，咖啡也从一杯可能增加到三四杯。人流量不增，咖啡销量却有可能翻番。如果店内的气氛不好，人家喝不完一杯就想走人，而且很可能再不会来了。

这位店长还指着一些正在上网的人说道，你来到店里，只要带上一台电脑笔记本，加插一块无线网卡，就可以无线高速上网。不仅可以聊天、玩游戏，还可进行亲情交流、和远在天涯的人谈生意等等。在我们这里，梦想中便捷而浪漫的现代生活已经成真。

（案例来源：《山东社会科学》2008 年第 08 期 ）

思考题

1. 服务行业在国际市场营销环境分析中应该注意哪些问题？
2. 你如何看待星巴克利用文化来开拓市场的举动。

项目四　市场行为分析

学习目标

了解消费者市场的基本概念及相关的核心概念；

掌握消费者行为的一般模式；

了解影响消费者行为的主要因素并理解消费者购买决策过程。

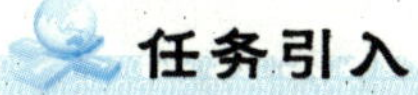

任务引入

“小阿华”的精确营销

上海小阿华母婴用品有限公司，是一家专业为母婴提供系列科教服务与母婴产品开发、生产、销售为一体的企业。经过近10年的不懈努力，已发展成拥有婴幼儿纪念品（胎毛笔、手足印等）制作、胎教、早教、产褥期护理及母婴产品研发、生产、销售多种产业为一体的、多元化的母婴健康服务机构。公司除了在上海地区5处服务中心外，还在北京、天津、南京、杭州、深圳设有5家分公司，全国100余家代理商，在近10年的时间内累计为全国200多万母婴家庭提供了相关服务。

据统计，中国的母婴市场目前至少有800亿元以上的容量。面对如此庞大的市场，如此诱人的利润空间，近年来竞争者纷纷进入，尤其是各路跨国公司的洋品牌也纷纷长线入驻中国市场，企图以雄厚的资本实力和强劲的广告攻势，在市场上分一块蛋糕。整体母婴市场也呈现细分趋势，新的购买和付款方式已出现，数据库营销正在完善，分销渠道多样化等，又将使母婴市场的竞争更加激烈，新的游戏规则将被重新制定。

面对变化，小阿华公司认为粗放型的营销方式已不适应新时代的要求，他们根据多年实践，总结出一套自己称之为“精确营销”的新的营销方式。“精确营销”的定位原则是“全程互动、专业指导、多源盈利”，以信息收集、处理为基础，以直递广告、权威推荐、免费服务为主要信息载体，实现全面直接的沟通；建立专业方便的母婴健康消费平台。小阿华追求市场目标的精确沟通、市场机会的精确把握，以精确营销的方式降低成本与风险，达到利润最大化。基于精确营销策略，小阿华构建了母婴服务完整的业务链，涵盖婴幼儿纪念品、胎教、早教、孕期保健、母婴护理、产后恢复、婴幼儿摄影、商品直销、店铺销售等，为母婴家庭提供从孕产期到哺育期、从商品到服务的Shoppingmall。

小阿华公司的目标市场是0~3岁的母婴家庭，那么，0~3岁母婴市场到底有多大？

据第5次人口普查发布的统计公告：中国内地0~3岁的婴幼儿共计7 000万，其中城市0~3岁的婴幼儿数量为1 090万，每年全国的新生婴儿约为1 750万人。

这组数据告诉我们：每年全国拥有0~3岁婴幼儿的家庭有7 000万个，如果算上父母，就是2.1亿人；如果再算上老一辈，就是4.9亿人（编者注：如果只计算城市的情况，上述数据分别是1 090万人、3 270万人和7 630万人）。全国人口的1/3人口都与0~3岁的母婴家庭直接相关！市场巨大。

随着中国家庭经济收入的不断提高，社会就业压力的不断增大，人才竞争越来越激烈，父母们“望子成龙、望女成凤”的心情更为迫切。再加上现在6+1（父母、爷爷奶奶、外公外婆）的养育模式，更是导致了母婴市场消费能力的剧增。母婴市场的目标消费者与其他市场不同，有三个特点：一是使用者与购买者分离，在一般的情况下，目标消费者大多既是使用者也是购买者、影响者、决策者，而在母婴市场中，使用者（婴幼儿）一般对于购买的影响很少；二是安全性要求高；三是权威品牌对于市场销售的影响巨大。

上海小阿华公司从全国112家代理商及5家分公司获取的市场资料分析得知：我国城市新生儿家庭月平均母婴服务及用品消费达800元/月。如此算来，中国内地的母婴市场每年至少有800亿元的市场规模。

纵观当今的母婴市场，从母婴的食品线、用品线，一直延伸到育婴、咨询服务区域，可以用“三多三少”来概括，即进入者多，强势者少；主营业务单一者多，全面经营者少；业务模式模糊者多，发展方向清晰者少。由于母婴市场容量大、进入门槛低，众多竞争者纷纷介入，尤其是各路跨国公司的洋品牌也纷纷长线入驻中国市场，企图以雄厚的资本实力和强劲的广告攻势，以实现新一轮的经济渗透策略。整个行业已是“鹰击长空，鱼翔浅底”，竞相发展，大有“万类霜天竞自由”的竞争态势。

母婴信息资料的收集、整理与运用，是这个行业的基础资源，产院、妇保院、计生委等相关部门成为信息收集的主要渠道。众多经营者的经营思路大多都是以咨询服务带动商品销售。

母婴行业的经营项目主要包括母婴产品的销售和母婴服务两大块。就母婴产品来看，大多数品牌以大卖场为分销渠道，较为单一，尚未建立自有产品品牌和商业品牌，经营风险较大，使得日后的发展空间受到一定限制。因此，进行业务延伸，培养自己的战略资产，走专业化的营销代理或品牌营销道路，成为很多母婴用品公司重新考虑的模式。就母婴服务市场来看，随着生活水平的提高和国人生、养育观念的改变，孕妇、0~3岁婴儿的专业服务（包括母婴护理、孕期与早期教育、产后恢复等）市场变得异常火爆，但火爆的背后也隐藏着不尽人意之处：目前母婴服务遇到的最大问题是行业标准制定和找到全国通用的服务模式。从长远来看，人才相对匮乏也是制约母婴服务市场发展的瓶颈，市场急需既懂教育学，又懂保健、儿童医学的复合型人才。

母婴行业业务链尚未形成，主营业务单一。单一的业务已不能满足消费者全面的、多方位的、便利的消费需求，消费者呼唤从孕产期到哺育期、从商品到服务的“一站式”的母婴消费平台。

（案例来源：精确营销案例）

思考题

1. 哪些人会影响母婴用品的购买行为？
2. 母婴用品在消费过程中有何特点？

学习任务一　购买行为概述

一、消费者需要的概念

需要是有机体在生理和心理方面感到某缺乏而力求获得满足的心理倾向。这是有机体自身和外部生活条件的要求在头脑中的反映，推动着人们去从事某种活动。

需要是个体由于缺乏某种生理或心理因素而产生的内心紧张状态。人们形成需要往往需要具备两个重要条件：一是感到不满足，缺少什么东西；二是期望得到某种东西，有追求满足之感。只有当消费者的匮乏感达到了某种迫切程度，需要才会被激发，并促进消费者有所行动。需要一经唤醒，可以促使消费者为消除匮乏感和不平衡状态采取行动。但它并不具有对具体行为的定向作用。在需要和行为之间还存在着动机、驱动力、诱因等中间变量。

需要是人类生存和发展的必要条件。具体表现为生理需要和心理需要。个体在其生存和发展过程中会有各种各样的需要，如饥饿的时候会有进食的需要；渴的时候有进水的需要；感到寒冷时会有对御寒衣物的需要；感到孤独寂寞时，会有对交往、娱乐活动的需要；感到被人轻视时，就要获得被人尊重的需要。这些需要成为人们从事消费活动的内在原因和根本动力。

需要的产生必须指向一定的目标或对象。例如，人们对情感的需要、对休息的需要、对商品的需要等，这些需要都指向一定的实物或者时间、空间等目标对象。已有的需要决定着人的行动与新需要的内容，如习惯了母乳喂养的婴儿会拒绝配方奶，虽然配方奶也会维持生命。某种需要获得满足后虽然会暂时中止或弱化，但一段时间后会重新出现，需要呈现一定的周期性，如人的食物、水等需要。一种需要满足后，又会产生新的需要。因此，人的需要绝不会有被完全满足和终结的时候。正是需要的无限发展性，决定了人类活动的长久性和永久性。大多数情况下，消费需要也可由外部刺激引发，如广告宣传、销售奖励、现场示范等，都可能诱发消费者产生对某种消费品的需要。

二、消费者需要的分类

（一）根据需要的起源可以分为生理性需要和社会性需要

生理性需要是指个体为维持生命和延续后代而产生的需要，如进食、睡眠、排泄、性需要等。这种需要是人作为生物有机体与生俱来的，是由消费者的生理特性决定的。

社会性需要是指消费者在社会环境的影响下，所形成的带有人类社会特点的某些需要。这种需要是人作为社会成员在后天的社会生活中习得的，是由消费者的心理特性决定。如求知、求美、友谊、荣誉、社交等。

（二）根据需要的对象可以分为物质需要和精神需要

物质需要主要是指对与衣、食、住、行有关的物品的需要。

精神需要主要是指认知、审美、交往、道德、创造等方面的需要。

（三）需要层次论

按美国心理学家马斯洛的理论，个体成长发展的内在力量是动机。而动机是由多种不同性质的需要所组成，各种需要之间，有先后顺序与高低层次之分；每一层次的需要与满足，将决定个体人格发展的境界或程度。马斯洛认为，人类的需要是分层次的，由低到高。它们是生理需要、安全需要、社交需要、尊重需要、自我实现需要。马斯洛认为，人们的需求是多层次的，由低级到高级按一定的顺序排列（图 4-1）。

<table>
<tr><td>第5层</td><td>自我需要</td><td>想要取得事业上的成功，实现自我发展目标</td><td rowspan="3">心理需要</td></tr>
<tr><td>第4层</td><td>被尊重需要</td><td>要求受到尊重，获取名誉</td></tr>
<tr><td>第3层</td><td>社会需要</td><td>希望得到友谊</td></tr>
<tr><td>第2层</td><td>安全需要</td><td>从长远生存利益考虑希望有安全、稳定环境</td><td rowspan="2">生理需要</td></tr>
<tr><td>第1层</td><td>生理需要</td><td>满足起码的生存条件</td></tr>
</table>

图 4-1　马斯洛需求层次理论

马斯洛认为，人们随着收入和环境的变化，需求也会发生变化，只有当较低层次的需要得到部分满足后才会向往高一级的需要。但当较低级的需求受到威胁时，也会向相反的方向发展，如当遇到灾荒时，就可能牺牲较高级的需要去追求衣食等。需要、欲望和需求是动态的。在经济不发达阶段，生理需要占主要地位。当人们生活水平提高后，由于衣食和安全一般已不成问题，人们就追求满足更高级的需要。

三、消费者的购买动机

（一）购买动机的概念

动机是指激发和维持个体活动，使活动朝向一定目标的内部动力。消费者的购买动机是直接驱使消费者实行某种购买活动的一种内部动力，反映了消费者在心理、精神和感情上的需求，是产生消费者购买行为的内在驱动力。动机的产生以需要为基础。

（二）购买动机的类型

（1）求实动机。这是以往注重商品的实际使用价值为主要特征的，是绝大多数客户购买商品的动机。其特点是，为了满足自己对某种功能的需要，比较讲究产品的质量、使用的可靠性、耐久性，而不太注意产品的外观。这类客户以中老年人为主，他们对商品的购买表现得比较成熟，往往不为潮流和广告的宣传所驱动。商品的性能价格比、使用成本及服务等都是这类客户所考虑的重要因素。

（2）求新动机。这类客户以追求产品的时尚和款式为主，特别注意产品是否新颖、格调是否清新、社会上是否流行，而对价格与实用型则考虑较少。她们以经济条件相对较好的青年男女为主，是新潮家电、服装、家具的主要购买对象。

（3）求美动机。这是以注重商品的欣赏价值和艺术价值为主要目的的购买动机，消费者购买商品时特别重视商品对人体的美化作用、对环境的装饰作用、对其身体的表现作用和对人的精神生活的陶冶作用。追求商品的美感带来的心理享受，购买时受商品的造型、色彩、款式和艺术欣赏价值的影响较大。强调感受，而对商品本身的实用性要求不高。这样的消费者往往文化素质较高，生活品位较强。但从现在的情况看，也有这样两个趋势：其一是随着人们生活水平的提高，收入的增加和用于非食物方面开支比重的增大，求美动机越来越强烈了；其二是随着时间的推移，人们休闲时间的增加，越来越多的人注重求美的动机了。

（4）求廉动机。这是以注重商品价格低廉，希望付出较少的货币而获得较多的物质利益为主要特征的购买动机。价格敏感是这类消费者的最大特点。在购买时不大看重商品的外观造型等，而是受处理价、优惠价、大特价、清仓价、“跳楼价”等的影响较大。一般而言，这类消费者收入较低或者经济负担较重。有时也受对商品的认识和价值观的影响。近年来还有一种趋势，就是在目标市场营销中，较低档次的消费者对于较高档次的消费品而言，往往是求廉购买。比如，在不少的高档时装专卖店，本来是面向高收入者的，他们讲究时装的质地、款式、购物环境等，普通大众一般的时候是不会光顾的。但在换季时大减价清仓处理，普通的消费者此时出去抢购，就是求廉动机的激发。

（5）求名动机。这是一种以追求名牌商品或仰慕某种传统的名望为主要特征的购买动机。消费者对商品的商标、商店的牌号等特别重视，喜欢购买名牌产品。在购买时受商品的知名度和广告宣传等影响较大。一般而言，青年人、收入水平较高的人常常具有这种购买动机。

（6）好胜动机。这主要适用于一类以争强好胜为特征的消费群体。他们购买商品并不是为了急需，而是为了赶上、超过他人、求得心理上的满足。高档品牌产品是这类客户追求的对象，他们对产品的商标、品牌、产地、厂家有特殊偏好。在购买时主要受广告宣传、他人的购买行为所影响，对于高档、新潮的商品特别感兴趣。

（7）炫耀动机。这是一种显示地位、身份和财富势力为主要目的的购买动机。消费者在购买商品或从事消费活动时，不太重视消费支出的实际效用而格外重视由此表现出来的社会象征意义。通过购买或消费行为体现出有身份、权威或名流的形象。具有显耀动机的人与具有好胜动机的人相比，通常所处的社会阶层高，而又经常与下一阶层的人在一起，为了与众不同，常常购买具有社会象征意义的商品。

(8) 求同动机。这是一种以求得大众认可的购买动机。消费者在购买商品时主要以大众化为主，跟上潮流即可，人有我有，不求创新，也不要落后，有时也称为从众动机。在购买时受购买环境和别人的经验、介绍推荐影响较大。

(9) 便利动机。这是一种以方便购买、便于使用维护为主的购买动机。在购买价值不高的日用品时，消费者常常具有这种购买动机。对于日用消费品，消费者经常购买，经常使用，购买时也不太认真挑选，讲求便利是其主要特征，他们对服务也有一定的要求。

(10) 偏爱动机。这是一种以某种商品、某个商标和某个企业为主的购买动机。消费者由于经常地使用某类商品的某一种，渐渐产生了感情，对这种商品、这个商标的商品或这个企业的商品产生了偏爱，经常指名购买，因此，有时也称为惠顾动机。再广泛一点说，有人喜欢购韩国货，有人喜欢购买国产货等等都是属于偏爱动机。企业注重服务，善于树立产品形象和企业形象往往有助于培养、建立消费者的偏爱动机。消费者的购买动机往往是两种或两种以上动机相互作用、交织在一起的。购买动机产生之后，就要设法激发购买行为的产生。一般情况下，市场营销者要针对自己所营销的产品类型和特点、市场的分类、目标市场的不同及市场定位的情况，了解、分析消费者购买自己所营销产品的动机到底是什么，购买的角色如何等，营销者要确定如何才能激起消费者的购买动机，以引导其购买行为。

学习任务二　消费者市场购买行为分析

一、消费者市场含义与特点

（一）消费者市场的含义

消费者市场又称最终消费者市场、消费品市场或生活资料市场，是指个人或家庭为了生活消费而购买产品和服务的市场。生活消费是产品和服务的终点，因而消费者市场也称为最终产品市场。一切企业，无论是否直接为消费者服务，都必须研究消费者市场，因为只有消费者市场才是最终市场。其他市场，如生产者市场、中间商市场等，虽然购买数量很大，但仍然要以最终消费者的需要和偏好为转移。因此，消费者市场是一切市场的基础，是最终起决定作用的市场。很多人把消费者市场理解为普通市场是不够全面的。

消费者市场是现代市场营销理论研究的主要对象。成功的市场营销者是那些能够有效地提供对消费者有价值的产品，并运用富有吸引力和说服力的方法将产品有效地呈现给消费者的企业和个人。因而，研究影响消费者购买行为的主要因素及其购买决策过程，对于开展有效的市场营销活动至关重要。

（二）消费者市场的特点

(1) 广泛性。社会中的每一个人都不可避免地发生消费行为或消费品购买，成为消费

者市场的一员。因此，消费者市场人数众多，范围广泛。

（2）分散性。消费者的购买单位是个人或家庭，家庭商品储藏地点小、设备少，买大量商品不易存放；现代市场商品供应丰富，随需随购，购买次数频繁，易耗的非耐用消费品更是如此。

（3）复杂性。消费者受到年龄、性别、身体状况、性格、习惯、文化、职业、收入、教育程度和市场环境等多种因素的影响而具有不同的消费需求和消费行为。

（4）易变性。消费需求求新求异的特性，要求商品的品种、款式不断翻新，有新奇感。由于消费者的需求复杂，供求矛盾频频发生，加之随着城乡、地区间的往来的日益频繁，国际交往的增多，人口的流动性越来越大，购买力的流动性也随之加强。例如，女士对服饰要求要不断翻新符合社会的发展趋势和人们的审美观的发展。

（5）发展性。人类社会的生产力和科学技术总是在不断进步，新产品不断出现，消费者收入水平不断提高，消费需求也就呈现出由少到多、由粗到精、由低级到高级的发展趋势。

（6）情感性。消费品有千千万万，消费者对所购买的商品大多缺乏专门的甚至是必要的知识，多属非专家购买，受情感因素、企业广告宣传和推销活动的影响大。例如，韩国国民很少购买进口车，为的是支持本国汽车行业的发展，其他产品也是一样，表现了韩国国民的爱国情结。

（7）替代性。消费品种类繁多，不同品牌甚至不同品种之间往往可以互相替代。如不同品牌洗衣粉可以互相替代，毛衣与皮衣虽属不同种类也可互相替代。

（8）地区性。同一地区的消费者在生活习惯、收入水平、购买特点和商品需求等方面有较大的相似之处，而不同地区消费者的消费行为则表现出较大的差异性。例如，我国南北方地区的人们，消费习惯存在很大差异，导致消费行为也有很大不同。

（9）季节性。分为3种情况：一是季节性气候变化引起的季节性消费，如冬天穿棉衣，夏天穿单衣；热天买冰箱，冷天买电热毯等。二是季节性生产而引起的季节性消费，如春夏季是蔬菜集中生产的季节，也使蔬菜集中消费的季节。三是风俗习惯和传统节日引起的季节性，如端午节吃粽子、中秋节吃月饼等。

二、消费者购买行为模式

为研究消费者购买行为，专家们建立了一个“刺激-反应”模式来说明外界营销环境刺激与消费者反应之间的关系，也即市场营销因素和市场环境因素的刺激进入购买者的意识，购买者根据自己的特性处理这些信息，经过一定的决策过程导致了购买行为。该模式表明消费者的购买行为是由刺激所引起的，这种刺激来自消费者身体内部的生理、心理因素和外部的环境。消费者在各种因素的刺激下，产生动机，在动机的驱使下，做出购买商品的决策，实施购买行为，购买后还会对购买的商品及其相关渠道和厂家做出评价，这样就完成了一次完整的购买决策过程（图4-2）。

比如，某人在路上行走突然感到口渴（内在刺激），刚好看到路边有家副食店卖饮料（外在刺激），于是诱发他购买饮料解渴的需求。他根据自己的消费偏好，选择适合自己的饮料。

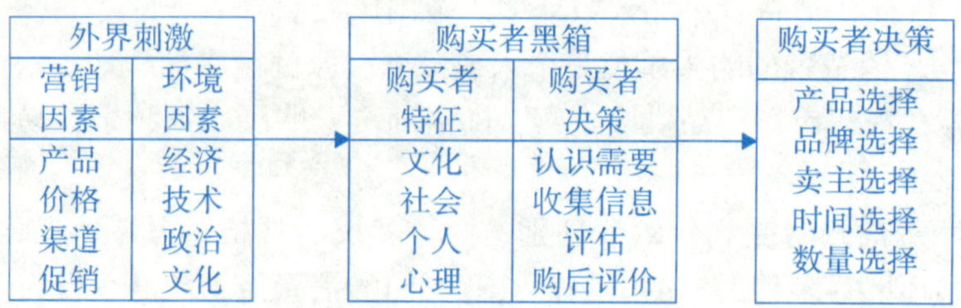

图 4–2　消费者购买决策过程

三、影响消费者购买的主要因素

消费者行为是指消费者为获取、使用、处置消费物品或服务所采取的各种行动，包括先于且决定这些行动的决策过程。消费者行为是与产品或服务的交换密切联系在一起的。在现代市场经济条件下，企业研究消费者行为是着眼于与消费者建立和发展长期的交换关系。消费者生活在纷繁复杂的社会中，购买行为受到诸多因素的影响，主要有文化、社会、个人和心理因素。

（一）文化因素

文化因素主要包括文化和亚文化群。

1. 文化

文化是指人类从生活实践中建立起来的价值观念、道德、理想和其他有意义的象征的综合体。文化是决定人类欲望和行为的基本因素，对消费者的购买行为具有强烈的和广泛的影响。文化有广义与狭义之分。广义文化是指人类创造的一切物质财富和精神财富的总和；狭义文化是指人类精神活动所创造的成果，如哲学、宗教、科学、艺术、道德等。在消费者行为研究中，由于研究者主要关心文化对消费者行为的影响，所以我们将文化定义为一定社会经过学习获得的、用以指导消费者行为的信念、价值观和习惯的总和。文化具有习得性、动态性、群体性、社会性和无形性的特点。

文化通过对个体行为进行规范和界定进而影响家庭等社会组织。文化本身也随着价值观、环境的变化或随着重大事件的发生而变化。价值观是关于理想的最终状态和行为方式的持久信念。它代表着一个社会或群体对理想的最终状态和行为方式的某种共同看法。文化价值观为社会成员提供了关于什么是重要的什么是正确的、以及人们应追求一个什么最终状态的共同信念。它是人们用于指导其行为、态度和判断的标准，而人们对于特定事物的态度一般也是反映和支持他的价值观的。

文化价值观可分为 3 类：有关社会成员间关系的价值观，有关人类环境的价值观，有关自我的价值观。这些价值观对于消费者行为具有重要影响，并最终影响企业营销策略的选择及其成败得失。有关社会成员之间关系的价值观反映的是一个社会关于该社会中个体与群体、个体之间以及群体之间适当关系的看法，其中包括个人与集体、成人与孩子、青年与老年、男人与妇女、竞争与协作等方面。

有关环境的价值观反映的是一个社会关于该社会与其自然、经济及技术等环境之间关

系的看法，其中包括自然界、个人成就与出身、风险与安全、乐观与悲观等方面。有关自我的价值观反映的是社会各成员的理想生活目标及其实现途径，其中包括动与静、物质与非物质主义、工作与休闲、现在与未来、欲望与节制、幽默与严肃等方面。

不同国家、地区或不同群体之间，语言上的差异是比较容易察觉的。但是易于为人们所忽视的往往是那些影响非语言沟通的文化因素，包括时间、空间、礼仪、象征、契约和友谊等。这些因素上的差异往往也是难以察觉、理解和处理的。对一定社会各种文化因素的了解将有助于营销者提高消费者对其产品的接受程度。如美国有家洋娃娃公司，制造了一种美丽迷人的洋娃娃，在美国可谓人见人爱，销路真是好得很。然而，这些洋娃娃被运到了德国之后，却门庭冷落，无人问津，货物架上落满了尘土。美国人大惑不解。经过市场调查，他们终于发现：原来这个金发洋娃娃的神态和模样，跟德国风尘女郎的打扮非常相似，使德国的女性很反感，因此，费了很大的力气也难以打开它的销路。公司决策层得知这一信息后，立即做出决定：根据德国人的审美情趣，将洋娃娃的形象做适当的调整。改变形象后的洋娃娃推向市场后，立即受到了德国人的欢迎。

2. 亚文化

亚文化是指一个不同于文化类型的概念。所谓亚文化，是指某一文化群体所属次级群体的成员共有的独特信念、价值观和生活习惯。每一亚文化都会坚持其所在的更大社会群体中大多数主要的文化信念、价值观和行为模式。同时，每一文化都包含着能为其成员提供更为具体的认同感和社会化的较小的亚文化。目前，国内、外营销学者普遍接受的是按民族、宗教、种族、地理划分亚文化的分类方法。在每一种文化中，往往还存在着许多在一定范围内具有文化同一性的群体，称为亚文化群。主要有以下。

(1) 民族亚文化。每个国家都存在不同的民族，每个民族都在漫长的历史发展过程中形成了独特的风俗习惯和文化传统。几乎每个国家都是由不同民族所构成的。不同的民族，都各有其独特的风俗习惯和文化传统。我国有 56 个民族，民族亚文化对消费者行为的影响是巨大的。比如，中国的汉族和其他少数民族存在许多文化上的差异，导致消费习惯也有差异。

(2) 宗教亚文化。每个国家都存在不同的宗教，每种宗教都有自己的教规或戒律。不同的宗教群体，具有不同的文化倾向、习俗和禁忌。如我国有佛教、道教、伊斯兰教、天主教、基督教等，这些宗教的信仰者都有各自的信仰、生活方式和消费习惯。宗教能影响人们行为，也能影响人们的价值观。例如，佛教不准吃肉，伊斯兰教不准饮用酒精类饮料，而俄罗斯东正教不许喝酒。

(3) 种族亚文化。一个国家可能有不同的种族，不同的种族有不同的生活习惯和文化传统。白种人、黄种人、黑种人都各有其独特的文化传统、文化风格和态度。他们即使生活在同一国家甚至同一城市，也会有自己特殊的需求、爱好和购买习惯。比如，美国的黑人与白人相比，购买的衣服、个人用品、家具和香水较多，食品、运输和娱乐较少。虽然他们更重视价格，但是也会被商品的质量所吸引并进行挑选，不会随便购买。

(4) 地理亚文化。世界上处于不同地理位置的各个国家，同一国家内处于不同地理位置的各个省份和市县都有着不同的文化和生活习惯。比如，我国地域广阔，不同地区具有本地区的饮食文化。地理环境上的差异也会导致人们在消费习俗和消费特点上的不同。长期形成的地域习惯，一般比较稳定。自然地理环境不仅决定着一个地区的产业和贸易发展格局，而且间接影响着一个地区消费者的生活方式、生活水平、购买力的大小和消费结构，从而在不同的地域可能形成不同的商业文化。

不同的亚文化会形成不同的消费亚文化。消费亚文化是一个独特的社会群体，这个群体以产品、品牌或消费方式为基础，形成独特的模式。这些亚文化具有一些共有的内容，比如，一种确定的社会等级结构；一套共有的信仰或价值观；独特的用语、仪式和有象征意义的表达方式等。消费亚文化对营销者比较重要，因为有时一种产品就是构成亚文化的基础，是亚文化成员身份的象征，如高级轿车，同时符合某种亚文化的产品会受到其他社会成员的喜爱。

（二）社会因素

（1）社会阶层。社会阶层是由具有相同或类似社会地位的社会成员组成的相对持久的群体，是社会学家根据职业、收入来源、教育水平、价值观和居住区域对人们进行的一种社会分类，是按层次排列的、具有同质性和持久性的社会群体。例如，受过高等教育的知识分子阶层，由于知识丰富、素质较高，购买行为就显得比较理智和专业。每一个体都会在社会中占据一定的位置，使社会成员分成高低有序的层次或阶层。社会阶层是一种普遍存在的社会现象。导致社会阶层的终极原因是社会分工和财产的个人所有。讨论社会阶层，可以了解不同阶层的消费者在购买、消费、沟通、个人偏好等方面具有哪些独特性，哪些行为是各社会阶层成员所共有的。

吉尔伯特（Jilbert）和卡尔（Kahl）将决定社会阶层的因素分为3类：经济变量、社会互动变量和政治变量。经济变量包括职业、收入和教育；社会互动变量包括个人声望、社会联系和社会化；政治变量则包括权力、阶层意识和流动性。

声望表明群体其他成员对某人是否尊重，尊重程度如何。联系涉及个体与其他成员的日常交往，他与哪些人在一起，与哪些人相处得好。社会化则是个体习得技能、态度和习惯的过程。家庭、学校、朋友对个体的社会化具有决定性影响。阶层意识是指某一社会阶层的人，意识到自己属于一个具有共同的政治和经济利益的独特群体的程度。人们越具有阶层或群体意识，就越可能组织政治团体、工会来推进和维护其利益。

不同社会阶层消费者的行为在很多方面存在差异。比如，支出模式上的差异；休闲活动上的差异；信息接收和处理上的差异；购物方式上的差异，等等。对于某些产品，社会阶层提供了一种合适的细分依据或细分基础，依据社会阶层可以制定相应的市场营销战略。具体步骤如下：首先，决定企业的产品及其消费过程在哪些方面受社会阶层的影响，然后将相关的阶层变量与产品消费联系起来。为此，除了运用相关变量对社会阶层分层以外，还要搜集消费者在产品使用、购买动机、产品的社会含义等方面的数据。其次，确定应以哪一社会阶层的消费者为目标市场。这既要考虑不同社会阶层作为市场的吸引力，也要考虑企业自身的优势和特点。再次，根据目标消费者的需要与特点，为产品定位。最后是制定市场营销组合策略，以达到定位目的。

需要注意的是，不同社会阶层的消费者由于在职业、收入、教育等方面存在明显差

异，因此即使购买同一产品，其趣味、偏好和动机也会不同。比如，同样是买牛仔裤，劳动阶层的消费者可能看中的是它的耐用性和经济性，而上层社会的消费者可能注重的是它流行程度和自我表现力。事实上，对于市场上的现有产品和品牌，消费者会自觉或不自觉地将它们归入适合或不适合哪一阶层的人消费。例如，在中国汽车市场，消费者认为宝马和奔驰更适合上层社会消费，而捷达则更适合中下层社会的人消费。这些都表明了产品定位的重要性。

另外，处于某一社会阶层的消费者会试图模仿或追求更高层次的生活方式。因此，以中层消费者为目标市场的品牌，根据中上层生活方式定位可能更为合适。

（2）相关群体。相关群体是指能够影响消费者购买行为的个人或集体。相关群体的有影响力的人物称为“意见领袖”或“意见领导者”，他们的行为会引起群体内追随者、崇拜者的仿效，从而影响整个相关群体的购买行为。相关群体概念在营销中的运用如下。

①名人效应。对很多人来说，名人代表了一种理想化的生活模式。正因为如此，企业花巨额费用聘请名人来促销其产品。研究发现，用名人作支持的广告较不用名人的广告评价更正面和积极，这一点在青少年群体上体现得更为明显。运用名人效应的方式多种多样。如可以用名人作为产品或公司代言人；也可以用名人作证词广告，在广告中引述广告产品或服务的优点和长处，或介绍其使用该产品或服务的体验；还可以采用将名人的名字使用于产品或包装上等作法。

②专家效应。专家是指在某一专业领域受过专门训练、具有专门知识、经验和特长的人。医生、律师、营养学家等均是各自领域的专家。专家所具有的丰富知识和经验，使其在介绍、推荐产品与服务时较一般人更具权威性，从而产生专家所特有的公信力和影响力。当然，在运用专家效应时，一方面应注意法律的限制，如有的国家不允许医生为药品作证词广告；另一方面，应避免公众对专家的公正性、客观性产生怀疑。

③“普通人”效应。运用满意顾客的证词来宣传企业的产品，是广告中常用的方法之一。由于出现在荧屏上或画面上的代言人是和潜在顾客一样的普通消费者，使受众感到亲近，从而广告诉求更容易引起共鸣。比如，北京大宝化妆品公司就曾运用过“普通人”证词广告。还有一些公司在电视广告中展示普通消费者或普通家庭如何用广告中的产品解决其遇到的问题，如何从产品的消费中获得乐趣等等，也是“普通人”效应的运用。

④经理型代言人。20 世纪 70 年代以来，越来越多的企业在广告中用公司总裁或总经理做代言人。例如，我国广西三金药业集团公司，在其生产的桂林西瓜霜上使用公司总经理和产品发明人邹节明的名字和图像，就是经理型代言人的运用。

（3）家庭。家庭是社会组织的一个基本单位，也是消费者的首要参照群体之一，对消费者购买行为有着重要影响。家庭购买决策大致可分为 3 种类型：一人独自做主；全家参与意见，一人做主；全家共同决定。这里的“全家”，虽然包括子女，但主要还是夫妻二人。夫妻二人购买决策权的大小取决于多种因素，如各地的生活习惯、妇女就业状况、双方工资及教育水平、家庭内部的劳动分工及产品种类等。例如，随着中国独生子女的增多，独生子女在家庭中受重视的程度越来越高，孩子在家庭购买决策中的影响力在不断增强。儿童用品的购买在整个家庭的购买中占有的比重越来越大。

（4）身份和地位。每个人的一生会参加许多群体，一个人在群体中的位置可用身份和地位来确定。身份是周围的人对一个人的要求或一个人在各种不同场合应起的作用。比如，某人在女儿面前是父亲，在妻子面前是丈夫，在公司是经理。每种身份都伴随着一种地位，反映了社会对他的总评价。消费者做出购买选择时往往会考虑自己的身份和地位，企业把自己的产品或品牌变成某种身份或地位的标志或象征，将会吸引特定目标市场的顾客。例如，人们以何种产品或品牌来表明身份和地位会因社会阶层和地理区域的不同而不同。

（三）个人因素

个人因素是指消费者的经济条件、生理、个性、生活方式等对购买行为的影响。

（1）经济因素：经济因素指消费者可支配收入、储蓄、资产和借贷的能力。经济因素是决定购买行为的首要因素，决定着能否发生购买行为以及发生何种规模的购买行为，决定着购买商品的种类和档次。比如，我国中等收入的家庭不会选择购买汽车，低收入家庭只能购买基本生活必需品以维持温饱。

世界各国消费者的储蓄、债务和信贷倾向不同。比如，日本人的储蓄倾向强，储蓄率为18%，而美国仅为6%，结果日本银行有更多的钱和更低的利息贷给日本企业，日本企业有较便宜的资本以加快发展。美国人的消费倾向强，债务收入比率高，贷款利率高。营销人员应密切注意居民收入、支出、利息、储蓄和借款的变化，对价格敏感型产品更为重要。

（2）生理因素。生理因素是指年龄、性别、健康状况和嗜好等生理特征的差别。生理因素决定着对产品款式、构造和细微功能有不同需求。比如，儿童和老人的服装要宽松，穿脱方便；身材高大的人要穿特大号鞋；江浙人嗜甜食，四川人嗜麻辣；病人需要药品和易于吸收的食物。

（3）个性。个性是指一个人的心理特征。一个人的个性影响着消费需求和对市场营销因素的反应。比如，外向的人爱穿浅色衣服和时髦的衣服，内向的人爱穿深色衣服和庄重的衣服；追随性或依赖性强的人对市场营销因素敏感度高，易于相信广告宣传，易于建立品牌信赖和渠道忠诚，独立性强的人对市场营销因素敏感度低，不轻信广告宣传。

（4）生活方式。生活方式是指一个人在生活中表现出来的活动、兴趣和看法的模式。不同的生活方式群体对产品和品牌有不同的需求。营销人员应设法从多种角度区分不同生活方式的群体，在设计产品和广告时应明确针对某一生活方式群体。比如，保龄球馆不会向节俭者群体推广保龄球运动，名贵手表制造商应研究高成就者群体的特点及如何开展有效的营销活动。西方国家的妇女服装制造商为“俭朴的妇女”“时髦的妇女”“有男子气的妇女”分别设计不同的服装。

（四）心理因素

消费者的购买行为受到动机、知觉、学习及信念和态度等主要心理因素的影响。

（1）动机。关于动机的论述，前面已经提及。动机是一种升华到足够强度的需要，它能够及时引导人们去探求满足需要的目标。马斯洛的需要层次论应用于市场营销中要求营

销人员要分析消费者多层次的消费需要并提供相应的产品来予以满足。例如，对于满足低层次需要的购买者要提供经济实惠的商品，对于满足高层次需要的购买者应提供能显示其身份地位的高档消费品，还要注意需要层次随着经济发展而由低级向高级的发展变化。

几年前，中国某个厂家的绣花鞋和韩国某厂家的绣花鞋同时在美国市场出售。从质量方面平心而论，两者相差无几。从价格上来看，中国绣花鞋的价格仅为韩国绣花鞋的1/8。以常理推断，中国鞋必定要占领这一市场了。然而事情偏偏超出人们的意料：韩国鞋畅销，中国鞋滞销。并一直被挤到了地摊上去。这难道是美国人故意与中国产品过不去吗？不是，美国女性购买东方绣花鞋的目的，并非为实际穿着而是被好奇心所驱使，或者是作为一种炫耀。在亲朋好友面前的炫耀，一件价格极低的便宜货值得如此炫耀吗？显然不能。它只能降低炫耀者的身份。一句话，中国绣花鞋滞销的最根本原因就在于价格过低而无法满足美国消费者的身份感与自尊感。韩国绣花鞋之所以畅销，正是由于厂家把握并满足了美国消费者的这种需要，故而引发了他们的购买行为，同时也给自己带来了高额利润。正所谓双方皆大欢喜。

（案例来源：环球财经网）

（2）知觉。知觉是指个人选择、组织并解释信息的投入，以便创造一个有意义的外界事物图像的过程。知觉不仅取决于刺激物的特征，而且依赖于刺激物同周围环境的关系及个人所处的状况。处于相同的激励状态和目标情况下的两个人其行为可能大不一样。这是由于他们对情况的知觉各异。因此，企业营销人员必须精心设计他们的促销活动，来突破消费者知觉的壁垒。例如，不少商家对一些低端的日常用品常采用低价来吸引消费者，引起消费者注意，从而发生购买。

（3）学习。学习指由于经验而引起的个体行为的改变。人类行为大多来源于学习。一个人的学习是通过驱使力、刺激物、诱因、反应和强化的相互影响而产生的。所以，企业必须提供大量的产品信息以供消费者收集和学习。例如，宝洁公司为了扩大飘柔洗发水的市场需求，通过广告反复提供诱发消费者购买该洗发水的信息，尽量使消费者购买后感到满意从而促成积极的反应。

（4）态度。所谓态度是指一个人对某些事物或观念长期持有的好与坏的认识上的评价、情感上的感受和行动倾向。通常一个人的态度呈现为稳定一致的模式，改变一种态度就需要在其他态度方面做重大调整。所以企业最好是自己的产品、服务和营销策略符合消费者的既有态度，而不是试图去改变。例如，1998 年山西假酒案的发生，使汾酒集团受到重创，该集团原董事长高玉文悲愤交加地说“汾酒至少三年翻不过身”，原因是山西酒的形象在人们的心目中尽毁，为了重新树立汾酒形象，汾酒集团做了很大努力，才逐渐纠正人们对汾酒的错误认识。

有一家企业计划生产用来作为凉拌菜的佐料的一种沙拉油，以满足所有消费者对凉菜味道的要求。尽管试销效果好，但重复购买低，并未实现预期收益，原因主要是心理上的，家庭主妇们并不想放弃（向丈夫、客人等）显示自己高超配制调料的机会，只有在没有时间的时候才使用那种现成调料。

综上所述，消费者的购买行为是文化、社会、个人和心理因素之间相互影响和作用的结果。其中很多因素是市场营销者无法改变的，但这些因素在识别那些对产品有兴趣的购买者方面颇有用处。其他因素则受到市场营销者的影响，市场营销者凭借有效产品、价格、地点和促销管理，可以诱发消费者的强烈反应。

四、消费者购买决策过程

（一）消费者购买决策过程的参与者

消费者购买决策是指消费者谨慎地评价某一产品、品牌或服务的属性，并进行理性的选择的过程。它具有理性化、功能化的双重内涵；但也有许多消费者在做购买决策时更多地关注购买或使用时的感受、情绪和环境。尽管如此，消费者决策过程仍对各种类型的购买行为产生了关键作用。

消费者在购买决策过程中可能扮演不同的角色，主要包括以下几种。

（1）发起者，即首先提出或有意向购买某一产品或服务的人。

（2）影响者，即其看法或建议对最终决策具有一定影响的人。

（3）决策者，即对是否购买、为何购买、如何购买、何处购买等购买决策做出完全或部分最后决定的人。

（4）购买者，即实际购买的人。

（5）使用者，即实际消费或使用产品或服务的人。

消费者以个人为单位购买时，5 种角色可能同时担任；以家庭为单位购买时，5 种角色往往由家庭不同成员分别担任。例如，一个家庭要购买一台学习机，发起者可能是孩子，他认为有助于提高自己学习英语的效率。影响者可能是爷爷，他表示赞成。决策者可能是母亲，她认为孩子确实需要，根据家庭目前经济状况也有能力购买。购买者可能是父亲，他有些电器知识，带上现金去商店选购。使用者是孩子。在上述 5 种购买角色中，营销人员最关心的是决策者是谁。辨别购买决策者，有助于将营销活动有效地指向目标顾客，制定正确的促销战略。另外，辨别谁是实际购买者也很重要，因为他往往有权部分更改购买决策，如买什么品牌、买多少、何时与何地购买等，企业应据此开展商品陈列和广告宣传活动。

（二）消费者购买行为类型

在购买不同商品时，消费者决策过程的复杂程度有很大区别。一些商品的购买过程很简单，如买牙膏、牙刷；另一些则比较复杂，需要深入研究和比较才可能发生购买过程，如买电脑、轿车等。因此，在考察购买决策过程的步骤之前，需要对购买行为进行分类，企业根据不同的购买类型，实行不同的营销策略。划分消费者的购买行为，主要根据以下两个标准。

1. 购买者卷入购买的程度

具体包括两层含义：

（1）消费者购买的谨慎程度及在购买过程中花费的时间和精力的多少。如消费者对耐

用消费品的购买、对以前不具有购买经验的产品或服务及对社会可见度高的商品的购买等参与程度高、谨慎选择，决策过程较慢，购买时格外小心。

（2）参与购买过程的人数多少。有些商品的购买过程通常由一人完成，而另一些商品的购买过程则由充当发起者、影响者、决定者、购买者和使用者的各种不同角色的家庭成员、朋友等多人组成的决策单元完成的。根据消费者卷入购买程度，可以把消费者的购买行为分为高介入的行为和低介入的行为。

2. 所购商品不同品牌之间的差异程度

品牌差别小的商品大多是同质或相似的商品，而品牌差别大的商品大多是在花色、品种、式样、型号等方面差异较大的异质商品。根据品牌差别的程度，可以把消费者的购买行为分为品牌差别大的购买行为和品牌差别小的购买行为。

这样，我们可以将消费者购买行为分为四种类型，如表 4-1 所示。

表 4-1 消费者购买行为类型

卷入购买程度 品牌差别程度	高度介入	低度介入
品牌差异大	复杂型	多样型
品牌差异小	和谐型	习惯型

（1）复杂型购买行为。多发生在消费者初次购买单价高、品牌差别大的耐用消费品的场合。由于多数消费者不太了解这些商品的品种、规格、性能等技术细节，因此，购买时需要经历一个认识学习的过程。例如，家用电脑价格昂贵，不同品牌之间差异大，某人想购买家用电脑，但又不知硬盘、内存、主板、中央处理器等为何物，对于不同品牌之间的性能、质量、价格等无法判断，贸然购买有极大的风险。他要广泛收集资料，对供选择品牌的重要特性进行评价，再慎重地做出购买选择。

对于复杂型购买行为，营销者应制定策略帮助购买者掌握产品知识，如运用印刷媒体、电波媒体向销售人员宣传等方式宣传本品牌的优点，发动营业员向购买者的亲友影响最终购买决定，简化购买过程。

（2）和谐型购买。常发生在卷入程度虽高但所购商品品牌差别不大的场合。由于品牌差别不明显，消费者一般不必花很多时间收集不同品牌商品的信息并进行评价，购买过程迅速而简单，因而购买后会认为自己所买产品具有某些缺陷，怀疑原先购买决策的正确性。地毯、房内装饰材料、服装、首饰和家具等商品的购买多属于这种购买行为。对于这类购买行为，营销这要提供完善的售后服务，通过各种途径经常提供有利于本企业和产品的信息，使顾客相信自己的购买决定是正确的。例如，一些首饰商品的卖者，在消费者购买首饰后，定期建议顾客对首饰进行保养，并提供一些首饰保养小常识，大大提高了消费者的满意度。

（3）习惯型购买。常发生在价格低廉、经常购买、品牌差异小的产品购买场合。此时消费者并未深入搜集信息和评估品牌，只是习惯于购买自己熟悉的品牌，在购买后可能评价也可能不评价产品。这时市场营销者可以用价格优惠、电视广告、独特包装、销售促进等方式顾客消费者试用、购买和续购其产品。例如，宝洁公司为培养消费者的习惯性购买，经常在媒体上进行宣传洗发产品。

（4）多样型购买。多发生在价值低、需频繁购买，品牌有差异的产品购买的场合。此时消费者购买产品有很大的随意性，并不深入收集信息和评估比较就决定购买某一品牌，在消费时才加以评估，但在下次购买时又转换其他品牌。市场营销者可通过占有货架，避免脱销和提醒购买的广告来鼓励消费者形成习惯性购买，或是以较低的价格、折扣、赠券、免费赠送样品和强调试用新产品的广告来鼓励消费者改变原习惯性购买行为。例如，夏天消费者对冷饮的消费，经常会变换购买的品牌，以尝试多种新鲜口味。

（三）消费者购买决策过程

不同购买类型反映了消费者购买决策过程的差异性，但消费者的购买过程也有其共同性。营销学者对消费者购买决策的一般过程做了深入的研究，提出若干模式，采用较多的是5阶段模式（图4-3）。这个购买过程模式适用于复杂型购买，其他几种购买类型是越过其中某些阶段后形成的，是复杂型购买的简化形式。研究消费者购买决策过程的阶段，目的在于使营销者针对决策过程不同阶段的主要矛盾，采取不同的促销措施。

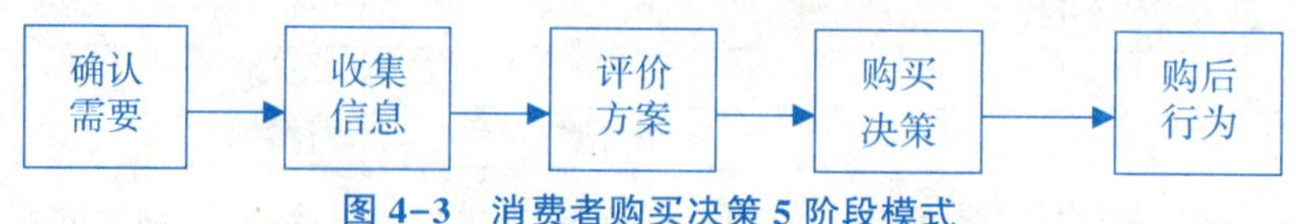

图4-3 消费者购买决策5阶段模式

1. 确认需要

当消费者感觉到了一种需要而且准备购买某种商品去满足它时，对这种商品的购买决策过程就开始了。来自内部的和外部的刺激都可能引起需要和诱发购买动机。企业应了解消费者产生了哪些需要，它们是由什么引起的，程度如何，比较迫切的需要怎样被引导到特定的商品上从而成为购买动机。然后，企业可以制定适当的市场营销策略，引起消费者的某些需要并诱发购买动机。例如，由于一位同事买了手提电脑，工作的伙伴受其影响可能就会产生购买手提电脑的需求欲望。

2. 收集信息

消费者形成了购买某种商品的动机后，如果不熟悉这种商品的情况，就要先收集信息。以购买手提电脑为例，这时，购买者增加了对有关手提电脑广告、谈话等的注意，比以往更容易接受这种商品的信息，也许还会通过查阅资料、向亲友和熟人询问情况等方式，更积极地搜集信息。

为了向目标市场有效地传递信息，营销人员需要了解消费者获得信息的主要来源及其对消费者的影响程度。消费者一般从以下4种来源获得信息。

（1）个人来源即从家庭、朋友、邻居和其他熟人处得到信息。

（2）商业来源即从广告、售货员介绍、商品展览与陈列、商品包装、商品说明书等得到信息。

（3）公众来源即从报刊、电视等大众宣传媒介的客观报道和消费者团体的评论得到信息。

（4）经验来源即通过触摸、试验和使用商品得到信息。企业利用商业来源传播信息，还要设法利用和刺激公共来源、个人来源和经验来源。也可多种渠道同时使用，以加强信息的影响力和有效性。例如，神州笔记本电脑聘用因超级女声而名声大震的李宇春作形象代言人并刊登广告，激发了青少年购买电脑的热潮。

3. 评价方案

消费者在获得全面的信息后就会根据这些信息和一定的评价方法对同类产品的不同品牌加以评价并决定选择。一般而言，消费者的评价行为涉及 3 个方面：

（1）产品属性即产品能够满足消费者需要的特性。例如，计算机的存储能力、图像显示能力、软件的适用性等都是消费者感兴趣的产品属性。市场营销人员应分析本企业产品应具备哪些属性，以及不同类型的消费者分别对哪些属性感兴趣，以便进行市场细分，对不同需求的消费者提供具有不同属性的产品。

（2）品牌信念即消费者对某品牌优劣程度的总的看法。例如，联想电脑因其优越的质量和良好的售后服务，深受消费者的喜爱。市场营销人员应深入认识本企业产品的优良性能，激发消费者的购买欲望。

（3）效用要求即消费者对该品牌每一属性的效用功能应当达到何种水准的要求。例如，计算机的存储能力达到 80G 才能符合要求。

4. 购买决策

经过对供选择品牌的评价，消费者形成了对某种品牌的偏好和购买意向。但是，消费者是否能实现或立即实现其购买意向，还要受以下因素的影响：①他人态度。例如，消费者决定购买 A 品牌电脑，但家人不同意，就很可能改变购买意向；②意外情况。例如，如果出现家庭收入减少，急需在某方面用钱或得知准备购买的电脑品牌令人失望等意外情况，消费者也可能改变购买意向。因此，根据消费者对品牌的偏好和购买意向来推测购买决定并不十分可靠。营销人员应充分注意消费者的变化，及时强化消费者的购买决策，发挥“临门一脚”的作用。

5. 购后行为

消费者购买商品后，往往会通过使用和他人的评判，对其购买选择进行检验，把他所觉察的产品实际性能与以前对产品的期望进行比较。若发现产品性能与期望大体相符，消费者就会感到基本满意；若发现产品性能超出了期望，就会感到非常满意；反之就会感到失望和不满。消费者是否满意，会直接影响他购买后的行为。

企业应采取有效措施，尽可能使顾客购买后感到满意。比如，有的计算机经营企业在产品售出后，请顾客留下姓名、地址、联系电话等，定期与顾客联系，祝贺他们买了一件理想的产品，通报本企业产品的质量、服务和获奖情况，知道顾客是否正确使用产品，征询改进意见等，建立良好的沟通渠道处理来自消费者的意见，并迅速赔偿消费者因不公平经营所遭受的损失。

20 世纪 20 年代，美国一个糖果商罗宾，拥有一家糖果小厂和几家小店，销售状况不理想。一天，他看到一群孩子玩游戏，立即被吸引住了。孩子们把几颗糖果平均放在几个口袋里，由一个公选的人把一个“幸运糖”（一颗大一些的糖）放进其中某个口袋里，不许别人看见，然后大家随意选一个口袋，有幸拿到“幸运糖”的人就要享受特权，即他是皇帝，其他人是臣民，每人要上贡一颗糖……他思索着这种奇怪而有趣的游戏规则，突然一个灵感闯入他脑海，他欣喜若狂。他思考了许久，有了一套宏伟的计划。

当时，美国的许多糖果是以1分钱卖给小孩的。罗宾就在糖果包里包上1分钱的铜币作为“幸运品”，并在报纸、电台打出口号：“打开，它就是你的！”这一招很有效果，因为如果买的糖中包有铜币的就等于完全免费，孩子们都去买来吃，罗宾把“香甜”这个名字也改为“幸运”。他除了大量投入生产外，还不惜血本招来许多经销商，另外再大做广告，将“幸运糖”描绘成一种可以获得幸运机会的新鲜事物，并创造出一个可爱的小动物形象作为标志，使人人都非常熟悉。因为方法奇特新颖，立即闻名全国，罗宾糖的销量像成了翅膀一样，迅速涨了几百倍。

其他糖果商在此启发下，也蜂拥而上，纷纷模仿此法。罗宾就更进一步，买中“运动糖”的不仅免费，还可以奖励几颗糖。后来他在食品中放上其他物品，诸如玩具、连环画、手枪……始终处于同行前列，转眼间他就拥有了800多万美元的资产。

罗宾抛出的只是些小玩意儿，但引来的却是一笔巨大的财富。

（案例来源：小玩意抛出大财富　凤凰网博客）

学习任务三　生产者市场购买行为分析

生产者市场也称产业市场，是指由购买产品和服务用于再生产其他产品以供出售、出租给他人的所有组织和个人所组成的市场。生产者市场是一个庞大的市场，其购买者分布在各个行业中，包括农业、林业、渔业、牧业、采矿业、制造业、建筑业、运输业、通信业、银行业、保险业及其他一些行业。生产者市场的交易内容主要为生产资料和各项生产要素（资金、劳动力、技术、信息、房地产等），它们构成生产者市场的两个细分市场。由于生产资料市场和生产要素市场在交易对象的特性，经济运行规律、购买行为实现等方面有明显不同，我们在此主要讨论以生产资料为交易内容的生产者市场。

一、生产者市场特点

（一）购买者较少，购买数量较大

在生产者市场上，购买者属非最终消费者，其购买生产资料的目的是为了进行再生产，生产出其他产品供中间商转售或直接销售给最终用户。因此，生产者市场具有购买者较少，而单个购买者的购买数量却较大的特点。因此，大宗产品的购买者对供应者来说非常重要，供应者应掌握重点用户的规模、购买量、购买规律及地理分布等。同他们保持直接而紧密的联系，以稳定购销关系。

（二）购买者地理分布相对集中

由于自然资源的分布和生产力布局等因素所决定，某些行业往往密布于一定地理位置

上，从而使这些行业的生产资料购买者在地理位置上也相对集中。所以，生产资料供应者在选择目标市场时，应注意其用户主要集中在什么地区，以便把产品打入用户较多的地区。

（三）生产者市场的需求属派生需求

生产者市场是非最终消费者市场，这种市场的需求是引申出来的需求，即购买者对生产资料的需求从消费者对消费品的需求中派生出来的。例如，生产者市场对木材的需求是由于消费者对家具、住房等需求中引申出来。从这个意义上来说，影响消费者市场的各种因素，同样也制约着生产资料市场的规模和发展。生产者市场派生需求的特点，要求供应者不仅要了解生产者市场的需求水平、竞争态势及用户的特点，也要了解消费者市场的需求态势及自身直接客户所服务对象的需求特点。此外，供应者也可以通过对最终消费者进行促销以带动自己产品的销售。

（四）生产者市场需求缺乏价格弹性

生产者对生产资料的需求受价格影响较小，系缺乏价格弹性的需求。这是因为：

（1）生产资料是生产的必备要素，为保证生产过程的连续性，生产者必须按计划购买生产资料，在一般情况下，其需求量受价格波动因素影响较小。

（2）假如生产资料价格在短时期内变动，用户不可能立刻对生产工艺、技术、产品结构进行调整以适应价格变化，这也使得需求缺乏弹性。

（3）由于生产者市场需求是派生的，因此，只要最终消费者需求量不变，则生产该产品所需的生产资料价格即使上涨，也不会导致需求量迅速下降。同理，如果生产资料价格下降，而最终消费者对产品的需求并未上升。购买者对生产资料的需求量也不会增加。

（五）生产者市场波动性较大

生产者市场需求的派生性，使得对消费品需求一定比例的增长，会引起更高比例的对生产资料需求的增长，反之亦然。西方经济学称这种现象为“加速原理”。而消费者市场的需求是经常变化的，从而使生产者市场的需求具有较大的波动性。

（六）生产者市场的购买者多属专业人员

生产者市场的购买者多为专业人员，采购的生产资料重要性越大，参与决策的人员就越多，通常会由工程技术专家和高层管理人员共同组成采购小组，负责制定采购决策。而负责实际采购人员一般都经过专业培训，对所采购产品的技术细节有充分了解。因此，在生产者市场上更强调人员推销的重要性，而且要求销售人员精通专业知识，具有较高的业务水平

（七）直接采购、互购和租赁是主要的采购方式

由于生产资料购买数量多，体积较大，对产品的使用又要求有专业技术知识，所以生产资料的流通一般是采用直接渠道，由购买者直接向生产者采购。互购也是一种常见的形式。购买者和供应者之间经常相互提供产品，如造纸厂需要化工原料，而化工厂也需要一些纸制包装物，双方就可以建立起稳定的购销关系，并相互提供优惠条件，实行“互惠交易”。租赁是生产者市场上的另一重要交易方式。购买者采用租赁方式取得一定时期内设

备的使用权，既可以缓和资金短缺压力，在不追加大量投资的情况下实现设备技术更新，也可以避免设备折旧的风险。而出租者通过出租设备取得收益，提高其利用率，降低其无形损耗，双方各有收益。

二、影响生产者购买行为的因素

西方营销学家把影响生产者购买行为因素划分为四大类即环境因素、组织因素、人际因素和个人因素，如图 4-4 所示。

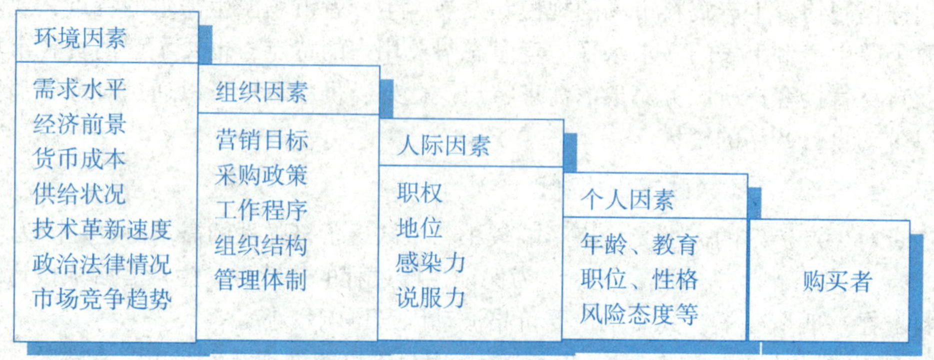

图 4-4 影响生产者购买行为的因素

（一）环境因素

环境因素是企业不可控因素。现行的或预期的经济环境因素（市场需求水平、经济前景、利率等）对生产资料购买者的影响很大。如在经济萧条时期，生产者通常会缩减投资，并设法降低存货水平，但在经济形势稳定情况下，若政府采取降低贷款利率政策，企业则会因资金成本的减少而考虑增加生产资料的购买量。同样，技术创新因素、政治法律因素、竞争因素也会对生产资料购买者的购买决策产生重要影响。

（二）组织因素

组织因素在生产者购买决策制定中具有特殊重要地位。每一采购组织都有其具体的目标、采购政策、组织结构、制度和经营程序。这些因素对购买行为起约束作用。一些企业常有自己的购买政策。例如，有的地方规定只许采购本地区的原材料；有的国家规定只许买本国货，不许买进口货，或者相反；有的购买金额超过一定限度就需要上级主管部门审批等。一些组织会用长期合同的方式来确定供应渠道，另一些组织则会采用临时招标的方式来选择其供应商。又如，在西方发达国家近年来兴起一种“正点生产系统（just-in-time production systems）”，即适量及时进货，零库存、供量 100% 合格的生产系统，它的兴起大大地影响了组织采购政策。

所以，生产资料经营者必须掌握用户的组织运作情况，以制定相应的营销策略。以下一些因素在近几年生产资料购买活动中值得注意。

1. 采购部门的地位有所提高

过去，采购部门处于较低的管理层次。近年来，由于通货膨胀加剧和生产资料的短缺，导致许多企业提高采购部门的地位。如美国一些大公司把采购部门的负责人提升到公

司副总裁的地位。一些公司还把采购、库存控制、生产计划、运输等职能合并成一个高层次的职能，称为“原材料管理”。更多的公司重视采购人员素质的提高并增加报酬。这就要求供应者提高销售人员的业务素质和服务技能，并提高其进行商务谈判的能力。

2. 集中采购方式更多被采用

在多部门的企业中，过去由于各部门需要不同，通常由各部门自行负责采购。近年来，为了降低成本，达成更有利的供货条件，许多企业采取集中采购的方式。对供应者而言，这意味着将面对数量较少但层次较高的采购人员。因此，必须配备较高素质的销售人员和更周密的营销策划。

3. 重视签订长期合同

为保证货源供应的稳定性，许多生产资料采购企业愿意与供应者签订长期合同，这就意味着双方都应具有较高的谈判技巧，培训专门的商务谈判人员。

4. 重视对采购实绩的考评

不少企业建立激励制度，对成绩优异者进行奖励，以促使采购人员寻找更为有利的供应者。

（三）人际因素

采购中心通常包括一些具有不同地位、职权、兴趣和说服诱导力的参与者。一些决策行为会在这些参与者中产生不同的反应，意见是否容易取得一致，参与者之间的关系是否融洽，是否会在某些决策中形成对抗，这些人际因素会对组织市场的营销活动产生很大影响。营销人员若能掌握这些情况并有的放矢地施加影响，将有助于消除各种不利因素，获得订单。

（四）个人因素

尽管生产者市场上的购买行为一般表现为有组织的购买行为，但我们不能忽略购买者的个人特点。实际上，组织购买归根到底要由个人作决定和采取行动。每个参与购买决策的人都有不同的动机、感觉和偏好。这些偏好往往又由参与者的年龄、受教育程度、职务、个性及对风险的态度等因素所决定。生产资料供应者对采购决策者的个人因素应予以充分重视，并同他们建立良好的关系，以利于业务开展。

生产者市场购买行为的重要特点往往是表现为组织与组织之间的交易关系，看来应当比消费者购买行为更为理性，而不涉及个人情感。但实际上并非如此，因为在组织采购过程中的每一个过程都是由具体的人员去完成的。执行组织采购任务的具体人员的个性与情感对于其做出相应的采购决策同样发挥着重要的影响。所以注意研究生产者市场购买行为中的个人因素，并有的放矢地开展相关的营销活动是十分重要的。而且组织之间的交易关系一旦建立，就会比较稳定（因为组织购买的信息收集和采购洽谈成本比较高，采购组织一般不愿轻易改变供应商），所以长期维护同购买者之间的稳定关系就变得十分重要。这也就是为什么“关系营销”首先是由北欧的“产业市场营销学派（IMP）”提出来的原因。

三、生产者购买决策过程

（一）购买活动类型

生产者购买生产资料需要制定一系列的购买决策，而决策项目数量和复杂程度取决于其购买活动的类型。生产资料的购买活动可分为以下 3 个主要类型。

1. 直接重复购买型

它是用户根据常规的生产需要和过去的供销关系进行重复性采购，根据以往的业务关系，选择最令人满意的供应者，并与之按常规继续签订供销合同，基本上不需要制定新的决策。对于这种类型的购买活动，与采购企业已经建立业务关系的生产资料供应者应努力维持原有的产品质量和服务质量，为了拉住常客，这些供应者应提出自动续购的办法，定期订货，以便省却采购人员续订合同的时间。而对于一些尚未与采购企业建立业务关系的供应者来说，应设法向采购者提供一些质量更好、价格更廉的产品和更多的服务，促使采购单位与其建立长期购销关系。在策略上，这些供应者可先设法同采购单位达成小额交易，取得他们的信任后，再逐步扩大交易额。

2. 修正重复购买型

用户出于各种原因，想变更采购品的规格、数量、价格或其他交易条件，或重新选择供应者。修正重复购买活动比直接重复购买要复杂得多，因为，采购企业会有更多的人参与购买决策过程。已建立关系的供应者应特别重视，设法使原有用户继续购买本企业产品，但对竞争者而言，这是一次市场机会。

3. 新任务购买型

这是采购企业第一次购买某种生产资料的活动。若所采购生产资料的购买成本越高，其风险性就越大，决策参与者就越多，需要寻找更多的信息作决策依据。对于这种类型的采购活动，供应者应积极主动，广泛接触决策参与者，并提供详尽的产品资料以帮助购买者作出采购决策，这是很好的市场机会，也是严峻的挑战。

（二）购买决策的参与者

根据在购买决策过程中的不同作用，生产资料购买决策的参与者可分为以下几种类型：①使用者；②影响者；③决策者；④采购者；⑤信息控制者。

上述 5 种决策参与者并非必然在企业的各种采购活动中都参与决策过程。由于采购的生产资料类别不同，数量不同，参与者的人数和参与程度也不同。供应者应分析用户在每次采购活动中的主要决策者及其对产品的评价标准，以制定适当的措施，对其施加影响。

（三）生产者购买决策过程

生产者购买决策过程一般包括 8 个阶段，由于购买活动类型不同，其所需要的购买阶段也不相同，下面我们将着重分析典型的新任务购买型的购买决策过程所经历的 8 个阶段的主要内容。

生产者购买决策过程的主要阶段：

1. 提出需要

生产资料采购企业的购买过程起始于企业认识到某种需要的存在，并能通过购买某种产品和服务而得到满足。提出需要由企业的内部刺激或外部刺激引起。内部刺激来自于：①企业投资生产新产品，需要新的生产资料；②更新设备需要；③原材料更新等。就外部刺激而言，各生产资料供应者的促销活动，使企业采购人员得到新的生产资料供应信息，从而产生购买的新设想。在此阶段，供应者的营销重点是采取各种有力的促销手段刺激生产资料购买者产生购买欲望，使其认识到需要的存在。

2. 确定总体需要

当采购企业认识到需要后，就要着手决定所需产品的特征及其数量。注重产品安全性、耐用性、价格及其他必备属性，并按其重要性进行排列，以确定优先考虑的因素。在这一阶段生产资料供应者应提供详细的产品说明及有关资料，帮助采购人员了解产品特性和价值。

3. 确定产品规格

明确了总体要求后，采购企业就要决定所购生产资料的技术指标，对所需产品的规格、型号等作出进一步详细的技术说明，并形成书面材料，作为采购人员采购时的依据。

4. 寻找供应商

在这一阶段，采购企业通过各种途径寻找合适的供应者。如果采购产品复杂、金额较大，或购买活动属新任务购买，则采购人员对供应者的寻找会更下功夫，同时也对供应者的生产能力、技术水平、供货保障、资信等方面进行调查。因此，生产资料供应者应力求将本企业列入工商企业通讯录，加强广告宣传，扩大知名度，并努力建立良好的信誉。

5. 征求供应商建议

在这一阶段，采购企业将邀请符合采购标准的供应者提供有关建议（包括产品使用说明、价目表、质量标准等）。如果采购企业所需要的生产资料是复杂的和价值大的，就往往要求每个潜在供应者提供详细的书面建议。因此，生产资料经营者必须善于研究和提出建议。其建议不仅包括技术方面的，而且要包括市场营销方面的，并努力取得买主的信任，以压倒竞争对手。

6. 供应商选择

采购企业的决策参与者应对每个供应商的建议进行评价，在此基础上选择最终的供应者。采购企业对供应商评价的标准有：

（1）交货及时性；
（2）产品质量；
（3）技术和生产能力；
（4）价格；
（5）信誉；
（6）维修服务能力；
（7）财务状况；
（8）对顾客态度；
（9）产品项目的完整性等。

采购企业按上述标准评价供应者，并从中选择最具吸引力的供应者。但是，一般来说，企业不会仅依靠单一的供应者，通常会保持若干条供货渠道以避免单一供货渠道可能带来的不利影响，同时也有利于对不同供应者的供货条件进行比较。对供应者而言，要扩大其供应份额，则需向采购企业提供更为优良的产品和服务及其他优惠条件。

7. 发出正式订单

选定供应者后，采购企业即发出订单，订单上列明产品的技术规格、订货数量、交货时间、产品保证和其他有关事项。近年来，采购企业趋向于与供应者签订“一揽子合同”，也即双方建立起长期协作关系，当采购企业需要某种生产资料时，供应者按事先商定的供货条款随时供货。这种做法有利于降低采购企业库存，因此，“一揽子合同”又被称为“无库存采购合同”，它被用来取代原来的周期性采购订货。这种情况会导致采购企业与供应者之间的购销关系更为密切，这样，对原供应者来说，要保持供货的稳定性和提供良好的服务；对竞争者而言，则较难打入市场。

8. 绩效评价

在生产资料购进使用后，采购人员将与使用部门保持联系，了解产品使用情况，并要求使用者做出满意评价，并对供应者的履约情况进行考评。评价的结果将决定其今后对各供应者的态度，如表 4-2 所示。

表 4-2　各阶段对各类采购业务是否有必要

购买类型 购买阶段	新任务购买	修正重复购买	直接重复购买
1. 提出需要	是	可能	否
2. 确定总体需要	是	可能	否
3. 确定产品规格	是	是	是
4. 寻找供应商	是	可能	否
5. 征求供应商建议	是	可能	否
6. 供应商选择	是	可能	否
7. 发出正式订单	是	可能	否
8. 绩效评价	是	是	是

从表 4-2 中可以看出，新任务购买最为复杂，需要经过所有 8 个阶段；直接重复购买最简单，只需经过 2 个阶段；而在修正重复购买或直接再采购的情况下，其中有些阶段可能被简化、浓缩或省略。例如，在直接重复购买的情况下，采购者可能会有一个或一批固定的供应商而很少会考虑其他供应商，而在实际购买情况中，也有可能发现这 8 个阶段以外的其他情况，这要求组织营销者对每一情况分别建立模型，而每一情况都包含一个具体的工作流程。这样的购买流程能为营销人员提供很多线索。

学习任务四　中间商购买决策

一、中间商市场概念

中间商市场又称转卖者市场，它是由以盈利为目的、购进商品后再转卖或出租给别人的所有组织和个人所组成的市场。其基本类型有批发商和零售商两种。批发商是指购买商品后转卖给其他商人、工业用户及其他机关团体的商业组织，零售商是指购进商品销售给最终消费者的商业组织。中间商处于生产者和消费者之间，专门媒介商品流通，供应商应当把中间商视为顾客的采购代理人而不是自己的销售代理人，帮助他们为顾客做好服务。

在地理分布上，中间商市场比生产者市场较为分散，但较消费者市场集中。同时，除少数产品由生产者直接卖给最终用户外，绝大多数商品部通过中间商卖给最终消费者。可见，中间商在商品流通中起着十分重要的作用。

二、中间商购买行为类型及购买过程参与者

（一）中间商购买行为类型

1. 选购新产品

选购新产品是指中间商第一次购买从未买过的某种产品。其购买过程复杂，与产业市场的产品新购类似。在这种购买情况下，中间商会通过对该产品的进价、售价、市场需求和市场风险等因素进行分析，决定是否购买。例如，领带推销员到某商场进行推销，商场采购人员经过长时间的认真分析产品、消费者的喜好等因素才最终做出购买决定。

2. 选择最佳供应商

选择最佳供应商：一是指企业选择货源充裕、价格优惠、提供服务与支持力度大的名牌产品的制造商为自己的供货者；二是指实力雄厚的中间商有自己的品牌，选择愿意为其定牌生产的供应商。现在国内外许多大型的中间商都有自己的品牌。当中间商拟用中间商品牌销售产品时，或由于自身条件限制不能经营所有供应商（而只能是其中一部分供应商）的产品时，就需要从众多的供应商中选择最优者。例如，春兰集团因为产品的质量保证、服务、激励机制等有力措施的实施，经销商得到很大实惠，深受欢迎。

3. 寻找更好的供货条件

有些中间商并不想更换供应商，但试图从原有供应商那里获得更为有利的供货条件，如加大折扣、增加服务、信贷优惠、促销支持，更及时的供货等。

4. 直接重购

直接重购是指中间商的采购部门按照过去的订货目录和交易条件继续向原有的供应商购买产品。中间商会对以往的供应商进行评估，选择感到满意的作为直接重购的供应商，在商品库存低于规定水平时就按照常规续购。

（二）中间商购买过程的参与者

1. 商品经理

商品经理是连锁超市公司总部的专职采购员，分别负责某类商品的采购工作，通过对商品的审查和甄别向公司采购委员会提出采购或拒购某种商品的建议。商品经理的偏好对决定新供应商的产品是否被购买起到直接的作用。

2. 采购委员会

采购委员会是由公司总部的部门正副经理和商品经理组成，负责审查商品经理提出的新产品采购建议，做出是否购买的决定。采购委员会每周召开一次审核会议，它对新产品购买决策起间接作用。

3. 分店经理

分店经理是连锁店下属的各零售店的负责人，决定分店实际购买产品，是掌握最终采

购权的人。他掌握分店近70%的产品采购权，是供应商推销员的主要公关对象。

三、中间商采购人员的类型和影响中间商购买的因素

中间商、采购人员的类型可以分为以下几种：

(1) 忠实购买者，这类购买者对某一供应者的信任度较高，一般不会改变进货渠道。忠实原因：①利益因素：对交易条件感到满意，利益得到满足。②情感因素：长期合作，感情深重。③个性因素：认识稳定，习惯与熟悉的供应商打交道，购买熟悉的产品。供应商相应对策：分析使采购者保持忠实的原因，采取有效措施使现有的忠实采购者保持忠实，将其他采购者转变为忠实采购者。

(2) 机会购买者（事先选择若干供应商，随机确定交易对象）。爱变换，不断尝试，对任一供应商都没有长期的合作关系和感情基础，也不认为其条件优于他人。供应商相应对策：保证产品质量的前提下提供理想的交易条件，同时增进交流，帮助解决业务和个人的有关困难，加强情感投资。这类购买者经常变更供应商，而不固定采购渠道。

(3) 最佳交易购买者。理智性强，不太受情感因素支配，关注焦点是交易所带来的实际利益。供应商相应对策：密切关注竞争者的动向和市场需求的变化，随时调整营销策略和交易条件，提供比竞争者更多的利益。这类购买者只选择在特定时期内能提供最佳交易条件的供应者。

(4) 创造性购买者。其特点：有思想，爱动脑，喜创新，常提出新的尝试性的交易办法，最大限度运用自己的权限，充分调和矛盾分歧，否则更换供应商。供应商相应对策：给予充分尊重，鼓励和配合好的想法，在不损害自己根本利益的前提下，尽可能地接受他们的意见和想法。这类购买者主动向卖主提出他所希望得到的产品、服务、价格，要求卖主以他们的条件达成交易。

(5) 广告购买者。这类购买者在每次交易中都要求供应者提供一定的广告津贴。特点：重视销售状况，希望给予广告支持，以扩大影响、刺激需求。供应商相应对策：在力所能及或合理的限度内，供应商可考虑给予满足。

(6) 投机购买者。这类购买者无休止地要求供应者做出价格方面的让步，他们只同提供最大价格折扣的供应者成交。自认为非常精明，要求对方做出特别让步，不放过蝇头小利，只选择价格最低或折扣最大的供应商。供应商相应对策：在谈判中要有耐心和忍让的态度，以大量的事实和数据说明已做出最大限度的让步，争取达成交易。

(7) 固执购买者。这类购买者只选择那些能提供质量最好，造型最美的产品供应者。影响中间商购买行为的因素主要有环境因素、组织因素、人事因素和个人因素，和影响生产者购买行为的因素基本一致。

学习任务五　政府采购

政府采购是组织购买者中比较特殊的一个市场，也是十分重要的一个市场，在西方已

有 200 年左右的历史。在许多国家里，政府组织是商品和服务的主要购买者。英国政府在 1782 年设立了文具公用局，专门负责政府部门所需办公用品的采购工作，并同时开始对政府采购的管理进行立法。美国在 1861 年颁布了《联邦政府采购法》，并建立了专门的机构和制度。目前，在世界各国政府采购的金额一般要占 GDP 的 10%以上。2011 年中国政府采购规模达 1. 13 万亿元人民币，占国家财政支出 11%；加上教育、卫生、保障性住房以及铁路、交通、能源等，则超过 5 万亿元，成为全球最大公共采购市场。这无疑是一个十分庞大的组织购买市场，必然会引起相关企业的特别关注。

一、政府采购的含义

关于政府采购的定义，有很多种，这里采用中国政府 2002 年 6 月份正式颁布的《中华人民共和国政府采购法》对政府采购的定义：政府采购是指各级国家机关、事业单位和团体组织，使用财政性资金采购依法制定的集中采购目录以内的或者采购标准以上的货物、工程和服务的行为。这一定义反映，政府采购的一些基本要素。

（一）政府采购的主体

政府采购的主体是政府，是各级国家机关、事业单位和团体组织。

（二）政府采购的范围

并不包括所有的商品和服务，而是有所限定的，那就是“依法制定的集中采购目录以内”的商品和服务，以及“采购标准以上”的商品和服务。这说明政府采购实际上是一种纳入法制管理范围的组织购买行为。通过必要的法定程序是政府采购的重要特点。

（三）政府采购的资金来源

政府采购的资金来源是财政性的资金即全民的公有财产。这就是为什么要对政府采购进行必要的法制管理的主要原因。这里所说的财政性资金，不仅包括预算内资金，也包括预算外资金。但并非所有财政性资金的使用都纳入政府采购的管理范畴，还应根据资金的使用方向，看其是否在政府采购的管理范围之内。

二、政府采购的特点

（一）公共性

政府采购是公共财政的重要内容和表现形式，属公共财政范畴，政府采购资金来源于公共财政预算资金或政府财政部门管理的资金即财政性资金，是公共财政支出领域的一场革命。政府采购服务的对象是政府及公共部门，其目的是通过采购公共产品、公共服务来确保政府的有效运转，满足社会公众的公共需要。因此，在这个意义上来说，政府采购就是公共采购。

（二）调节性

调节经济发展是政府采购一大功能。政府采购由于范围广、规模大，它在一定程度上能左右经济发展形势，直接影响经济活动效益，能够弥补市场对资源配置的不足，实现政府对经济总量和结构调整的要求，尤其是在调节经济结构和产业结构方面更能发挥出杠杆作用。当政府鼓励某产业发展时，政府通过扩大对这些产业产品或服务的采购量，扶持产业的发展，促进产业的兴盛；当政府限制某产业发展时，则可以收缩采购规模，抑制这一产业的发展，从而实现经济结构或产业结构的优化。

（三）节约性

节约既是政府采购的目的之一，也是政府采购的一大特点。相对于自行分散采购来说，政府采购由于采购规模大，能促使生产商或供应商的经营活动“规模递增，成本递减”，从而提供出同等质量但价格更为低廉的商品和服务，有效地节约财政资金，提高财政资金的使用效益。与此同时，由于政府采购实行规范运作，并要求以公开招标采购为主，能更有效地防止暗箱操作，抑制腐败行为的产生。

（四）集中性

政府采购实行集中采购和分散采购相结合，集中性是政府采购最为显著的特点，在一定意义上来说，政府采购就是集中采购。其一，实行国库集中支付改革，需要实行商品、服务和工程统一集中采购；其二，只有实行集中采购，才能实现采购规模效益；其三，实行集中采购，有利于采购监督；其四，政府对经济的宏观调控，需要有集中采购手段的支持。

（五）公开性

公开是政府采购的生命。人们之所以将政府采购称为“阳光采购”，就是说政府采购的各个环节、各套程序都应该是透明的，没有公开，就没有公平，更不可能会有公正。分散采购存在分散腐败的问题，集中采购也很可能出现集中腐败的弊端。因此，相关部门已将采购信息的公开当作一项基础性工作来抓，已建立了政府采购信息公告制度，要求将招标、中招、采购目录等信息在指定的媒体予以发布，接受纪检、监察、审计、新闻媒体及社会公众的各种形式的监督活动。

（六）竞争性

政府采购没有既定的供应商，供应商的地位都是平等的，供应商也不可能垄断政府采购。竞争是市场经济最为显著的特点，也是政府采购的内在要求。其一，只有竞争才能实现政府采购效益最大化的要求，“货比三家”才能优中比优，廉中比廉，使采购单位获得价廉物美的商品或服务，从而提高财政资金使用的效益。其二，有竞争才能有效地预防腐败，政府采购多一个供应商就多一分竞争，也就多一双监督的眼睛。其三，引进竞争才能刺激产品质量和服务水平的提高，从而提高政府采购水准，实现政府采购的良性循环。

（七）强制性

政府采购是一种政府行为，同时有法律作保障，因此，政府采购具有强制性的特点。这种强制性，可以这样理解：其一，政府采购讲求有法可依，依据就是《中华人民共和国政府采购法》，利用财政性资金采购商品、服务和工程必须依法实行政府采购。其二，政府可以通过对采购资金的控制，并辅之以其他经济手段、监督手段乃至行政手段，促使政府机关及公共部门参加政府采购，由政府采购部门统一集中采购所需要的商品、服务和

工程。

三、政府采购的方式

《中华人民共和国政府采购法》第二十六条：政府采购采用以下方式：公开招标、邀请招标、竞争性谈判、单一来源采购、询价、国务院政府采购监督管理部门认定的其他采购方式。公开招标应当作为政府采购的主要采购方式。

（一）公开招标

公开招标采购就是不限定投标企业，按照一般的招标程序所进行的采购方式。由招标人在报刊、电子网络或其他媒体上刊登招标公告，吸引众多供应商参加招标竞争，招标人从中择优选择中标单位。这种采购方式对所有的投标者是一视同仁的，主要看其是否能更加符合招标项目的规定要求。但由于整个招标、评标过程会耗费大量的费用，所以公开招标一般要求采购项目的价值比较大。公开招标应作为政府采购的主要方式。使用财政性资金的政府采购工程，应纳入政府采购管理，适用《中华人民共和国招标投标法》和各省有关建设工程招标投标管理规定。政府采购公开招标活动应当遵循公开透明原则、公开竞争原则、公正原则和诚实信用原则。

采购人或采购代理机构应在招标文件确定的时间和地点组织开标。一般遵循以下程序：

（1）开标会有采购人或代理机构主持。

（2）在招标文件规定的投标截止时间到点时，主持人应当宣布投标截止时间已到，以后递交的文件一律不予接受。

（3）主持人宣读开标大会会场纪律。

（4）开标时，应实行现场监督。现场监督人员应当是采购人、采购代理机构的监察人员或政府采购监督管理部门、监察机构、公证机关的派出人员。评标委员会专家成员不参加开标大会。

（5）投标文件的密封情况应由监督人员确认并当众拆封，并按招标文件规定的内容当中唱标。

（6）开标会记录人应在开标记录表上记录唱标内容，并当众公示。如开标记录表上内容与投标文件不一致时，投标人代表须当场提出。开标记录表由记录人、唱标人、投标人代表和有关人员签字确认。

（二）邀请招标

邀请招标采购是指将投标企业限定在一定的范围内（一般必须 3 家以上），主动邀请他们进行投标。采购单位不发布采购信息，根据招标内容确定一批供应商，作为邀请投标对象，并将招标公告直接送往这批供应商，其他供应商无从知道招标信息。邀请招标的原因一方面是由于所采购货物、工程或报务具有一定的特殊性，只能向有限范围内的供应商进行采购；另一方面是由于进行公开招标所需要费用占采购项目总价值的比例过大，即招标成本过高。

所以对于采购规模较小的政府采购项目一般会采用邀请招标的方式；符合下列情形之一的货物或服务，可采用邀请招标方式采购：

（1）具有特殊性，只能从有限范围的供应商处采购；

（2）采用公开招标方式的费用占政府采购项目总价值的比例过大。

（三）竞争性谈判

竞争性谈判是指采购单位采用同多家供应商同时进行谈判，并从中确定最优供应商的采购方式。一般适用于在需求紧急情况之下，不可能有充裕的时间进行常规性的招标采购；或招标后没有合适的投标者；以及项目技术复杂、性质特殊无法明确招标规格等情况下，就可不采用招标方式而采用竞争性谈判的采购方式。

符合下列情形之一的货物或服务，可采用竞争性谈判方式采购：

（1）招标后没有供应商投标或没有合格标的或重新招标未能成立；

（2）技术复杂或性质特殊，不能确定详细规格或具体要求；

（3）采用招标所需时间不能满足用户紧急需要；

（4）不能事先计算出价格总额。

（四）单一来源采购

单一来源采购即定向采购，虽然所采购的项目金额已达到必须进行政府采购的标准，但由于供应来源因资源专利、合同追加或后续维修扩充等原因只能是唯一的，就适用于采取单一来源的采购方式。

符合下列情形之一的货物或服务，可以采用单一来源方式采购：

（1）只能从唯一供应商处采购；

（2）发生了不可预见的紧急情况，不能从其他供应商处采购；

（3）必须保证原有采购项目一致性或服务配套的要求，需要继续从原供应商处添购，且添购资金总额不超过原合同采购金额的 10%。

（五）询价采购

询价采购主要是指采购单位向国内外的供应商（通常不少于 3 家）发出询价单，让其报价，然后进行比较选择，确定供应商的采购方式。采购实体或采购机构向供应商发出询价单，要求供应商报价并对其报价进行比较确定中标供应商。询价采购一般适应于货物规格标准统一，现货货源充足且价格变化幅度较小的政府采购项目。对于某些急需采购项目，或招标谈判成本过高的项目也可采用询价采购的方式。采购的货物规格、标准统一、现货货源充足且价格变化幅度小的政府采购项目，可以采用询价方式采购。

以上采购方式主要是指列入政府采购管理范围之内的采购项目的采购。所谓列入管理范围主要是指两方面。一是属于法定的“集中采购目录”之内的采购项目，二是达到所规定的采购金额标准以上的采购项目。规定的采购金额标准，（通常也称作“门槛价”）是由政府有关部门（一般必须由财政部门参与）根据实际情况所规定的。在采购金额标准以下的采购项目，一般不受政府采购有关程序的约束，但也要求采用比价择优的方式。

四、公开招标的程序

（一）确定采购方式

采购单位根据本年的集中采购目录及限额标准，确定采购方式。

（二）委托代理机构

采购单位在上一步确定采购方式的基础上，委托代理机构进行招标，双方签订委托合同。采购单位提供与项目相关的文件及批文，招标公司应充分了解项目情况以及业主要求。

（三）制定招标文件

采购单位提供准确的技术参数和商务条款后，招标公司在最短的时间内完成招标文件的编制。招标文件完成后需业主审核签字确认。

（四）在财政部门指定媒体公告信息

在财政部指定的媒体，如四川省政府采购信息网（http：//www. sczfcg. com）上公告采购信息。

（五）发售招标文件

招标公司发售经审批过的招标文件。自招标文件发出之日起至开标日止不得少于20日。请各采购单位根据采购需要合理安排采购申请的时间。

（六）投标响应

招标项目投标人不足3家的，招标公司将依法宣布废标，并由财政部门视情况批准重新组织招标或采取其他采购方式；竞争性谈判、询价采购项目，原则上响应采购的供应商也不得少于3家。

（七）组建评标委员会

评标委员会成员由采购人代表和有关技术、经济等专家组成，成员人数应为5人以上单数。评标专家由招标公司会同采购单位代表及监督人员共同在财政部门的专家库中抽取。

（八）开标、评标

至开标截止时间，招标公司将会同有关人员以及监督、公证人员在开标室进行开标。评标委员会对商务，技术和价格等招标文件要求的参数逐一进行评审，综合以上因素提出书面评标意见和授标建议，并请各评标委员会专家成员签字。

（九）确定中标供应商

评标结束后，招标公司编写评标报告，经业主同意后报主管部门审核。采购人应在收到评标报告5个工作日内，确定中标供应商。

（十）发出中标通知书（或成交通知书）

确定中标供应商后，招标公司在财政部门指定的媒体公布结果，并发出中标通知书

（或成交通知书）。采购人应在中标通知书发出之日起 30 日内与中标供应商签订合同。

（十一）申请备案

招标公司在自合同签订之日起 7 个工作日内，向业主送交招标资料，同时将合同副本报同级财政部门备案。公开招标流程如图 4-5 所示。

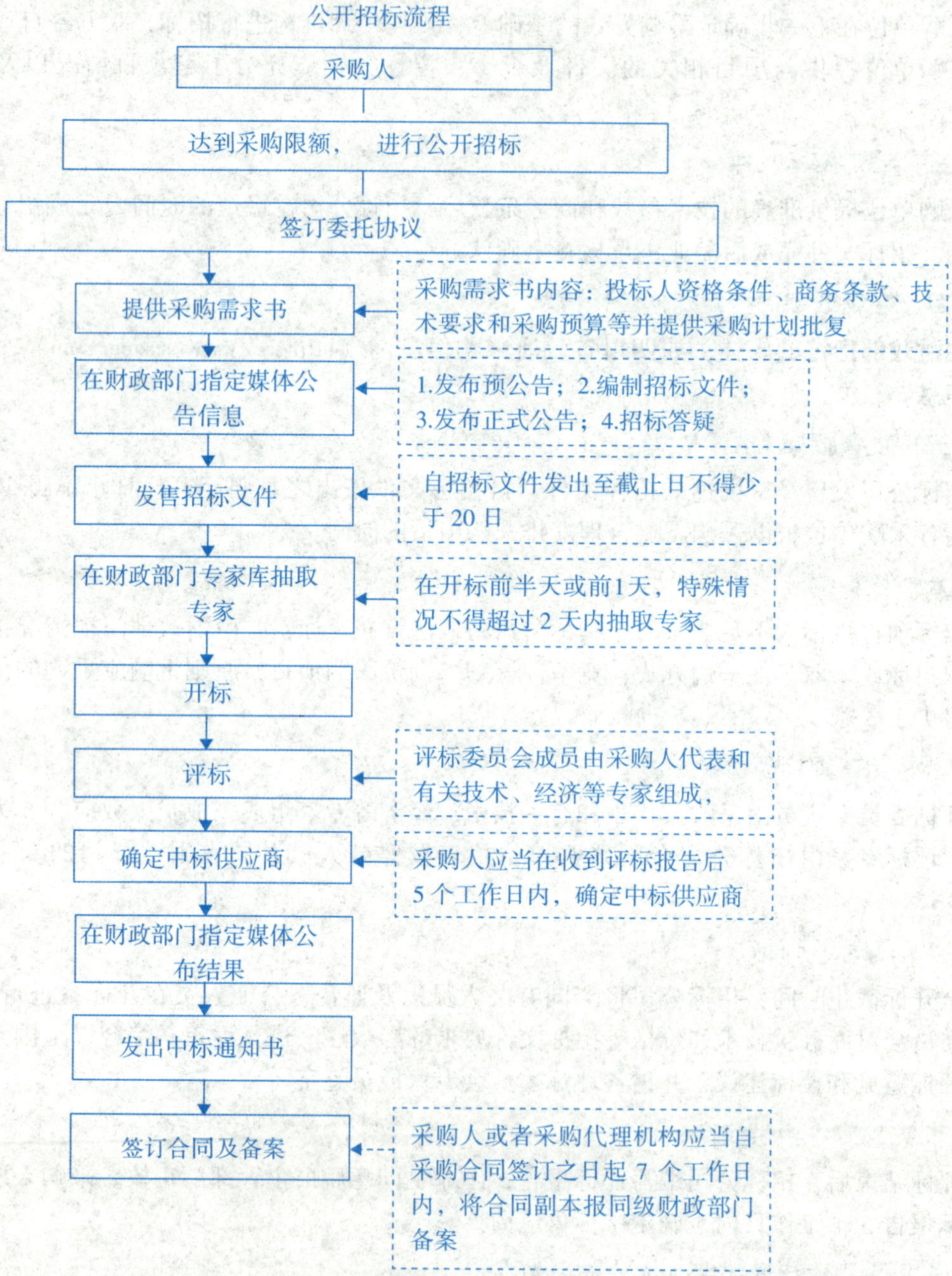

公开招标流程

采购人
↓
达到采购限额， 进行公开招标
↓
签订委托协议
↓
提供采购需求书 ← 采购需求书内容：投标人资格条件、商务条款、技术要求和采购预算等并提供采购计划批复
↓
在财政部门指定媒体公告信息 ← 1.发布预公告；2.编制招标文件；3.发布正式公告；4.招标答疑
↓
发售招标文件 ← 自招标文件发出至截止日不得少于 20 日
↓
在财政部门专家库抽取专家 ← 在开标前半天或前1天，特殊情况不得超过 2 天内抽取专家
↓
开标
↓
评标 ← 评标委员会成员由采购人代表和有关技术、经济等专家组成，
↓
确定中标供应商 ← 采购人应当在收到评标报告后 5 个工作日内，确定中标供应商
↓
在财政部门指定媒体公布结果
↓
发出中标通知书
↓
签订合同及备案 ← 采购人或者采购代理机构应当自采购合同签订之日起 7 个工作日内，将合同副本报同级财政部门备案

图 4-5 公开招标流程

小 结

(1) 消费者购买决策过程为：确认需要、收集信息、评价方案、购买决策与购后行为。

(2) 消费者市场又称最终消费者市场、消费品市场或生活资料市场，是指个人或家庭为满足生活需求而购买或租用商品的市场，它是市场体系的基础，是起决定作用的市场。消费者行为是指消费者为获取、使用、处置消费物品或服务所采取的各种行动，包括先于且决定这些行动的决策过程。消费者行为是与产品或服务的交换密切联系在一起的。主要有文化、社会、个人和心理因素。

(3) 组织市场是指购买商品和服务以用于生产性消费，以及转卖、出租，或用于其他非生活性消费的企业或社会团体。组织市场一般由生产企业、中间商、非营利性组织及政府部门等所构成。西方营销学家把影响生产者购买行为因素划分为四大类：环境因素、组织因素、人际因素和个人因素。

组织市场的购买决策一般经过8个阶段，它们分别是：提出需要、确定总体需要、确定产品规格、寻找供应商、征求供应商建议、供应商选择、发出正式订单、绩效评价。然而除了新购行为必须经过这全过程之外，直接再采购和修正再采购一般无须经过全部8个阶段。组织市场的营销人员应当准确把握时机，针对不同的对象，积极开展有效的营销活动。

(4) 政府采购是一种特殊的组织采购行为，其必须按照法定的范围和程序进行。有行政性、社会性、法制性、广泛性的特点。

同步测试

一、思考题

1. 影响消费者购买行为的因素有哪些？
2. 消费者购买决策一般要经过哪几个阶段？
3. 消费者市场的特点是什么？
4. 生产者市场的购买决策一般会经过哪几个主要阶段？
5. 什么是政府采购？有哪些主要特点？会有哪些角色参与？

二、案例分析题

金华公司的“不二价”

在我国台湾，制鞋业较发达，因而竞争也激烈。台北市的金华皮鞋公司在经营上出别人不敢轻易尝试的新招，并常取得意想不到的成绩。一天，地处延平北路的金华皮鞋公司门口，挂出了“不二价”的特大招牌。所谓“不二价”即不还价。这在当时的延平北路可谓风险冒得太大。因为人们到延平北路买东西，即使打心眼里喜欢某物，也还要还点价，否则就觉得吃了亏。人们已形成概念：买东西照标价付钱是最傻不过的。久而久之，厂商们索性把售价提高2倍左右，以便还价时折扣也好让买卖双方满意。金华公司实施“不二价”不久，很多顾客对某双皮鞋非常中意，可就是由于根深蒂固的“怕吃亏”心理，总觉得照标价付钱亏了，使许多眼见成交的生意吹了。金华遇到了历史上最冷清的时期。许多职工抱怨：“创什么新，干脆恢复原先的做法，制定虚泛价格，来满足顾客捡便宜的心理。”公司老板叫杨金彬，主意是他出的。听到职工们的抱怨，杨考虑：“以自己多年经营皮鞋的经验来看，此次打出‘不二价’新招，是有点令人发寒；但从价格上看，本公司售价是依据皮鞋质料、做工、市场状况而确定的，且比别人的标价低1倍，自己没有亏待顾客。”经再三权衡，他认为“顾客会货比数家，再来金华的。”便决定挺一阵子。果然不出杨老板所料，时隔不久，金华公司门庭若市，许多顾客到可以讨价的商店购买，打折后，皮鞋价格往往仍比“金华”为高。因此，顾客们纷纷回头光顾金华。“不二价”的真正用意，总算被顾客了解并接受了。职员们愁眉锁眼的脸上也露出笑颜。许多厂商看到“金华”的成功，纷纷效法，渐渐地搞起了“不二价”和“公开标价”。现在到延平北路，再也不见以往那种漫天要价和顾客大杀价的现象了。

（案例来源：百度文库）

思考题

1. 本案例中所描述的消费者市场最突出的特征是什么？
2. 除了习惯因素外，本案例中影响消费者购买行为的因素还有哪些？
3. “不二价”主要抓住了顾客的什么心理？

项目五　市场细分和目标市场策略

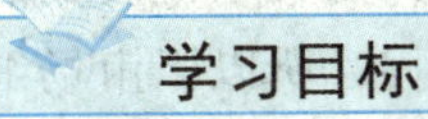

学习目标

通过学习，明确市场细分的概念；

掌握市场细分的标准及目标市场选择的影响因素；

明确目标市场选择策略，掌握市场定位的方法及战略；

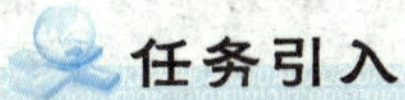

任务引入

农夫山泉婴儿水 成新生儿父母热宠

随着二胎政策的放开，70后、80后生育第2个宝宝的需求呈现出明显上升趋势。伴随着二胎宝宝的孕育降生，我国将迎接新一轮的宝宝安全护理热潮。如何帮助婴儿度过最脆弱的时期，助力其健康成长，成为诸多家长所思虑的课题。比如，对于新生儿父母来说相当现实的一个问题就是——用什么样的水喂养宝宝更安全？如何避免因水质问题导致的婴幼儿健康问题？面对市场的急迫需求，农夫山泉婴儿水应运而生，成功解决了众多家长的困扰。

相较于成人，婴幼儿的肾脏更为娇嫩，其对于钠元素的代谢能力明显不足。一旦水中所含钠元素超标，就会对婴幼儿的肾脏造成较大的负担。

农夫山泉婴儿水取水自长白山莫涯泉。长白山莫涯泉之所以被选定为农夫山泉婴儿水水源，根本原因在于它是一个罕见的低钠淡矿泉，其钠含量小于20mg/L，TDS含量小于100mg/L，其他矿物元素含量适中，完全符合婴幼儿身体健康成长之所需。可以保证宝宝摄入充足水分的同时不加重肾脏负担。

农夫山泉婴儿水作为一种全新的产品，与品牌“做大自然的搬运工”理念一脉相承。长白山的低钠淡矿泉，经过商业杀菌之后奉送给诸位希冀宝宝健康成长的父母，解决了父母对宝宝成长过程中对饮用水的担忧。

（案例来源：《才智》2015年31期　张映辉）

思考题

1. 农夫山泉是如何对矿泉水市场进行细分的？
2. 农夫山泉推出婴儿水的原因和市场基础是什么？

学习任务一　市场细分

一、市场细分的概念

市场细分是现代营销学中的一个重要概念。市场细分就是对消费群进行分类的过程。具体来说，市场细分就是企业在调查研究的基础上，根据消费者在需求、购买动机及其购买行为方面的差异，把市场划分为若干具有某种相似特征的消费群的过程，所以，市场细分又称“市场区隔”“市场分片”“市场分割”等。人们一般又把市场细分以后的每一类消费群称为“市场”或“细分市场”。

市场细分（market segmentation）是美国市场营销学家温德尔·斯密斯（Wendell Smith）在20世纪50年代中期提出来的，这是他在总结了企业营销活动实践经验的基础上提出来的新概念。这个概念提出来后，受到工商企业家和理论界的重视，已成为市场营销理论的重要组成部分。

将整体市场划分成若干个细分市场，首先，是由于消费者需求的差异性所决定的。在市场上，每个消费者由于各自条件不同及客观环境的差异，他们在购买商品时，在动机、欲望和需求上存在着一定的差异。这种差异性的存在，使得企业只能把需求大体相似的消费者划归同一群体，从而以相应的商品和服务去满足该群体消费者的需求。

其次，市场细分，还是由于消费者需求的相似性所决定的。每一个细分市场，之所以成为相对独立，且又比较稳定的市场，这是因为在该群体的消费者中，有着相似的购买行为和购买习惯。这种相似性又使不同消费者需求再次聚集，形成相类似的消费群体，从而构成了具有一定个性特征的细分市场。

再次，市场细分，还由于各企业的营销能力的限制。任何企业，其经营范围、经营能力总有一定限度，它不可能为市场提供所有消费者需要的全部商品，而只能使自己的营销活动限定在力所能及的范围内，只能去生产和经营某一方面或几方面的商品，去满足某一部分消费者的一个或几个方面的需要，这就要求企业将复杂、多变的整体市场进行细分，同中求异、异中求同，发挥自身的优势，更好地满足消费者的需要。

由此可见，市场需求的差异性和相似性，企业经营能力的局限性，是市场细分的客观基础。正是因为有了市场需求的差异性和企业营销能力的局限性这一矛盾，同时，又存在整体市场需求的差异性和细分市场的相似性，才使企业进行市场细分有了必要性和可能性。

应当指出，市场细分不同于市场分类。一般市场分类是以企业为中心，从区别市场特征出发，进而划分出不同的市场。例如，按商品的用途不同，可将市场划分为消费品市场、生产资料市场和服务市场等。而市场细分则是立足于消费者，以消费者的需求差异为中心，其目的是为了更好地满足消费者对商品和服务的需要。

所以，市场细分，不是对商品进行细分，而是对不同需求的消费者进行细分。

二、市场细分的作用

在一般情况下，一个企业不可能满足所有消费者的需求，尤其是在激烈的市场竞争中，企业更应集中力量，有效地选择市场，取得竞争优势。市场细分化对于企业来讲，有以下作用：

（一）有助于企业深刻地认识市场和寻找市场机会

如何认识市场？如果不对市场进行细分化研究，市场始终是一个“混沌的总体”，因为任何消费者都是集多种特征于一身的，而整个市场是所有消费者的总和，呈现高度复杂性。市场细分可以把市场丰富的内部结构一层层地抽象出来，发现其中的规律，使企业可以深入、全面地把握各类市场需求的特征。

另外，市场需求是已经出现在市场但尚未得到满足的购买力，在这些需求中有相当一部分是潜在需求，一般不易发现。企业运用市场细分的手段往往可以了解消费者存在的需求和满足程度，从而寻找、发现市场机会。同时，企业通过分析和比较不同细分市场中竞争者的营销策略，选择那些需求尚未满足或满足程度不够，而竞争对手无力占领或不屑占领的细分市场作为自己的目标市场，结合自身条件制定出最佳的市场营销策略。

（二）有利于企业确定经营方向，有针对性地开展营销活动

市场营销策略组合是由产品策略、价格策略、促销策略、分销策略、权力营销策略、公共关系策略所组成的。当企业通过市场细分确定自己所要满足的目标市场，找到了自己资源条件和客观需求的最佳结合点，这有利于企业集中人力、物力、财力，有针对性地采取不同的营销策略，取得投入少、产出多的良好经济效益

（三）有利于研究潜在需要，开发新产品

一旦确定了自己的细分市场后，企业能很好地把握目标市场需求营销组合的针对性原则的变化状况，分析潜在需求，发展新产品及开拓新市场。

（四）社会效益好

市场细分不仅给企业带来良好的经济效益，而且也创造了良好的社会效益。因为，一方面细分化可以使不同消费者的不同需求得到满足，提高了生活水平，另一方面有利于同类企业合理化分工，在行业内形成较为合理的专业化分工体系。

三、消费者市场细分的标准

消费品市场的细分标准，因企业不同而各具特色，但是有一些标准是共同的，即地理环境、人口状态、消费心理及行为因素等 4 个方面，4 个方面又包括一系列的细分因素。

（一）地理环境

以地理环境为标准细分市场就是按消费者所在的不同地理位置将市场加以划分，是大多数企业采取的主要标准之一，这是因为这一因素相对其他因素表现得较为稳定，也较容易分析。地理环境主要包括区域、地形、气候、城镇大小、交通条件等。由于不同地理环

境、气候条件、社会风俗等因素影响，同一地区内的消费者需求具有一定的相似性，不同地区的消费需求则具有明显的差异。

按照国家、地区、南方北方、城市农村、沿海内地、热带寒带等标准来细分市场是必需的，但是，地理环境是一种静态因素，处在同一地理位置的消费者仍然会存在很大的差异。因此，企业还必须采取其他因素进一步细分市场。

（二）人口因素

这是市场细分惯用的和最主要的标准，它与消费需求及许多产品的销售有着密切联系，而且这些因素又往往容易被辨认和衡量。人口状态包括的内容见表 5-1。

表 5-1　按人口因素标准细分市场

主要变量		营销要点
性别	男女构成	了解男女构成及消费需求特点
年龄	婴儿、儿童、少年、青年、成年、老年	掌握年龄结构、比重及各档次年龄的消费特征
收入	白领和蓝领；高收入、中高收入和低收入者	掌握不同收入层次的消费特征和购买行为
家庭生命周期	单身阶段、备婚阶段、新婚阶段、育儿阶段、空巢阶段、寡鳏阶段	研究各家庭处在哪一阶段、不同阶段消费需求的数量和结构
职业	工人、农民、军人、学生、干部、教育工作者、文艺工作者	了解不同职业的消费差异
文化程度	文盲、小学、中学、大学等	了解不同文化层次人群购买种类、行为、习惯及结构
民族	汉族、满族、回族、蒙古族等	了解不同民族的文化、宗教、风俗及不同的消费习惯

（三）消费心理

在地理环境和人口状态相同的条件下，消费者之间存在着截然不同的消费习惯和特点，这往往是消费者的不同消费心理的差异所导致的。尤其是在比较富裕的社会中，顾客购物已不限于满足基本生活需要，因而消费心理对市场需求的影响更大。所以，消费心理也就成为市场细分的又一重要标准。

（1）生活方式。生活方式是人们对消费、工作和娱乐的特定习惯。

由于人们生活方式不同，消费倾向及需求的商品也不一样。如美国一服装公司把妇女分为“朴素型”（喜欢大方、清淡、素雅的服装）；“时髦型”（追求时尚、新潮、前卫）；“有男子气质型”3 种类型，分别为她们设计制造出不同式样和颜色的服装。

（2）性格。不同性格购买者在消费需求上有不同特点，如表 5-2 所示。

表 5-2　不同性格消费者类型

性　格	消费需求特点
习惯型	偏爱、信任某些熟悉的品牌，购买时注意力集中，定向性强，反复购买
理智型	不易受广告等外来因素影响，购物时头脑冷静，注重对商品的了解和比较
冲动型	容易受商品外形、包装或促销的刺激而购买，对商品评价以直观为主，购买前并没有明确目标
想象型	感情丰富，善于联想，重视商品造型、包装及命名，以自己丰富想象去联想产品的意义
时髦型	易受相关群体、流行时尚的影响，以标新立异、赶时髦为荣，购物注重引人注意，或显示身份和个性
节俭型	对商品价格敏感，力求以较少的钱买较多的商品，购物时精打细算、讨价还价

不少企业常常使用性格变量来细分市场，他们给自己的产品赋予品牌个性，以适合相应消费者个性。

(3) 品牌忠诚程度。消费者对企业和产品品牌的忠诚程度，也可以作为细分市场的依据，企业借这一细分可采取不同的营销对策（见表 5-3）。

表 5-3　顾客忠诚程度细分

忠诚程度类型	购买特征	销售对策
专一品牌忠诚者	始终购买同一品牌	用俱乐部制等办法保持老顾客
几种品牌忠诚者	同时喜欢几种品牌，交替购买	分析竞争者的分布，竞争者的营销策略
转移忠诚者	不固定忠于某一品牌，一段时间忠于 A，一段时间忠于 B	了解营销工作的弱点
犹豫不定者	从来不忠于任何品牌	使用有力的促销手段吸引 他们

(四) 行为因素

行为因素是细分市场的重要标准，特别是在商品经济发达阶段和广大消费者的收入水平提高的条件下，这一细分标准越来越显示其重要地位。不过，这一标准比其他标准要复杂得多，而且也难掌握。

(1) 购买习惯。即使在地理环境、人口状态等条件相同的情况下，由于购买习惯不同，仍可以细分出不同的消费群体。如购买时间习惯标准，就是根据消费者产生需要购买或使用产品的时间来细分市场的。

新学期开学前学习用品热销，春节前副食品销售达到高峰，重阳节前各类保健食品吃紧。又如购买地点习惯，一般日用品人们愿意去超市、便利店购买，高档商品则去大店名店挑选，这就为各类零售企业市场定位提供了依据。

(2) 寻找利益。消费者购买商品所要寻找的利益往往是各有侧重的，据此可以对同一市场进行细分。一般地说，运用利益细分法，首先必须了解消费者购买某种产品所寻找的主要利益是什么；其次要了解寻求某种利益的消费者是哪些人；再者要调查市场上的竞争品牌各适合哪些利益，以及哪些利益还没有得到满足。通过上述分析，企业能更明确市场竞争格局，挖掘新的市场机会。

四、细分市场的原则

（一）可衡量性

可衡量性是指用以细分市场的变数是可以衡量的，或者说为了将购买者归门别类，划分不同的群体，公司必须能对购买者的特点和需求予以衡量。

（二）足量性

足量性是指细分市场的大小和利润值得单独营销的程度，即划分出来的细分市场必须是值得采取单独营销方案的最小单位。

（三）可接近性

可接近性是指企业对细分出来的市场能进行有效促销和分销的程度，或获得该细分市场有关资料的难易程度。

（四）独特性

独特性是指细分出来的市场必须对市场营销计划有独特的反应，即用某种特定方法细分出来的各个细分市场，其成员对市场营销计划的反应必须是不同的。

【案例 5-1】

屈臣氏的目标市场选择

屈臣氏在调研中发现，亚洲女性会用更多的时间进行逛街购物，她们愿意投入大量时间去寻找更便宜或是更好的产品。这与西方国家的消费习惯明显不同。中国大陆的女性平均在每个店里逗留的时间是 20 分钟，而在欧洲只有 5 分钟左右。这种差异，让屈臣氏最终将中国大陆的主要目标市场锁定在 18~40 岁的女性，特别是 18~35 岁、月收入在 2500 以上的时尚女性。屈臣氏认为这个年龄段的女性消费者是最富有挑战精神的。她们喜欢用最好的产品，寻求新奇体验，追求时尚，愿意在朋友面前展示自我。她们更愿意用金钱为自己带来大的变革，愿意进行各种新的尝试。而之所以更关注 40 岁以下的消费者，是因为年龄更长一些的女性大多早已经有了自己固定的品牌和生活方式了。

屈臣氏中国区个人护理商店常务董事艾华顿曾说："随着中国经济的增长，人们的收入会大大增加，而在这一阶段的女性是收入增长最快的一个群体。当然，这个年龄段的女性还分很多类别，而我们瞄准的目标群体是月收入在 2500 元人民币以上的女性。"屈臣氏集团董事兼中国区总经理谭丽娴也强调说："我们的目标客户群是 18~35 岁的女性。"谭认为，这类目标比较注重个性，有较强的消费能力，但时间紧张，不太喜欢去大卖场或大超市购物，追求的是舒适的购物环境。"这与我们屈臣氏的定位非常吻合。"

（案例来源：《中国经贸》2012 年 06 期　周立逸）

学习任务二　目标市场的选择

一、目标市场的概念

所谓目标市场是指通过市场细分，被企业所选定的，准备以相应的产品和服务去满足其现实的或潜在的消费需求的那一个或几个细分市场。

可见，市场细分与目标市场的选择有着密切的关系，它们既有联系，又有区别。市场细分是按不同的消费需求划分消费者群的过程，而目标市场则是企业选择一个或几个作为自己营销对象的细分市场。因此，市场细分是选择目标市场的前提，选择目标市场则是市场细分的目的。

目标市场与市场定位也存在着密切关系。目标市场指的是作为企业今后营销对象的那一个或几个细分市场；而产品市场定位，是指企业在目标市场上为自己的产品创造一定的特色，树立良好的市场形象，以满足目标市场消费者需要的活动。

二、评价细分市场

评价细分市场，是选择目标市场的前提。企业选择目标市场，必须首先对要选择的细分市场进行经营价值的评价，分析研究其市场潜力和经营价值。评价内容包括两个方面：一是分析细分市场的有效性；二是匡算细分市场的预期利润。

（一）有效的细分市场应具备的特征

（1）可测量性。企业对细分市场的购买力和规模等因素必须能够测定。这样，企业才能决定相应的生产规模，进行合理定价，决定渠道类型和促销方式。

（2）可进入性。就是指企业根据拥有的资源，通过市场营销组合能够有效地进入细分市场，并能较好地满足细分市场的需要。

（3）实效性。即要求细分市场有一定的规模和发展潜力。因为对每个细分市场需要运用不同的营销组合策略，即要求为每个细分市场制订不同的价格，开辟相应的流通渠道和开展不同的促销活动，需要花费一定的费用。如果细分市场范围太小，入不敷出，那么，这个细分市场是无效的。同时，细分市场必须要有一定的发展潜力，否则，进入细分市场时的投资就得不到补偿。

企业在评价某一细分市场时，必须认真估算其需求容量与市场潜力。市场需求容量是指某一商品在某一段时间内，某一目标市场上的需求总量。市场潜力是在各企业采取各种营销策略措施后可能增加的潜在需求量。

【案例 5-2】

一家航空公司对从未乘过飞机的人很感兴趣。而从未乘过飞机的人也可以细分为害怕乘飞机的人，对乘飞机无所谓的人及对乘飞机持肯定态度的人。在持肯定态度的人中，又包括高收入有能力乘飞机的人。于是这家航空公司就把力量集中在开拓那些对乘飞机持肯定态度，只是还没有乘过飞机的高收入群体。通过这一系列过程这家航空公司找出了自己的客户群。

（案例来源：市场营销学教学案例 百度文档）

三、三种目标市场营销策略

企业在选择目标市场时，根据企业实际情况，通常有三种策略可供选择。

（二）无差异性目标市场营销策略

所谓无差异性目标市场营销策略，是指将整体市场作为企业的目标市场，推出一种商品，实施一种营销组合，以满足整体市场的某种共同需要，如图 5-1 所示。

图 5-1 无差异性策略

在无差异性目标市场营销策略下，企业把市场作为一个整体，认为所有消费者对某种商品有共同的需求，因而不考虑他们实际存在的需求差异，依靠大众化的分销渠道和相同主题的广告，以求在消费者心目中建立起良好的印象。例如，美国的可口可乐公司在相当长的时间里，由于拥有世界性的专利，仅生产一种口味，一种大小和形状的瓶装可口可乐，连广告字句都一样。

这种策略的优点是成本较低。因为生产品种单一，批量大，销售面广，挑选性不强，广告投入少，生产成本和营销成本都比较低。一般说来，在卖方市场条件下商品供不应求，竞争不激烈，消费者没有特殊要求的情况下，采取这种策略能取得较好的效果。但在买方市场条件下，竞争激烈，这种策略对多数企业都是不适当的。所以，这种策略只适用于少数大家都有共同需要、差异性不大的商品。

（三）差异性目标市场营销策略

所谓差异性营销策略，是指企业根据各个细分市场中消费需求的差异性，设计生产出目标顾客需要的多种产品，并制定相应的营销策略，去满足不同顾客的需要，如图 5-2 所示。

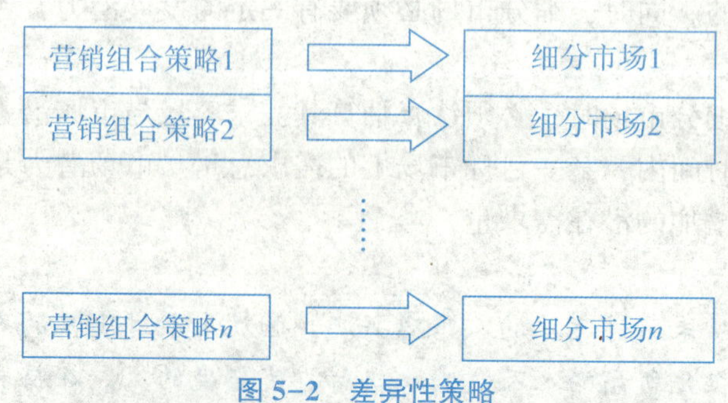

图 5-2 差异性策略

这种战略的优点是：①体现了以消费者为中心的经营思想，能满足不同消费者的需要，有利于扩大销售额；②企业同时在几个细分市场上占优势，有利于提高企业声誉，树立良好的企业形象，增进消费者对企业和商品的信任感，提高市场占有率。其缺点是：第一，企业资源分散于各细分市场，容易失去竞争优势；第二，商品生产成本和营销成本较高，因采取多种营销组合措施，促销费用较多。

（四）集中性目标市场营销策略

所谓集中性市场营销策略（也称密集性市场营销策略），它与前两种策略不同之处，就是不把整个市场作为自己的服务对象，而只是以一个或少数几个细分市场或一个细分市场中的一部分作为目标市场，集中企业营销力量，为该市场开发一种理想的产品，实行专门化生产和销售，如图 5-3 所示。

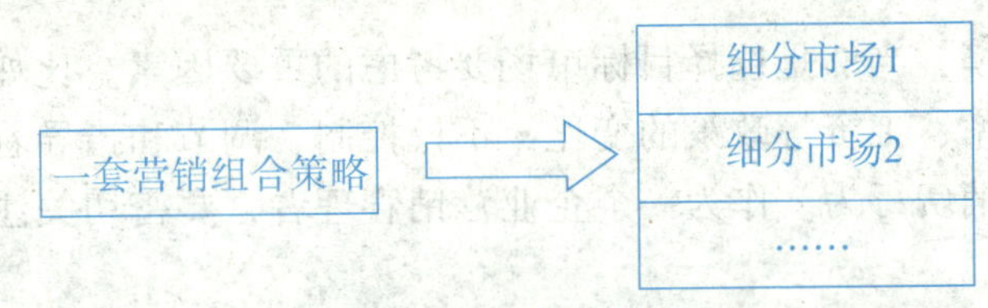

图 5-3　集中性策略

采取这种目标市场策略的企业，追求的不是在较大市场上占较少的份额，而是在较小的市场上占有较大份额。企业面对若干细分市场，并不希望尽量占有市场的大部分以至全部，宁可集中全力于争取一个或极少数几个细分市场，而不是将有限的人力、物力、财力分散用在广大的市场上。

三、选择目标市场策略时应考虑的因素

（一）企业实力

企业实力是指企业满足市场需求的能力，主要包括财力、生产能力、技术开发能力，以及营销管理能力。如果企业实力强，就可以采取差异性营销策略。如果企业实力较弱，宜采取集中性市场营销策略。

（二）产品特点

产品性质相似，消费者使用时挑选性不大，使用面较广的产品如粳米、火柴、肥皂、钢材等，可采用无差异性市场营销策略。对性质相差较大、挑选性较强的产品，如服装、家用电器、儿童玩具等，宜采用差异性营销策略或集中性营销策略。

产品在市场上的生命周期不同，采用的营销策略也不一样。一般说来，企业的新产品在投入期或成长期时，宜采取无差异性市场营销策略，以探测市场需求和潜在顾客情况，也有利于节约市场开发费用；当产品进入成熟期时，宜采取差异性市场营销策略，以开拓新的市场；当产品进入衰退期时，宜考虑采取集中性市场营销策略，以集中力量于少数尚有利可图的目标市场。

（三）市场竞争状况

竞争者的数目与策略，也是企业确定目标市场策略时应考虑的重要因素。当竞争者少时，可采用无差异性市场策略；竞争激烈时，要考虑主要竞争对手的实力。加果其与本企业实力匹敌，则应避免直接冲突，以免造成不必要的损失。如果本企业力量较弱，无论对手施用何种策略，则宜采取集中性市场营销策略。

（四）消费者行为

消费者行为是企业确定市场营销策略时必须注意的因素。如果消费者的需要和偏爱相近，购买方式大致相同，就可采取无差异性市场营销策略。反之，应当采用差异性市场营销策略或集中性市场营销策略。

（五）宏观政治经济环境

市场营销宏观环境，当然是选择目标市场要考虑的重要因素。比如，国家政治经济环境，价格、税率、利率、工资等政策的变化，不仅控制、调节和指导着经济活动与社会发展，也影响着人们的消费行为。作为一个企业营销管理者，要密切关注宏观经济的走势与本企业的关系。

学习任务三　市场定位

【案例 5-3】

江小白——“为年轻人定制的小酒”

在竞争激烈白酒领域，名不见经传的白酒品牌“江小白”异军突起，创造了白酒销售的一个特例。

市场上很多知名白酒企业在追求大而全、大而强的目标，不断推出各种产品类别。而江小白只有 1 个单品、3 种不同容量的规格。产品价格定得比较低，一般不超过 100 元。包装上江小白给自己树立了标准的漫画形象：长长的黑发略显韩范，配一副黑框眼镜；穿着白色 T 恤衫，围着灰色围巾；英国风格的黑色长外套，搭配深灰色牛仔裤、棕色鞋子，这身打扮叫一个“酷”。江小白品牌创始人陶石泉表示，“江小白的定位是为 80、90 后专门打造的白酒品牌，它并非高大上，不一定适合所有人，但有其固定而稳定的小众消费群体。”

江小白在传播沟通上采用互联网媒介，打造年轻人的个性沟通方式。在互联网上，江小白的品牌理念通过文字、图片来传达，或感性，或幽默。例如，“每个吃货，都有一个勤奋的胃和一张劳模的嘴”“吃着火锅唱着歌，喝着小白划着拳，我是文艺小青年”，这些江小白式的品牌宣传语不经意间戳中你的笑点、泪点。

在差异化营销需求迫切的白酒行业，江小白精确抓住年轻群体的情感缝隙，带给了消费者情感认同和良好的产品体验过程。

（案例来源：《酒世界》2013 年 08 期　刘鹏）

一、市场定位的含义及步骤

（一）市场定位的含义

市场定位的概念是在20世纪70年代由美国两位资深的广告代理商阿尔·赖斯和杰克·特鲁塔首先提出的。这一概念一经提出，其战略思想很快就被世界各地市场营销学者和企业经营者所接受，并成为营销战略的一个重要环节。企业一旦选定了目标市场，就要在目标市场上进行产品的市场定位。市场定位是企业全面营销战略规划的一个重要部分。市场定位是指通过营销活动的策划与开展，为企业产品创造出一种明显区别于竞争者的特色性差异，并把这种差异形象生动地展示给顾客，使企业产品在顾客心目中形成一种独特的、深刻的、鲜明的印象，从而形成目标市场上企业独一无二、不可替代的竞争优势。因此，市场定位的实质就是差异化营销。

（二）市场定位的步骤

市场定位的关键是企业要设法在自己的产品上找出比竞争者更具有竞争优势的特性。这就要求企业采取一切手段在产品特色上下功夫。一般来讲，企业市场定位的过程可以通过识别潜在竞争优势、准确选择竞争优势、显示独特的竞争优势3个基本步骤来进行，如下图所示。

（1）识别潜在竞争优势。这是市场定位的基础。一般情况下，企业的竞争优势表现在两方面：成本优势和产品差别化优势。为实现此目标，企业首先必须进行规范的市场研究，切实了解目标市场需求特点及这些需求被满足的程度。一个企业能否比竞争者更深入、更全面地了解顾客，是能否取得竞争优势、实现产品差别化的关键。另外，企业可以从以下3个方面评估竞争者：一是竞争者的业务经营情况，比如，估测其近3年的销售额、利润率、市场份额、投资收益率等；二是评价竞争者的核心营销能力，主要包括产品质量和服务质量的水平等；三是评估竞争者的财务能力，包括获利能力、资金周转能力、偿还债务能力等。

（2）准确选择竞争优势。竞争优势表明企业能够胜过竞争对手的能力，选择竞争优势实际上就是一个企业与竞争者各方面实力相比较的过程。通常的方法是分析、比较企业与竞争者在经营管理、技术开发、采购、生产、市场营销、财务和产品等7个方面究竟哪些是强项，哪些是弱项，借此选出最适合本企业的优势项目，以初步确定企业在目标市场上所处的位置。

（3）显示独特的竞争优势。这一步骤的主要任务是企业要通过一系列的宣传促销活动，将其独特的竞争优势准确传播给潜在顾客，并在顾客心目中留下深刻印象。为此，企业首先应使目标顾客了解、知道、熟悉、认同、喜欢和偏爱本企业的市场定位，在顾客心目中建立与该定位相一致的形象。其次，企业通过各种努力强化目标顾客形象、保持目标顾客的了解、稳定目标顾客的态度和加深目标顾客的感情来巩固与市场相一致的形象。最后，企业应注意目标顾客对其市场定位理解出现的偏差或由于企业市场定位宣传上的失误而造成的目标顾客模糊、混乱和误会，及时纠正与市场定位不一致的形象。

二、市场定位的方法

（一）区域定位

区域定位是指企业在进行营销策略时，应当为产品确立要进入的市场区域，也即确定该产品是进入国际市场、全国市场，还是在某市场、某地等。只有找准了自己的市场，才会使企业的营销计划获取成功。

（二）阶层定位

每个社会都包含有许多社会阶层，不同的阶层有不同的消费特点和消费需求，企业的产品究竟面向什么阶层，是企业在选择目标市场时应考虑的问题。根据不同的标准，可以对社会上的人进行不同的阶层划分，如按知识划分，就有高知阶层、中知阶层和低知阶层。进行阶层定位，就是要牢牢把握住某一阶层的需求特点，从营销的各个层面上满足他们的需求。

（三）职业定位

职业定位是指企业在制定营销策略时要考虑将产品或劳务销售给什么职业的人。将饲料销售给农民及养殖户，将文具销售给学生，这是非常明显的，而真正能产生营销效益的往往是那些不明显的、不易被察觉的定位。在进行市场定位时要有一双善于发现的眼睛，及时发现竞争者的视觉盲点，这样可以在定位领域内获得巨大的收获。

（四）个性定位

个性定位是考虑把企业的产品如何销售给那些具有特殊个性的人。这时，选择一部分具有相同个性的人作为自己的定位目标，针对他们的爱好实施营销策略，可以取得最佳的营销效果。

（五）年龄定位

在制定营销策略时，企业还要考虑销售对象的年龄问题。不同年龄段的人，有自己不同的需求特点，只有充分考虑到这些特点，满足不同消费者要求，才能够赢得消费者。如对于婴儿用品，营销策略应针对母亲而制定，因为婴儿用品多是由母亲来实施购买的。

（六）性别定位

企业的产品究竟是销售给男士还是卖给女士，或者既销售给男士又销售给女士，对此要有明确的认识。性别定位不同，企业目标定位方法也要随之发生相应的改变。

（七）气候定位

产品适合于在哪种气候类型的地区销售，也是企业在营销时需要考虑的问题。比如暖气设备，最好把市场定位在北方，而空调则应以气温较高的城市为主要目标市场。当然，

在全球气候变化的影响下，也会出现例外。如 2008 年初的暴风雪天气，尚未普及使用暖气设备的长江流域也许是一个潜在的大市场。如果进行精心的调研，摸准情况，将其定位为特定暖气设备的销售市场，进行相应的市场营销方案策划和推行，同样可以获得巨大的营销成功。

（八）文化定位

不同国家、区域和不同民族有着不同的文化，针对文化进行分析研究，也是企业市场营销定位的一个重要方面。文化定位不仅可以大大提高企业产品的品位，而且可以使其形象独具特色。

（九）附加定位

附加定位是指企业通过加强服务等方式树立和强化企业产品形象的定位。对于生产性企业而言，附加定位需要借助于产品实体形成诉求点，从而提升产品的价值，特别是情感价值；对于非生产性企业来说，附加定位可以直接形成诉求点。

三、市场定位战略

目标市场定位的实质是一种竞争战略。定位方式不同，竞争态势也不同。因此，企业只有与竞争者在产品、促销、成本、服务等方面进行比较，了解自己的优势与劣势，明确自己的竞争优势，进行恰当的市场定位，才能打开市场。可供市场定位选择的战略有以下。

（一）直接对抗定位战略

直接对抗定位也称为针锋相对定位，指企业采取与细分市场上最强大的竞争对手同样的定位。也就是企业把产品或服务定位在与竞争者相似或相同的位置上，同竞争者争夺同一细分市场。一般来说，当企业能够提供比竞争对手更令顾客满意的产品或服务、比竞争对手更具有竞争实力时，可以实行这种定位战略。如百事可乐与可口可乐的竞争，肯德基与麦当劳的争斗，就是直接对抗定位的例子。由于竞争对手实力很强，且在消费者心目中处于强势地位，因此实施直接对抗定位策略有一定的市场风险，这不仅需要企业拥有足够的资源和能力，而且需要在知己知彼的基础上，实施差异化竞争，否则将很难化解市场风险，更别说取得市场竞争胜利了。

（二）市场补缺式定位战略

市场补缺式定位战略是指企业把自己的市场位置定位在竞争者没有注意和没有占领的市场位置上的策略。当企业对竞争者的市场位置、消费者的实际需求和自己经营的商品属性进行评价分析后，如果发现企业所面临的目标市场存在一定的市场缝隙和空间，而且自身所经营的商品又难以正面抗衡，这时企业应该把自己的位置定在目标市场的空当位置，与竞争者成鼎足之势。采用这种市场定位策略，必须具备以下条件：

（1）本企业有满足这个市场所需要的货源；

（2）该市场有足够数量的潜在购买者；

（3）企业具有进入该市场的特殊条件和技能；

（4）企业经营必须盈利。

（三）另辟蹊径式定位战略

另辟蹊径式定位也叫独坐一席定位战略。这种定位方式是指企业意识到很难与同行业竞争对手相抗衡从而获得绝对优势定位，也没有填补市场空白的机会或能力时，可根据自己的条件，通过营销创新，在目标市场上树立起一种明显区别于各竞争对手的新产品或新服务。突出宣传自己与众不同的特色，在某些有价值的产品属性上取得领先地位。例如，日本一家公司的经理安藤百福，在回家的路上看到许多人挤在饭铺等吃热面条的情景，马上想到如果研制一种开水冲泡的面条，肯定会受欢迎。很快，方便面问世了。美国科学家贝尔发明了电话，却没考虑到公共电话细菌传播的问题。这无意中给企业留下了一个“冷门”。浙江省瑞安市中外合资蔡氏日用化工有限公司据此发明出电话长效清香型杀菌片，很受客户欢迎。做“冷门”生意，是需要一双慧眼的，冷门生意有市场潜力而为之者不多，盈利当然就不难了。

（四）重新定位战略

这种定位是指企业通过努力发现最初选择的定位战略不科学、不合理、营销效果不明显，继续实施下去很难成功获得强势市场定位时，及时采取的更换品牌、更换包装、改变广告诉求策略等一系列重新定位方法的总称。企业重新定位的目的在于能够使企业获得新的、更大的市场活力。当然，企业的市场定位并不是一劳永逸的，而是随着目标市场竞争者状况和企业内部条件变化而变化的。当目标市场发生下列变化时，就需要考虑重新调整定位的方向：①当竞争者的销售额上升，使企业的市场占有率下降，企业出现困境时；②企业经营的商品意外地扩大了销售范围，在新的市场上可以获得更大的市场占有率和较高的商品销售额时；③新的消费趋势和消费者群的形成，使本企业销售的商品失去吸引力时；④本企业的经营战略和策略做出重大调整时，等等。

总之，当企业和市场情况发生变化时，都需要对目标市场定位的方向进行调整，使企业的市场定位策略符合发挥企业优势的原则，从而取得良好的营销利润。

小 结

（1）市场细分是基于顾客需求的差异性，对消费群进行分类的过程，是根据某一标准将企业实际或潜在消费群分成在需求和欲望方面具有明显差异的子市场的过程。要对市场进行细分就必须找到适当的、科学的依据。

（2）对市场进行细分的依据主要有地理因素、人口因素、心理因素和行为因素。

（3）目标市场选择是在几个可能的目标市场中选择最有价值的目标市场，作为营销对象的决策过程。

（4）目标市场营销战略包括无差异目标营销策略、差异化目标营销策略、集中化目标营销策略。

（5）市场定位战略包括重新定位战略、另辟蹊径式定位战略、市场补缺式定位战略、直接对抗定位战略。

同步测试

一、思考练习题

1. “市场细分是对消费者的需要和欲望进行分类，而不是对产品进行分类”——这对企业有什么启示？

2. 选择目标市场应考虑哪些因素？

3. 市场定位的步骤有哪些？企业可以实施的市场定位战略有哪些？

二、案例分析题

王老吉来自香港，它来到内地归功于广东加多宝饮料有限公司。王老吉在两广区域范围内有比较固定的消费群，在进入市场的头 7 年连续几年销售额稳中有增，盈利状况良好。但当加多宝开始谋划更大的市场，力求最大限度把王老吉凉茶的产品和品牌做好做大时，却发现王老吉自身没有一个明确的定位：消费者对该产品的认知存在混乱，是“药”，是“凉茶”，还是“饮料”？企业宣传的概念也模糊，企业并不愿把王老吉以“凉茶”的概念来推广，但作为“饮料”推广又没有找到品牌区隔，在广告宣传上也就没有鲜明的主张来打动消费者；而在两广地区以外，人们并没有凉茶的概念，市场进入的难度很大。针对王老吉当红未红的三大软肋，王老吉做出了重新定位——预防上火的饮料。这一定位立足于全国市场，对红色王老吉的品牌做出全面调整，并把品牌定位用消费者容易理解和容易记住的一句广告词来表达——“怕上火，喝王老吉”。这一简洁明了的定位，既彰显了红色王老吉的产品特性，又有效地解决了王老吉原有的品牌错位，开创了功能性饮料新品类，强调了红色王老吉“预防上火”的功能，并针对消费者需求把红色王老吉的产品特性放大。如，在广告中，红色王老吉常常和火锅、烧烤等容易上火的享乐活动挂钩，力图使消费者产生这样的印象：红的王老吉是此类活动的必备饮料。这就使红色王老吉具备了可口可乐、康师傅等所不具备的特性。成功定位的红色王老吉，开拓了全国市场。

（案例来源：《改革与开发》2010 年 18 期　饶培培、雷婷）

思考题

1. 请问加多宝是如何对市场进行细分的？

2. 王老吉的市场定位策略和做法是什么？

项目六　产品策略

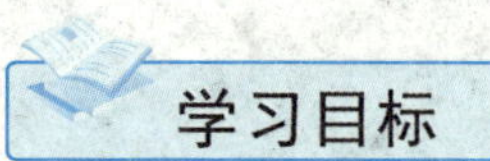

学习目标

正确理解整体产品和产品组合的含义；

掌握产品生命周期各个阶段的市场特点及营销策略；

了解新产品的概念及其开发程序；

掌握品牌、商标及包装的基本知识及策略。

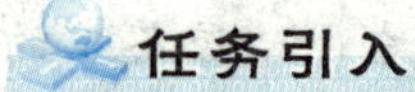

任务引入

健达出奇蛋

“健达出奇蛋”是一种用巧克力包着精巧玩具的蛋形儿童糖果。该产品于 1972 年首次在意大利亮相。

随后，健达出奇蛋很快征服了所有欧洲人的心（无论是小孩还是大人）。1975 年它进入加拿大市场，其创意来自意大利糖果业巨头费列罗（Ferrero）。

当健达出奇蛋刚面世的时候，零食市场主要的品种包括糖果、口香糖、坚果、咸味食品、冰激凌和巧克力。当时市场已细分到一定程度，如今更是有过之而无不及；而巧克力类的品牌更是趋于饱和，市面上的巧克力条不仅大小各异，种类繁多，而且口味齐全，为的是竞相俘获小孩和父母的心。很多时候是父母给孩子购买巧克力，而且他们需要了解和控制孩子的饮食。费列罗很好地把握了这一点。

当公司决定推出一种新的巧克力条产品时，它本可以考虑改变该产品的味道、成分、设计等（纵向的创新思维）。但是，费列罗推出了一个新奇的概念：藏有玩具的巧克力蛋——每颗巧克力蛋里的玩具都是可供儿童收集的一系列玩具中的一员。

管理层也在激烈的思考和讨论“巧克力里包玩具？”“倘若我们考虑在巧克力条市场中寻求创新，玩具会是不合逻辑的选择。”“我们是糖果制造商，对吧？”

健达出奇蛋在电视广告中将自己定位为健康食品——富含热量和碳水化合物。而蛋形的大小给儿童提供了合适的巧克力摄取量。当孩子们打开巧克力蛋时，他们会开始玩起里面的玩具，不再嚷着要更多的巧克力了。这两点使得父母（购买者）相信健达出奇蛋就是他们在众多糖果中的最佳选择。

对儿童而言，健达出奇蛋可谓是一“吃”三得：巧克力、玩具，还有收集飞船、动

物、鬼怪等各种玩具的机会。健达出奇蛋通过创造新的糖果亚类重新界定了糖果市场。目前，健达出奇蛋仍是该类的领导者，尚无其他竞争者可以与之抗衡。

要是费列罗推出一款夹花生的巧克力，他又能卖出多少呢？充其量不过是占有3%～5%的市场份额而已。也许有些人看不出健达出奇蛋与其他巧克力之间有什么不同。健达出奇蛋在“吃”的需求中加入了“玩”的需求，市场立刻发生了变化。普通巧克力若不做任何改动，是无法满足消费者玩的需求的，而健达出奇蛋做到了。

（案例来源：《现代商贸工业》2014年21期　林玲）

思考题：

1. 健达公司是如何开发新产品的？
2. 健达新产品的创业来源对你有什么启示？

学习任务一　产品概述

从市场营销的角度来讲，产品是指提供给市场用于满足人们某种欲望和需求的一切有形物品和无形服务。它是市场营销活动的中心，是市场营销组合的最基本因素，产品策略直接影响和决定其他市场营销组合策略的制定，是企业整个营销组合策略的基础。

对产品的理解可以分为：狭义的产品概念和广义的产品概念。传统的观念认为，产品是指具有某种特定形态、功能和用途的符合一定标准的物质实体，比如汽车、电器、家具、服装等。这就是狭义的产品概念。它强调产品的物质属性，把产品的可见性作为产品的首要要素。但从消费者的角度看，要通过消费过程所获得满足，不仅仅需要产品的实体，还包括产品的存在形态与营销过程相关的无形的其他活动。产品的存在形态体现在品质、特色、式样、品牌、包装等方面；与销售过程相关的无形的其他活动体现在服务方式、企业的文化与理念、便捷程度等方面。这些都影响着消费者通过购买过程形成的对企业的满意程度，决定着消费者需求的满足。因此，现代市场营销理论认为；产品是指能提供给市场，用于满足人们某种欲望和需要的任何事物，包括实物、服务、场所、组织、思想、主意等。这就是产品的广义概念，也就是产品的整体概念。

一、产品整体概念

产品整体概念包括核心产品、形式产品、附加产品3个层次。

（一）核心产品

核心产品是向消费者提供的产品基本效用或利益即产品的使用价值或有用性，这是产品的核心内容，消费者购买某种产品的目的就是为了获得产品的效用。如人们购买电冰箱的目的是因为电冰箱具有保鲜和冷藏的功效。

（二）形式产品

形式产品也称有形产品，是核心产品借以实现的形式，是产品外在的实体形象，包括品质、款式、特征、商标和包装 5 个基本构成要素。它是消费者选择产品的直观依据，核心产品的基本效用必须通过形式产品才能实现。

（三）附加产品

附加产品也称延伸产品、扩增产品，是指消费者购买形式产品时所获得的附加利益总和，包括产品说明书、送货、安装、维修、保修期、付款方式、技术培训、售后服务等。附加产品越多，企业的成本越高。因此，企业在设计附加产品时要充分考虑成本因素。

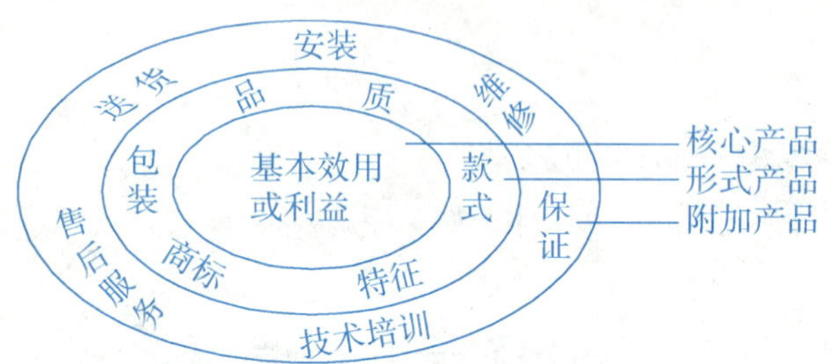

图 6-1　产品整体概念的 3 个层次

如图 6-1 所示，在此以酒店住宿为例说明整体产品概念的几个层面。酒店的“核心产品”是为顾客提供住宿休息服务。其“形式产品”是在正常时间营业并提住宿等各种传统服务及室内装修、设备、设施、工作人员等。“附加产品”是为顾客免费提供旅游、交通、餐饮咨询，而且这样的咨询可以不必事先预约。除此以外，酒店还为顾客提供购物等其他服务。顾客是在这一层面上才真正感到去酒店消费是一种难忘的经历。

二、产品分类

（一）按产品的有形或无形，我们可以将产品分为有形产品和无形产品

（1）有形产品。有形产品是指具有一定外在形式的可视产品，它以核心技术为依托，以外在形式为实现方式，它所提供的往往是一定的功能。有形产品可以分为消费品和工业品。

（2）无形产品。无形产品是指通过非有形产品来满足消费者需要的产品。服务、思想、策划、保证等。无形产品可以是独立的产品，具有满足消费者需要的功能；也可以附着在有形产品中，成为有形产品整体的一部分。无形产品的特点是无形性，体现了技术性、智慧性。

（二）依据销售的目标对象及他们对产品的用途大致被分成两大类，消费品和工业品

1. 消费品

以消费者个人为销售目标对象的产品是消费品。对消费品进一步分类的话，从不同的角度出发，可以多种多样。比如，从商品的价格来划分的话，可以分成低档品、中档品、高档品；从商品的性质来划分的话，则可以分成纺织品、食品、家电产品等。

市场营销学把消费品分成便利品、选购品、特殊品、非渴求品 4 种类型。这 4 种类型是根据消费者在购买产品时的购买行为特征来划分的。

（1）便利品。便利品又称日用品，这是指价格低廉、消费者要经常购买的产品。如肥皂、洗衣粉、手纸、牙膏、毛巾、饮料等就属于此类产品。便利品又可分为：常用品、冲动品和急需品 3 种。常用品是指消费者经常购买的产品，如各种调味品、洗涤用等。冲动品是指消费者没有经过计划或搜寻而顺便购买的产品，如棒棒糖、杂志、风味食品等。急需品是指当消费者的需求十分紧迫时购买的产品，如下暴雨时购买的雨伞、腹泻时购买的止泻药等。

便利品的营销，最重要的是必须在时间、地点和销售方式上为消费者提供最大限度的便利。所以出售这些商品的商店，多数设在住宅区的便利店。

（2）选购品。选购品是指消费者愿意花费比较多的时间与精力去认真选购的商品。如服装、皮鞋、农具、汽车、家电产品等是典型的选购品。选购品可以分为同质选购品和异质选购品。同质选购品是指购买者认为产品的质量相似，但价格却明显不同，所以有选购必要的产品。异质选购品是指对于消费者来说，在质量方面有很大差异的产品。当消费者在选购服装、家具和其他异质产品时，产品的特色通常比产品的价格更为重要。例如，消费者购买一件时装时，衣服的裁剪、合身与否以及款式等可能比微小的价格差异更为重要。

选购品的营销，必须使产品具有大量的花色品种，为消费者提供较大的选择空间，以满足不同消费者的爱好；同时还必须拥有受过良好训练的推销人员，为消费者提供良好的信息和咨询。一般采取大规模、集中化经营较好。

（3）特殊品。特殊品是指那些具有独特品质或拥有著名商标的产品。消费者对这类产品注重它的商标与信誉，而不注重它的价格，在购买时，愿意努力去搜寻。特殊品重在特，如特殊品牌和特殊式样的花色产品，这些产品一般是不能被替代的。如皮尔·卡丹西服、金利来领带、本田摩托车、莱克司手表等即属此类产品。

特殊品的营销，由于消费者认定品牌购买，不涉及消费者对产品的比较问题，所以经销商不必考虑销售地点是否便利，只需让消费者知道购买地点即可。因此一般采取集中经营较好。

（4）非渴求品。非渴求品是指消费者目前不知道，或者即使知道了也不会轻易购买的产品。如某些特效药、人寿保险、百科全书等。非渴求品的营销，需要企业营销人员付出较大的努力，一般采取集中经营较好。

2. 工业品

工业品的分类是依据产品在进入生产过程的方式及其与产品成本的关系分为原材料和零部件、生产设备、供给品和服务 3 种。零部件和半成品一般由产需双方订立合同，由供方直接交给需方，质量、数量等由供需双方共同确定。营销策略上，对于装备，制造商需要一流的、具备专业知识的销售队伍，提供优良的售后服务，广告是需要的，但多采用直接的人员推销；对于附属设备，由于用户众多，订购数量少，大部分的生产者利用中间商进行销售，因此尤其要关注中间商的声誉、特色和服务，虽然可以有效地利用广告，但人员推销往往比广告重要得多。

学习任务二　产品生命周期

一、产品生命周期的概念

一种产品在市场上的销售情况和获利能力不是固定不变的，而是随着时间的推移发生变化。这种变化正像人和其他生命的变化历程一样，也经历了诞生、成长、成熟和衰亡的过程，根据这一变化过程产生了现代营销中的产品生命周期理论。这一理论揭示了产品在生命周期各阶段的特点，有助于企业清楚地判断产品的竞争能力，因而它是企业制定营销策略的基本依据。

产品生命周期是指产品从进入市场开始到被市场淘汰为止的全部运动过程。典型的产品生命周期分为介绍期（引入期）、成长期、成熟期和衰退期 4 个阶段，如图 6-2 所示。

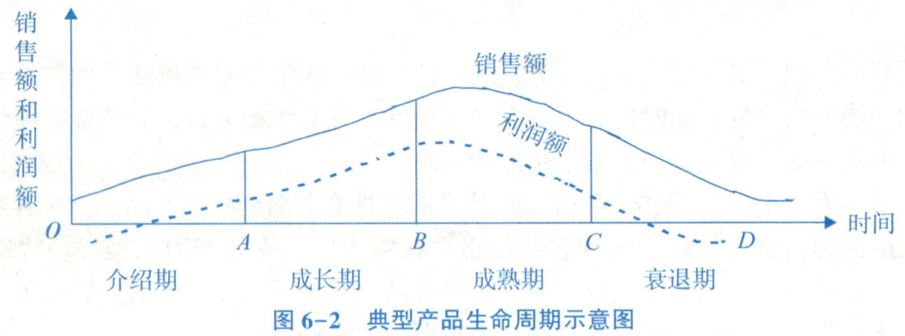

图 6-2　典型产品生命周期示意图

二、产品生命周期各阶段特点及营销对策

（一）产品介绍期市场特点及营销策略

1. 介绍期市场特点

（1）知晓新产品的消费者人数少，产品销量低，需要投入大量的促销费用开拓市场，使消费者了解产品，因此介绍期促销重点是介绍产品，吸引消费者试用。

（2）制造成本高，技术不完善，功能不健全。

（3）尚未建立完善的分销渠道。

（4）利润少乃至亏损，企业风险大。

（5）竞争者少。

在介绍期，不论企业强弱，它们所注重的都是独特企业竞争力的开发和与之相关的商业模式的建立。在这一阶段，投入的需求很大，此时的指导思想是迅速建立市场份额，采用各种办法加快产品扩散的速度，利用竞争者少的有利时机抢先占领市场。企业要主动缩短介绍期的时间，降低产品的市场风险。此时应积极收集市场对新产品的反应与意见，以

促成产品的技术完善和最终定型，在很好地把握市场需求变化的基础上，完善生产技术，保证产品性能的实现和质量的稳定，并确保生产能力的协调和销售渠道的通畅。产品销售的重点在于吸引对新产品不了解的顾客和向潜在的消费者介绍新产品，引导他们进行试用。企业可以“创造”需要，突出强调新产品所能给消费者带来的效用和利益，可以采用赠送、试用、较大的折扣等方式来争取消费者。在销售渠道的建立和拓展方面，应给予中间商较大的利益和保证，刺激中间商积极推销新产品，如给予较大的让利，加大合作广告津贴，给予中间商强有力的技术和服务支持，适当减少中间商的进货风险等。

2. 介绍期市场营销策略

从价格和促销两个因素考虑，介绍期市场营销策略有快速撇脂策略、缓慢撇脂策略、快速渗透策略和缓慢渗透策略 4 种类型。

（1）快速撇脂战略：以高价格和搞促销水平的方式推出新产品。公司采用高价格是为了在每单位销售中尽可能获利，同时利用高水平的促销活动加快市场渗透率。采用这一战略的主要条件是潜在市场的大部分人还没有意识到该产品；知道它的人渴望购买并且具备能力；公司面临着潜在的竞争，试图建立品牌偏好。

（2）缓慢撇脂战略：以高价格和低促销方式推出新产品。这样做可以获得更多毛利并降低营销费用，可望从市场上获取最大利润。采用这一战略的假设条件是市场规模有限；大多数的市场已知晓这种产品；购买者愿出高价；潜在竞争并不迫在眼前。

（3）快速渗透战略：以低价格和高促销水平的方式推出新产品。这样做能给公司带来最快速的市场渗透和最高的市场份额。采用这一战略的假设条件是市场是大的；市场对该产品不知晓；大多数购买者对价格敏感；潜在竞争很强烈；随着生产规模的扩大和制造经验的积累，公司的单位制造成本会下降。

（4）缓慢渗透战略：以低价格和低促销水平推出新产品。低价格使市场迅速接受产品；同时低成本可实现较多的净利润。采用这一战略的假设条件是市场是大的；市场上该产品的知名度较高；市场对价格相当敏感；有一些潜在的竞争。

（二）产品成长期市场特点及营销策略

1. 成长期市场特点

（1）消费者对新产品已经熟悉，老顾客重复购买并带来新顾客，产品销量迅速扩大。

（2）产品功能完备，生产成本下降，促销费用稳中有升，但占销售额的比率下降，利润迅速增长并达到最高水平。

（3）竞争者纷纷加入，市场竞争加剧。

（4）产品市场开始细分，分销渠道完善。

（5）产品价格开始走低。

成长阶段的标志是销售迅速成长。由于有大规模的生产和利润的机会的吸引，新的竞争者进入市场，同时，分销网点数目增加，产品价格维持不变或略有下降。销售的高速上升，使促销费用对销售额的比率不断下降，随着促销成本被大量的销货额所分摊，利润增加，而单位制造成本比价格下降得更快。

2. 成长期市场营销策略

在成长期，企业面临的任务是巩固自己的地位，在激烈的市场竞争中成为幸存者。营销的基本指导思想是：在竞争中开拓市场，扩大产品的市场占有率；也就是说是一种成长策略，其目标是在快速扩张的市场中保持相对的竞争地位，此时企业营销策略的核心是维持其市场增长率，使获取最大利润的时间得以延长。企业所面临的问题已不再是“如何让顾客试用其产品”，而是“如何使顾客偏爱其品牌”。所以企业在营销策略与方法上也需要进行相应调整，企业在此基础上还需投入资源发展新的销售和营销能力，并根据现有的财务需求和相对竞争地位决定投资于哪一种相对优势：差异化、低成本还是集中战略。

（1）产品方面。注重产品的质量，并配合以良好的包装和完善的服务，力争创出名牌。在同类竞争性产品很多的情况下，名牌产品往往是一枝独秀，供不应求，所以创立名牌是增加销售的根本保证。

（2）价格方面。分析竞争者的价格策略，维持原价或在适当的时机降价以吸引价格敏感型顾客，这样既可以增强竞争力，又可以吸引消费者。但是企业必须慎重对待降价方式，以免引发残酷的价格竞争，使得企业与竞争者两败俱伤。例如，近几年格兰仕微波炉的大规模降价促销，带来了微波炉市场的价格大战。格兰仕凭借其雄厚的实力和低成本战略，挤垮了大部分竞争对手，迅速占据了国内的微波炉市场的半壁江山。

（3）渠道方面。面对较高的产品销售增长率，企业不仅应保持其销售渠道的通畅，而且应积极开发新的销售渠道，并加强各渠道之间的联系，使产品的销售面更加广泛；这时由于产品的品牌形象已经建立，采用广泛的销售渠道不会影响产品形象。

（4）促销方面。继续开展各种促销活动，此时的促销重点不再是新产品的介绍，而是转向对消费者的诱导和说服，使其产生购买欲望与购买行为。广告的重点由提高产品的知名度逐渐转向建立产品信赖度与购买量，把报道消息的广告转换为强调自己的产品优于竞争者产品的广告。成长期的广告不仅要使潜在的顾客知道本产品的存在，更重要的是了解本产品的质量、性能、特点及在哪些方面优于竞争者。例如，现在市场中有很多同类的保健品，有的企业在广告中多次强调其产品是蓝瓶包装，提示消费者将其与竞争者品牌区别开来。

（5）市场方面。竞争者的进入，使原有市场的需求趋于饱和，使产品的销售增长率趋于下降，企业应积极寻找和进入新的市场。企业在对市场进行重新细分后，寻求与识别尚未满足的细分市场并迅速进入。

（三）产品成熟期市场特点及营销策略

1. 成熟期市场特点

（1）产品销量逐渐上升达到最高峰，然后开始下降，销售利润在逐渐走低。

（2）市场竞争白热化，强势竞争者拥有自己品牌优势，拥有自己忠诚顾客群。

（3）产品差异化程度加深。

这个阶段的持续期一般长于前两个阶段，大多数产品都处于生命周期的成熟阶段。成熟阶段又可以分为 3 个期间。第一期间是成长中的成熟，此时由于分销饱和而造成销售成长率开始下降，虽然一些落后的购买者还会进入市场，但已没有新的分销渠道可开辟了。

第二期间是稳定中的成熟，由于市场已经饱和，销售量增长和人口增长呈同一水平，大多数潜在消费者已使用过该产品，未来的销售受到人口增长和重置需求的抑制。第三期间是衰退中的成熟，此时销售的绝对水平开始下降，顾客也开始向其他产品和替代品转向。销售成长率的减慢使得整个行业中的生产能力过剩，能力过剩又会导致竞争加剧。

2. 成熟期市场营销策略

成熟期的营销策略的指导思想是：首先维持已有的市场占有率，不要被竞争对手挤出市场；然后选择进攻性策略，扩大销售并尽量延长这一阶段的时间，或是促使产品生命周期出现再度循环，以获得更多的利润收益。此时企业的突出问题是“如何更有效地竞争”。一般来说，可供企业选择的策略有市场改良、产品改良、营销组合改良3种。

（1）市场改良策略。市场改良策略的目的是为了在巩固老顾客，尽可能赢得新顾客的基础上，开拓新的市场，提高成熟期内的产品销售量。它是通过改变产品的用途和销售方式或消费方式来实现的。第一，通过市场的再次细分，寻找和进入那些还没有使用该产品的新市场。第二，加强品牌地位，争取竞争者的市场。设法吸引竞争者的顾客试用或使用本企业的产品。第三，通过开发现有产品的新用途来延长产品成熟期，并开拓崭新的市场。第四，通过促销努力来激励消费者增加其产品的使用率或使用量。例如，牙膏广告可以说服人们不仅要早晨刷牙，晚上也要刷牙以保护牙齿的健康。

（2）产品改良策略。产品改良策略是产品本身经过适当的改变后，重新推向市场，使之更好地满足消费者的不同需要。产品改良有以下方式可供选择：第一，品质改善。其目的是增强产品的功能及各项技术指标，如耐久性、可靠性、安全性、方便性等。第二，特性改善。指增加产品的新的特性或功能，扩大产品的多方面的适应性。如电视机增加自动选台与录像功能。第三，式样改善。其目的是加强产品外观上的艺术诉求，增加产品的外观美感。第四，用途改革。指在改变技术和设备的条件下发展产品的新用途。不断发展产品的新用途，产品就会不断再生，不会陷入销售饱和状态。第五，服务改善。其目的是提高产品的附加值。对服务的改善，实际上就是增加了产品的价值，为消费者提供了更多的利益，并吸引更多的消费者。海尔公司就是以优质的售后服务而著称的。

（3）营销组合改良策略。针对成熟期产品的特点，企业有必要通过改变其营销组合因素中的一个要素或若干要素，来刺激产品的销售，以延长产品的生命周期。第一，价格改革。在成熟期的产品一般采用降价的策略，以打入新的市场并吸引同类竞争性品牌的使用者。第二，渠道改革。力争进入各种类型的、更加广泛的销售渠道。第三，促销改革。包括销售促进改革（优惠、折扣、展销等），加强售前售后服务和保证，加强人员推销力量，增加广告力度等。

（四）产品衰退期市场特点及营销策略

1. 衰退期市场特点

（1）产品销售量迅速下降，价格降到最低水平，企业利润很少甚至为零；

（2）消费者需求偏好发生转变，大量竞争者退出市场。

产品销售量在成熟期缓慢增加直至缓慢下降，一般来说可以稳定一段时间。若销售量的下降速度开始加剧，且利润水平很低，在一般情况下可以认为产品已进入衰退期。此时，产品供过于求的矛盾日益突出，并且企业过去所采用的增加销售费用、降低产品价格等营销策略亦基本无效。

2. 衰退期市场营销策略

在衰退期企业营销策略的基本指导思想是：有效地处理衰退产品。当企业分析产品确实进入衰退期后，则应在维持决策或放弃决策中选择其一。维持决策指企业决定在产品衰退时，不应盲目地立即撤退，而是应首先观察市场。第一，由于竞争企业相继撤出市场，继续留在市场内的企业往往可以接收他们留下的顾客而暂时增加销售量。第二，集中资源在有利的市场，进行收缩。放弃决策指企业决定在产品衰退期丢弃产品，撤出市场。

（1）维持策略。企业仍保持原有的目标市场和营销组合策略，直到这种产品退出市场为止。

（2）集中策略。企业把资源集中在最有利的目标市场、最有效的分销渠道和最容易销售的产品上，从中获取尽可能多的利润。

（3）收缩策略。大幅度降低促销费用，以增加目前的利润。

（4）放弃策略。对衰退比较迅速的产品，应当机立断，放弃经营。放弃策略有两种形式：一是立即停产；二是逐步停产。

学习任务三　新产品开发策略

一、新产品的概念

从企业营销角度来说，新产品与因科学技术在某一领域的重大突破所推出的新产品在概念上不同，它是指在某个市场上首次出现的或者是企业首次向市场提供的，能满足某种消费需求的整体产品。产品整体概念中任何一部分的创新、变革和改良，都可视为新产品。新产品分类情况如下：

（1）全新产品。这是指应用科技新成果，运用新原理、新技术、新工艺和新材料制造的市场上前所未有的产品。全新产品一般是由于科技进步或为满足市场上出现的新的需求而发明的产品，具有明显的新特征和新性能，甚至能改变用户或消费者的生产方式或消费方式。但全新产品的开发难度大，开发时间长，需大量投入，成功率低。一旦成功，用户和消费者也还需要有一个适应接受和普及推广的过程。

（2）换代新产品。它也称为革新产品，是指部分改变市场上已经出现的原有产品的结构和性能而形成的产品，它使原有产品的性能得到改善和提高，具有较大的可见价值。对于此类产品，使用者也需要有接受和普及的过程，但时间比较短。

（3）改进新产品。这是指对现有产品的质量、特点、外观款式或包装加以全面或局部改进的产品。这类产品与原有产品差别不大，易于为使用者接受。市场上销售的大部分新产品均属于这种类型。

（4）仿制新产品。这是指对国内外市场上已经出现的产品进行引进或模仿，研制生产

出在性能、质量等方面类似的产品。仿制新产品开发速度快，投资少，效益高。

二、新产品开发的必要性

（一）产品生命周期理论要求企业不断开发新产品

企业同产品一样，也存在着生命周期。如果企业不开发新产品，则当产品走向衰退时，企业也同样走到了生命周期的终点。相反，企业如能不断开发新产品，就可以在原有产品退出市场舞台时利用新产品占领市场。一般而言，当一种产品投放市场时，企业就应当着手设计新产品，使企业在任何时期都有不同的产品处在生命周期的各个阶段，从而保证企业盈利和稳定增长。

（二）消费需求的变化需要不断开发新产品

随着生产的发展和人们生活水平的提高，消费需求也发生了很大变化，方便、健康、轻巧、快捷的产品越来越受到消费者的欢迎。因此，消费需求、消费结构的变化，消费选择的多样化，使产品生命周期日益缩短。这一方面给企业带来了威胁，使企业不得不淘汰难以适应消费需求的老产品，另一方面也给企业提供了开发新产品适应市场变化的机会。

（三）科学技术的发展推动着企业不断开发新产品

科学技术的迅速发展导致许多高科技新型产品的出现，并加快了产品更新换代的速度。企业只有不断运用新的科学技术改造自己的产品，开发新产品，才不至于被挤出市场的大门。

（四）市场竞争的加剧迫使企业不断开发新产品

现代市场上企业间的竞争日趋激烈，企业只有不断创新，开发新产品，才能在市场占据领先地位，增强企业的活力。另外，企业定期推出新产品，可以提高企业在市场上的信誉和地位，并促进新产品的市场销售。因此，在科学技术飞速发展的今天，在瞬息万变的国内国际市场中，在竞争越来越激烈的环境下，开发新产品对企业而言是应付各种突发事件，维护企业生存与长期发展的重要保证。

三、新产品的发展趋势

随着市场经济的不断发展，消费者的需求水平不断提高，消费领域不断扩大，新产品的生产也呈现出以下新的发展趋势。

1. 新产品的科技含量不断提高

企业必须在新产品开发中投入更多的科研力量，使之转化成更多的知识经济技术成果，确保新产品更加完美，更具有市场竞争力。

2. 新产品多样化

由于消费者的需求层次不同，喜好也不同，而且复杂多变，因而新产品开发应做到多样化，适应市场的发展趋势，以满足消费者多层次的需求。

3. 产品更美观，更舒适，更适用

消费者的物质文化生活水平不断提高，使得对产品的要求朝着舒适性、艺术性、功能

更齐全的方面发展。

4. “绿色产品”的发展

随着社会公众优化环境意识的提高，“绿色”消费迅速普及，因此，开发新产品时，除严格做到无污染外，还要注意保护环境，维护生态平衡。

四、新产品的开发程序

一个新产品从独立构思到开发研制成功，其过程主要经历 8 个阶段：创意产生、创意的筛选、试制新产品、初拟营销规划、商业分析、产品开发、市场试销和商品化。

（一）创意产生

创意产生即提出新产品的设想方案。产生一个好的新产品构思或创意是新产品成功的关键。企业通常可以从企业内部和企业外部寻找新产品创意的来源，而寻求创意的主要方法有以下几种：

1. 产品属性列举法

产品属性列举法指将现有产品的属性一一列出，寻求改良这种产品的方法。

2. 强行关系法

强行关系法指列出多个不同的产品或物品，然后考虑它们彼此之间的关系，从中启发更多的创意。

3. 调查法

调查法即向消费者调查使用某种产品时出现的问题或值得改进的地方，然后整理意见，转化为创意。

4. 头脑风暴法

头脑风暴法即选择专长各异的人员进行座谈，集思广益，以发现新的创意。

（二）创意的筛选

创意的筛选即采用适当的评价系统及科学的评价方法对各种创意进行分析比较，选出最佳创意的过程。在这个过程中，力求做到除去亏损最大和必定亏损的产品构思，选出潜在盈利大的新产品创意。

（三）试制新产品

试制新产品即将筛选出的创意发展成更具体、明确的产品概念，通过试制转变成真正的产品，而试制一般包括样品试制和小批量试制。

（四）初拟营销规划

制订该产品的营销规划，包括目标市场描述、短期销售与市场占有率、长期销售与市场占有率、价格策略、促销计划等。

（五）商业分析

商业分析即对新产品销售量、成本和利润等财务情况进行分析，判断该产品是否满足企业开发的目标。

（六）产品开发

此阶段主要解决产品构思能否转化为在技术上和商业上可行的产品。它通过对新产品的设计、试制、测试和鉴定来完成。其中，设计就是写出技术任务书，并画出图纸；试制，即根据图纸生产出样品；测试与鉴定是指新产品试制后，需进行全面鉴定，对新产品从技术和经济上做出评价。新产品只有通过鉴定合格，才可进行定型，正式生产产品。

（七）市场试销

市场试销是指将正式产品，投放到有代表性的小范围市场上进行试销，旨在检查该产品的市场效应，然后决定是否大批量生产。通过试销可为新产品能否全面上市提供全面、系统的决策依据，也为新产品的改进和市场营销策略的完善提供启示。有许多产品是通过试销改进后才取得成功，但并非所有的新产品都要经过试销，可根据新产品的特点及试销对新产品的利弊分析来决定。

（八）商品化

新产品试销成功后，就可以正式批量生产，全面推向市场。而企业在此阶段应从以下几方面做好决策：

何时推出新产品即在什么时候将产品推入市场最适宜。针对竞争者而言，可以做 3 种选择：首先进入、平行进入和后期进入。

何地推出新产品即在什么地方将产品推入市场最适宜。

向谁推出新产品即企业把分销和促销目标面向谁最理想。

如何推出新产品即企业采取何种营销方案，有计划地进行营销活动。

五、新产品开发策略

开发新产品是一项很艰难的任务，不仅需要投入大量的资金，而且具有大的风险。因此，企业必须根据生产需要、竞争动态和企业本身的能力，选择开发新产品的策略，把需要与可能结合起来。新产品开发一般有 5 种策略。

（一）改进现有产品策略

改进现有产品策略即依据现有的设备和技术能力，改进现有产品。其优点是开发费用低，取得成功的把握大，但只适用于较小的改革。如海尔洗衣机在原有的基础上，生产了适合夏季使用的小小神童洗衣机。

（二）仿制策略

仿制策略即模仿竞争者的新产品。企业有计划、有组织地仿制竞争者的新产品，在原有的基础上进行创新和改进。这类产品只要市场需要，一般容易立即生产，不需要太多的资金和尖端技术。但企业应注意对原产品的某些不足和缺陷进行改造，切忌全盘照抄。

（三）差异化策略

新产品开发贵在创新。正所谓“人无我有则新，人新我精则妙，人妙我奇则智”，企业若能以此为原则，不断开发新产品，定会立于不败之地。因此，企业在研制新产品时，应考虑到与其他同类产品的差异性，向消费者提供具有明显特色的产品，给消费者一种标新立异的印象，以此增强产品的吸引力和竞争力。

（四）借脑生财策略

借脑生财策略即新产品开发要以高科技为依托，加大新产品的技术含量。而要做到这一点，单凭企业自身的技术力量是不够的。每一个企业都要全力以赴寻找合作伙伴，争取在本企业的背后能有几个高等院校、科研单位作后盾；在一种产品背后，能有几个专家作靠山。通过技术引进和技术合作，借脑开发新产品，培植新优势，树立企业新形象。

（五）拾遗补缺策略

拾遗补缺策略即积极开发国家经济建设急需的或短线稀缺的新产品。这种策略有利于企业填补空白，在市场上抢占优势地位，提高市场占有率，增强企业竞争力。

六、消费者接受新产品的过程

人们对新产品的接受过程，客观上存在着一定的规律性。早在20世纪30年代，美国市场营销学者罗吉斯就对人们接受新产品的程序做过大量调查，总结归纳出消费者接受新产品的过程一般分为以下5个重要阶段：

1. 知晓

这是个人获得新产品信息的初始阶段。新产品信息情报的主要来源是广告，或者通过其他间接的渠道获得，如商品说明书、技术资料、别人的议论，等等。很明显，人们在此阶段所获得的情报还不够系统，只是一般性的了解。

2. 兴趣

兴趣是指消费者不仅认识了新产品，并且发生了兴趣。这时，他会积极地寻找有关资料，并进行对比分析，研究新产品的具体功能、用途、使用等问题。如果这些方面均较满意，将会产生初步的购买动机。

3. 评价

这一阶段消费者主要权衡采用新产品的边际价值。比如，采用新产品可获得利益和可能承担风险的比较，经过比较分析形成明确认识，从而对新产品的价值做出判断。

4. 试用

试用是指顾客开始小规模地试用创新产品。通过试用，顾客开始正式评价自己对新产品的认识及购买决策的正确性如何。满意者，将会重复购买；不满意者，将会放弃此产品。

5. 接受

顾客通过试用，收到了理想的使用效果，就会放弃原有的产品形式，完全接受新产品，并开始正式购买，重复购买。对于新产品的营销者，就应考虑如何让消费者顺利地通过知晓、兴趣、评价、试用阶段，最后接受新产品。有时，消费者接受过程中产生故障时，企业就应及时地采取必要的措施。例如，某电子洗碗机生产商发现许多消费者滞留在兴趣阶段，很多消费者主要因购置洗碗机需大量投资而犹豫不决，不愿意进入试用阶段。

若采用每月支付少量费用的办法，这些消费者就会愿意试用电子洗碗机。所以生产商应当提出一项适宜的试用划，让消费者做出接受的决定。

七、新产品的扩散过程

在实际生活中，不同顾客对新产品的反映有很大的差异。由于社会地位、消费心理、收入水平、个人性格等多种因素的影响和制约，消费者按上述模式接受新产品的过程，并不是同时进行的，而是有先有后，即不同消费者的知晓、兴趣、评价、试用到接受都是有先有后的。这就是所谓新产品的市场扩散过程。

新产品在同一目标市场的扩散过程规律是：开始仅被极少数消费者接受，然后逐步再被多数消费者接受。在时间坐标上，不同类型的消费者接受的时间顺序是：逐新者—早期采用者—中期消费群—晚期消费群—落伍者消费群。

1. 逐新者

任何新产品都是极少数逐新者率先采用，这是一些敢于冒险的少数人，他们对新鲜事物有浓厚的兴趣，所以新产品一上市，他们就会积极购买和使用。这部分人只占全部采用者的 2.5%。当逐新者感到新产品效果好时，他们的宣传就会使新产品被一批早期采用者接受。

2. 早期采用者

早期采用者往往是某些领域中的舆论领袖，他们总是在很多事情上有领先的想法。他们很容易接受逐新者的影响，往往在新产品的引入期和成长期内采用新产品。这批人约占全部采用者的 13.5%。

3. 中期消费群

新产品经过早期采用者的使用，被他们认可后，他们的宣传会影响到一大批能顺应社会潮流但又比较慎重的“追求时尚者”，也即中期消费群。这部分人占全部采用者的 34%左右。

4. 晚期消费群

新产品被中期消费群采用后，新产品的目标市场接受率已达到 50%左右，这时新产品已开始影响一批多疑型消费者，即晚期消费群。这批人的特点是：他们从不主动采用或接受新产品，一定要到多数人都使用并且反映良好时才行动。这部分人占全部采用者的 34%左右。

5. 落伍者消费群

新产品已被绝大多数人采用，逐步变为市场上的老产品。这时部分落伍者消费群才顺应社会潮流而采用这种产品。这部分人占全部采用者的 16%左右。

上述新产品被消费者采用的过程和新产品的市场扩散过程表明，要使新产品尽快地被消费者接受、采用而达到市场扩散，并有较高的接受率；或者要使新产品的引人期缩短，尽快进人增长期；或者要使新产品消除进入市场后的种种障碍，就必须在新产品的研究开发中采取一系列措施，包括有关产品本身方面的措施，还包括有关包装、商标、说明书、广告、销售渠道、服务等方面的措施，以有利于加速消费者接受新产品。

【案例 6-1】

开发狩猎靴：了解顾客需求

L. L. Bean（里昂比恩）公司位于美国缅因州，是美国著名的生产和销售服装及户外运动装备的公司，于1912年开始生产狩猎靴。到20世纪90年代，公司已经发展到10亿美元资产，持续30多年年增长率都超过20%。为顾客着想这一理念始终贯穿于新产品开发的过程中。

1. 了解顾客的真实感受

产品开发小组要选定那些经常狩猎的人，设计一些问题，使其能够详细描述狩猎活动的感觉和环境，进而了解其对狩猎靴的感觉和希望。在访谈中，面谈者的工作就是要有一种非引导的方法来提出开放性的问题。"你能给我讲述一下最近狩猎的一次经历、一个故事吗？""告诉我你最好的狩猎故事，它是怎样的经历？"然后是非常安静地听顾客尽情讲述。两人小组的另外一位负责记录，一字一句地记录，不加过滤，不做猜测。通过这些在狩猎者家中或者具体的狩猎场所访谈，可以获得狩猎者的真实想法。小组人员的工作更多的是聆听。当结束一次面谈的时候，小组尽快详细回顾并整理面谈内容，因为这时会谈的场景和内容在脑海还保存着清晰的记忆，能很快找出那些关键的印象深刻地描述出来。

2. 转化为产品需求和设计思想

面谈结束后，整个开发团队进入隔离阶段，集中精力研究顾客需求，努力将顾客的语言翻译成一连串关于新的狩猎长靴要满足的需求。由于收集了丰富的材料，队员们在白板上贴了数百个即时贴的便条，每个便条都是一个需求陈述。他们必须将所有的这些需求浓缩成更加易于管理、便于利用的需求数目。团队采取投票的方式来将需求按重要性排列，每一个投票都代表了他们面谈的猎人的需求。几个回合的投票逐渐地减少需求的数目。然后，团队成员将剩下的需求进行分组排列，再排列，形成更小的需求组。

最后，数量有限的几个需求组形成了，团队成员讨论关于每一组需求的新的陈述。作为一个团体，大家必须清楚这些小小的即时贴上的意见，是否完全抓住了队员思考的问题，描述是否准确。通过大量细致的工作，团队将每组的内容转化为一个陈述。这个流程进一步将需求的数目减少到大约12个。3天封闭会议结束的时候，里昂比恩的产品开发团队开发出了一份列有最终顾客需求的总结报告。此后便是将需求转化为设计思想的过程，头脑风暴会议是主要的讨论形式。比如，"在靴子里装一个动物气味的发散装置，每走一步都会散发出一点点气味。像一个小型火车一样，气味从靴子里出来如同火车两侧的气体一股股喷出，只不过是无形的"。各种疯狂的主意中能得到产品最具创新变化的核心思想。

3. 对新产品测试

为保证开发人员能够近距离地看到和听到这些顾客专家的意见，里昂比恩安排了一次实地旅行。在新罕布什尔的品可汉峡谷地区，里昂比恩集合了一组实地测试者来评审，包括有导游、山顶装袋工、徒步旅行者、大农场管理员、滑雪巡逻队员等。这些顾客大部分是里昂比恩公司好几个季节的测试者。会议的第1天花费在一次精力充沛的徒步旅行上，按每个人所穿的靴子的尺寸进行分组，每个人的包里都有两到三双靴子，几乎每个小时都要更换所穿的靴子产品，如穿9号的要与一个穿8号的靴子交换靴子，有里昂比恩生产

的，也有竞争对手生产的。大家在各种环境里实验，及时记下对适应性、稳定性的评价，以便于公司及时做出调整。经过几个月的试用，公司获得了所有的改进建议。

在产品上市时的目录介绍中，公司能够通过测试期间的照片来说明种种问题，在推广产品时可以宣传整个测试过程，以便获得顾客的信赖。该种类型靴子在市场中很快获得认可，供不应求。

（案例来源：百度文库）

学习任务四　品牌与包装策略

一、品牌与品牌作用

（一）品牌的概念

品牌与包装都是产品整体观念的重要组成部分。品牌又称为产品的牌子，它是制造商或经销商加在产品上的标志，是用来区别本企业与同行业其他企业同类产品的商业名称。品牌是一个集合概念，它包含品牌名称、品牌标志、商标三方面的内容。

1. 品牌名称

品牌名称是指品牌中可以用语言来称呼和表达的部分。如“海尔”“联想”“可口可乐”等。

2. 品牌标志

品牌标志是指品牌中可被识别而不能用语言表达的特定标志，包括专门设计的符号、图案、色彩、文字等。例如，四个平行两两相交的圆圈就是奥迪的品牌标志。

3. 商标

商标是一个专门的法律术语，是指经过注册登记受到法律保护的品牌或一个品牌的一部分。商标受到法律保护，享有长期使用权，是企业的一项很重要的无形资产。经注册登记的商标有“R”标记，或“注册商标”的字样。

（二）品牌的作用

（1）有利于广告宣传和树立企业及产品形象。

（2）有利于产品组合的扩充。企业可以在品牌的产品线中增加新的产品项目，使新产品容易为消费者所接受。

（3）有利于扩大市场占有率。品牌的建立可以吸引消费者重复购买，也可以防止假冒伪劣产品的侵害，扩大市场份额。

（4）有利于监督、提高企业产品的质量。无论是创立品牌还是维护品牌，品牌都是公众监督产品质量的重要手段。

对于企业来说品牌是企业的无形资产。品牌价值的高低取决于消费者对品牌的忠诚度、品牌知名度、品牌所代表的质量、品牌辐射力的强弱和其他无形资产，如专利、商标和商业渠道等。一个有影响力的品牌往往具有很高的品牌价值，是企业一项极为可观的无形资产，甚至比企业的产品本身、企业的设备都要意义深远。

二、品牌设计的要求

品牌设计是一个复杂的过程，在设计中要注意以下几点。

1. 容易识别，便于记忆

品牌的重要作用是有助于识别商品。为此，要使人们见到后能留下深刻的印象，品牌设计必须既要简洁明了、通俗易懂，又要新颖别致，能传递给消费者明确的信息，以利于消费者准确理解。

2. 品牌设计要能体现企业或产品的风格

品牌既要与产品实体相符合，又要能反映产品的基本用途和它给消费者带来的效益，使消费者一接触到产品的品牌，便能知道这是一种什么样的产品。

3. 品牌设计要与目标市场的文化背景相适应

随着经济全球化发展，企业产品的营销范围不断扩大，这就要求品牌的设计要符合不同的民族习惯，避免使用当地忌讳的图案符号、色彩及令顾客产生异议的文字内容。

三、品牌策略

（一）有品牌和无品牌策略

采用品牌对大部分产品来说可以起到积极作用，但是并不是所有产品都必须采用品牌。产品要不要品牌，主要是根据产品的特点和权衡使用品牌对产品销售的作用大小而确定的。若作用很小，甚至使用品牌所需的费用超过可能的收益，就没有必要使用品牌。

（二）制造品牌和销售品牌策略

由于消费者对所要购买的产品并不具备充分的选购知识，所以消费者在购买产品时除了以产品的制造者的品牌作为选择依据外，还依据经销者的品牌即在什么商店购买。当然，消费者是希望购买具有良好信誉的商家出售的产品，因此产品制造者就需衡量品牌在市场上的声誉，在采用谁的品牌上做出选择。一般来说，如果企业在一个新的市场上销售产品，或者市场上本企业的信誉不及其经销者的信誉，则适宜采用经销者的品牌，等到这种产品已为市场接受后，取得消费者信任，再转而使用制造者的品牌，或者同时使用经销者品牌和制造者品牌。

（三）统一品牌和个别品牌策略

统一品牌即企业对其全部产品使用同一个品牌。这种策略的好处是节省品牌的设计费用，有利于消除消费者的不信任感，壮大企业的声誉。但采用这种策略应注意以下几点：①这种品牌在市场上已有较好的声誉；②各种产品应具有相同的质量水平；③产品属于同一细分市场，否则会造成损害企业的信誉和品牌的错位如“海尔”“松下”。

个别品牌即企业对各种不同的产品分别采用不同的品牌。这种策略的好处是可以保证

企业的信誉不受影响，便于消费者识别不同质量、档次的商品；同时也有利于企业的新产品向多个目标市场渗透。其缺点是要为每个品牌分别做广告，费用开支较大。

（四）多重品牌策略

多重品牌即企业在同类产品中同时使用两种或两种以上品牌。这种策略可以给企业带来几方面的利益：①可以增加品牌的陈列面积，增加零售商对产品的依赖性；②可以吸引喜好新牌子的消费者；③使组织内部直接产生竞争，有利于提高企业的工作效率和管理效率；④可以满足不同的细分市场的需要，为提高总销售量创造条件。其存在的风险是：使用的品牌量过多，易导致每种产品的市场份额很小，使企业资源分散，而不能集中到少数几个获利水平较高的品牌上如“宝洁”公司的产品。

四、包装与包装的作用

（一）包装的概念

包装是指产品的容器或外部包扎物，是产品策略的重要内容，有着识别、便利、美化、增值和促销等功能，是产品整体概念的重要组成部分。产品包装是一项技术性和艺术性很强的工作，通过对产品的包装可以达到多种效果。包装设计应适应消费者心理，显示产品的特色和风格，包装的形状、大小应为运输、携带、保管和使用提供方便。

（二）包装的作用

作为商品生产的最后一道工序和产品的外衣，包装的作用主要体现以下几方面：

1. 保护商品

保护商品质量安全和数量的完好无损，是商品包装最原始、最基本的目的。商品在从生产领域向消费领域转移的过程中，要经过多次运输和储存环节，其中会出现震动、挤压、碰撞、日晒、变质等情况，造成一些不必要的损失。因此，适当的包装可以防止各种可能出现的损害，保护产品的使用价值。

2. 便于运输、携带和储存

产品的物质形态有气态、液态、固态、胶态等，它们的物理化学性质也各异，可能是有毒的、有腐蚀性的或易挥发、易燃、易爆等，外形上可能有棱角、刃口等危及人身安全的形状，进行合理的包装，可便于商品的运输，从而节省流通时间及降低运输费用。同时，经过合理包装的产品，便于储存和点检，有利于仓库作业，合理堆砌，保护商品品质。

3. 便于使用

适当的包装可以起到便于使用和指导消费者的作用。

4. 美化商品，促进销售

产品采用包装后，首先进入消费者视野的往往不是产品本身，而是包装。能否引起消费者的兴趣和激发购买动机，在一定程度上取决于产品的包装，因而包装成了“无声推销员”。

5. 增强竞争力

不同产品采用不同包装，或同类产品不同厂家、不同品牌采用不同的包装，可以使消费者易于识别。同时，通过产品包装，企业可以与竞争者的同类产品有所区别，不易被仿制和伪造，有利于维护企业信誉，增强企业竞争力，提高经济效益。

6. 增收节支

首先，在运输过程中，包装能减少损坏、变质等情况，从而减少支出，增加利润；其次，在销售中，由于可以刺激消费者的消费，使销售量增加，进而也增加利润。

五、包装的设计要求

包装能否起到应有的作用，设计是关键。归纳起来，包装的设计要求如下。

1. 保护产品，造型美观

设计产品包装，首先要能保护产品。因此，设计要科学，要能够保证商品在运输和存储中不受损。同时，包装的造型要美观大方、生动形象，图案设计要新颖，能对顾客产生吸引力。

2. 经济实用

包装设计要尽可能做到既能节约包装费用，又能节约储运费用，而且使用方便。经济实用的含义是指以下几个方面：选用的包装材料要尽量便宜；要设计多用途和多次使用的包装；要尽可能合理地利用包装空间；要避免过分的包装。例如，国家质检总局和国家标准委于 2005 年 9 月 5 日发布月饼强制性国家标准，限制月饼过度包装。该标准的出台，意味着千夫所指的月饼的过度包装将得到遏制；使用方便。运输包装要设计成大包装，销售包装要设计成小包装，这样，既保证运输的安全方便，也为橱窗陈列和做广告提供了方便，又为保管创造了便利条件。

3. 与产品价值相符合

由于产品包装已成为产品的一部分，所以产品包装必须与产品价值相符合。“一等产品二等包装”固不可取，但是不考虑产品内容、用途和销售对象，而单纯追求包装装潢的精美华丽，以此来吸引顾客，其结果往往是本末倒置、弄巧成拙。

4. 显示产品的特点

显示产品的特点即要能够从包装的图案、形状和色彩等方面显示出产品的特点和独特的风格。例如，化妆品的包装要色彩艳丽、造型优美、装潢雅致；贵重的工艺品的包装要材质华贵、造型独特、装潢富丽；儿童品的包装要五彩缤纷、活泼美丽；食品的包装要喜庆吉祥，以吸引消费者的购买。

5. 文字设计一目了然

有些产品的性能、使用方法、使用效果常常不能直观显示，而需要用文字加以说明。包装上的文字设计，要抓住顾客对不同产品的不同心理，以指导其消费，如药品类产品，要说明成分、功效、服用量、禁忌及是否有副作用等；服装类产品，应说明用料、规格、尺码、洗涤和保存方法等。

六、包装策略

1. 类似包装策略

类似包装，亦称产品线包装，即指企业所生产的各种不同产品，在包装上采用共同或相似的图案、形状或其他共同的特征，使消费者容易发现是同一家企业的产品。类似包装具有采用统一品牌策略的好处，可以节省包装设计的成本，有利于提高企业的整体声誉，特别是新产品进入市场时，容易进入市场。但如果企业产品品质相差太大，不宜采用这种策略。

2. 等级包装策略

等级包装是指按照产品的价值、品质分成若干等级，并实行不同的包装，使包装与产品的价值相称。比如，优质包装与普通包装，豪华包装与简易包装等。这种策略有利于消费者辨别产品的档次差别和品质的优劣。它适用于产品相关性不大，产品档次、品质比较悬殊的企业，其优点是能实现产品的特点，并与产品质量协调一致；缺点是增加包装设计成本。

3. 组合包装策略

组合包装是指把使用时相互关联的多种商品纳入一个包装容器中，同时出售。比如，家用药箱、针线包、工具包等。这种策略不仅有利于充分利用包装容器的空间，而且有利于同时满足同一消费者的多种需要，扩大销售。

4. 复用包装策略

复用包装是指在原包装的产品使用完后，其包装物还可以用作其他用途。这种策略主要是利用消费者一物多用的心理，使他们得到额外的使用价值；同时，包装物在使用过程中，也可以起到广告宣传的作用，诱发消费者购买或引起重复购买。

5. 附赠品包装策略

附赠品包装是指在商品包装物内附赠给购买者一定的物品或奖券。

6. 更换包装策略

更换包装是指对原商品包装进行改进或更换，重新投入市场以吸引消费者；或者原商品声誉不是太好、销售量下降时，通过更换包装，重塑形象，保持市场占有率。

【案例 6-2】

饮料瓶身上的创新营销，谁会胜出？

饮料更换新包装，或者推出新品牌，都是很常见的事。但过去，一般多是取个性的品牌名称，要不就是刷新一下设计风格，或者加一些宣传语。但在当 90 后渐成消费主体、社交媒体成为主流传播平台后，饮料瓶身也逐渐被厂商更加重视，用新的创意思路和呈现方式，来进行与过去完全不一样的营销。以 3 家不同品牌饮料的不同做法为例，简单进行一下探究。

例一：可口可乐的台词瓶

继可口可乐的“昵称瓶”“歌词瓶”之后，可口可乐又推出集影视剧经典台词的“台词瓶”。目前一共选定了 20 多句台词，包括“如果爱，请深爱”“做人要厚道”“臣妾做不到啊”，等等。这些台词被印在红色瓶身及易拉罐上，十分醒目，动感十足。

例二：农夫山泉的彩绘瓶

农夫山泉高端矿泉水的瓶身设计，按其电视宣传片的说法，花了超过3年时间，邀请了5家国际顶尖设计公司进行设计，历经数十稿后才最终选定。最终展现在公众面前的是，晶莹剔透的玻璃瓶身上，画着长白山特有物种的图案，透出浓浓的人文气息。

例三：“小茗同学”包装卖萌

“小茗同学”瓶身包装确实不错，而最有特点的还是双盖设计，盖子可以取下来把玩或者收藏，其实这个设计最初的想法是要将两个盖子黏在一起，但因为工艺上的问题，大瓶盖总是会掉下来。统一的推广人员到大学和高中走访时发现小朋友会把盖子拿下来做美工、画画，或者在上面表达心情，有人还会把不同颜色的互盖，或者在别的人的瓶子上盖一下，于是这个意外的错误设计也就被这么保留下来了。

毫无疑问，这几个在饮料瓶身上的创意，都打破了传统方式。它们的共同特点，一是求新求异，设计有别，又与别家的创意角度有明显差异；二是迎合城市年轻一代消费者的趣味，只是农夫山泉的更文艺些，而“小茗同学”更“卖萌”些；

（案例来源：《中国包装》2008年04期　郑彦）

学习任务五　产品组合决策

一、产品组合概念

（一）产品组合的含义

产品组合也称产品经营结构，是指一个企业生产经营的全部产品线和产品项目的组合或结构。产品线也称产品大类，是一组密切相关的产品。产品项目也称产品品种，是指产品线内由尺码、型号、外观、价格、品牌及其他属性来区别的具体产品。如某企业生产彩电、冰箱、空调、计算机等，这就是产品组合，其中彩电、冰箱、空调、计算机等就是产品线，每条产品线中包括的具体品牌和品种就是产品项目。

（二）产品组合的宽度、长度、深度和关联度

产品组合包括4个可以衡量的变量即宽度、深度、长度和关联度。产品组合的宽度也称广度，是指一个企业拥有产品线的数量。产品组合的深度是指企业每条产品线中所拥有的产品项目的数量。产品组合的长度是指企业产品组合中产品项目的总数。产品组合的关联性是指企业各条产品线在最终用途、生产条件、分销渠道等方面的相关程度，如图6-3所示。

产品组合的宽度、深度、长度和关联度在市场营销战略上具有重要意义。一是增加产品组合的宽度，可以增加企业产品线的数量，扩大企业经营范围，甚至跨行业经营，实行

<table>
<tr><td></td><td colspan="3">产品组合宽度</td></tr>
<tr><td rowspan="5">产品组合深度</td><td>电脑</td><td>食品</td><td>家电</td></tr>
<tr><td>普通台式</td><td>方便面</td><td>冰箱</td></tr>
<tr><td>笔记本</td><td>饮料</td><td>洗衣机</td></tr>
<tr><td>平板电脑</td><td>水果</td><td>电视机</td></tr>
<tr><td>一体机</td><td>调味品</td><td>空调</td></tr>
</table>

表 6–2　某企业产品组合示意图

多角化经营战略，有利于发挥企业特长，充分利用企业资源，降低风险，提高经济效益；二是增加产品组合的深度和长度，可以增加产品项目，增加产品花色、款式、规格等，实行专业化经营，可以满足目标市场消费者的不同需求和爱好，扩大产品销售量，增强企业竞争力，树立良好企业形象；三是加强产品组合的关联性，可以提高企业在某一地区或某一行业的市场竞争位次，充分发挥企业在生产、分销渠道和技术等方面的优势。

二、产品组合策略

产品组合策略是指企业根据市场需求和内部资源对产品组合的宽度、深度、长度和关联度的最优组合策略。企业通过产品线销售额和利润分析、产品项目市场定位分析对产品组合进行调整和优化，采取扩大产品组合、缩减产品组合、产品线延伸、产品线现代化策略。

1. 扩大产品组合策略

扩大产品组合策略是指企业拓展产品组合的宽度和加强产品组合的深度。拓展产品组合宽度是在原有产品组合中增加新的产品线，扩大经营范围；加强产品组合深度是在原有产品线内增加新的产品项目。如果企业预测到现有产品线的销售额和利润额在未来一定时期内可能下降时，就会考虑在现有产品组合中增加新的产品线或加强其中有发展潜力的产品线。如果企业想增加产品特色或为更多的子市场提供产品时，可以考虑在原有产品线内增加新的产品项目。

采取扩大产品组合策略，实行多角化经营，可以拓展经营范围，扩大经营规模，降低风险，充分发挥企业资源，尤其是经济繁荣时期实行扩大产品组合策略，可以增加盈利机会，但是采取扩大产品组合策略需要大量投资，要慎重采用。

2. 缩减产品组合策略

缩减产品组合策略是指企业减少产品组合中产品线的数量或减少产品线中产品项目数量。一般来讲，在市场经济萎缩、原材料能源供应紧张或行业内有替代品出现、消费者需求爱好发生转变时，可以采取缩减产品组合策略，放弃那些获利少甚至亏损的产品线或产品项目，集中力量发展获利多、有发展潜力的产品线和产品项目，以增加企业营利能力。

3. 产品线延伸策略

产品线延伸策略是指企业全部或部分地改变原有产品的市场定位，采取向上延伸、向下延伸和双向延伸三种形式。

（1）向上延伸策略。

向上延伸策略是指在原有产品线中增加高档产品项目。

实行向上延伸策略的市场条件是：一是高档产品市场需求旺盛，产品畅销，利润高，市场发展潜力大；二是拥有进入高档产品市场的实力，想发展各档次产品俱全的完全产品线；三是企业有良好的信誉；四是具有反击竞争对手进攻的能力。

实行向上延伸策略的风险：一是高档产品市场竞争者进行反击并可能进入低档产品市场；二是未来消费者可能怀疑企业高档产品的质量水平；三是企业的销售代理商和经销商不一定有能力经营高档产品。

（2）向下延伸策略。

向下延伸策略是在高档或中档产品线中增加中档或低档产品项目。

实行向下延伸策略的市场条件：一是高档产品销售增长缓慢，竞争激烈，企业需要开拓中低档产品市场，进行反击，增加盈利；二是利用高档产品的品牌效应吸引购买力水平低的消费者购买中低档产品，扩大销售量；三是填补市场空白，不让竞争者有机可乘。

实行向下延伸策略的风险：一是容易损害高档产品的品牌形象，因此应采取新品牌推出中低档产品；二是经营高档产品的经销商或代理商因为利润少而不愿经营中低档产品；三是易激怒中低档生产企业向高档产品市场进攻。因此使用向下延伸策略要谨慎，否则会影响企业形象和品牌效应。

（3）双向延伸策略。

双向延伸策略是指在原来的中档产品线中同时增加高档产品项目和低档产品项目。

实行产品线延伸策略可以充分利用企业资源，开发多种产品满足消费者的不同档次需求，减少经营风险。但是产品线延伸要适度，因为随着产品线的延长，造成产品成本增加，企业利润减少，也使消费者难以区分各种产品的独特优势，降低品牌忠诚度。

4. 产品线现代化策略

产品线现代化策略是指企业把现代科学技术及时应用到生产经营中，对产品线进行改进，使之符合时代需求。实行产品现代化有二种形式：一是用最快速度对产品线进行全面更新改造，这样做虽然在短时间内需要大量投资，但可以抢占市场先机，击败竞争对手，占据有利的市场位次。这仅仅是实力雄厚企业采用的方式。二是对产品线进行更新改造，这样做虽然可以节省资金，但容易被竞争者察觉和模仿，一般是中小企业经常使用的方法。

小 结

（1）产品是市场营销组合中最重要的要素，是指向市场提供的、能满足人们某种欲望和需求的任何东西。每个产品都包含三个层次：核心产品、形式产品、附加产品。

（2）产品生命周期是指产品从投放市场到被淘汰出市场的全过程。处于产品生命周期的不同阶段要采取不同的产品策略。

（3）产品的品牌作为产品整体的一部分，其价值在现代经济中越来越重要。品牌价值的高低取决于消费者对品牌的忠诚度、品牌知名度、品牌所代表的质量、品牌辐射力的强弱和其他无形资产。

（4）包装也是产品整体的一部分，作为商品生产的最后一道工序和产品的外衣，包装的作用主要体现在以下几方面：保护商品；便于运输、携带和储存；便于使用；美化商品，促进销售；增强竞争力；增收节支等。

（5）产品组合是指一个企业生产或经营的全部产品的组成方式。它可以用产品组合的长度、广度、深度、关联性反映出来。其策略主要包括：扩大产品组合策略、缩减产品组合策略、产品延伸策略。

同步测试

一、思考练习题

1. 如何理解产品整体概念的内涵？它对企业营销有哪些启示？
2. 产品组合的宽度、深度、长度和关联度在企业市场经营中的重要性体现在哪里？
3. 试述介绍期、成熟期市场特点及营销策略。
4. 新产品开发策略有哪些？
5. 提高品牌知名度的措施有哪些？

二、案例分析题

华龙方便面的产品组合

2003年，位于河北省邢台市隆饶县的华龙集团，以超过60亿包方便面的销售量而跃居方便面市场的第二位，仅次于康师傅方便面。与康师傅和统一形成了三足鼎立的市场格局。华龙真正地从一个地方性品牌成长为全国性品牌。

华龙方便面产品组合非常丰富，其产品组合的长度、深度和宽度都达到了比较合理的水平。它共有17种产品系列，10多种口味，上百种规格的方便面。这样企业能够充分利用现有的资源，发掘现有的生产潜力，更广泛的满足市场的各种需求。

华龙公司的成长经历了几个发展阶段：

在发展初期，华龙将目标市场定位于河北省及周边省份的农村市场。首先推出了适合农村市场的“大众面”系列。由于它超低的价位，迅速打开了农村市场。随后“大众面”系列红遍大江南北，抢占了大部分的低端方便面市场。在经历了几年的发展后，推出了面向全国市场的大众面中高档系列。如中档的“小康家庭”“大众三代”，高档的“红红红”等。从2002年起，华龙开始走高档面路线，开发出高档面品牌“今麦郎”。并开始大力开发城市市场，在北京、上海等地大获成功。

华龙公司奉行的战略：少做全国品牌，多做区域品牌，不同区域推广不同产品。考虑到中国地域轮廓，饮食文化的差异性非常大。地域不同，则市场不同，文化不同，价值观不同，生活形态也大不相同。华龙制定了区域品牌战略，以最大限度开发和满足区域市场的特定需求。如针对河南市场的“六丁目”，针对山东市场的“金华龙”，针对东北市场推出了“东三福”等品牌。与此同时，还创作了切合区域特征的广告。

之后，华龙又开始针对不同区域的消费者开发不同口味和不同品牌的系列产品。如针对回族居住集中的地区，开发“清真”系列方便面，针对东三省创立了有着浓重东北风格的“可劲造”品牌及系列产品。

华龙公司的方便面产品组合决策必须考虑两方面的战略决策。一是如何应对或挑战“康师傅”和“统一”这两个方便面市场上的强势品牌。二是如何应对或争夺地方小品牌的市场份额，在实行本土化的目标市场营销战略的总原则指导下，开发高中低多层次的产品组合，实行避强击弱的市场渗透战略。

在全国市场实行整体上的高中低档产品组合策略。既有低档的“大众系列”方便面，又有中档的“甲一麦”品牌的方便面，更有高档的“今麦郎”。在不同地区，根据本地市场的状况开发和销售不同分档次的产品。

产品线延伸是华龙公司的重要战略。如在“六丁目”品牌下，推出六丁目108，六丁目120，超级六丁目。在“金华龙”品牌下，生产出金华龙108，金华龙120，等等。华龙公司不仅实行产品线延展，还实施了多品牌战略。如在东三省推出“东三福”品牌之后，建立了“可劲造”新品牌。本地化和品牌战略的有效实施，使得方便面市场上的两个龙头老大防不胜防，也使得地域小品牌难以招架。这可能是华龙方便面跃居行业第二的秘密武器吧。

（案例来源：《农产品市场周刊》2005 年 01 期　张立森）

思考题

1. 华龙方便面的产品策略和品牌策略有何利弊？
2. 如何分析方便面的产品生命周期？

宝马产品系列介绍

（1）BWM 1 系运动型两厢轿车。简约的豪华，时尚的动感。一辆紧凑级的小车，令人高兴的是：顾客得到的毕竟是一辆宝马，而且这辆小车不仅看起来是宝马，开起来也是宝马。对很多顾客来说，这才是最重要的。

（2）BMW 3 系车型。运动轿车之王从 1975 年第一代宝马 3 系面世以来，它一直被人们看作是最能表达宝马轿车特点的车型 。如今 BMW 3 系以其出色的款式仍在延续这一传统，如今 3 系已经成为宝马所有车系中最成功的车型，也是销量最大的车系！

（3）BMW5 系车型。商务座驾，精英之选。个性、典范、动感宝马 5 系列的历史已经 34 年。从经历中锤炼智慧，有勇气挑战极限。这款汽车将引领您迈向成功，也将带领您

进入汽车设计的至高境界。设计与舒适，安全和性能——这就是 BMW 5 系汽车的内在特质。

(4) BMW 6 系车型展示运动的美学。要激起您的思潮有很多途径，其中最高雅的途径就是驾乘 BMW 6 系汽车踏上您的旅程。

(5) BMW 7 系车型。尊崇旗舰，驾驭未来。全新 BMW 7 系列轿车动感强劲，同时又具有超出其他轿车的平稳和敏捷。它似乎可以提供无限的动力资源，但却不失优雅和独特风格。它提供了不可比拟的驾驶体验，但这新款 7 系轿车却是百分百纯正的 BMW。全新 BMW 7 系列轿车，生活艺术，唯您独尊。

(6) BMW 8 系车型。8 系延续了宝马优质跑车的传统，造型独特、优雅（停产）。

(7) BMW X 系列车型。征服不同路况，运动无极限。

(8) BMW Z4 跑车梦想重生。新一代 BMW Z4 是宝马公司首款采用可折叠硬顶的敞篷跑车。让身体与心灵一起飞扬，写意生活，自由驾驭。

(9) M 系在一部宝马车上的字母“M”代表了非凡的运动特性、专属性和高超的工艺，同时也是优秀的驾驶技艺和个人风格的象征。除了设计制造 M 系列高性能车之外，宝马 M 公司的业务还包括 BMW Individual（宝马个性化）这样一个特需部，满足客户极端的个性需求，有 M3、M5、M6、Z4M、X5M、X6M 系列，在产的只有 M3（包括四门轿车，双门轿跑车，敞篷轿跑车以及 X5 和 X6 两款 SUV 的 M 版本）和 M5、M6。字母“M”在汽车世界里代表着强劲、时尚、智慧和极度的优雅，是专为兼顾激情及品位的勇敢者缔造的 M 系列座驾。

(10) MINI。与众不同、灵活敏捷和轻灵精巧成为世界上最成功的高档小型车。

(11) 劳斯莱斯。劳斯莱斯以一个“贵族化”的汽车公司享誉全球。“幻影”双门四座的敞篷车。双门轿跑版的古思特。

(12) BMWi 系列车型。为电动车而生的品牌。BMW i3 和 BMW i8 是新能源汽车致力于混动、增程式电动车和插电式电动车。

(13) 宝马服饰。以男士服饰系列产品定位（西装、休闲装、茄克、风衣、西裤、休闲裤、衬衣、领带、羊毛衫、T 恤等）。

项目七　价格策略

学习目标

明确企业制定价格的目标和影响企业定价的基本因素；

掌握企业定价的方法和定价的策略以及价格的变更对企业自身、消费者及竞争对手的影响。

熟练运用现代价格观念分析企业定价的影响因素，选择定价目标，掌握定价方法和策略，以提高定价决策的科学性和应变性。

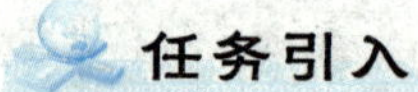

任务引入

上海大众"帕萨特"的定价策略

2002年秋季，汽车"价格"成了国内媒体报道的热点，而这个词也同时成了厂家避讳的焦点。甚至有厂家直言，媒体能否站的角度再高一点儿，别一开口就逼着厂家降价。初一想，这类厂家肯定是还想偷偷摸摸多赚点儿，怕媒体提醒了高价购车的消费者。可仔细想想，说这话的厂家也是有道理的。与其在价格上"打征服战"，不如静下心来研究有些厂家为什么坚决不降价？为什么有胆量不降价？

因为在汽车产品越来越同质化的今天，能生产汽车已不再是一个厂家的核心竞争力，而会不会卖车则充分体现出一个厂家的核心竞争力。

上海大众是德国大众在我国与上海汽车工业集团总公司成立的合资企业，在品牌营销方面基本上继承发扬了德国大众的策略。而德国大众是世界知名的跨国公司，其制定出的定价策略，是保证公司目标实现的重要条件。通常，这类公司产品价格会受到三个因素的制约——生产成本、竞争性产品的价格和消费者的购买能力，其中产品的生产成本决定了产品的最低定价，而可比产品的竞争性定价和消费者的购买能力则制约着产品的最高定价。

以上海大众刚上市销售的帕萨特最高档车帕萨特2.8v6为例，2003年1月21日，上海大众正式向媒体展示了刚刚推出的帕萨特2.8v6，其打出的品牌定义为"一个真正有内涵的人并非矫揉造作"，营销目标是"成为中高档轿车的领导品牌、成为高档轿车的选择之一"。无疑上海大众希望传播这样一个目标：帕萨特是中高档轿车的首选品牌，在品牌形象方面是典范，要凌驾于竞争对手别克、雅阁和风神蓝鸟之上，缩小与高档品牌（如，

奥迪、宝马、奔驰）之间的差距。

上海大众为了达到以上目标，在分析了自己的优劣势后进行了定价决策，并围绕着营销目标和所制定的价格进行了一系列行之有效的广告宣传。

（一）定价

上海大众为了制定出有竞争优势的市场价格，上海大众首先从以下几个方面分析了自己的优劣势。

（1）就生产成本而言，由于该车系上海大众已在2000年就开始生产了，而且产销量每年递增，所以生产成本自然会随着规模的增加而降低。

（2）竞争品牌技术差异。

①在与市场同档次产品（如奥迪A6、本田雅阁、通用别克等）相比，虽然帕萨特的长度排名最后一位，但是帕萨特轿车身材最高达1.47米，整车轴距为2.803米，远远高于雅阁、别克。帕萨特的乘坐空间和乘坐舒适性在同类轿车中处于最好水平，尤其对后排乘员来说，腿部和头部空间尤显宽敞。

②帕萨特和奥迪A6所用的2.8v6发动机技术水平均处于领先地位。

③空气阻力影响汽车的最高车速和燃油油耗。帕萨特的风阻系数仅为0.28，在同类轿车中处于最好水平。

④和帕萨特及奥迪A6的周密防盗系统相比，雅阁没有发动机电子防盗系统和防盗报警系统，别克轿车没有防盗报警系统。

⑤帕萨特轿车的长度在四种车型中名列之末，但由于其卓越的设计，帕萨特的行李箱容积却超过了广州本田雅阁和上海通用别克的水准。

（3）售后服务是汽车厂商们重点宣传的部分，而维修站的数量则是个硬指标。上海大众建厂最早，售后服务维修站的数量自然也会居于首位。在市场营销方案中上海大众依然用图表的方式充分展示了自己在这方面的优势。

在对经销商的培训及消费者的宣传中，上海大众用了这样的语言：上海大众便捷的售后服务、价平质优的纯正配件，使帕萨特的维护费用在国产中高级轿车中最低，用户耽搁时间最短，真正实现“高兴而来，满意而归”。很明显，上海大众抓住了消费者的需求心理：高质量、低价位、短时间。

在对全员培训中，上海大众非常明确的描绘出了帕萨特的品牌定位：感性表述——帕萨特宣告了你人生的成就；理性描述——帕萨特是轿车工业的典范。最后一句“帕萨特2.8v6是上述品牌定位的最好例证”，推出了新产品的卖点与竞争力。

整个营销方案的最后，打出了帕萨特2.8v6的定价：35.9万元。

（二）广告宣传

为了给消费者一个清晰、独特的品牌性格，上海大众策划了以下一系列广告宣传活动。

2000年6月，上海大众引进了在国际车坛屡获殊荣、与世界同步的帕萨特。这一年，帕萨特的广告宣传“惊世之美，天地共造化”一度脍炙人口，也将帕萨特的优雅外观、完美工艺形象烙进了人们心中。

然而，随着市场的发展，奥迪、别克、雅阁等国际品牌竞争对手的成长，使得中高档轿车的品牌宣传越来越需要一个清晰的市场定位与独特的品牌性格。在分析研究了竞争对手的情况下，上海大众对帕萨特进行了重新描述——“一部有内涵的车”，博大精深，从容不迫，优秀却不张扬。

2001 年 7 月，帕萨特的主题电视广告“里程篇”投播，以对人生成功道路的回顾和思索，把品牌与“成功”连结在了一起，同时为该品牌积淀了丰富的人文内涵。

2001 年 12 月，上海大众推出了帕萨特 2. 8v6，配备了 2. 8v6 发动机和诸多全新装备，是大众中高档产品在我国市场的最高配置。该车将帕萨特的尊贵与卓尔不凡乃至整个上海大众形象推向了一个新的层面。在电视广告宣传中，上海大众利用了“里程篇”所奠定的成功基础，将“成功”提升到了更高境界。在这部广告片中，我们可以看到山、水、湖泊、森林、平原、沙漠变换中蕴藏着的无限生命力，无疑创意者在表现帕萨特 2. 8v6 的动力。在平面媒体中，上海大众加强了对帕萨特 2．8bv6“内在力量”的宣传，与电视宣传形成内外呼应、整体配合的效果。但是所有的广告宣传背景都贯穿了一条线索——“修身、齐家、治业、行天下”这个深入人心的儒家思想，概括了中国人的人生态度和抱负，使得“成功”的境界登峰造极。经过了修、齐、治、行四个递进阶段后，帕萨特智慧、尊贵、大气、进取的品牌个性也就毫不张扬地得到了印证。

除电视广告、平面广告等大众媒体外，消费者的宣传手册也很重要。上海大众的做法是详细介绍了帕萨特 2. 8v6 的新技术、新功能。如 2. 8 升 v 型 6 缸 5 气门发动机，侧面安全气囊、电动可调带记忆、电动加热前座椅、带雨量传感器的车内后视镜，桃木方向盘、前大灯清洗装置等。

（案例来源：《集团经济研究》2007 年 35 期　杨军平）

思考题

1. 帕萨特的定价策略是根据什么来确定？
2. 试从营销策略的角度讨论上海大众的定价策略？

价格在市场营销组合中与产品、渠道和促销相比，是企业促成销售、获取利益的关键因素。价格是否合理直接影响产品或劳务的销售，是竞争的主要手段，关系企业营销目标的实现。因此，企业定价既要考虑其营销活动的目的和结果，又要考虑消费者对价格的接受程度，从而使定价具有买卖双方决策的特征。

学习任务一　影响定价的因素

影响定价的因素是多方面的，如定价目标、成本、其他市场营销组合因素、国家法律和政策、市场需求情况、市场竞争形势等内、外两方面的因素。在此，我们具体对影响产品定价的两类因素来进行分析。

一、内部因素

影响企业定价的内部因素主要是指那些由于企业自己的原因，如生产成本、定价目标及企业营销组合中其他因素的影响而导致企业在定价过程中首先需要做出相应判断的因素。

（一）产品成本

任何企业都不能随心所欲地制定价格。产品的最高价格取决于市场需求，最低价格取决于这种产品的成本费用。从长远看，任何产品的销售价格都必须高于成本费用。只有这样，才能以销售收入来抵偿生产成本和经营费用，否则就无法经营。其中，成本又分为不同类型，每种成本对企业定价的影响程度各不相同。

1. 固定成本

固定成本指在既定生产经营规模范围内，不随产品种类及数量的变化而变动的成本，如厂房和机器设备的折旧、每月必须支付的租金、管理人员的工资等支出。这些费用项目的总体支出水平在短期内是相对固定的，即使企业没有生产产品，也需要支出。而产量增加时，这部分支出并无显著增加。

因此，如果产品产量很少时，每个产品都必须承担相当多的固定成本，以致产品的单位成本很高。如果产量增加，就会因承担固定成本的减少，从而使产品单位成本迅速降低。

2. 变动成本

变动成本指随着产品种类和数量的变化而直接发生变动的成本，如产品实体的原材料、燃料、运输费用、生产工人工资、销售税金等支出，这些费用可以直接计入产品成本。一般来说，在一段时期里变动成本总量增长的速度与产量增长的速度是基本同比例的。

3. 总成本

总成本即全部固定成本和变动成本之和。当产量为零时，总成本等于固定成本。对于企业定价决策而言，更关心单位产品成本情况。单位成本的变动趋势同时受单位固定成本和单位变动成本的影响。当产量水平较低时，单位固定成本很高，随着产量（销售量）的增加，会迅速降低；但到一定程度后，降低的幅度很小。单位变动成本在一段时间内变动不大，但产量增加到一定程度后，上升幅度较大。于是单位产品成本的变化随着产量的增加，会呈现“U”形状态，企业在进行定价决策时应考虑这种因素。

4. 边际成本

边际成本指当企业产品增加或减少单位产量时，所引起相应成本的变动量。例如：某企业如果生产某产品 100 件时，其总成本为 10 000 元（单位成本为 100 元），当产量增加为 101 件时，其总成本为 10 070 元，此时这种产品的边际成本为 70 元。对于企业来说，企业关心的是增加产量能否增加利润，如果产品市场价格高于边际成本，增加产量就会带来利润的增加。假如上述的产品市场价格为 80 元（比单位成本要低），但只要企业生产能力尚有富余，增加生产一件产品，企业可以多获利 10 元，增加产量是有利的。同理，如果产品市场价格低于产品的边际成本，则减少产量应该是有利的。因此，边际成本对企业的价格决策有着重要影响，企业需要经常结合价格，观察边际成本的变化。

5. 机会成本

机会成本指当企业选择生产经营某种产品时，因需要放弃生产经营另一种产品的机会，而失去的相应收益。企业拥有的资源，如资金、设备、人力、原材料等，可以分别用于不同产品的生产经营，相应也会产生不同利益。由于企业资源的有限性，如果多生产某一种产品，必然要减少另一种产品的生产量。例如，某企业可以生产甲、乙两种产品，因为资源有限，如果多生产一件甲产品，就可能要少生产三件乙产品，假设每销售一件乙可带来 2 元的利润，那么此时一件甲产品的机会成本为 6 元。如果甲产品的单位成本为 10 元，那么只有当甲产品的售价大于或等于 16 元时，企业才应决定多生产经营甲产品，否则应决定多生产经营乙产品。由此可知，产品价格不仅应能弥补生产经营成本，而且还要能弥补它的机会成本。企业研究分析产品的机会成本，对于定价策略和资源的合理配置都有着实际意义。

与其他因素相比，成本因素相对稳定，属于企业内部信息，比较容易准确预测。

（二）企业定价目标

定价目标，指企业通过特定水平的价格制定或调整所要达到的预期目的。定价目标是企业市场营销目标体系中的具体目标之一。在企业的战略制定过程中，市场营销目标体系作为一种职能战略，必须有助于企业总体战略目标的实现；而企业的定价目标在体现企业营销总目标的同时，还要与其他营销组合目标相协调。公司的产品与市场定位越清晰，定价目标越明确，确定定价策略越简单。概括起来，企业的定价目标大致有以下六种：

1. 以短期利润最大化为定价目标

此目标即企业希望在短期内获取最大限度的销售利润。持这种目标的公司往往采取高价策略，以获取短期超额利润。这种定价目标适合于那些产品具有独创性且刚刚投放市场的公司，在市场上具有绝对优势，在目标顾客对价格不敏感的情况下，较易获得成功。但要注意随时根据竞争状况进行产品价格的调整，否则容易招致多方的抵制与竞争。

2. 以实现预期投资回报率为定价目标

预期投资回报率是企业运营的重要财务指标之一，它直接反映企业的投资收益水平。持这种目标的企业将投入某种产品的资金的预期效益作为企业的定价目标，定价时在总成本之外加上一定比例的预期效益。因此，在产品成本费用不变的情况下，价格的高低直接取决于企业确定的投资回报率和投资回收期的长短。而通常预期的投资回报率般应高于银行存款利率，于行业内平均利润水平相近。这种定价目标适用于那些在行业中处于主导地位，或产品具有独特性的势力雄厚的企业。

3. 以市场占有率最大化为定价目标

市场占有率是企业经营状况和产品竞争力状况的综合反映。在一定程度上，较高的市场占有率可以使企业产生规模效益，提高产品销量，同时为企业带来一定的品牌知名度，其低价也能有效排斥其他竞争对手，从而形成企业长期控制市场和价格的垄断能力，最终

获得较高的长期利润。因此，很多企业会不惜降低价格牺牲眼前利润，以赚取更大的市场份额。这种定价目标通常适用于那些市场对产品价格高度敏感，或产品生产的规模效益应较为明显的企业。

4. 以维持企业生存为定价目标

如果企业产能过剩，或面临激烈竞争，或试图改变消费者需求，则需要把维持企业生存作为企业的主要定价目标。此时产品难以按正常价格出售，企业往往实行大幅度的价格折扣，以保本甚至会以亏本价格出售商品以求收回资金。一般来说，只有在社会产能大量过剩，竞争十分激烈的情况下，企业才会选择这一定价目标。而且，这种目标只能作为不利环境中的一种过渡性目标，情况稍有好转便会被其他目标多代替。

5. 以产品质量领先为定价目标

这是指企业致力于成为市场上产品质量领先的公司。这些公司在研发、生产和营销中始终以“产品质量最优”为追求目标，在此基础上制定高于竞争对手的产品价格，既弥补了前期投入成本，又获得了超额利润，同时还在市场上突出了企业的竞争优势。通常这些目标市场对价格不敏感，且自身具有雄厚的研究和开发能力的企业适合采用这种定价目标。

6. 以适应竞争为定价目标

这是指企业以避免与竞争对手发生价格竞争为定价目标。这类企业往往以竞争对手的价格为定价依据，制定低于、高于或等于竞争对手的产品价格。事实上，这种定价目标多由市场上处于追随者地位的企业或中小企业采用，目的在于避免与竞争对手发生激烈竞争，求得在市场上的一席之地。

（三）营销组合因素

在营销战略中，定价策略是最易受其他组合因素影响的。从企业追逐利润的角度看，任何一个企业都希望自己的产品尽可能地卖出高价获取利润。而消费者则是基于对产品的认知价值来判断产品的性价比，从而决定其愿意支付的最高价格。由此，企业只能通过其他营销策略来提高产品的认知效用，其制定的该价格才能被市场所接受。同样，如果企业的产品策略和促销策略重点在于降低成本费用，企业的产品便只能通过低价格来获取市场。例如，IBM 公司一直以高质量的商用机和完善的服务在业界享有良好的声誉，每年投入的巨额广告费用使它的品牌家喻户晓，它的产品在市场上占据绝对的高端也成为不争的事实。而 DELL 电脑却千方百计地采用直销、产品定制等方式节约成本，获取规模效益。在极少广告投入的情况下也得到了市场的认可，确定凭借其低价格的优势。

二、外部因素

影响企业定价策略的外部因素主要包括市场需求和竞争对手的策略等，这些因素企业无法控制，但必须考虑如何适应他们的特点并在定价中加以利用。

（一）市场需求状况

企业制定产品价格，应充分考虑市场需求状况。它决定着产品价格的最高临界点，价格再高不能高到无人买的程度。市场需求状况由以下因素构成：

1. 市场商品供求状况

一般情况下，商品的成本影响商品的价格而商品的价格影响商品的需求。经济学原理告诉我们，如果其他因素保持不变，消费者对某一商品需求量的变化与这一商品价格变化的方向相反，如果商品的价格下跌，需求量就上升，而商品的价格上涨时，需求量就相应下降，这是商品的内在规律——需求规律。需求规律反映了商品需求量变化与商品价格变化之间的一般关系，是企业决定自己的市场行为，特别是制定价格时必须要考虑的一个重要因素。

2. 商品需求特性

商品需求特性对价格的影响表现为 3 个方面：

（1）对高度流行或品质威望具有高度要求的商品，价格处于次要地位，如设计欠佳的服装不会因价格便宜而畅销；购买机器设备，首先考虑的是货物的品质，价格仅在货与货比较时方觉重要；在耐用消费品方面，商品的威望直接和价格相关。反之某些消费品如糖、卷烟、罐头等，在难以与竞争厂、品牌相抗衡时，稍稍降价，销量即可增大，定价对促销甚为有利。

（2）购买频率大的日用品，有高度的存货周转率，适宜薄利多销；反之，周转率越低或易损易腐蚀商品则需要有较高的毛利率。

（3）需求价格弹性。对无价格弹性的商品降价，于促销无益；对需求弹性大的商品，价格一经调整，即会引起市场需求的变化。一般，方便商品的代用品多，价格弹性大，价格变化对市场需求影响较大；特殊商品的代用品少，价格弹性则小，降价对促销没有太大的影响。

（二）市场竞争状况

市场竞争状况是影响企业定价不可忽视的因素，企业必须考虑比竞争对手更为有利的定价策略，才能获胜。在现代经济中，市场竞争一般有 4 种状况。

1. 完全竞争

在完全竞争市场状况下，市场上企业很多，买卖双方的交易都只占市场份额的一小部分，彼此生产或经营的产品相同；企业不能用增加或减少产量的方法来影响产品的价格，也没有一个企业可以根据自己的愿望和要求来提高价格。在这种情况下，企业只能接受在市场竞争中现有的价格，买卖双方都只是“价格的接受者”，而不是“价格的决定者”，价格完全由供求关系决定，各自的行为只受价格因素的支配，企业无须进行市场分析、营销调研，且所有促销活动都只会增加产品的成本，也就没必要专门策划和实施促销活动，完全竞争条件仅存于理论上，在现实市场上是不存在的。

2. 垄断竞争

垄断竞争也叫不完全竞争，是一种介于完全竞争和完全垄断之间的市场条件，是一种既无独占倾向又含竞争成分的、常见的状况，不同于完全竞争。市场中的企业虽然很多，但彼此提供的商品或劳务是有差异的。这里存在着产品质量、销售渠道、促销活动的竞争。企业根据其“差异”的优势，可以部分地通过变动价格的方法来寻求市场利润。在这种市场条件下，各个卖主对其产品有很大程度的垄断，能控制其产品价格，卖主已不是价

格的“接受者”，而是强有力的价格“决定者”。

3. 寡头竞争

这是竞争和垄断的混合物，也是一种不完全竞争。指一个行业中几家少数的企业生产和销售的产品占此市场销售量的绝大部分，价格实际上由他们共同控制。各个“寡头”之间相互依存、影响，任一“寡头”企业调整价格都会引起其他寡头企业的连锁反应。因此，寡头企业之间互相密切注意对方战略的变化和价格的调整。

寡头又可分为完全寡头垄断和不完全寡头垄断两种。两种寡头都不是完全的垄断者，但每个寡头都会对价格产生重要作用。

4. 完全垄断

在一个行业中的某种产品或劳务只是独家经营，没有竞争对手。通常有政府垄断和私人垄断之分。这种垄断一般有特定条件，如垄断企业可能拥有专利权、专营权或特别许可等。由于垄断企业控制了进入这个市场的种种要素，所以它能完全控制市场价格。从理论上分析，垄断企业有完全自由定价的可能，但在显示中其价格也受消费者情绪及政府敢于等方面的限制。

（三）政策、法律及其他因素

在现代社会中，政府扮演着调节和干预经济的重要角色。它可以通过行政的、法律的、经济的手段对企业定价及社会整体物价水平进行调节和控制。尤其是在经济全球化的今天，走向国际化经营的企业应注意了解东道国的相关政策法律法规，以确保企业的经营安全。

学习任务二　定价方法

由于产品成本、市场需求和竞争状况是决定价格高低的最主要的因素，企业在选择定价方法时，首先要研究如何以这些因素为导向为产品制定合理的基本价格。在实际定价中，企业往往只能侧重考虑其中一类因素，选择一种定价方法，然后通过一定的定价技巧和策略对计算结果进行修订，形成最终的价格表。

一、成本导向定价法

在成本的基础上加上一定的利润和税金来制定价格的方法称为成本导向定价法。由于产品形态不同以及成本基础上核算利润的方法不同，成本导向定价法可以分为以下几种形式。

（一）成本加成定价法

成本加成定价法是在单位产品完全成本的基础上，加上一定比例的利润和税金，构成单位产品的价格。采用成本加成定价法，一般是按成本利润率来确定的。其计算公式为：

单位产品价格=单位产品总成本×(1+成本加成率)

其中，单位产品总成本是单位产品的固定成本与变化成本之和。

在上述定价方法中，加成率的确定是定价的关键。现实中，不仅各种产品的加成率相差较大，而且不同企业同一种产品的加成率也不是固定的，须视各种具体情况而定。

成本加成定价法之所以被普遍使用，主要因为：第一，成本的不确定性一般比需求小。第二，只要同一行业的所有企业都采用这种定价方法，他们的价格将趋同，价格竞争的变数较少。第三，许多人感到成本加成定价法对买卖双方都比较公平，尤其在买方需求强烈时。卖方没有利用这一有利条件谋取额外利益，而仍能获得公平的投资报酬。

但成本加成定价法的缺点也比较明显，它忽视了市场竞争和供求状况的影响，缺乏灵活性，难以适应市场竞争的变化形势。特别是如果加成率的确定仅从企业角度考虑，则很难准确得知可获得的销售量。

（二）目标利润定价法

目标利润定价法即根据估计的总销售收入和估计的销售量来制定价格的方法。其价格用下列公式表示：

目标利润价格＝总成本×(1+目标利润率）／预计销售量

目标利润定价法的价格是按预测销售量确定的，只要预测销量较为准确，价格也就较为准确。这种方法使用得当，能保证企业目标利润的实现。但这种方法有一个重要的缺陷，即企业以估计的销售量求出应制定的价格，殊不知价格恰恰是影响销售量的重要因素。因此，为了确保用所定价格来实现预期销售量的目标，企业应将价格、销售量与需求因素结合起来。

（三）盈亏平衡定价法

盈亏平衡定价法又称为收支平衡定价法。它是应用损益平衡原理进行的一种保本定价方法。

这种定价方法需要运用“收支平衡图”，在图中反映不同销售水平上的预期总成本和总收益情况。图 7-1 是一长张假设的收支平衡图，其中，E 为收支平衡点。在该图中，固定成本不随产量而变化，是一条直线；可变成本随产量的变化呈正比例变化；总成本是可变成本和固定成本之和，因此，总成本在固定成本线上随产量的增加而逐渐上升。总收入线以原点为起点，随着销售增加而逐渐上升，其斜率的大小相当于产品价格。

在 E 点上，总收入正好等于总成本，即

销售量×价格＝固定成本+销售量×单位可变成本

其盈亏平衡点的销售量计算公式为

盈亏平衡点销售量＝固定成本÷(单位产品价格−单位可变成本)

当企业的产量达到损益平衡点产量时，企业不盈不亏，收支平衡，保本经营。保本定价的计算公式 如下：

保本定价＝固定成本÷损益平衡销售量+单位产品变动成本

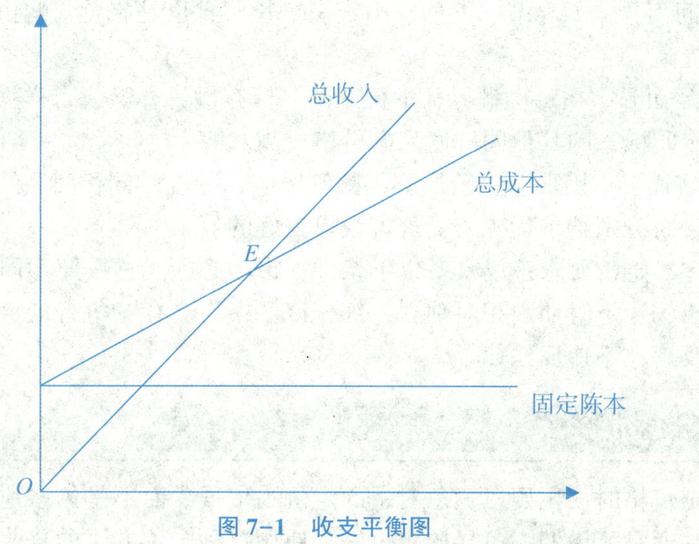

图 7-1　收支平衡图

例： 某产品的固定成本为 80 万元，单位可变成本为 12 元，预计销售量为 5 万件，该产品的售价是为 $P=80\div5+12=16+12=28$（元/件）。也就是说，该产品在收支平衡时的定价为 25 元。这种方法的优点是计算简便，可使企业明确在不盈不亏时的产品价格和产品的最低销售量。缺点是要先预测产品销售量，销售预测不准，成本不准，价格就定不准。而且它是根据销售量倒推算出价格，而实际上价格的高低对销售量有很大影响。

二、需求导向定价法

需求导向定价法是一种以市场需求强度及消费者对产品的感知而不是企业的生产成本为主要依据的定价方法。主要方法有以下几种形式。

（一）认知价值定价法

这种定价方法根据顾客对产品的认知价值——也就是消费者对产品值多少价钱的感觉进行定价。消费者购买商品时，有意无意一会对同类商品进行比较，选购那些既能满足其消费需要又符合其制服标准的商品。消费者对商品价值的理解不同会形成不同的价格认同，这就是消费者宁愿付货款而不愿失去购买机会的价格。如果价格刚好在这一限度内，消费者就会顺利购买。

既然认知价值定价法的定价标准在于市场对企业产品价值的认知和理解，那么，企业为了顺利销售产品并获得满意的利润，一方面，必须进行市场调研以准确地预测产品认知价值；另一方面，企业也要利用营销策略中的非价格因素提升产品的认知价值。

（二）需求差异定价法

这种定价方法以不同时间、地点、产品及不同消费者的消费需求强度差异为定价的基本依据，具体有以下几种做法：

（1）因地点而异。如国内机场的商店、餐厅向乘客提供的商品价格普遍要高于市内商店和餐厅的价格。

（2）因时间而异。如春节、五一、国庆三个长假日也是旅游、购物黄金假期，旅行社的报价有相应提高。

（3）因商品而异。在每次世界杯举行期间，标有世界杯徽或吉祥物的T恤及小纪念品的价格会比没有印标志的其他同类商品的价格要高。

（4）因顾客而异。因职业、阶层、年龄等原因，顾客对同类商品的需求强度或价值认知不同，在定价时分别给予优惠或提价可获得良好的效果。

实施需求差异定价要求市场具备以下条件：市场必须能够按照不同的需求强度进行细分；细分后的市场一定时期内相对独立；细分市场中不会有竞争者低价竞销；价格差异不会引起消费者反感；不违反法律。

三、竞争导向定价法

企业在制定价格时，主要以竞争对手的定价为依据，而不是过多地考虑成本及市场需求因素，这就是通常所说的竞争导向定价法。使用这种定价方法的企业往往对竞争对手的价格变动较为敏感，一旦竞争对手采取降价策略，它们会积极反击。竞争导向的定价主要有以下几种形式：

（一）随行就市定价法

此定价法又称为“流行价格定价法”，是以当地当时的市场行情为依据确定价格。这种定价方法简单易行，风险不大，不会加剧价格竞争，适合于无特色的一般化产品的定价，或中小企业跟随大企业价格的定价，在完全竞争和寡头垄断的市场结构较普遍。采用随行就市法定价，对许多企业都比较重要，竞争越激烈，其运用价值就越高，意义就越大。首先，流行价格水平代表了整个行业或部门中所有企业的集体智慧，在成本接近、产品差异小、交易条件基本相同的条件下，采用这种定价方法，可以保证各企业获得平均利润。第二，各企业保持一致，易于与同行竞争者和平相处，避免价格战和竞争者之间的报复，也有利于在和谐的气氛中促进整个行业的稳定发展。第三，在竞争激烈、市场供求复杂的情况下，单个企业不易了解消费者和竞争者对价格变化的反应，采用随行就市定价法既可以为企业节省许多调研时间和费用，又避免了因价格贸然变动所带来的风险，是一种较为稳妥的定价方法。

（二）密封投标定价法

此定价法主要适用于对工程进行投标的企业。此时投标企业根据竞争对手的报价或招标企业标底的估计确定价格，而不是按企业自己的成本费用或市场需求。因为在国际通行的“做低价最优”的选择机制下，企业想要中标，必须使自己的报价在不低于成本的情况下，低于其他竞争对手；而在我国传统的“标底制”下，企业必须对由招标单位按有关规定制定的标底价格进行估计，争取与招标单位的标底相同或比竞争对手更为接近标底。换言之，企业必须同时考虑目标利润和中标概率，以确定最佳报价。

（三）追随市场领导者定价法

追随市场领导者定价法是指按照本行业中处于领先地位的企业的价格水平来为企业产

品定价。这种定价方法通常是垄断竞争市场条件下的企业所采用的一种定价方法。采用这种定价方法一是有助于避免招致竞争对手的报复，从而与竞争对手和平共处；二是有助于提升企业或品牌形象，从而赢得更多的顾客。但需要说明的是，采用这种定价方法必须以产品质量不低于竞争对手或者高于竞争对手为前提，否则，就难以赢得顾客。

(四) 主动竞争定价法

这种定价方法一般适合于势力雄厚或产品独具特色的企业。它与随行就市定价法相反，不是追随竞争者的价格，而是根据本企业产品的实际情况和与竞争对手的产品差异状况确定价格。企业制定的价格可能低于或高于市场价格，也可能与市场价格一致。

学习任务三 定价策略

定价策略是企业为了实现预期的经营目标，根据企业的内部条件和外部环境，对某种商品或劳务，选择最优定价目标所采取的应变策略和措施。定价策略与定价方法密切相关，定价方法用来确定产品的基本价格，定价策略是根据营销的需要对基本价格进行动态的调整，在基本价格的原则上运用价格手段来更有效地实现定价目标和营销目标。定价策略是灵活多变的，但目的是为了更具针对性和适用性。根据产品的需求弹性、产品生命周期所处的阶段、消费者购买的心理、消费者购买数量和时机等，可采用不同的定价策略。在这里，主要介绍新产品定价策略、产品组合定价策略、心理定价策略、折扣定价策略、差别定价策略和地理定价策略。

一、新产品定价策略

新产品上市时，缺乏价格的参照系，通常难以把握定价的准确性，这时市场的竞争者少，产品富有特色，企业定价的自主权较大。

新产品定价分为受专利保护的创新产品的定价和仿制新产品的定价。就前者而言，有两种策略可供选择。

(一) 受专利保护创新产品的定价策略

1. 撇脂定价

它是指在产品生命周期的最初阶段，把产品的价格定得很高，以赚取最大利润，有如从鲜奶中撇取奶油。企业所以能这样做，是因为有些购买者主观认为某些商品具有很高的价值。例如，圆珠笔在 1945 年发明时属于全新产品，成本 0.5 美元一支。可是发明者却利用广告宣传和求新求异心理，以 20 美元销售，仍然引起了人们的争相购买。

从市场营销时间看，在以下条件下企业可以采取撇脂定价：市场有足够的购买者，他们的需求缺乏弹性，即使把价格定得很高，市场需求也不会大量减少；高价使需求减少一些，因而产量减少一些，单位成本增加一些，但这不致抵消高价所带来的利益；在高价情况下，仍然独家经营，别无竞争者，有专利保护的产品就是如此；某些产品的价格定得很高，使人们产生这种产品是高档产品的印象。

利用高价产生的厚礼，使企业能够在新产品上市之初即能迅速收回投资，减少了投资风险，这是使用撇脂策略的根本好处。此外，撇脂定价还有以下几个优点：

(1) 在全新产品上市之初，顾客对其尚无理性的认识，此时的购买动机多属于求新求奇。利用这一心理，企业通过制定较高的价格，以提高产品身价、创造高价、优质、名牌的印象。

(2) 先制定较高的价格，在其新产品进入成熟期后可以拥有较大的调价余地，不仅可以通过逐步降价保持企业的竞争力，而且可以从现有的目标市场上吸引潜在需求者，甚至可以争取到低收入阶层和对价格比较敏感的顾客。

(3) 在新产品开发之初，由于资金、技术、资源、人力等条件的限制，企业很难以现有的规模满足所有的需求，利用高价可以限制需求的过快增长，缓解产品供不应求状况，并且可以利用高价获取的高额利润进行投资，逐步扩大生产规模，使之与需求状况相适应。

当然，撇脂定价策略也存在着某些缺点：

(1) 高价产品的需求规模毕竟有限，过高的价格不利于市场开拓、增加销量，也不利于占领和稳定市场，容易导致新产品开发失败。

(2) 高价高利会导致竞争者的大量涌入，仿制品、替代品迅速出现，从而迫使价格迅速下降。此时若无其他有效策略相配合，则企业苦心营造的高价优质形象可能会受到损害，失去一部分消费者。

(3) 价格远远高于价值，在某种程度上损害了消费者利益，容易招致公众的反对和消费者的抵制，甚至会被当作暴利来加以取缔，诱发公共关系问题。

从根本上看，撇脂策略是一种追求短期利润最大化的定价策略，若处置不当，则会影响企业的长期发展。因此，在实践当中，特别是在消费者日益成熟、购买行为日趋理性的今天，采用这一定价策略必须谨慎。

2. 渗透定价

渗透定价是指企业把它的创新产品得价格定的相对较低，以吸引大量顾客，提高市场占有率。这是与撇脂策略相反的一种定价策略。从市场营销实践看，企业采取渗透定价需具备以下条件：市场需求显得对价格极为敏感，因此低价会刺激市场需求迅速增长；企业的生产成本和经营费用会随着生产经营经验的增加而下降；低价不会引起实际和潜在的竞争。

采用渗透价格的企业无疑只能获取微利，这是渗透定价的薄弱处。但是，由低价产生的两个好处是：

(1) 低价可以使产品尽快为市场所接受，并凭借大批量销售来降低成本，获得长期稳定的市场地位。

(2) 微利阻止了竞争者的进入，增强了自身的市场竞争力。

对于企业来说，撇脂策略和渗透策略何者为优，不能一概而论，需要综合考虑市场需求、竞争、供给、市场潜力、价格弹性、产品特性、企业发展战略等因素才能确定。在定

价实务中，往往要突破许多理论上的限制，通过对选定的目标市场进行大量的调研和科学分析来制定价格。

3. 适中定价

适中定价策略既不是利用价格来获取高额利润，也不是让价格制约占领市场。适中定价策略尽量降低价格在营销手段中的地位，重视其他在产品市场上更有力或有成本效率的手段。当不存在适合于撇脂定价或渗透定价的环境时，公司一般采用适中定价。例如，一个管理者可能无法采用撇脂定价法，因为产品被市场看着是极其普通的商品 ，没有哪一个细分市场愿意为此支付高价。同样，它也无法采用渗透定价法，因为产品刚刚进入市场，顾客在购买之前无法确定产品的质量，会认为低价代表低质量（价格-质量效应）；或者是因为，如果破坏已有的价格结构，竞争者会做出强烈反应。当消费者对价值极其敏感，不能采取撇脂定价，同时竞争者对市场份额极其敏感，不能采用渗透定价的时候，一般采用适中定价策略。

采用适中定价策略还有另外一个原因，就是为了保持产品定价策略的一致性。例如，通用汽车公司的雪佛莱汽车（Chevrolet Camaro）的定价水平是相当大一部分市场都承受得起的，市场规模远远大于愿意支付高价购买它的“运动型”（sporty）外形的细分市场。这种适中定价策略，甚至当这种汽车的样式十分流行、供不应求时仍数年不变，为什么呢？因为通用汽车跑车生产线上已经有一种采取撇脂定价的产品——Corvette，再增加一种产品是多余的，会影响原来高价产品的销售，将大量购买者吸吸引到展示室尝试驾驶 Camaro 的意义远比高价销售 Camaro 能获得的短期利益要大得多。

虽然与撇脂定价或渗透定价法相比，适中定价法缺乏主动进攻性，但并不是说正确执行它就非常容易或者一点也不重要，适中定价没有必要把价格定的与竞争者一样或者接近平均水平。从原则上讲，它甚至可以是市场上最高的或最低的价格。东芝笔记本电脑具有高清晰度的显示器和可靠的性能，认知价值很高，所以显然产品比同类产品昂贵，市场占有率仍然很高。与撇脂价格和渗透价格类似，适中价格也是参考产品的经济价值决定的，当大多数潜在的购买者认为产品的价值与价格相当时，纵使价格很高也属适中价格。

（二）仿制新产品的定价策略

要开发某种仿制的新产品的企业面临着产品定位问题，它需要决定：在产品质量或价格上，其产品应定位于何处。就新产品质量和价格而言，企业有 9 种可供选择的策略：

（1）优质高价策略；

（2）优质中价策略；

（3）优质低价策略；

（4）中质高价策略；

（5）中质中价策略；

（6）中质低价策略；

（7）低质高价策略；

（8）低质中价策略；

（9）低质低价策略。

如果市场领导者正采取优质高价策略，新来者就应该采取其他策略。

二、产品组合定价策略

产品组合定价又称“系列产品定价”“综合定价”，是指企业从全局出发，根据产品的关联性，为系列产品确定能使企业总销量或总利润最大的价格结构，以及各种产品最适宜的价格水平。产品组合定价策略的着眼点在实现企业整个产品组合的利润最大化，主要有以下几种形式。

1. 产品线定价

产品线定价策略是指根据产品项目之间在质量、性能、档次、款式、成本、顾客认知、需求强度等方面的不同，参考竞争对手的产品与价格，确定一条产品线中各个产品项目之间的价差，以扩大产品销路，争取实现更多的利润。例如，联想电脑将其笔记本产品按照功能和配置划分为若干型号，针对高中低档产品定位分别制定相应价格，以满足不同消费者的需求。

在具体实施过程中，企业在进行产品系列定价时，首先应确定最低价格的产品项，吸引消费者购买；其次，确定最高价格的产品项，它在产品线中充当品牌质量和收回投资的角色；最后，对其他产品依据其在产品线中的角色分别制定不同的价格。但是，企业在进行产品线定价时应该注意，产品线中不同产品的价差要适应顾客的心理需求。价差过大，会诱导顾客趋向于某一种产品上。价差过小，会使顾客无法确定选购目标。

2. 选择品定价

许多企业在向市场提供主要产品的同时，还会附带提供一些可供选择的产品。选择品的价格水平应在综合考虑多方面因素后确定。例如，有的饭店酒水价格很高、食品价格较低，饭店依靠酒类收入获取利润；有的饭店酒水价格较低、食品价格却较高，饭店依靠食品收入获取利润。由于选择品属于非必须附带品，顾客的自主选择余地较大，所以只有当提供的选择品能够满足消费者的特定需求时，消费者才会乐于接受较高的价格。

3. 补充品定价

有些基本产品需要配以补充品才能正常使用，如剃须刀架必须带刀片，光学照相机必须与胶卷同时使用。一般来说，基础商品购买频率较低，而补充商品购买频率较高，价格弹性充分。因此企业常常会降低基础商品的价格，提高补充品的价格，主要依靠补充品的高价来赚取利润。柯达公司就是成功利用这一策略的典型，它以很低的价格销售相机，却在胶卷上赚取收入。需要注意的是，有时企业为补充品制定过高的价格容易引起消费者的不满，甚至可能会影响其基本品的销售。尤其是在目前家用汽车消费中，消费者往往会将汽车配件及维护费用的高低作为选择的重要因素。

4. 组合产品定价

企业经常以某一价格出售一组产品，如企业为购买者提供的套装化妆品，一揽子旅游方案等。对组合产品定价的技巧主要在使一组产品的总价格低于其中每一产品项的单价之和，才能对顾客产品吸引力。这种定价策略的主要优点在可以吸引消费者购买那些本来并不打算购买的产品，增加企业销售，同时可使企业减少交易次数，降低交易成本。

三、心理定价

消费者的购买行为受消费心理的支配，而消费心理是非常复杂的，它受社会地位、收入水平、兴趣爱好等诸多因素的影响和制约。企业若能在产品定价时对此予以充分考虑，就会制定出较有吸引力的价格。常用的消费者心理定价策略一般有以下几种。

1. 整数定价策略

这种策略是把商品的价格定为整数，不带零头，一般适用于较为贵重的商品。例如，一件钻石戒指宁定 12000 元，而不定 11988 元。因为消费者购买钻石戒指并不过分追求便宜，所以并不在乎多支出这 2 元钱，而且通过 12000 元价格除了使消费者产生“一分价格一分货”的感觉外，还可以在消费者心目中产生一种购买了 12000 元以上高档商品的满足感，提升商品形象。此策略一般适用于精品店、高级文化娱乐城、咖啡屋、著名宾馆等高档消费场所。

2. 尾数定价策略

这一策略与整数定价策略相反，采用零头标价，顺应了消费者的求廉心理。例如，本应定价 200 元的商品，现定价 198 元，虽只低 2 元，但感觉上却是便宜了很多。不仅如此，尾数定价还能给人们定价精准的感觉，从而使消费者产生信赖感，激起购买的欲望。对于需求价格弹性较高的商品，尾数定价可望带来需求量的大幅度增加。此策略一般常常用奇数做尾数，多适用于低档品、低价品、需求弹性大的商品，以及购买频率较高的日用品。

3. 声望定价策略

声望定价策略即根据企业或品牌在消费者心目中所享有的声誉和威望，制定高于其他同类产品的价格。消费者购买名牌产品不仅仅是为了消费，还要显示他们的身份和地位。因此，名牌商品的价格定得过低，反而不能满足消费者心理的需要。当然，这种高价格必须以高质量的产品或周到的服务为基础。

4. 习惯定价策略

习惯定价策略即按照消费者习惯的价格制定价格。经常性重复购买的商品，尤其是日用消费品的价格，往往易于在消费者心目中形成一种习惯性的标准。曾有商家出售白酒一瓶为 78 元，消费者早已习惯，但因厂家涨价，零售商标价为 80 元，消费者就接收不了了，极其愤怒，扭头就走。但如果降低了 2 元，消费者又会认为质量变差而犹豫不决。可想而知，经营中商品降价后反而吃力不讨好。因此，企业给这类产品定价时，要充分考虑消费者的这种习惯倾向，不随意变动价格。如果必须调价，最好同时采取改变包装规格、成分甚至品牌等措施，避免新价格与习惯价格不一致而造成抵触心理，引导消费者逐步形成新的习惯价格。日常生活中的饮料、大众食品一般都适用于这种策略。

采用习惯定价对企业有 3 个好处：

（1）价格在某种水平上固定不变，给消费者留下了价格稳定、合理的印象，易于为他们所接受，有利于形成一个稳定、正常均衡的市场供求。

（2）可以保证生产同类产品的企业在基本条件相同的情况下，获得相对平均的利润。

（3）各企业都采用习惯定价，可以把价格竞争降低到最低程度，使竞争者之间和平共处，避免价格战，促使整个行业的稳定发展。如果某个企业偏离习惯价格定价，只会给自身的生产经营带来巨大的风险。

5. 招徕定价策略

这种策略也叫促销定价策略或特殊品定价策略，是指企业为了招徕顾客，将其几种商品以非常低的价格出售，或是节假日和换季期间对部分商品实行折价让利销售，依次吸引顾客，促进全部商品的销售。比如，在一定的季节和节日，或为了特殊目的，企业对部分商品实行“大减价”“大甩卖”“大派送”。招徕定价还有一种情况，故意把原价说高，把现价压低，用直观的方式反映降价的幅度之大，以诱惑顾客购买。如“优质羊毛衫原价 180 元，现价 78 元”。顾客很可能认为价格剧降，已经很便宜了，于是纷纷购买，但这种羊毛衫也许连 78 元都不值。

用来招徕定价的降价品，还应该与残次、过时商品明显地区分开来。招徕定价的降价品必须是品种新、质量优的适销产品，而不是处理产品，它与处理品的降价目的完全不同，所以达到的效果也不一样。

6. 透明定价策略

此定价策略是将商品的单位成本（或进价）、利润和销价公布于众，透明于世，诚待顾客，取信顾客，有利于消除顾客怀疑商品质价不符的心态。“十点利”的定价是一种透明定价，许多商家取得了显著的经营效果。

7. 吉利定价策略

此策略是根据顾客的宗教信仰和文化习俗，有意将价格定位吉利数字，以促使成交。吉利价目前在我国零售业较为流行。例如，在零售商店用吉利数“6”“8”“9”标价。在商务谈判中，买卖双方也常常以吉利数成交，以满足双方希望“顺利、长久、发达”的心理自慰，皆大欢喜。

8. 最小单位定价策略

它是指企业同种产品按不同的数量包装，以最小包装单位量制定基数价格，包装愈小，实际的单位数量商品的价格越高；包装越大，实际的单位数量商品价格越低。这种定价策略能满足消费者在不同场合下的需求，还巧妙地利用了消费者的心理错觉，因为小包装的价格使人误以为廉，实际生活中消费者很难也不愿意计算出实际重量单位或数量单位商品的价格。比如，超市的洗衣粉为 1 000g 装，定价 11. 80 元，销路不好；但是 500g 装且定价为 6. 60 元时，销路看好，因为消费者对重量的敏感远远低于价格。

9. 期望定价策略

消费者在购买商品时，对商品价格的期望也会有所不同。比如礼品，消费者是买去送人的，在他购买之前，往往就打算了要送 100 元或 200 元的礼物。因此，企业在生产或出售产品时，要根据消费者所期望的价格来定价，并根据需求习惯考虑与之相适应的质量和包装，以迎合消费者的心理。

四、折扣与折让定价

企业为了鼓励顾客及早付清货款及大量购买、淡季购买，而酌情降低价格的策略称为价格折扣或折让，常用于生产厂家与批发企业之间，批发与批发之间以及批发与零售或批、零企业与消费者之间。其主要有以下几种方式。

1. 数量折扣

数量折扣又称为批量作价，是企业给那些大量购买某种商品的顾客的一种减价优惠。一般购买量越多，折扣也越大，以鼓励顾客购买更多的货物，或集中向一家企业购买，或提前购买。因为大量购买能使企业降低生产、销售、储运、记账等环节的成本费用。数量折扣有一次性数量折扣和累计数量折扣两种类型。

（1）一次性数量折扣。又称“非累计性数量折扣”，是规定一次性购买或订货达到一定数量或金额时，给予折扣优惠，这种方法只考虑每次购买量，而不管累计购买量。比如，企业规定一次购买 100~200 台，按标价折扣 10%；200 台以上折扣 15%，不足 100 台不给折扣。若某商场第一次购买 130 台，第二次购买 300 台，则第一次只能折扣 10%，第二次才能享受 15%的折扣。一次性数量折扣不仅可以鼓励顾客大批量购买，而且有利于节省销售、储存和运输费用，促进商品快销、多销；同时，计算简便，有利于中小企业日常操作使用。一次性数量折扣对短期交易的商品、季节性商品、零星交易的商品，以及过时、滞销、易腐、易损商品的销售比较适宜。

（2）累计数量折扣。规定顾客在一定时间内，购买量累计达到一定数量或金额时，就能享受相应的折扣优惠。比如，企业规定购买量累计达到10 000件，价格折扣为 6%；达到20 000件，折扣为 8%；超过30 000件，折扣为 10%。如果某市场第一批购货12 000件，企业已给 6%的折扣。第二批又购货19 000件，那么企业就应该按累计量31 000件的标准，给 10%的折扣。累计数量折扣有利于稳定顾客，鼓励顾客经常购买、长期购买。这种折扣特别适用于长期交易的商品、大批量销售的商品，以及需求相对比较稳定的商品。

2. 现金折扣

现金折扣也称为付款期折扣，是卖方为鼓励买方尽快支付货款而给予的折扣。例如，“2/10，1/20，*n*/30”，表示的是付款期 30 天，顾客如果在 10 天内付清货款，则给以 2%的折扣；10~20 天内付清则给以 1%的折扣；而 20~30 天内付清则没有折扣。其目的在于鼓励购买者尽早付款，加速企业资金周转，减少信用成本和呆账。采用现金折扣一般要考虑 3 个因素：折扣比例大小；给予折扣的时间限制；付清全部货款的期限。现金折扣比例和违约罚款比例一般应高于银行利率，以至于有的顾客即使向银行贷款，也要按照期限尽早付款。

3. 功能折扣

这种价格折扣又叫贸易折扣、业务折扣。功能折扣是制造商根据中间商（批发商和零售商）在产品分销过程中所承担的功能、责任和风险，对不同的中间商给予不同的折扣。例如，生产厂家报价：“100 元，折扣 40%及 10%”，表示给零售商折扣 40%，也即卖给零售商的价格是 60 元，给批发商再折 10%，及 54 元。因为零售商和批发商功能不同。功能折扣主要有两个目的：一个是对中间商经营有关产品的成本和费用进行补偿，并让中间商有一定的盈利，因为中间商付出了劳动，提供了服务，承担了风险，应该得到合理的报酬。另一个目的是，鼓励中间商大批量进货，扩大销售，多争取顾客，并与生产企业建立长期、稳定、良好的合作关系。

4. 季节折扣

这种价格折扣是企业给那些过季商品或服务的顾客的一种减价。目的在于鼓励顾客淡季购买，减轻仓储压力，使企业的生产和销售在一年四季保持相对稳定。例如，冰箱制造商在冬季给顾客以一定价格折扣而鼓励顾客消费，航空公司等在营业下降时给顾客以季节折扣。季节折扣比例的确定，应考虑成本、储存费用、基价和资金利息等因素。

5. 价格折让

价格折让是根据价目表给顾客以价格折扣的另一种类型，是减价的另一种形式。例如，新产品试销折让，如商品标价 115 元，去掉零头，减价 5 元，顾客只付 110 元；以旧换新折让，当顾客买了一件新产品时，可交还同类商品的旧货，在价格上给予折让。促销折让是卖主为了报答经销商参加广告和支持销售而支付的款项或给予的价格折让。当今的企业为了促销，拿出了五花八门的减价让利措施，特别是对滞销产品，让价形式越来越多，让价幅度越来越大，可消费者认为，大家都让等于没有让，让多了也有假。所以，企业在采取让价策略时，不能太随心所欲了。

值得注意的是，这里分析的折扣与折让策略，与人们所认为的“回扣”现象是决然不同的。价格折让是写进合同的、规范的、合法的、公开进行的交易行为，而“回扣”是不写进合同的、秘密进行的、混乱的，甚至是违法的交易行为。

在采用折让价格策略时应注意的原则：

（1）折让幅度既要能引起消费者的注意，又不要使消费者产生疑虑。一般来说，商品降价幅度以 10%~30% 为宜，降价超过 50% 时，顾客的疑虑会显著增强。

（2）保持价格相对稳定。

五、差别定价策略

差别定价是指根据环境的不同，对同种产品定不同的价格，以适应顾客的不同要求。

1. 顾客差别定价

针对不同的用户或顾客，制定不同的价格。比如，对老客户和新客户、内宾和外宾、女性和男性、儿童和成人、残疾人和健康人，学生和非学生等，分别采取不同的定价。例如，“六一”到来之际，企业为了促销儿童用品，规定凡“六一”这天出生的 14 岁以下的儿童，购买本企业产品均实行半价优惠，非“六一”这天出生的儿童就无法享受这种优惠。不过，顾客差别定价在有些国家会受到法律对“价格歧视”的限制。

2. 空间差别定价

即相同产品按照不同的销售地点采用不同的价格。空间差别定价的原因是：各个地区产品的运输和中转费用不同；各个地区有不同的爱好习惯及文化背景和社会心理，因而同一产品在不同的地区有不同的需求弹性。

3. 时间差别定价

对相同的产品，按需求时间的不同而指定不同的价格。例如，电影院在白天和晚上票价有别，旅游业在旺季和淡季制定不同的价格。流行商品在流行初期借助轰动效应定高价，流行期一过，为了商品尽快脱手，价格必须逐渐降低，甚至大幅度降低。

4. 产品形式差别定价

对同样质量、同样成本，而不同花色、不同款式、不同包装的产品定不同的价格。例如索尼—爱立信 K750C 手机配置完全相同的黑色机型就比银白色机型高出了将近 300 元的价格。

5. 服务部位差别定价

对同一类服务的不同服务部位定不同的价格。火车卧铺的上下铺票价不同即是此种情况。

6. 用途差别定价

同一种商品，因用途不同，也可以制定不同的价格，以鼓励或限制某一种需求。例如，电价对工业拥护与居民拥护有所不同，工业用水、浇灌用水和居民用水的费用往往有别。这种定价策略，其目的是增加新用途，开拓新市场。

实行差别定价需要有一定条件。第一，存在着细分市场，并且不同细分市场之间的需求程度有明显的差别。第二，可以采取措施，能防止低价细分市场的买主向高价细分市场转售。第三，在高价市场的竞争中，竞争对手不可能采取低价竞争策略。第四，差别定价要符合法律政策，并且不会引起顾客的不满。

六、地理定价策略

地理定价策略是指企业根据产销地的远近、交货时间的长短和运杂费用的分担所制定的不同的价格策略。一般来说，产品都存在异地销售的问题，为了在价格上灵活反应和处理运输、装卸、仓储、保险等费用的支出，需要有几种不同的地区价格。

1. FOB 产地定价

FOB 产地定价即离岸价格，是指卖方在约定的装运港将货运到买方指定的船上交货，并承担此前的一切风险和费用，交货后的一切风险和费用则由买方承担。这种方法由顾客承担从产地到目的地的费用，似乎合情合理，但这种定价方法有可能失去远方顾客，因为远途顾客必须承担较高的运费。

2. 统一交货定价

与 FOB 产地定价相反，这种定价方法没有地区差别，对全国不同的顾客，不论远近都实行一个价。因此，这种定价又叫邮资定价。产品运输、保险费等，全部由卖方承担，而卖方已将销往各地的运输费用加以平均化计入售价中，这样便于卖方进行总成本核算和价格控制，增加销售量，扩大市场，也避免了不同市场之间的产品倒卖行为。实行统一交货定价比较成功的是海尔集团，在国内的任何一个地方购买海尔产品都是一个价格，成本差额部分由海尔负担，该公司借此控制产品的最终销售，避免了边远地区因产品价格过高而影响销路。但是，从另一方面看，实行统一运送定价，平均计算产品运输费用，使距离较近的消费者支付了一部分运费，实质上是一种变相的“价格歧视”，近距离的买方可能不合算，情愿上门采购，自办运输，而不愿卖主送货。

3. 区域定价

区域定价又叫“分区定价”，也即把产品的销售市场划分为两个或者两个以上的区域，在每个区域内定一个价格，不同的区域市场采用不同的价格。产品由卖方统一运送，运费按该区域内所有顾客的平均运费计算。这点类似于邮政信件、包裹和长途电话划定区域，按区域和距离的远近收费，所以又称为“邮政定价法”。分区定价既避免了产地定价时的买主自运、远距离运费过高的弊病，又基本缓解了实行统一运送定价在不同顾客之间负担不公平问题。但是，统一运送定价所带来的运费负担不公平，在分区定价中仍未完全解决，有时反而更加严重。因为，即使在统一价格区域内，不同顾客离卖主也有远近之分，较近的顾客就不合算。另外，位于不同价格区域接壤地带的买主，虽然彼此相距不远，甚至只有一步之遥，但价差却相当大，比统一运送定价还不合理。分区定价主要适用于市场销售具有明显的区域性和相对集中性的产品及运费成本相对售价比较低的产品。

4. 基点定价

企业指定一些城市为基点，按基点到顾客所在地的距离收取运费，而不管货物实际上是从哪里起运的。商品由卖主负责运输，费用由买主承担，不管卖主从哪个生产地点起运产品，买方承担的运输费用都只从某个基点起算。按基点定价与按生产地点定价（产地定价）相比，对大多数买主是有利的，即按基点定价通常低于按生产地点定价，但对少数买主，基点定价可能会高于生产地点定价，因为买主有时要多支付一些。有些公司为了提高灵活性，选定多个基点城市，按照顾客最近的基点计算运费。

5. 免收运费定价

有时急于同某个顾客或某个地区做成生意，企业自己负担部分或全部实际运费，而不向买方收取运费。这些卖主认为，如果生意扩大，其平均成本就会降低，因此足以抵偿这些费用开支。采取运费免收定价，可以使企业加深市场渗透，并且能在竞争日益激烈的市场上站得住脚。

学习任务五　产品价格变更

产品从上市开始，就面临着各种变动：供求关系改变，消费者心理变化，竞争环境改变，企业战略地位变动，等等。处在这种市场环境中，为在市场竞争中更好的生存和发展，企业必须适时地对价格进行主动调整，抢占市场先机；同时，建立对竞争者的价格变动进行预警的机制，及时制定相应对策。

虽然表面上看，产品的价格变动只有“涨”和“跌”两种形式，但在变动的原因和时机选择上，企业却有着非常周密的安排和考虑。

一、主动进行价格调整

企业主动降价或提价，一方面可以把握市场先机，占据主动性；另一方面也可以使产品价格与营销战略紧密配合。一般来说，企业主动进行价格调整的原因有以下几种：

1. 产品生命周期的变化

根据产品生命周期理论，产品从进入市场到被淘汰经历的每个阶段的市场需求和竞争状况各不相同，产品价格也必须随之进行响应的调整，才能达到理想的销售效果。

一般来说，在引入期，由于产品刚刚投放市场，消费者对产品并不了解，也没有竞争者加入。此时企业定价的自主权较大，可完全依据战略目标和市场定位，采用新产品定价策略指定价格，同时配合以价格折让及其他的营销组合策略对消费者进行引导。

在成长期，产品已经有了一定的市场知名度，消费者对产品也已形成了自己的评价，开始有竞争者进入，此时企业应在不影响产品形象的前提下适当降低产品价格，以提升市场占有率，应对竞争。

在成熟期，产品普及率较高，市场需求趋向饱和，大量竞争者加入进来。此时企业应使价格保持趋中略降的态势，集中精力进行产品、市场和营销组合的改进调整。

在衰退期，产品技术落后，款式过时，逐步被市场所淘汰，很多竞争者退出市场。此时生产企业应着手清理存货，逐步转产；而销售企业则需大幅度降低产品价格，以回收资金。

2. 企业、市场环境和竞争态势发生变化

除了产品自身的原因外，企业自身的状况、外界环境和市场需求的变化及竞争的激烈程度同样可能导致企业主动进行价格调整。而企业对价格进行调整的方向不外乎两个：降价或提价。

引起企业降价的原因主要有以下3个方面：

（1）企业生产能力过剩时，需要扩大销售额，挤占竞争对手的市场份额。例如，四川长虹在快速发展的过程中，曾为此几次主动挑起价格战。

（2）在企业的成本费用比竞争者低的情况下，企业试图通过主动削价来扩大产销量，提高市场占有率。如格兰仕公司凭借1200万台微波炉的年产量使其单位产品总成本降至了行业最低，接着通过大幅度降价树起较高的行业成本壁垒，最终占据了微波炉国内市场75%，欧洲市场35%的份额。

（3）经济不景气，消费者实际收入或者预期收入下降，导致购买意愿下降。这种状况尤其是对选择类商品或奢侈消费品的销售影响较大，顾客往往会推迟购买或选择低价替代商品。此时企业应根据目标市场需求状况适度降低产品价格，借以维系市场。

企业提价的原因则主要有以下几个方面：

（1）由于通货膨胀，物价上涨，导致成本上升，企业为确保获取目标利润，不得不采取直接提高市场价格或间接降低产品成本的策略：①推迟报价，也即企业决定暂时不规定最后价格，等到产品制成或交货时才给出最后价格，如目前房地产市场上的“商品房惜售”现象即是如此。②在合同上规定价格调整条款，也即在合同上规定在一定时期内可按某中价格指数调整价格。③虽然不改变产品价格，但价格中原来包括的某些商品或服务要另行计价。④减少价格折扣，也即削减正常的现金和数量折扣，并限制销售人员以低于价格表的价格吸引顾客。⑤停止供应微利产品。⑥降低产品数量或减少产品特色。

（2）产品供不应求，无法满足所有顾客的需要。在这种情况下提价的方式包括：取消价格折扣；直接提高产品或服务的价格；在产品大类中增加高价项目或减少低价项目；增加收费项目等。如广州本田汽车在市场上一度脱销，经销商便采取了在每辆车加收2～3万元“提车服务费”的措施。

值得注意的是，无论出于何种原因，价格的变动都会引起利益相关者的关注，并做出反应：虽然降价会增加消费者利益，但可能引发消费者对品牌形象的怀疑；提价能使企业利润大幅度增加，但任何提价措施都会引起消费者的不满。因此，为了减少不利的影响，企业在价格变动时应尽可能加强与利益相关者的沟通，争取更多的理解。同时，还应预先评估消费者和竞争者可能做出的反应，提前准备好应对措施。

二、价格变动可能引起的市场反应

1. 购买者对价格变动的反应

一般来说，购买者对价值高、购买频率也较高或需求弹性较大产品的价格变动较为敏感、反应较强；对于价值低、不经常购买的产品的价格变动不太注意、反应较弱。此外，由于购买者对价格变动可能有着截然不同的看法，同样的价格变动可能会引起截然不同的顾客反应。如一种产品降价了，购买者可能理解为：①这种商品已经过时。②这种商品有缺陷。③企业财务困难无法继续经营；④这种产品的价格还有下降空间。⑤企业欲提高销量。⑥企业欲提高市场占有率。因此，需求弹性较大的商品降价有可能带来销售额的大幅度上升，也有可能导致消费者产生持币待购心理或对产品甚至企业的误解和不信任。对此，除了加强沟通和正确引导外，企业应注意尽量使价格的变动隐蔽而间接，以减少消费者的反应度。如企业在需要提价时尽量多采取降低成本的措施（如减少附加服务种类、减少包装分量等），但其前提是不能降低产品质量，否则会损害企业的声誉与市场形象，给企业的长远发展带来不利影响。

2. 竞争者对价格变动的反应

竞争对手的反应要比购买者的放反应方式复杂得多。而且，行业中竞争者数目越少，提供产品的同质性越强，购买者越是具有充分的产品知识，竞争对手的反应就越重要。企业面临的竞争对手可能只有一两个，也可能有很多个。竞争者对企业调价可能有全面的对策，也可能每次采取不同的反应。无论何种情况，企业首先应通过获取该竞争对手内部资料的方式掌握其可能的反应，也可以通过与该竞争对手接触较多的顾客、供应商、代理商、金融机构等获取信息，然后再进行针对性的评估，做到“知己知彼，百战不殆”。

三、应对竞争对手的价格调整策略

在同质产品市场上，由于各家企业的产品没有差异或没有明显的差异，因而购买者对

产品价格的高低反应敏感。一家企业削价，其他企业也必须随之削价，否则顾客就会流向削价的企业；一家企业提价，如果其他企业都不随之提价，那么所有提价的企业就不得不取消提价，否则顾客就会流向没有提价的企业。

在异质产品市场上，由于各家企业的产品存在着差异，购买者在选择卖主时不仅考虑产品价格的高低，还考虑产品质量、服务、可靠性等因素，因而在异质产品市场上的购买者对较小的价格差异反应不敏感。总的看来，在异质产品市场上，企业对竞争者价格变动的反应有更多的自由。

企业面对竞争者精心准备的调价行为，除非早有预见和准备，否则很难迅速准确地做出分析判断。通常企业会根据具体情况从以下几种对策中做出选择。

1. 维持原有的营销组合不变

这种做法主要适用于市场对价格并不敏感；保持价格不便，企业的市场份额不会明显下降及跟进降价可能会过多损失企业利润等情况。

2. 保持价格不变，调整其他营销组合策略

这种策略是指企业运用非价格策略，如改进产品、提高服务与加强沟通等手段来应对竞争者。这种方式适合于那些需求价格弹性较低的商品。这样不仅有助于减少企业利润损失，还能提升品牌形象。

3. 以相同或不同幅度降低价格

这一策略适用于市场对价格很敏感，维持原价会使产品失去大批顾客；跟随降价可以使产品的销量和产量大幅度增加，从而形成规模效应；市场份额减少后，将来很难恢复以及降价可保持原有的竞争格局等情况。

4. 提高价格

这是一种“反其道而行之”的应对策略。虽然有可能导致市场份额进一步丧失，但引导得当也容易使消费者更加认同企业的品牌价值。这一策略主要适用于产品具有明显特色；产品品牌已有一定的知名度和美誉度；在行业中处于领先地位的企业以及需求价格弹性不充分的商品。

由于企业在面对竞争者的价格变动时，应对策略往往是在被动情况下做出的，而且时间非常紧迫。为减少因仓促应变带来的不利影响，企业应建立一套预警方案，随时分析监测，并预先设计反应对策，如此才能在动态变化的环境中谋求发展和壮大。

小　结

(1) 价格是4PS组合中一个很重要的因素，是企业市场营销活动的重要组成部分。影响商品定价最基本的因素是成本和消费者的需求 。此外，还有很多因素影响企业的产品定价：外部因素有宏观经济环境、国家政策、法规、市场竞争及市场结构等；内部因素有企业的定价目标和营销组合的其他策略。

(2) 企业定价方法主要有成本导向定价法、需求导向定价法、竞争导向定价法等。

(3) 定价技巧主要有产品组合定价、新产品定价、折扣定价、差别定价、心理定价、

地理定价等策略。

（4）与营销组合的其他策略一样，产品定价策略也不能是恒久不变的。首先，随着产品生命周期进入不同阶段，企业需相应地调整定价策略；其次，宏观经济环境和竞争态势的变化，也要求企业调整定价策略；再次，企业自身条件变化，或是营销组合其他策略有所调整，定价策略自然也不可不变。

同步测试

一、思考练习题

1. “五一”长假就要来临，分析一下影响一家旅行社制定价格决策的主要因素。
2. 简述主要的定价技巧。
3. 你认为超市和百货商店在应用价格折扣策略时，做法上应有哪些差异？
4. 定价策略应如何与其他营销组合策略相配合？
5. 夏天来临时，你如何看待空调产品市场的价格战？

二、案例分析题

亚马逊网络营销差别定价策略

差别定价被认为是网络营销的一种基本的定价策略，一些作者甚至提出在网络营销中要“始终坚持差别定价”。然而，没有什么经营策略在市场上可以无往不胜，差别定价虽然在理论上很好，但在实施过程中却存在着诸多困难，我们将以亚马逊的一次不成功的差别定价试验作为案例，分析企业实施差别定价策略时面临的风险及一些可能的防范措施。

一、亚马逊公司实施差别定价试验的背景

1994 年，当时在华尔街管理着一家对冲基金的杰夫·贝佐斯（Jeff Bezos）在西雅图创建了亚马逊公司，该公司从 1995 年 7 月开始正式营业，1997 年 5 月股票公开发行上市，从 1996 年夏天开始，亚马逊极其成功地实施了联属网络营销战略，在数十万家联属网站的支持下，亚马逊迅速崛起成为网上销售的第一品牌，到 1999 年 10 月，亚马逊的市值达到了 280 亿美元，超过了西尔斯和卡玛特两大零售巨人的市值之和。亚马逊的成功可以用以下数字来说明：

根据 Media Metrix 的统计资料，亚马逊在 2000 年 2 月在访问量最大的网站中排名第 8，共吸引了 1 450 万名独立的访问者，亚马逊还是排名进入前 10 名的唯一一个纯粹的电子商务网站。

根据 PC Data Online 的数据，亚马逊是 2000 年 3 月最热门的网上零售目的地，共有 1 480万独立访问者，独立的消费者也达到了 120 万人。亚马逊当月完成的销售额相当于排名第 2 位的 CDNow 和排名第 3 位的 Ticketmaster 完成的销售额的总和。在 2000 年，亚马逊已经成为互联网上最大的图书、唱片和影视碟片的零售商，亚马逊经营的其他商品类别还包括玩具、电器、家居用品、软件、游戏等，品种达 1 800 万种之多，此外，亚马逊还提供在线拍卖业务和免费的电子贺卡服务。

但是，亚马逊的经营也暴露出不小的问题。虽然亚马逊的业务在快速扩张，亏损额却

也在不断增加，在2000年头一个季度中，亚马逊完成的销售额为5.74亿美元，较前一年同期增长95%，第二季度的销售额为5.78亿美元，较前一年同期增长了84%。但是，亚马逊第一季度的总亏损达到了1.22亿美元，相当于每股亏损0.35美元，而前一年同期的总亏损仅为3 600万美元，相当于每股亏损为0.12美元，亚马逊2000年第二季度的主营业务亏损仍达8900万美元。

亚马逊公司的经营危机也反映在它股票的市场表现上。亚马逊的股票价格自1999年12月10日创下历史高点106.6875美元后开始持续下跌，到2000年8月10日，亚马逊的股票价格已经跌至30.438美元。在业务扩张方面，亚马逊也开始遭遇到了一些老牌门户网站——如美国在线、雅虎等——的有力竞争，在这一背景下，亚马逊迫切需要实现盈利，而最可靠的盈利项目是它经营最久的图书、音乐唱片和影视碟片。实际上，在2000年第二季度亚马逊就已经从这3种商品上获得了1 000万美元的营业利润。

二、亚马逊公司的差别定价实验

作为一个缺少行业背景的新兴的网络零售商，亚马逊不具有巴诺（Barnes & Noble）公司那样卓越的物流能力，也不具备像雅虎等门户网站那样大的访问流量，亚马逊最有价值的资产就是它拥有的2 300万注册用户，亚马逊必须设法从这些注册用户身上实现尽可能多的利润。因为网上销售并不能增加市场对产品的总的需求量，为提高在主营产品上的盈利，亚马逊在2000年9月中旬开始了著名的差别定价实验。亚马逊选择了68种DVD碟片进行动态定价试验，试验中，亚马逊根据潜在客户的人口统计资料、在亚马逊的购物历史、上网行为及上网使用的软件系统确定对这68种碟片的报价水平。例如，名为《泰特斯》（*Titus*）的碟片对新顾客的报价为22.74美元，而对那些对该碟片表现出兴趣的老顾客的报价则为26.24美元。通过这一定价策略，部分顾客付出了比其他顾客更高的价格，亚马逊因此提高了销售的毛利率，但是好景不长，这一差别定价策略实施不到一个月，就有细心的消费者发现了这一秘密，通过在名为DVDTalk（www.dvdtalk.com）的音乐爱好者社区的交流，成百上千的DVD消费者知道了此事，那些付出高价的顾客当然怨声载道，纷纷在网上以激烈的言辞对亚马逊的做法进行口诛笔伐，有人甚至公开表示以后绝不会在亚马逊购买任何东西。更不巧的是，由于亚马逊前不久才公布了它对消费者在网站上的购物习惯和行为进行了跟踪和记录。因此，这次事件曝光后，消费者和媒体开始怀疑亚马逊是否利用其收集的消费者资料作为其价格调整的依据，这样的猜测让亚马逊的价格事件与敏感的网络隐私问题联系在了一起。

为挽回日益凸显的不利影响，亚马逊的首席执行官贝佐斯只好亲自出马做危机公关，他指出亚马逊的价格调整是随机进行的，与消费者是谁没有关系，价格试验的目的仅仅是为测试消费者对不同折扣的反应，亚马逊"无论是过去、现在或未来，都不会利用消费者的人口资料进行动态定价。"贝佐斯为这次的事件给消费者造成的困扰向消费者公开表示了道歉。不仅如此，亚马逊还试图用实际行动挽回人心，亚马逊答应给所有在价格测试期间购买这68部DVD的消费者以最大的折扣，据不完全统计，至少有6 896名没有以最低折扣价购得DVD的顾客，已经获得了亚马逊退还的差价。

至此，亚马逊价格试验以完全失败而告终，亚马逊不仅在经济上蒙受了损失，而且它的声誉也受到了严重的损害。

三、亚马逊差别定价试验失败的原因

我们知道，亚马逊的管理层在投资人要求迅速实现盈利的压力下开始了这次有问题的差别定价试验，结果很快便以全面失败而告终，那么，亚马逊差别定价策略失败的原因究竟何在？我们说，亚马逊这次差别定价试验从战略制定到具体实施都存在严重问题，现分述如下：

（一）战略制定方面

首先，亚马逊的差别定价策略同其一贯的价值主张相违背。在亚马逊公司的网页上，亚马逊明确表述了它的使命：要成为世界上最能以顾客为中心的公司。在差别定价试验前，亚马逊在顾客中有着很好的口碑，许多顾客想当然地认为亚马逊不仅提供最多的商品选择，还提供最好的价格和最好的服务。亚马逊的定价试验彻底损害了它的形象，即使亚马逊为挽回影响进行了及时的危机公关，但亚马逊在消费者心目中已经永远不会像从前那样值得信赖了，至少，人们会觉得亚马逊是善变的，并且会为了利益而放弃原则。

其次，亚马逊的差别定价策略侵害了顾客隐私，有违基本的网络营销伦理。亚马逊在差别定价的过程中利用了顾客购物历史、人口统计学数据等资料，但是它在收集这些资料时是以为了向顾客提供更好的个性化的服务为幌子获得顾客同意的。显然，将这些资料用于顾客没有认可的目的是侵犯顾客隐私的行为。即便美国当时尚无严格的保护信息隐私方面的法规，但亚马逊的行为显然违背了基本的商业道德。

此外，亚马逊的行为同其市场地位不相符合。按照刘向晖博士对网络营销不道德行为影响的分析［iv］，亚马逊违背商业伦理的行为曝光后，不仅它自己的声誉会受到影响，整个网络零售行业都会受到牵连，但因为亚马逊本身就是网上零售的市场领导者，占有最大的市场份额，所以它无疑会从行业信任危机中受到最大的打击。由此可见，亚马逊的策略是极不明智的。

综上，亚马逊差别定价策略从战略管理角度看有着诸多的先天不足，这从一开始就注定了它的“试验”将会以失败而告终。

（二）具体实施方面

我们已经看到亚马逊的差别定价试验在策略上存在着严重问题，这决定了这次试验最终失败的结局，但实施上的重大错误是使它迅速失败的直接原因。

首先，从微观经济学理论的角度看，差别定价未必会损害社会总体的福利水平，甚至有可能导致帕累托更优的结果。因此，法律对差别定价的规范可以说相当宽松，规定只有当差别定价的对象是存在相互竞争关系的用户时才被认为是违法的，但同时，基本的经济学理论认为一个公司的差别定价策略只有满足以下3个条件时才是可行的：

（1）企业是价格的制定者而不是市场价格的接受者。

（2）企业可以对市场细分并且阻止套利。

（3）不同的细分市场对商品的需求弹性不同。

DVD市场的分散程度很高，而亚马逊不过是众多经销商中的一个，所以从严格的意义上讲，亚马逊不是DVD价格的制定者。但是，假如我们考虑到亚马逊是一个知名的网

上零售品牌，以及亚马逊的DVD售价低于主要的竞争对手，所以，亚马逊在制定价格上有一定的回旋余地。当然，消费者对DVD产品的需求弹性存在着巨大的差别，所以亚马逊可以按照一定的标准对消费者进行细分，但问题的关键是，亚马逊的细分方案在防止套利方面存在着严重的缺陷。亚马逊的定价方案试图通过给新顾客提供更优惠价格的方法来吸引新的消费者，但它忽略的一点是：基于亚马逊已经掌握的顾客资料，虽然新顾客很难伪装成老顾客，但老顾客却可以轻而易举地通过重新登录伪装成新顾客实现套利。至于根据顾客使用的浏览器类别来定价的方法同样无法防止套利，因为网景浏览器和微软的IE浏览器基本上都可以免费获得，使用网景浏览器的消费者几乎不需要什么额外的成本就可以通过使用IE浏览器来获得更低报价。因为无法阻止套利，所以从长远角度，亚马逊的差别定价策略根本无法有效提高盈利水平。

其次，亚马逊歧视老顾客的差别定价方案同关系营销的理论相背离。亚马逊的销售主要来自老顾客的重复购买，重复购买在总订单中的比例在1999年第一季度为66%，一年后这一比例上升到了76%。亚马逊的策略实际上惩罚了对其利润贡献最大的老顾客，但它又没有有效的方法锁定老顾客，其结果必然是老顾客的流失和销售与盈利的减少。

最后，亚马逊还忽略了虚拟社区在促进消费者信息交流方面的巨大作用，消费者通过信息共享显著提升了其市场力量。的确，大多数消费者可能并不会特别留意亚马逊产品百分之几的价格差距，但从事网络营销研究的学者、主持经济专栏的作家及竞争对手公司中的市场情报人员会对亚马逊的定价策略明察秋毫，他们可能会把他们的发现通过虚拟社区等渠道广泛传播。这样，亚马逊自以为很隐秘的策略很快就在虚拟社区中露了底，并且迅速引起了传媒的注意。

比较而言，在亚马逊的这次差别定价试验中，战略上的失误是导致“试验”失败的根本原因，而实施上的诸多问题则是导致其惨败和速败的直接原因。

四、结论：亚马逊差别定价试验给我们的启示

亚马逊的这次差别定价试验是电子商务发展史上的一个经典案例。这不仅是因为亚马逊公司本身是网络零售行业的一面旗帜，还因为这是电子商务史上第一次大规模的差别定价试验，并且在很短的时间内就以惨败告终。我们从中能获得哪些启示呢？

首先，差别定价策略存在着巨大的风险，一旦失败，它不仅会直接影响到产品的销售，而且可能会对公司经营造成全方位的负面影响，公司失去的可能不仅是最终消费者的信任，而且还会有渠道伙伴的信任，可谓“一招不慎，满盘皆输”。所以，实施差别定价必须慎之又慎，尤其是当公司管理层面临短期目标压力时更应如此。具体分析时，要从公司的整体发展战略、与行业中主流营销伦理的符合程度以及公司的市场地位等方面进行全面的分析。

其次，一旦决定实施差别定价，那么选择适当的差别定价方法就非常关键。这不仅意味着要满足微观经济学提出的3个基本条件，而且更重要的是要使用各种方法造成产品的差别化，力争避免赤裸裸的差别定价。常见的做法有以下几种：

(1) 通过增加产品附加服务的含量来使产品差别化。营销学意义上的商品通常包含着一定的服务，这些附加服务可以使核心产品更具个性化；同时，服务含量的增加还可以有效地防止套利。

(2) 同批量订制的产品策略相结合，订制弱化了产品间的可比性，并且可以强化企业价格制定者的地位。

(3) 采用捆绑定价的做法，捆绑定价是一种极其有效的二级差别定价方法，捆绑同时还有创造新产品的功能，可以弱化产品间的可比性，在深度销售方面也能发挥积极作用。

(4) 将产品分为不同的版本。

当然，为有效控制风险，有时在开始大规模实施差别定价策略前还要进行真正意义上的试验，具体操作上不仅要像亚马逊那样限制进行试验的商品的品种，而且更重要的是要限制参与试验的顾客的人数，借助于个性化的网络传播手段，做到这点是不难的。

实际上，正如贝佐斯向公众所保证过的，亚马逊此后再也没有作过类似的差别定价试验，结果，依靠成本领先的平价策略，亚马逊后来终于在2001年第四季度实现了单季度净盈利，在2002年实现了主营业务全年盈利。

综上所述，在网络营销中运用差别定价策略存在着很大的风险，在选择使用时必须慎之又慎，否则，很可能适得其反，给公司经营造成许多麻烦。在实施差别定价策略时，通过使产品差别化而避免赤裸裸的差别定价是避免失败的一个关键所在。

（案例来源：《漯河职业技术学院学报》2005年04期）

思考题

1. 试总结网络营销定价的特点。

2. 分析网络渠道的定价与传统渠道定价的异同。

项目八　分销渠道策略

学习目标

掌握分销渠道对于企业的意义，熟悉分销渠道的类型；

了解中间商的作用与分类，明确影响分销渠道选择的因素；

熟悉分销渠道管理的内容。

任务引入

格力空调：离开国美，走自己的路

珠海格力电器股份有限公司是一家集研发、生产、销售、服务于一体的国际化家电企业，拥有格力、TOSOT、晶弘三大品牌，主营家用空调、中央空调、空气能热水器、手机、生活电器、冰箱等产品，2015 年排名“福布斯全球 2000 强”第 385 名，家用电器类全球第一位。现在，格力空调产品覆盖全国并远销世界 100 多个国家和地区。

多年以来，格力空调一直采取的是厂家——经销商/代理商——零售商的渠道策略，并在这种渠道模式下取得了较高的市场占有率。2004 年 2 月，成都国美为启动淡季空调市场，在相关媒体上刊发广告，把格力两款畅销空调的价格大幅度下降，零售价原为1 680元的 1P 挂机被降为1 000元，零售价原为3 650元的 2P 柜机被降为2 650元。格力认为国美电器在未经自己同意的情况下擅自降低了格力空调的价格，破坏了格力空调在市场中长期稳定、统一的价格体系，导致其他众多经销商的强烈不满，并有损于其一线品牌的良好形象，因此要求国美立即终止低价销售行为。格力在交涉未果后，决定正式停止向国美供货，并要求国美电器给个说法。“格力拒供国美”事件传出，不由让人联想起 2003 年 7 月份发生在南京家乐福的春兰空调大幅降价事件，两者如出一辙，都是商家擅自将厂家的产品进行“低价倾销”，引起厂家的抗议。

2004 年 3 月 10 日，四川格力开始将产品全线撤出成都国美六大卖场。四川格力表示，这是一次全国统一行动，格力在全国有 20 多家销售分公司，其中有 5 家公司与国美有合作，产品直接在国美销售，导致这次撤柜的主要原因是与国美在 2004 年度的空调销售政策上未能达成共识。3 月 11 日，国美北京总部向全国分公司下达通知，要求各门店清理格力空调库存。通知称，格力代理商模式、价格等已经不能满足国美的市场经营需求，要求国美各地分公司做好将格力空调撤场的准备。

面对国美的“封杀令”，格力的态度并没有退让。格力空调北京销售公司副总经理金杰表示：“国美不是格力的关键渠道，格力在北京有400多个专卖性质的分销点，他们才是核心。谁抛弃谁，消费者说了算。”格力空调珠海总部新闻发言人黄芳华表示，在渠道策略上，格力不会随大流。格力空调连续数年全国销量第一，渠道模式好与坏，市场是最好的检验。格力电器公司总经理董明珠接受《广州日报》记者采访时表示，格力只与国美的少数分店有合作，此事对格力空调的销售几乎没有什么影响，自己的销售方式也不会为此做出改变。对一个企业来说，对任何经销商都应该是一个态度，不能以大欺小，格力对不同的经销商价格都是一样的。格力在各地设立自己的销售公司主要是为了在各个区域进行市场规范管理，保持自己的品牌形象，而销售公司靠服务取得合理利润，价格一直贴近市场，格力空调去年500万台的销量就证明了这一点，因此格力不会改变这种销售方式。对于今后能否与国美继续合作，格力坚持厂商之间的合作必须建立在平等公正的基础上，违背这种合作原则只能一拍两散。

事实上，在国美、苏宁等全国性专业连锁企业势力逐渐强盛的今天，格力电器依然坚持以依靠自身经销网点为主要销售渠道。格力是从2001年下半年才开始进入国美、苏宁等大型家电卖场中的。与一些家电企业完全或很大程度地依赖家电卖场渠道不同的是，格力只是把这些卖场当作自己的普通经销网点，与其他众多经销商一视同仁，因此在对国美的供货价格上也与其他经销商一样，这是格力电器在全国的推广模式，也是保障各级经销商利益的方式。以北京地区为例，格力拥有着1200多家经销商。2003年度格力在北京的总销售额为3亿元，而通过国美等大卖场的销售额不过10%。由于零售业市场格局的变化，格力的确已经意识到原来单纯依靠自己的经销网络已经不适应市场的发展，因此从2001年开始进入大卖场，但格力以自有营销网络作为主体的战略并没有改变。

而在国美方面，国美电器销售中心副总经理何阳青认为，格力目前奉行的股份制区域性销售公司的“渠道模式”在经营思路以及实际操作上与国美的渠道理念是相抵触的。国美表示，格力的营销模式是通过中间商的代理，然后国美再从中间商那里购货。这种模式中间增加了一道代理商，它必定是要增加销售成本的，因为代理商也要有它的利润。格力的这种营销模式直接导致了空调销售价格的抬高，同品质的空调，格力要比其他品牌贵150元左右，这与国美一直推行的厂家直接供货、薄利多销的大卖场模式相去甚远。国美与制造商一般是签订全国性的销售合同，而由于现在格力采取的是股份制区域性销售公司的经营模式，与格力合作时就不得不采取区域合作的方式，这与国美的经营模式也是不相符合的。

（案例来源：《现代企业》2011年03期　杨子电）

思考题

1. 格力空调的产品销售渠道主要运用了哪几种形式？它们各自有哪些优势？
2. 时至今日，你认为格力空调应该在哪些方面加强自身的渠道建设？

企业生产出来的产品，只有通过一定的分销渠道才能在适当的时间、地点，以适当的价格供应给消费者或用户，才能通过满足购买者的需要实现企业的营销目标。因此，分销

渠道决策直接关系着企业的生存与发展。

学习任务一　分销渠道意义和类型

在商品经济条件下，生产和消费在时间、空间、产品数量、品种结构上相分离，产品必须通过交换，完成商品所有权和商品实体的转移，才能从生产者抵达消费者。我们将承担这一任务，实际完成将产品或服务送达目标顾客的一系列机构组成的通道，称为分销渠道。分销渠道决策的内容就是对这些中介机构的选择和管理。

一、分销渠道的概念

分销渠道是指产品或服务从生产领域到消费领域的通路，由一系列的执行中介职能的相互依存的企业或个人组成。这一概念包含下列含义：

（1）分销渠道上的企业和个人是指生产者、批发商、零售商等不同类型的企业和个人，他们被称为“渠道成员”。

（2）分销渠道是指一种产品的流通过程。起点是该产品的生产者，终点是该产品的消费者和用户。

（3）渠道成员相互联系、相互制约，各自承担营销职能，起着便利交换、提高营销效率的作用。

分销渠道的起点是制造商（生产者），终点是消费者或用户，中间环节包括商人中间商和代理中间商（将在第二节重点介绍中间商知识）。分销渠道不包含铁路、银行和其他服务性组织，因为它们在商品流通过程中仅起服务和促进作用，不直接从事商品交易。

对企业而言，分销渠道管理决策的重要性与复杂性主要表现在以下几个方面。

1. 分销渠道是企业生产经营活动得以正常进行的基础

在现代社会经济条件下，由于企业目标市场范围的不断扩大，所以大部分生产企业并不是将产品直接销售给最终消费者或用户，而是凭借一系列中间商的转卖活动进行的。企业只有合理地选择和利用分销渠道，才能将生产出来的产品以最高的效率和最低的费用送到适当的地点，在适当的时间以适当的价格销售给消费者和用户，通过满足他们的需要实现商品的价值，保证企业生产经营活动的正常进行。

2. 分析渠道的选择，直接制约和影响着企业其他方面营销策略的确定

分销渠道的选择与目标市场策略、市场定位策略、产品策略、价格策略、促销策略等方面密切相关。例如，分销渠道的选择会影响价格制定，因为产品价格的确定不仅要考虑产品的生产成本，而且要考虑流通费用的补偿，而不同类型的分销渠道以及分销渠道运行的状况直接影响着流通费用的多少。因此，企业在作分销渠道决策时不仅要分析渠道本身的利弊优劣，还要考虑分销渠道策略与其他营销策略之间的关系。

3. 分销渠道策略的成功，有赖于外部市场营销渠道企业的合作与协调

分销渠道策略的成功，不仅取决于企业内部各方面的支持与配合，而且取决于企业外

部有关市场营销渠道企业的合作与协调。如果没有这些外部市场营销渠道企业的合作与协调，分销渠道就建立不起来，即使建立起来了也难以有效地运行。然而，与企业外部有关的市场营销渠道企业的合作与协调关系的建立与维持是较为困难的。

4. 分销渠道的选择是一种相对长期的决策

分销渠道按照一定的模式建立并相对稳定下来后，要想改变或者替代原有的模式与经销关系，难度是很大的，因为分销渠道的选择是一种相对长期的决策。企业的营销管理部门在进行分销渠道决策时，既要考虑现实需要又要着眼于企业内外环境长期发展变化可能提出的新要求。

5. 分销渠道反馈回来的市场信息，是企业调整生产经营行为的重要依据

对一个生产企业来说，分销渠道不仅是“产品输送”的工具，而且要很好地实现“市场信息反馈”的功能。分销渠道选择不当，市场信息不能反馈、传递滞后或变形失真，将给企业的生产经营造成不良影响，以致使企业蒙受巨大损失。

二、分销渠道的特点

分销渠道具有下列特性：

1. 外部性

生产者利用中间商营销产品或劳务，不能随心所欲地控制中间商的行为，因为中间商独立于生产者之外，是与生产者并行的企业或个人。中间商虽然为生产者销售产品或劳务，但不是生产者构造的营销链条中的一个环节，不可以随意控制。当中间商拥有自己的顾客时，便在市场中占有重要位置。中间商同生产者一样追求利润最大化。这种分销渠道外部性特征要求生产者在选择中间商时要十分谨慎。

2. 稳定性

生产者使用中间商的市场营销渠道，一旦与中间商签约确定买卖关系，双方便建立了长期合作的关系。这种长期性的关系使营销渠道具有了比较稳定、不易改变的特征。即使是市场情况发生变化时，生产者也不能单方面撕毁协定。

3. 关联性

分销渠道不仅与生产者确定目标市场关系密切，而且与其他营销策略有关。生产者确定了目标市场，如没有适当的渠道可利用，则会改变目标市场。如石膏护墙板的生产者首先把目标市场放在所有的承包商及胚墙承包商身上，可是存放这种商品所需要的木料场却为竞争者所有。石膏护墙板的生产者只好将目标市场转移到房地产商方面，这样可以免去木料中间商的干预。同时，分销渠道的选项也对其他营销策略有影响，如生产者对产品的价格决策取决于经销商的信誉及形态，促销决策取决于经销商所需要的训练和激励程度等。

三、分销渠道的类型

1. 直接渠道与间接渠道

根据商品在从生产到消费的流通过程中是否经过中间商转卖，一般将分销渠道分为直接渠道和间接渠道。由生产企业直接将产品卖给用户，没有中间商介入的情况，称为直接渠道。在产业市场上，许多生产设备和原材料的销售都采用直接销售。现在，随着电视直销、网上销售的发展，直接销售在消费市场上也有很大发展。

间接渠道是指含有一层或多层中介机构组成的分销渠道，是消费市场上占主导地位的渠道类型。

2. 长渠道与短渠道

根据商品在流通过程中所经中转环节的多少，我们还将分销渠道氛围长渠道和短渠道。显然，没有中间环节的直接渠道最短；中间层次或环节越多，渠道越长。一般来说，在同样情况下，短渠道比长渠道节省周转时间和费用。但同种产品，由于市场地理位置的远近不同，将产品送达远处的市场需要长渠道，近处的可用短渠道；在市场远近相似的情况下，中间商规模大小的不同也会影响渠道长短，如一重产品通过大型零售店销售，渠道可相对较短，通过小型零售店销售，渠道可能较长。因此，不能一概而论长、短渠道孰优孰劣。实际上，企业往往采取多种分晓渠道销售产品。

3. 宽渠道与窄渠道

渠道的宽与窄，取决于商品流通过程中每一层次选用中间商数目的多少。如生产洗发水的企业通常选择较多批发商和零售商来组成分销网络，以便分散的顾客都能方便地买到商品；反之，经营钢琴的企业在一个城市也许仅选择一家特约店，因为其目标顾客不在乎购买是否方便。前者我们称之为宽渠道，因为每一层次有众多的同类中间商；后者我们称之为窄渠道，每一层次中间商的数目少到了极限。当然，除了这种独家经营的情况，宽窄之分也是相对而言。

4. 传统分销渠道与分销渠道系统

在分销渠道中，渠道成员之间相互联系的程度不同。根据渠道成员之间的相互联系的紧密程度，我们可以划分出传统分销渠道和分销渠道系统两种类型。

传统分销渠道是由独立的生产者、批发商和零售商组成。他们在保持距离的情况下相互讨价还价，谈判销售条件，并且在其他方面各主其事，各自追求利润的最大化，而不顾整体的利益。传统分销渠道是高度分散的销售组织网络。

分销渠道系统是渠道成员实行纵向或横向联合或利用多渠道达到同一目标市场，以取得规模经济效益。基本类型如下所述：

1）垂直分销渠道系统

这是对传统渠道再造，实行专业化管理和集中计划的销售组织网络。网络中的渠道成员为取得规模经济的经营和最大的市场效果，采取一体化经营或联合经营。其中的一个成员拥有较大的权力，可以迫使其他成员合作。这种分销渠道有 3 种主要形式：

（1）公司式垂直营销系统。这是指在单一所有权下把生产和销售两个连续阶段结合在一起。一家公司拥有和统一管理着若干工厂、批发机构和零售机构等，控制市场分销渠道的若干层次，甚至控制整个分销渠道。拥有统一管理和控制权的公司，可以是生产者，也可以是中间商，既可以工商一体化经营，也可以商工一体化经营。

（2）管理式垂直营销系统。这不是通过共同的所有权，而是以某一方面的规模和权力来连接生产和销售的连续阶段的形式。如拥有优秀品牌的生产商可能得到中间商的强有力的合作与支持。

（3）契约式垂直营销系统。这是指不同层次的生产者和经销商为了实现其单独经营所不能达到的经济效益和销售效果，以契约形式结成的联合体。这种系统有 3 种形式：一是批发商组织的自愿连锁店。这是批发商为帮助独立的小型零售商与大型连锁零售商竞争而组织的。它由批发商制订使独立零售商销售业务标准化和取得进货经济的计划，实行“联购分销”。二是特许经营组织。这是由经营特许人的渠道成员把生产和经销过程的连续阶段衔接在一起，与特许经营者联合。三是零售商合作社。这是一群独立的小零售商为了和大零售商竞争而联合组织的从事批发和部分生产业务的机构。该机构集中采购和统一规划广告业务，所得利润按成员采购比例返还给成员。非成员零售商也可以向合作社进货，但不分配利润。

2）水平分销渠道系统

这种系统是指两个或两个以上的相互无关联的企业自愿联合，以资金或计划共同开拓新的市场营销机会，以实现每一个企业由于缺乏资、技术、生产或营销资源等而无力单独经营，或惧怕风险，或期望实现最佳协同作用的效果而实行的暂时或永久的相互合作。如美国德克萨斯州的兰马储蓄银行与赛夫威百货公司订立协议，赛夫威公司内设置其储蓄办事处和自动提款机，使兰马储蓄银行以较低成本打入市场，同时也使赛夫威公司为顾客提供店内存取款的方便。

3）多渠道分销系统

这种系统是指一个企业建立两条或更多的分销渠道以达至一个或更多的顾客细分市场。如 IBM 公司除自设 IBM 产品中心外，还与西尔斯、大陆计算机公司和其他各种计算机商店、办公用品经销商及价值增值转卖商等签订合同销售 IBM 产品。

4）价值网络

这种系统是一个公司为创造资源、扩展和缴付货物而建立的合伙人和联盟合作系统。如美国的 Palm Inc 公司，它拥有包括半导体、塑料箱、LCD 播放器和其他附件的多个供应商社团，同时又聚集了在线和离线的再售商，45 000 个合作者为 Palm 操作系统创造了 5 000种产品。

5）战略性渠道联盟

这种系统是企业使用另一个生产商已经建立起来的渠道。如星巴克咖啡公司与卡夫食品公司宣布了一项长期的特许协议，星巴克负责烘焙和包装咖啡，卡夫公司则负责在超级市场销售星巴克咖啡。

学习任务二 中间商

中间商是指专门从事商品流通经营活动的企业和个人。他们的基本职能是作为生产和消费之间的媒介，促成商品交换。除了零级渠道以外，在所有的营销渠道中都有中间商的介入。中间商是大部分营销渠道中最纷繁多样的环节。

一、批发商

批发商是指向制造商或经销单位购进商品，供给其他单位（如零售商）进行转卖或供给制造商进行加工制造产品的中间商。批发商出售的商品一般是供给零售商转卖或再生产用；批发商是在工商企业之间进行交易活动，交易活动结束后，商品仍然留在流通领域；批发商销售的产品数量一般比较大，销售的频率相对较低。

1. 批发商的作用

（1）小型制造商财力有限，无法单独设立一个直接销售部门，而批发商的存在解决了这一问题。

（2）即使制造商财力雄厚，他们也宁愿把资金投在生产设备上，而不愿投资于费用高昂的分销渠道上。

（3）由于批发商在分销渠道上可以享受规模经济（即可以享受到由于大批量购销而产生的费用成本的节约），而且他们与零售网点接触面广，还具有进货、批发的专业技术，制造商都认为批发商的分销效率高，因而原因与之合作。

（4）由于经营品种繁多的零售商都原因与批发商打交道，而不愿意与单个制造商打交道。因此，那些经营产品种类有限的制造商更需要批发商为它解决产品销售问题。

2. 批发商的职能

生产者和零售商愿意选择利用批发商是因为批发商能够发挥下列职能：

（1）销售。批发商提供的销售人员能使生产者以较低的成本接触到大批小客户，并且业务关系广泛，比生产者更受顾客的信赖。

（2）购买和编配商品。批发商能够选择和编配顾客需要的花色品种，这样可以为顾客节省时间。

（3）分装。批发商是整批购进，并按零售商一般需要量分装后销售，为顾客节省资金。

（4）仓储。批发商持有存货，能为顾客减少成本和风险。

（5）运输。批发商比生产者更接近顾客，他们能够向购买者更迅速地交货。

（6）融资。批发商向顾客信用销售，向生产者提前交货，准时付款。

（7）风险承担。因批发商持有商品所有权，所以要承担商品失窃、破损、腐烂、过时降价等费用支出。

（8）提供信息。向供应商和顾客提供关于新产品、价格变动、竞争者活动等信息。

（9）咨询和服务。帮助零售商训练销售人员、布置店堂、陈列商品、建立会计与库存管理制度、提供技术服务等。

3. 批发商的分类

批发商主要有 3 种类型即商人批发商、经纪人和代理商、制造商的分销机构。

（1）商人批发商。

商人批发商是指自己进货，取得商品所有权后再批发出售的商业企业，是批发商最主要的类型。

商人批发商按服务范围可分为完全服务批发商和有限服务批发商。完全服务批发商执行批发商的全部职能，提供的服务主要有：保持存货、雇佣固定的销售人员、提供信贷、送货和协助管理等，包括批发中间商和工业分销商。前者主要是向零售商销售，并提供全面服务；后者是向生产者提供生产性消费的商品或服务。有限服务批发商是指批发商为了减少费用，降低批发价格，因而只对其顾客提供有限的几种服务，如现货自运批发商、直运批发商、卡车批发商和邮购批发商等。

（2）经纪人和代理商。

经纪人和代理商是从事购买或销售或两者兼而有之的洽商工作，但不取得产品的所以权是商业单位。与商人批发商不同的是，他们对其经营的商品没有所有权，所提供的服务比有限服务批发商还少，其主要职能在于促成商品的交易，借此赚取佣金作为报酬。与商人批发商相似的是，他们通常专注于某些产品种类或某些顾客群。

经纪人和代理商主要分以下 5 种：

①产品经纪人。即经纪人的主要作用是为买卖双方牵线搭桥，协助他们进行谈判，买卖达成后向雇佣方收取费用。他们并不持有存货，也不参与融资和承担风险。

②制造商代表。制造商代表比其他代理批发商人数更多。它们代表两个或若干个互补的产品线的制造商，分别和每个制造商签订有关定价政策、销售区域、订单处理程序、送货服务和各种保证及佣金比例等方面的正式合同。它们了解每个制造商的产品线，并利用其广泛关系来销售制造的产品。

③销售代理商。销售代理商是在签订合同的基础上，为委托人销售某些特定产品或全部产品的代理商，对价格条款及其他交易条件可全权处理。

④采购代理商。采购代理商一般与顾客有长期关系，代他们进行采购，往往负责其收货、验货、储运，并将商品运交买主。

⑤佣金商。佣金商又称佣金行，是指对产品实体具有控制力并参与产品销售协商的代理商。大多数佣金商从事农产品的代销业务，农场主将其生产农产品委托佣金商代销，付给一定的佣金。

（3）制造商的分销机构。

制造上的分销机构是由制造商自行经营批发业务，而不通过独立的批发商进行，从而改进存货控制、销售和促销。

二、零售商

零售商是指将商品或劳务直接销售给最终消费者的商业活动。从事这种活动的企业或个人被称为零售商。

1. 零售商的特征

零售商从事的商业活动与批发商从事的商业活动有明显的不同。零售活动的特征有以下。

（1）交易次数的繁多性。零售交易次数多，但平均每笔交易数额小。

（2）零售交易多为当面挑选的现货交易，而批发交易多为期货交易。

（3）零售交易中购买者具有较强的随机性，而批发交易中购买者具有较强的计划性。

（4）零售商提供的商品种类综合性强而批发商提供的商品种类专业性强。

（5）零售活动范围地方性强，而批发活动范围不限于当地，辐射到区域，甚至于全国。

2. 零售商的职能

零售商作为必要的商品流通环节，是因为它在商品流通过程中担负以下职能，能满足生产者、批发商和消费者的需求。

（1）分类、组合、配货职能。零售执行消费者采购代理人的任务，把购进的商品按照消费者的需求分类、组合和搭配，使消费者便于购买，满足消费者的综合需求，也弥合了生产者提供产品的单一化与消费者综合化需求的差距。

（2）服务职能。零售商在销售商品的同时，向消费者提供多样化的服务，方便消费者购物，促进销售。

（3）储存商品及承担风险职能。零售商储存一定量的商品，保证消费者的随时购买，满足消费者不同时间的需求。因而零售同时承担着商品在储存中发生的各种风险成本。

（4）融资职能。零售商通过信用销售商品，如采用赊销、分期付款等销售方法，为消费者起到融资的作用。

（5）信息传递职能。零售商处于生产者、批发商与消费者之间，来自于生产者、批发商及消费者需求变化及欲望的信息往往在零售商处汇集。零售商通过沟通信息起到促进生产、引导消费的作用。

（6）娱乐职能。店铺零售商不仅销售商品，也向消费者提供娱乐。零售商通过店堂美化、商品陈设及宣传的艺术化，给消费者以美的享受；若兼营娱乐服务，则更体现娱乐功能。

3. 零售商的分类

在现代经济体制中，零售商数目众多，规模、形式各异，很难用统一的标准分类。一般划分为商店零售商、非商店零售商和零售组织 3 类。

（1）商店零售商。商店零售商是指有固定的供顾客选购商品的营业场所。主要有百货商店、专业商店、超级市场、方便商店、折扣商店、仓库商店和产品陈列推销店等业态。

（2）非商店零售商。非商店零售商是一种不设店堂的零售类型，主要有直复市场营销、直接销售、自动售货和购物服务公司等业态。

（3）零售组织。零售组织是组合式零售类型。主要有总体式连锁店、自愿连锁店和零售合作社、消费合作社及特许专卖组织等业态。

学习任务三　分销渠道的设计与选择

分销渠道是营销组合要素之一，分销渠道的决策正确与否，关系到企业营销的成败兴衰，切不可忽视。分销渠道的决策包括分销渠道的设计、选择、组织和管理等内容。

一、影响分销渠道的因素

影响分销渠道的因素很多，制造商在决定选择分销渠道前，应对产品、市场及企业本身各种因素进行分析，以便做出正确的选择。

1. 产品因素

（1）产品单位价值。单价高的贵重产品可由生产者自销或只通过零售商。单价低的产品如香皂、牙膏等则必须经过批发环节分类、编配，零售商除极少数大企业外，一般不可能直接从厂商进货。

（2）产品大小与重量。体积大、分量重的产品，往往意味着高的装运成本和高的重置成本，一般应尽量选择最短的分销渠道，最好由生产者直接销售或通过经销、代理商的样品间销售。如机械设备多数只通过一个环节，甚至取消中间环节由生产者直接供应给用户。

（3）产品的耐腐性。产品是否会迅速腐烂，容易损坏，是一个在实际运输和储运中非常关键的问题。易腐、易毁的产品，应尽量缩短分销途径，迅速把产品出售给消费者。鲜活产品的渠道一般就比较短，就是这个道理。

（4）产品的技术性和服务性。技术需求比较复杂、对售后服务要求较高的产品，如大型机电设备等，一般要求较高的技术性，生产企业要派出专门的人员去指导用户安装、操作和维修等，这些产品一般是由生产企业直接销售给用户，其分销渠道一般都是短而窄的，因为中间商可能对产品的各项性能不是很了解，有可能对顾客产生误导，为以后销售埋下隐患。特别是使用面窄或专用的设备，宜于生产者和（消费者或用户）直接见面，尽量减少中间环节。

（5）产品的款式。时尚性较高的产品，即式样或款式较容易发生变迁的产品，如各种新奇玩具、时装等，分销渠道应尽量缩短，以免流转环节较多、周转时间较长，而过时或时尚性不强、款式不易发生变化的商品，分销渠道可以适当长一点，以便广泛销售。

（6）产品标准化程度。一般而言，渠道的长度与宽度是与产品的标准化程度成正比的。产品的标准化程度越高，渠道的长度越长，宽度越宽。

（7）企业开发的新产品。为了尽快地把新产品投入市场，通常应采取强有力的推销手段占领市场，生产企业往往不惜为此付出大量的资金组织推销队伍，直接向消费者推销。

当然，在情况许可时，也应考虑利用原有的分销途径。

2. 市场因素

（1）市场范围的大小。一般情况下，产品销售范围越大，则分销渠道就越长。如果产品在全国范围销售或进入国际市场，则要选择宽渠道，广泛利用中间商；如果产品销售范围很小，或就地生产就地销售，则由生产者直接销售或通过零售商销售。

（2）潜在顾客的地理分布情况。如果某种产品的潜在顾客分散在全国广大地区，制造商就要通过若干不同的中间商转卖给潜在顾客，使用较长的分销渠道。如果某产品的潜在顾客集中在少数地区，制造商就可以直接销售而不用中间商；使用最短的分销渠道。

（3）消费者的购买习惯。消费者的购买习惯也会影响分销渠道的选择。一些日用生活必需品，其价格低，消费者数量大，购买频率高，顾客不必做仔细的挑选，随时随地都能买到，制造商应尽量多采用中间商扩大销售网点，其分销渠道应长而宽。对于一些耐用消费品，制造商一般只通过少数几个精心挑选的零售商去推销产品，甚至在一个地区只通过一家零售商推销产品，其分晓渠道可以短而窄。

（4）市场上竞争者使用分销渠道的情况。一般来说，制造商要尽量避免和竞争者使用相同的分销渠道。如果竞争者使用和控制着传统的分销渠道，本企业就应当使用其他不同的分销渠道推销其产品。有时，同类产品也采取与竞争者相同的分销渠道，以便让顾客进行产品价格、质量等方面的比较。

（5）市场其他特点。销售季节性的变化、节日商品市场的其他特点也是企业选择分销渠道时应考虑的因素。经济形势变化将引起市场需求的变化，也影响渠道模式的选择。在经济发展迅速、市场繁荣、需求量上升时，生产者会考虑增加销售点，扩大销售网；而在经济萧条、需求量下降时，则需要减少流通环节，以降低成本和销价。另外，在选择分销渠道时，要遵守国家的有关法律和规定，使用合法的中间商，采用合法的销售手段；否则，将受到法律制裁。

3. 制造商自身的因素

（1）制造商的声誉与资金。制造商的声誉越高，资金越雄厚，越可以自由选择分销渠道，甚至还可以建立自己的销售网点，采取产销合一的方法经营，而不经过其他中间商。如果由于制造商财力微薄，或声誉不高，则必须依赖中间商提供服务。

（2）制造商自身的销售力量和销售经验。一般来说，如果制造商本身有足够的销售力量或有丰富的销售经验，就可以少用或不用中间商，否则，就只有将整个销售工作交给中间商。

（3）制造商对分销渠道的控制要求。如果企业的市场营销策略要求严格控制产品的价格和新鲜程度，或为了产品的时尚，要选择尽可能短的或尽可能窄的分销渠道，企业比较容易控制。

（4）制造商提供服务的态度和能力。如果制造商愿意为最终消费者或用户提供更多的服务，可采用较短的分销渠道；如果制造商原因并有能力为中间商提供更多的服务，就会吸引更多的中间商来经营企业的产品。

4. 经济效益因素

经济效益的高低与分销渠道的长短密切相关。一般，缩短渠道能减少环节，加快流通，节约社会劳动，提高经济效益。但从某种商品的营销要求来看，只有增加渠道环节，才能拓展市场，扩大销售，提高市场占有率，从而提高经济效益。企业的产品往往可以通过不同类型的分销渠道进行销售，有的甚至可以同时使用几种分销渠道。企业究竟选择哪一种分销渠道最好，要通过分析、比较、衡量采用各种渠道的利弊，视其综合经济效益的大小进行决策。

5. 社会环境及传统习惯因素

社会环境这一因素主要是指政府的方针政策及对产品分销渠道的限制情况，如国家规定有些产品专营，对某些产品进出口加以限制等，在这些场合，企业没有选择分销渠道的权利。此外，传统的销售习惯、购买习惯和营销习惯等，也是影响选择分销渠道的重要因素。

6. 中间商因素

渠道设计还必须考虑中间商履行营销职能的优势和劣势。生产者利用代理商销售虽然可以降低成本，但中间商在处理促销、谈判、储运、联系和信用等方面的能力是不同的。由于中间商的总成本由委托销售的生产者分摊，因而代理商的推销效果不如生产者直销更有效。

二、选择渠道成员

并不是所有的中间商都可以作为生产者分销渠道的成员。对于顾客而言，渠道成员就意味着企业，代表着企业的形象，渠道成员营销力的程度在某种意义上创造企业的成功。

生产者寻找中间商不管难易。一般来说，中间商应具备以下条件：

（1）中间商的声誉。该中间商从业的历史年限，在同行中的声誉程度。

（2）经营其他产品情况。

（3）创利润记录。

（4）偿付能力、拥有资产及负债情况。

（5）协作的态度。

（6）销售人员的规模与素质。

（7）经营条件。

中间商具备的这些条件处于良好状态，就会促进生产者的产品与服务转移，满足目标顾客的需求。

三、分销渠道的设计

企业的分销渠道是在考虑上述影响因素基础上设计的，包括确定渠道模式、确定中间商数目和规定渠道成员的权利和责任 3 方面的内容。

1. 确定渠道模式，也即决定渠道的长度

分销渠道长度的选择就是直接销售和间接销售的选择。直接销售和间接销售各有利弊，各有其适用条件和范围。企业分销渠道设计首先是要决定采取什么类型的分销渠道，是派推销人员上门推销或以其他形式自销，还是通过中间环节分销。如果决定利用中间商分销，还要进一步决定选用什么类型和规模的中间商。一般的情况是：大多数工业品技术复杂、价格高，需要安装和经常的维修服务，用户对产品规格、配套、技术性能有严格要求，交易谈判需较长的时间；大宗原材料用户购买量很大，购买次数少，用户数量有限，宜采用直接销售。除此之外，大多数生活资料及一部分应用面广、购买量小的生产资料，宜采用间接销售。另外，在进行此类选择时，营销能力、财务、控制渠道的要求也必须考虑在内。例如，有的企业产品从产品与市场分析，应该采用直接销售。然而，因为销售力量太弱，或因财务困难，也不得不选用间接分销渠道。

2. 确定中间商的数目，也即决定渠道的宽度

分销渠道的宽度是指分销渠道中的不同层次使用中间商数目的多少。这主要取决于企业希望产品在目标市场上扩散范围、产品本身的特点、市场容量的大小和需求面的宽窄，通常可供选择的形式有 3 种：

（1）广泛分销，又称密集分销。运用尽可能多的中间商分销，使渠道尽可能加宽。消费品中的便利品（卷烟、牙膏，洗发水等）和工业用品中的标准化、系列化、通用化程度较高的产品等，适于采用这种分销形式，以为购买者提供最大便利。

这种形式优势在于：由于销售网络的高市场覆盖率，从而最大限度地便利消费者，推动销售的增长。广泛分销中最重要的假定之一就是分销的占有率等同于市场的占有率。产品的分销越密集，销售的潜力也就越大。但不足之处为：在某一市场区域内，广泛分销容易导致经销商之间为争夺市场机会而进行竞争，造成销售努力的浪费。竞争的结果常常会损坏企业的利益。例如，经销商为了争夺销售机会而压价倾销，到处窜货，扰乱企业的市场秩序。竞争的加剧也会导致经销商对制造商忠诚度的降低，价格竞争的激烈又致使经销商对消费者服务水平的下降。为此，制造商不得不花费大量的精力对经销商进行培训，对分销支持系统等进行评价，以便及时发现其中的不足。

（2）独家分销，在一定地区内只定一家中间商经销或代理，实行独家经营。独家分销是最极端的形式，是最窄的分销渠道，通常只对某些技术性强的耐用消费品或名牌货适用。独家分销对生产者的好处是：有利于控制中间商，提高他们的经营水平，也有利于加强产品形象，增加利润。但这种形式有一定风险，如果这一家中间商经营不善或发生意外情况，生产者就要蒙受损失。

采用这种形式时，通常产销双方议定，销方不得同时经营其他竞争性产品，产方也不得在同一地区另找其他中间商。这种独家经营妨碍竞争，因而在其他国家被法律所禁止。这种形式的优势在于：独家分销可以确保该经销商的利益，避免了与其他竞争对手作战的风险；能够调动经销商的积极性。而且从事独家分销的制造商还以为通过这种方式取得经销商强有力的销售支持，可以使经销商无所顾忌地增加销售开支和人员，以扩大自己的业务；可以有效地管理和控制经销商。但不足之处为：如果企业只有一家经销商，那么市场

掌握在经销商手中，经销商有可能挟市场以令企业失望。此外，由于缺乏竞争会导致经销商力量减弱，出现市场空白点，丧失许多销售机会。独家分销商在市场中占据垄断地位，因而容易使其认为他们可以支配顾客，对于顾客来说，独家分销使他们在购物时不太方便。

(3) 选择性分销。这是介于上述两种形式之间的分销方式，即有条件地精选几家中间商销售其产品。这种形式对所有各类产品都适用，它比独家分销面宽，有利于扩大销路，开拓市场，展开竞争；比密集性分销又节约费用，并较易于控制，不必分散太多的精力。有条件地选择中间商，还有助于加强彼此之间的了解和建立长期关系，使被选中的商家愿意努力提高推销水平。因此，对某些产品（家用电器、家具等）来说，这种分销形式效果良好。

这种形式的优势在于：选择分销比密集分销能够取得经销商的更大支持，同时又比独家分销能够给消费者购物带来更大的方便。但选择分销中常见的问题是如何确定经销商的区域重叠度。区域重叠度决定着在某一给定区域内选择分销与独家分销、密集分销的接近程度。高重叠率会造成经销商之间的一些冲突，但可以给消费者以方便；低重叠率会增加经销商的忠诚度，但却降低了消费者的方便性。

3. 规定渠道成员的权利和责任

在确定了渠道的长度和宽度之后，企业还要规定与中间商彼此之间的权利和责任。产品的流通，由于中间商的介入，使得生产者和消费者的关系间接化，生产者对产品销售的期望要通过中间商对营销职能的履行来实现。然而，中间商作为独立于生产之外的机构和个人，也拥有自己的利益，他绝不会不顾自己的利益而执行生产者对营销职能的要求。生产者与中间商之间规定相应的权利和责任关系就成为必要。制造商与渠道成员所规定的权利和责任，主要包括以下 4 个方面：

(1) 价格政策。价格涉及渠道成员各自的经济利益，每一位渠道成员对此都保持高度的敏感性。作为制造商在采取价格策略时则要谨慎行事。一般，制造商制定出产品价目表和明细表对关系程度不同和购买量不同的中间商给予不同的折扣。制造商使用价格折扣时，既要力求使中间商感到公平合理，也要保持对不同购买动机调整折扣的能力。价格折扣的执行通常是引起渠道冲突的主要原因之一。如向批发商进货的零售商不满意制造商以折扣价售给零售商，批发商也对大量购进不能得到最佳折扣而不满。

(2) 销售条件。指付款条件和制造商对产品的保证。付款条件与制造商的利益实现关系密切，大多数制造商对提前付款的中间商根据发票上的价格给予折扣优惠。折扣优惠根据时间的不同而不同。同时制造商也要向中间商提供产品保证，如对不合格产品的退换、产品跌价损失的补偿等，以此吸引中间商大量购买产品。

(3) 地域条件。制造商授权中间商在某一地区专门销售的权利。中间商通常希望了解制造商将在何处授特许权给其他中间商，而且希望取得其所在地区完全的售货权利，得到制造商对其所在地区发生的全部销售实绩的承认。

(4) 相互服务与责任。制造商与中间商相互为对方提供服务的约定。相互服务的项目一般是在对等的基础上制定和履行的。这一因素在制造商使用特许经销和独家代理渠道中

表现得尤为充分。如麦当劳公司向其特许经销商提供建筑促销档案保存系培训和一般管理技术等，同时也要求特许经销商执行公司的有关物资设备标准，配合新的促销方案，供给需要的情报及购买指定的食物产品等。当然，在使用广泛分销渠道时，由于制造商仅向中间商提供促销媒介和技术服务，使得中间商也只向制造商提供销售结果报告，而对顾客购买行为及促销媒介的分发不那么热心。

此外，制造商与中间商之间所规定的权利和责任还有交换和结算条件、跌价保证等。制定权利和责任条款时必须十分谨慎，并要保证有关中间商的配合响应。

学习任务四　分销渠道的管理

渠道建成后，企业还要决策如何管理渠道。一般来说，机电产品制造企业不可能像他们控制产品、定价和促销那样直接控制分销渠道，因为中间商是独立的经营者，他们有自身利益追求，有权在无利可图或不满意时撤出。

客观上，制造企业和中间商之间也存在诸多矛盾，如零售商希望存货尽可能少些为好，以节约空间和减少资金占用。一旦发生断货又要求制造商提供紧急订货服务，以抓住市场机会；而频繁供货使制造企业又增加了送货成本，特别是小批量的紧急送货。又如，制造商希望中间商全心全意，特别卖力地为自己推销产品，忽视或干脆拒绝经销其他企业的同类产品。中间商则希望多经销几种可供顾客选择的同类产品，而且要求制造商为自己的产品提供广告促销。这些矛盾导致制造商和中间商相互竞争，在双方的关系中力争取得更大的控制权。但另一方面，从根本上来说，制造商和经销商的利益又是一致的，两者都只有通过将商品顺畅地卖给使用者才能获得效益，因此又要加强渠道内部各成员之间的协调与合作。渠道管理包括激励中间商，并对他们的推销活动进行评估，在必要时对中间商进行调整。

一、激励渠道成员

对选定的中间商需要进行日常的监督和激励，使之不断提高业务经营水平。由于中间商与制造商所处的地位不同，考虑问题的角度也不同，所以，必然会产生矛盾。如何处理好产销矛盾，是一个经常存在的问题。制造商要善于从对方的角度考虑问题，要知道中间商不是受雇于自己，而是一个独立的经营者，有他自己的目标、利益和策略。中间商首先是顾客的采购代理，然后才是顾客的销售代理，只有顾客愿意购买的产品，中间商才有兴趣经营。中间商一般不会对各品牌分别做销售记录，有些原始资料也不一定注意保存，除非给予特殊的激励。因此，制造商要规定一些考核和奖罚办法，对中间商的工作及时考核和奖励，必要时给予惩罚。对经营效果较好的中间商，应争取建立长期产销合作关系，也可派专人驻店协助推销并收集信息。例如，中国嘉陵集团在摩托车销售中即采用派驻业务员到地区批发商处协助并监督工作的形式来督促了大批发商的工作。

激励中间商的基本点是了解中间商的需要与愿望，并据此采取有效的激励手段。制造商必须尽量避免激励过分和激励不足两种情况。当制造商给予中间商的优惠条件超过他取得合作与努力水平所需条件时，就会出现激励过分的情况，其结果是销售量提高，而利润量下降。当制造商给予中间商的条件过于苛刻，以致不能激励中间商的努力时，则会出现激励不足，则制造商可以采取两条措施：

（1）提高中间商可得到的毛利率，放宽信用条件。

（2）采取人为的方法来刺激中间商，使之付出更大努力。如举办中间商销售竞赛，加强对顾客与中间商的广告活动等。总之，不论采取何种措施，制造商都必须小心观察中间商如何从自身利益出发来看待、理解这些措施。

二、协调产销关系

制造商与中间商的关系主要有 3 种不同形式：合作、合伙和分销规划。

（1）多数制造商与经销商建立合作关系，对中间商一方面以高利润、特殊优惠、合作推销、折让、销售竞赛等方法激励其推销热情和积极性；另一方面对表现不好的或工作消极的中间商予以惩罚，如降低利润率、延迟发货甚至终止合作关系。

（2）较成熟的制造商一般与经销商建立合作关系，签订协议，在协议中明确规定双方的责任和权利。如规定经销商的市场覆盖面、市场潜量，以及应提供的市场信息和咨询服务等。根据协议执行情况，对经销商支付报酬。

（3）分销规划是一种最先进的办法，它是一种把制造商和中间商的利益融为一体的“纵向营销系统”，统一规划营销工作。如决定销售目标、存货水平、培训计划，以及广告和营业推广方案等，使产销双方协调一致地完成任务。

三、评估渠道成员

渠道管理的最后一项工作是对渠道成员的评估。每隔一段时间，制造商就必须考查和评估中间商的销售定额完成情况、平均库存水平、装运时间、对受损货物的处理、促销方面的合作，以及为顾客提供服务的情况。正确评估的目的是及时掌握情况，发现问题，以便有针对性地对不同类型的中间商开展激励和推动工作，提高渠道分销效率。

一定时期内各经销商所达到的销售额是一项重要的评估指标。制造商可以将中间商的销售业绩分期排名，目的是促进落后者力争上游，排名领先者努力保持绩效。对表现好的予以奖励；对表现不好的予以批评，必要时可更换渠道成员，以保证营销活动顺利而有效地进行。但是，由于中间商所面临的环境有很大的差异，各自规模、实力、商品经营结构和不同时期的战略重点不同，用销售列表排名评估往往不甚准确。正确评估中间商业绩，应在做上述横向比较的同时，辅之以另外的两种比较：一是将中间商的销售业绩与前期比较，并以整个群体的升降百分比作为评估标准。对低于该群体平均水平的中间商，必须加强评估与激励措施。二是根据每一中间商所处的市场环境和它的销售实力分别订出其可能实现的销售定额，再将其销售额与定额进行比较。

四、调整营销渠道

在渠道管理过程中，有时由于市场环境的变化，而要增加或减少渠道成员，局部修正某些渠道，或全面修正分销渠道系统。促使制造商调整营销渠道的主要因素，包括消费者购买方式的变化、市场扩大或缩小、产品生命周期的更替、新的竞争者兴起和创新的营销渠道策略的出现等。

1. 增减渠道成员

这是指在某一分销渠道模式里增减个别中间商，而不是增减各种渠道模式。制造商决定增减个别中间商时，需要做经济-效益分析。要考虑到增减某个中间商。对企业的盈利是否有影响，是否会引起渠道其他成员的反应，其他成员的销售是否会受影响等。制造商决定渠道成员增减时必须充分考虑这些情况，以便采取相应的措施，防止出现不必要的矛盾。

2. 增减渠道

这是指增减某一渠道模式，而不是增减渠道里的个别中间商。当制造商利用某一分销渠道销售产品不理想时，或者市场需求扩大而原来的渠道不能满足需求时，或者一方面生产者所利用的分销渠道销售量低下，而另一方面市场的需求又未满足时，制造商就要考虑增加或减少渠道，或者在减少某种渠道的同时又增加某种渠道。增加或减少渠道，制造商都要考虑其带来的经济效果及其他渠道的反应，并且估计被删除的渠道日后可能成为本企业渠道的竞争者，使保留的渠道产生不安全感，在销售上不大胆，降低销售量等的可能性。制造商要对此做出预防措施。

3. 调整全部渠道

这是指制造商对所利用的全部渠道进行调整。如直接渠道改为间接渠道，单一渠道改为多渠道等。这种调整是最困难的，它不仅使全部销售渠道改观，而且还会涉及营销组合因素的相应调整和营销策略的改变。作为制造商，对调整全部渠道要特别谨慎从事，要进行系统分析，以防考虑不周影响企业的全局销售。

小　结

(1) 分销渠道是指某种产品从生产者向消费者或拥护转移过程中所经过的一切取得所有权（或协助所有权转移）的商业组织和个人。即产品所有权转移过程中所经过的各个环节连接起来形成的通道。分销渠道的起点是制造商（生产者），终点是消费者或用户，中间环节包括商人中间商和代理中间商两类。分销渠道具有：外部性、稳定性和关联性等特征。

(2) 制造商对渠道的管理主要是分析中间商的特征，选择、激励、检查渠道成员，以及进行渠道调整。

(3) 中间商是处在生产者和消费者之间，参与商品交易业务、促进买卖行为发生和实现的具有法人资格的经济组织和个人。中间商有批发商和零售商两种基本类型。

（4）选择渠道成员须明确中间商的条件。激励渠道成员可采取适度激励原则和具体的措施，运用各种权利促进中间商的合作。分销渠道的调整有增减渠道成员、增减渠道和全面改革3种方式。

同步测试

一、思考练习题

1. 什么是分销渠道？分销渠道有哪些类型？

2. 在分销渠道中，中间商有哪些作用？

3. “科学、通畅的分销网络已成为企业一笔重要资产”，结合实践谈谈对这句话的认识。

4. 你认为有哪些促进渠道合作的措施？

5. 分销渠道的管理包括哪些内容？

二、案例分析题

电信运营商“O2O”运营模式创新

“O2O”模式最初的定义是online to offline，即是将用户从线上引导到线下，将线上渠道——互联网与线下的商务机会结合在一起，让互联网成为线下交易的前台，实现线上线下渠道间的协同共赢。典型的案例是团购，团购网站通过与线下商家合作，利用线上渠道推广商品/服务，吸引用户购买；用户到商家消费，成为线下商家的实际客户，商家可积累用户并开拓用户价值；线上渠道根据实际销售量从线下商家收取佣金和广告费等中介费用。“O2O”模式也可以理解为offline to online，即是将用户从线下引导到线上，典型的案例是苏宁易购，依靠苏宁自身强大的线下资源和用户数量，通过线上线下产品差异化、运营互动（实体店与网店的互补）、人力结构调整等策略有效推动线上电子商务的发展，使苏宁易购在短短2年跻身国内前5大电商。

国内“O2O”模式成功案例分析：①租车服务O2O公司——滴滴快车用户通过呼叫中心或APP向滴滴快车提交需求，滴滴快车将需求导入数百个快车驾驶员，在1分钟内回复是否可以接单，滴滴快车根据公司评级和用户满意度，选择某个驾驶员完成上述订单，并获得分成。②国内品牌商网络模式的领军企业——七匹狼。七匹狼打造出一套门店+B2C+O2O的崭新模式，七匹狼首先对线上代理商和线下代理商进行集中管理，建立了一套商品交易与发布平台，线下商户可以将自己的库存产品通过打折的形式发布到网络媒体，而七匹狼官方只需对该平台的价格体系进行监控。该模式不但为线上渠道增加了优质货源，同时不会扰乱正常的价格体系，而线下商户对线上销售的积极性也得到了提高。最后七匹狼完全打通了线上线下用户数据库，用户可以做到线上付款，线下提货。而对于不同渠道产生的差异，七匹狼用品牌积分的形式对用户进行补偿。

目前，电信运营商线上渠道与实体渠道的冲突常表现为以下4种情形：①某一区域市场内未能合理规划使用两类渠道，致使同一客户群在不同的渠道上接触到企业的同类产品。顾客可能会由于接收到有差异的信息而产生对该产品甚至该企业的怀疑，而渠道间也

会因为争夺顾客进行价格战或促销战，产生冲突；②对这两类特性差异极大的渠道没有进行对口的营销组合设计，简单地使用统一的营销策略，渠道的管理与维护也不够“深”，不够“细”；③即使对线上渠道和传统渠道采用了相应的渠道政策和分销手段，但缺乏在其间进行必要的沟通和说明，导致部分渠道成员的不满；④网络中间商相对于传统中间商来说与企业之间的交易关系更具多样化和灵活性，企业未能及时改进原有的渠道掌控方式，致使两类渠道不能形成强有力的凝聚力，共同协助企业实现分销渠道的价值增值。电信运营商通过实施“O2O”可以实现客户、线上、线下的“三赢”，化解电子商务转变带来的渠道冲突，推动渠道协同发展。

电信运营商的“O2O”模式建议：电信运营商实施“O2O”，是要把线上渠道和线下渠道的销售界面和库存信息进行整合，对订单进行统一管理，所以在运营支撑和供应链管理上，必须解决库存信息整合和订单统一管理的问题，真正做到全渠道的库存可以统一查询和调度，各个销售界面均使用同一个订单处理平台才能做到销售协同和库存共享。具体来说，共有6种“O2O”的联动模式，其中前4种属于销售协同，后两种属于库存共享：①网选厅购：线上客户通过线上渠道进行预约，自行到营业厅现场办理；②网购厅取：线上客户通过线上渠道进行购买并在线支付，自行到营业厅取产品或体验服务；③网购厅配：线上客户在线上下单，由线下渠道运营部门把实物配送到客户指定地址；④厅购网配：线下客户在营业厅现场下单，由线上渠道运营部门把实物配送到客户指定地址；⑤线上库存供线下使用：当线下库存不足时，根据客户的订单，把线上库存配送到客户指定的取货点并通知客户取货；⑥线下库存供线上使用：当营业厅离客户地址比较接近，或线上库存不足时，物流商直接就就近营业厅发货配送上门。目前，国内电信运营商的“O2O”仍处于探索阶段，如何整合线上线下渠道，利用好现有庞大的线下渠道资源推动渠道协同发展，对于电信运营商将是一个挑战。

（案例来源：《管理现代化》2015年05期　李季、唐孝文）

思考题

1. 通过该案例，你认为电信的“O2O”模式有哪些优势和可能存在的问题，此种模式能给消费者带来哪些便利？

2. 通过电信的“O2O”运营模式的创新给国内其他企业的渠道建设带来哪些启发？请给出你的建议。

项目九　促销策略

学习目标

理解促销的目的和作用；

掌握促销组合选择的依据；

掌握人员推销、广告、营业推广、公共关系4种促销策略。

任务引入

美国《读者文摘》的促销技巧

美国《读者文摘》是风靡世界的杂志，它的发行量在世界名列前茅，除了杂志办得好，有内容外，很重要的原因还在于它销售上很有创意。《读者文摘》的前身叫《智慧》，在它的发展历史上，有这么一个小故事，可见一斑。

一天，林肯来到华盛顿大街上，忽然发现在一家名为《智慧》的杂志社门前围满了人，于是他也好奇地靠了上去，发现在华丽的墙上竟然打了一个小洞，洞旁写着醒目的几个大字："不许向里看。"然而，好奇心还是驱使人们争先恐后地向里观望。林肯也顺着小洞向里看，原来里面是用五彩缤纷的霓虹灯组成的一本《智慧》杂志广告画面，他觉得这份杂志很有创意。后来林肯看到《智慧》杂志不仅内容丰富，排版活泼，版式大方，装帧精致，封面设计新颖，印刷质量精美，也订了一份《智慧》杂志。一天他处理完公务后，顺手拿起一本新到的一期《智慧》翻阅起来，翻着翻着，突然发现这本杂志的中间几页没有裁开，他很是扫兴，便顺手将这本杂志丢在了一边。晚上，他躺在床上想看看书，突然想起了翻过的《智慧》杂志，越想越好奇，为什么杂志会出现这样的错误。突然使他联想起《智慧》杂志曾经搞的那次促销活动，林肯心中隐隐约约感到这里面一定有"名堂"。他便翻身下床，找到这本杂志，像一名侦探一样，小心翼翼用小刀裁开连页。在几页连页中，其中有一页连页中内容竟然被纸糊住了。他想，被糊住的地方大概是印错了，但印错的内容到底是什么呢？他继续用小刀撬起了糊纸，下面竟写着这样的几个字：恭喜您，您用您的好奇心和接受新事物的能力获得了本刊1万美元的奖金……

林肯对编辑部这种启发读者的智慧和好奇心的做法非常欣赏，便提笔给编辑部写了一封信。不久，林肯便接到了编辑部寄来的1万美元和回信，信中写道：总统先生：在我们这次故意印错的这500本杂志中，只有8个人从中获得了奖金，绝大多数人采取了寄回杂

志社调换刊物的做法，看来你的确是位智者。这本杂志就是至今仍风靡世界的《读者文摘》。

（案例来源：市场营销学教学案例　MBA智库文档）

思考题

1.《读者文摘》杂志的促销技巧有什么特别之处？

2.《读者文摘》杂志还可以利用总体林肯来进行其他的促销活动吗？

成功的市场营销活动，不仅需要制定适当的价格、选择合适的分销渠道向市场提供令消费者满意的产品，而且需要采取适当的方式进行促销。促销策略是四大营销策略之一。正确制定并合理运用促销策略是企业在市场竞争中取得有利的产销条件，获取较大经济效益的必要保证。

学习任务一　促销与促销组合

一、促销的含义

促销是指企业将有关企业及其产品的信息通过各种方式传递给目标市场，促进其了解、信赖并购买本企业的产品，以达到扩大销售的目的。

从这个概念不难看出，促销具有以下几层含义。

（一）促销工作的核心是沟通信息

企业与消费者之间达成交易的基本条件是信息沟通。若企业未将自己生产或经营的产品和劳务等有关信息传递给消费者，那么，消费者对此则一无所知，自然谈不上购买。只有将企业提供的产品或劳务等信息传递给消费者，才能使消费者引起注意，并有可能产生购买欲望。

（二）促销的目的是引发、刺激消费者产生购买行为

在消费者可支配收入既定的条件下，消费者是否产生购买行为主要取决于消费者的购买欲望，而消费者购买欲望又与外界的刺激、诱导密不可分。促销正是针对这一特点，通过各种传播方式把产品或劳务等有关信息传递给消费者，以激发其购买欲望，使其产生购买行为。

二、促销的作用

促销在企业营销活动中是不可缺少的重要组成部分，是因为促销有以下功能。

（一）传递信息，提供情报

销售产品是市场营销活动的中心任务，信息传递是产品顺利销售的保证。信息传递有单向和双向之分。单向信息传递是指卖方发出信息，买方接收，它是间接促销的主要功

能。双向信息传递是买卖双方互通信息，双方都是信息的发出者和接受者，直接促销有此功效。在促销过程中，一方面，卖方（企业或中间商）向买方（中间商或消费者）介绍有关企业现状、产品特点、价格及服务方式和内容等信息，以此来诱导消费者对产品或劳务产生需求欲望并采取购买行为；另一方面，买方向卖方反馈对产品价格、质量和服务内容、方式是否满意等有关信息，促使生产者、经营者取长补短，更好地满足消费者的需求。

（二）突出特点，诱导需求

在市场竞争激烈的情况下，同类商品很多，并且，有些商品差别微小，消费者往往不易分辨。企业通过促销活动，宣传、说明本企业产品有别于其他同类竞争产品之处，便于消费者了解本企业产品在哪些方面优于同类产品，使消费者认识到购买、消费本企业产品所带来的利益较大，消费者乐于购买本企业产品。生产者作为卖方向买方提供有关信息，特别是能够突出产品特点的信息，能激发消费者的需求欲望，变潜在需求为现实需求。

（三）指导消费，扩大销售

在促销活动中，营销者循循善诱地介绍产品知识，一定程度地对消费者起到了教育指导作用，从而有利于激发消费者的需求欲望，变潜在需求为现实需求，实现扩大销售之功效。

（四）形成偏爱，稳定销售

在激烈的市场竞争中，企业产品的市场地位常不稳定，致使有些企业的产品销售此起彼伏、波动较大。企业运用适当的促销方式，开展促销活动，可使较多的消费者对本企业的产品滋生偏爱，进而稳住已占领的市场，达到稳定销售的目的。对于消费者偏爱的品牌，即使该类商品需求下降，也可以通过一定形式的促销活动，促使对该品牌的需求得到一定程度的恢复和提高。

三、促销组合

促销组合是指企业根据产品的特点和营销目标，综合各种影响因素，对人员推销、广告、营业推广和公共关系 4 种促销手段的选择、编配和综合运用，形成整体促销的策略或技巧。

（一）促销组合的 4 种手段

（1）人员推销。人员推销又称人员销售，是企业通过派出推销人员亲自向顾客介绍、推广、宣传，以促进产品的销售。可以是面对面交谈，也可以通过电话、信函交流。推销人员的任务除了完成一定的销售量以外，还必须及时发现顾客的需求，并开拓新的市场，创造新需求。

（2）广告。广告是企业以付费的形式，通过一定的媒介，向广大目标顾客传递信息的有效方法。现代广告不应只是一味地单向沟通，而是形如单向沟通的双向沟通，即应把企业与顾客共同的关心点结合起来考虑广告的制作和传播。

（3）营业推广。营业推广是由一系列短期诱导性、强刺激的活动所组成的。它一般只

作为人员推销和广告的补充方式，其刺激性很强、吸引力大。与人员推销和广告相比，营业推广不是连续进行的，只是一些短期性、临时性的能够使顾客迅速产生购买行为的措施。

(4) 公共关系。公共关系是企业通过有计划的长期努力，影响团体与公众对企业及产品的态度，从而使企业与其他团体及公众取得良好的协调，使企业能适应它的环境。良好的公共关系可以达到维护和提高企业的声望，获得社会信任的目的，从而间接促进产品的销售。

(二) 促销组合的两种策略

(1) 推式策略。推式策略就是企业把产品推销给批发商，批发商再把产品推销给零售商，最后零售商把产品推销给消费者。这种方式中，促销信息流向和产品流向是同方向的。因而人员推销和营业推广可以认为是“推”的方式。采用“推”的方式的企业，要针对不同的产品、不同的对象，采用不同的方法。

(2) 拉式策略。拉式策略就是企业不直接向批发商和零售商做广告，而是直接向广大顾客做广告。把顾客的消费欲望刺激到足够的强度，顾客就会主动找零售商购买这些产品。购买这些产品的顾客多了，零售商就会去找批发商。批发商觉得有利可图，就会去找生产企业订货。采用“拉”的方式，促销信息流向和产品流向是反向的。其优点就是能够直接得到顾客的支持，不需要去讨好中间商，在与中间商的关系中占有主动。但采用“拉”的方式需要注意，中间商（主要是零售商）是否有足够的库存能力和良好的信誉及经营能力。

推式策略和拉式策略都包含了企业与消费者双方的能动作用。但前者的重心在推动，着重强调了企业的能动性，表明消费需求是可以通过企业的积极促销而被激发和创造的；而后者的重心在拉引，着重强调了消费者的能动性，表明消费需求是决定生产的基本原因。企业的促销活动，必须合乎消费需求，符合购买指向，才能取得事半功倍的效果。许多企业在促销实践中，都结合具体情况采取“推”“拉”组合的方式，既各有侧重，又相互配合。

(三) 影响促销组合的因素

1. 促销目标

它是企业从事促销活动所要达到的目的。在企业营销的不同阶段和适应市场营销活动的不断变化，要求有不同的促销目标。无目标的促销活动收不到理想的效果。因此，促销组合和促销策略的制定，要符合企业的促销目标，根据不同的促销目标，采用不同的促销组合和促销策略。如广告、公共关系在知晓阶段最有效；人员推销在建立顾客偏好和信服阶段作用较大；营业推广对促成购买效果明显。

2. 产品类型

不同性质的产品，购买者和购买目的就不相同。因此，对不同性质的产品必须采用不同的促销组合和促销策略。一般说来，在消费者市场，因市场范围广，最主要的促销手段是广告，其次是营业推广，然后是人员推销，最后是公共关系。在生产者市场，因购买者购买批量较大，市场相对集中，则以人员推销为主要形式，其次是营业推广，然后是广告，最后是公共关系。

3. 市场条件

市场条件不同，促销组合与促销策略也有所不同。从市场地理范围大小看，若促销对象是小规模的本地市场，应以人员推销为主；而对广泛的全国甚至世界市场进行促销，则多采用广告形式。从市场类型看，消费者市场因消费者多而分散，多数靠广告等非人员推销形式；而对用户较少、批量购买、成交额较大的生产者市场，则主要采用人员推销形式。此外，在有竞争者的市场条件下，制定促销组合和促销策略还应考虑竞争者的促销形式和策略，要有针对性地不断变换自己的促销组合及促销策略。

4. 产品生命周期

在不同的生命周期阶段，企业的营销目标及重点都不一样。因此，促销手段也不尽相同。以消费品为例，在投入期，促销目标主要是宣传介绍商品，以使顾客了解、认识商品，产生购买欲望。广告起到了向消费者、中间商宣传介绍商品的功效。因此，这一阶段以广告为主要促销形式，以营业推广和人员推销为辅助形式。在成长期，由于产品打开销路，销量上升，同时也出现了竞争者，这时仍需加强广告宣传，但要注重宣传企业产品特色，以增进顾客对本企业产品的购买兴趣，若能辅之以公关手段，会收到相得益彰之佳效。在成熟期，竞争者增多，促销活动以增进购买兴趣与偏爱为目标，广告的作用在于强调本产品与其他同类产品的细微差别。同时，要配合运用适当的营业推广方式。在衰退期，由于更新换代产品和新发明产品的出现，使原有产品的销量大幅度下降。为减少损失，促销费用不宜过大，促销活动宜针对老顾客，采用提示性广告，并辅之适当的营业推广和公关手段。

5. 促销预算

企业开展促销活动，必然要支付一定的费用。促销预算的大小直接影响促销手段的选择，预算少，就不能使用费用高的促销手段，如电视广告、大型展销会等。预算开支的多少要视企业的实际资金能力和市场营销目标而定。不同的行业和企业，促销费用的支出也不相同。企业应在促销预算的限度内，选择促销效果尽可能好的促销组合方式。

【案例 9-1】

“霞飞”化妆品的促销策略

上海霞飞化妆品厂针对促销对象，设计了两种类型的促销对象，设计了两种类型的促销组合：①以最终消费者为对象的促销组合。基本策略是：以塑造产品形象为目标的广告宣传活动，并辅之以一定的零售点销售促进活动。②以中间商为对象的促销组合。基本策略是：以人员促销为主导要素，配合以交易折扣和耗资巨大的年度订货会为主要特征的销售促进活动。

霞飞厂在制定两种促销组合策略的基础上，对促销组合的几个方面都做了十分广泛而深入的工作。

在广告方面，广告历年由厂长亲自决策。①广告费投入十分庞大，1991 年为2 400万元，占当年产值的6%。②广告内容的制作，除聘请著名影星参与外，还把强化企业整体

形象作为重点，播映一部以“旭日东升”为主题的电视广告片，同时利用中国驰名商标的优势，强调“国货精品”“中华美容之娇”的品质。③在广告媒体的选择方面，因其目标市场是国内广大中低收入水平的消费者，而电视在他们日常生活中占有重要地位，因而把70%的费用用于电视广告，20%的费用用于制作各种形式的城市商业广告和霓虹灯、广告牌，其余10%的费用用于其他形式的广告媒体。

在人员推销方面，全厂产品的销售任务由销售科全面负责，该科建制占全厂总人数的十分之一。推销人员实行合同制，每年同厂方签订为期一年的合同。推销人员若不能完成销售指标，第二年即不续签。推销人员的报酬实行包干制，无固定月薪收入，按销售实到货款提取0.5%的费用。推销人员工作实行地区负责制，每一省区配1~3名推销人员。此外，还派出营业员进驻全国各大百货商店的联销专柜，提高推销主动性。

在公共关系方面，每年大约投入120~150万元左右，主要公关活动有：①召开新闻发布会。例如1990年在北京人民大会堂召开“霞飞走向世界”新闻发布会，会议地点本身就产生不小的新闻效应。②举办和支持社会公益活动。如赞助“全国出租车优质服务竞争”、上海“夜间应急电话网络”，特别是针对女性对文艺活动的偏好等特点，赞助华东地区越剧大奖赛。

在销售促进方面，霞飞厂对零售环节采取一些常规性的推广活动，创新不大，对批发环节则集中了主要精力，主要包括两类手段：①经常性手段，如交易折扣、促销津贴等。②即时性手段，每年都举办隆重的订货会，既显示企业强大的实力，同时又进行感情投资，融洽工商关系。

（案例来源：中国经典营销案例库）

思考题

1. 试分析“霞飞”化妆品促销组合策略的成功之处。
2. 本案例给我们哪些方面的启示？

学习任务二 人员推销策略

一、人员推销的概念及特点

（一）概念

人员推销是指企业运用推销人员直接向顾客推销商品和劳务的一种促销活动。在人员推销活动中，推销人员、推销对象和推销品是3个基本要素。其中前两者是推销活动的主体，后者是推销活动的客体。通过推销人员与推销对象之间的接触、洽谈，将推销品推给推销对象，从而达成交易，实现既销售商品，又满足顾客需求的目的。

（二）人员推销的特点

与其他的促销手段相比，其特点表现在4个方面。

1. 人员推销具有很大的灵活性

在推销过程中，买卖双方当面洽谈，易于形成一种直接而友好的相互关系。通过交谈和观察，推销员可以掌握顾客的购买动机，有针对性地从某个侧面介绍商品特点和功能，抓住有利时机促成交易；可以根据顾客的态度和特点，有针对性地采取必要的协调行动，满足顾客需要；还可以及时发现问题，进行解释，解除顾客疑虑，使之产生信任感。

2. 人员推销具有选择性和针对性

在每次推销之前，可以选好具有较大购买可能的顾客进行推销，并有针对性地对顾客做一番研究，拟定具体的推销方案、策略、技巧等，以提高推销成功率。这是广告所不及的，广告促销往往包括许多非可能顾客在内。

3. 人员推销具有完整性

推销人员的工作从寻找顾客开始，到接触、洽谈，最后达成交易，除此以外，推销员还可以担负其他营销任务，如安装、维修、了解顾客使用后的反应等，而广告则不具有这种完整性。

4. 人员推销友谊、协作的长期性

一个有经验的推销员为了达到促进销售的目的，可以使买卖双方从单纯的买卖关系发展到建立深厚的友谊，彼此信任，彼此谅解，这种感情增进有助于推销工作的开展。

当然，人员推销这种促销方式也有一定的局限性，主要表现在两个方面。

1. 支出较大，成本较高

由于每个推销人员直接接触的顾客有限，销售面窄，特别是在市场范围较大的情况下，人员推销的开支较多，这就增大了产品销售成本，一定程度地减弱产品的竞争力。

2. 对推销人员的要求较高

人员推销的效果直接决定于推销人员素质的高低，并且，随着科学技术的发展，新产品层出不穷，对推销人员的素质要求越来越高。要求推销人员必须熟悉新产品的特点、功能、使用、保养和维修等知识与技术。要培养和选择出理想的胜任其职的推销人员比较困难，而且耗费也大。

二、推销人员的素质

人员推销是一个综合的复杂的过程。它既是信息沟通过程，也是商品交换过程，又是技术服务过程。推销人员的素质，决定了人员推销活动的成败。推销人员一般应具备如下素质。

（一）态度热忱，勇于进取

推销人员是企业的代表，有为企业推销产品的职责；同时又是顾客的顾问，有为顾客的购买活动当好参谋的义务。企业促销和顾客购买都离不开推销人员。因此，推销人员要具有高度的责任心和使命感，热爱本职工作，不辞辛苦，任劳任怨，敢于探索，积极进取，耐心服务，同顾客建立友谊，这样才能使推销工作获得成功。

（二）求知欲强，知识广博

广博的知识是推销人员做好推销工作的前提条件。较高素质的推销员必须有较强的上

进心和求知欲，乐于学习各种必备的知识。一般说来，推销员应具备的知识有以下几个方面：①企业知识。要熟悉企业的历史及现状，包括本企业的规模及在同行中的地位、企业的经营特点、经营方针、服务项目、定价方法、交货方式、付款条件和保管方法等，还要了解企业的发展方向。②产品知识。要熟悉产品的性能、用途、价格、使用知识、保养方法以及竞争者的产品情况等。③市场知识。要了解目标市场的供求状况及竞争者的有关情况，熟悉目标市场的环境，包括国家的有关政策、条例等。④心理学知识。了解并适时适地的运用心理学知识，来研究顾客心理变化和要求，以便采取相应的方法和技巧。

（三）文明礼貌，善于表达

在人员推销活动中，推销人员推销产品的同时也是在推销自己。这就要求推销人员要注意推销礼仪，讲究文明礼貌，仪表端庄，热情待人，举止适度，谦恭有礼，谈吐文雅，口齿伶俐，在说明主题的前提下，语言要诙谐、幽默，给顾客留下良好的印象，为推销获得成功创造条件。

（四）富于应变，技巧娴熟

市场环境因素多样且复杂，市场状况很不平稳。为实现促销目标，推销人员必须对各种变化反应灵敏，并有娴熟的推销技巧，能对变化万千的市场环境采用恰当的推销技巧。推销人员要能准确地了解顾客的有关情况，能为顾客着想，尽可能地解答顾客的疑难问题。并能恰当地选定推销对象；要善于说服顾客（对不同的顾客采取不同的技巧）；要善于选择适当的洽谈时机，掌握良好的成交机会，并善于把握易被他人忽视或不易发现的推销机会。

【案例 9–2】

运用情感接待顾客——吉拉德的故事

乔·吉拉德是美国汽车推销大王，他认为在推销中重要是“要给顾客放一点感情债”。他的办公室通常放着各种牌子的烟，当顾客忘了带烟时，他不会让顾客跑到车上去拿，而是问：你抽什么牌子的烟？听到答案后，他就拿出来递给顾客。这就是主动放债，一笔小债，一笔感情债。一般顾客会感谢他，从而建立友好洽谈的气氛。

有时顾客会带来小孩。这时他就会拿出专门为小孩准备的漂亮气球和味道不错的棒棒糖。他还为顾客的家里人准备好一个精致的胸章，上面写着：我爱你。他知道，顾客会喜欢这些精心准备的小礼物，也会记住他的这一片心意。

他说，我交到他们手里的任何一样小东西，都会使他觉得对我有所亏欠，他欠下了我的一份情。这就是感情债，不太多，可是有这么一点点就够了。

他的经验证明了这样一个道理：

顾客不仅来买车，而且还买态度，买感情。只要你给顾客放出一笔感情债，他就欠你一份情，以后有机会他可能会来还这笔债，而最好的方法就是购买你的产品。

（案例来源：《像乔·吉拉德一样卖汽车》　2010 年 8 月　王毅毅）

三、推销人员的甄选与培训

由于推销人员素质高低直接关系到企业促销活动的成功与失败，所以，推销人员的甄选与培训十分重要。

（一）推销人员的甄选

甄选推销人员，不仅要对未从事推销工作的人员进行甄选，使其中品德端正、作风正派、工作责任心强的胜任推销工作的人员走入推销人员的行列，还要对在岗的推销人员进行甄选，淘汰那些不适合推销工作的推销人员。

推销人员的来源：一是来自企业内部，就是把本企业内德才兼备、热爱并适合推销工作的人选拔到推销部门工作。二是从企业外部招聘，企业从大专院校的应届毕业生、其他企业或单位等群体中物色合格人选。无论哪种来源，都应经过严格的考核，择优录用。

甄选推销人员有多种方法，为准确地选出优秀的推销人才，应根据推销人员素质的要求，采用申报、笔试和面试相结合的方法。由报名者自己填写申请，借此掌握报名者的性别、年龄、受教育程度及工作经历等基本情况；通过笔试和面试可了解报名者的仪表风度、工作态度、知识广度和深度、语言表达能力、理解能力、分析能力、应变能力等。

（二）推销人员的培训

对当选的推销人员，还需经过培训才能上岗，使他们学习和掌握有关知识与技能。同时，还要对在岗推销人员，每隔一段时间进行培训，使其了解企业的新产品、新的经营计划和新的市场营销策略，进一步提高素质。培训内容通常包括企业知识、产品知识、市场知识、心理学知识和政策法规知识等内容。培训推销人员的方法包括以下。

（1）讲授培训。这是一种课堂教学培训方法。一般是通过举办短期培训班或进修等形式，由专家、教授和有丰富推销经验的优秀推销员来讲授基础理论和专业知识，介绍推销方法和技巧。

（2）模拟培训。它是受训人员亲自参与的有一定真实感的培训方法。具体做法是，由受训人员扮演推销人员向由专家教授或有经验的优秀推销员扮演的顾客进行推销，或由受训人员分析推销实例等。

（3）实践培训。实际上，这是一种岗位练兵。当选的推销人员直接上岗，与有经验的推销人员建立师徒关系，通过传、帮、带，使受训人员逐渐熟悉业务，成为合格的推销人员。

四、人员推销的形式、对象与策略

（一）人员推销的基本形式

一般说来，人员推销有以下 3 种基本形式：

（1）上门推销。上门推销是最常见的人员推销形式。它是由推销人员携带产品的样品、说明书和订单等走访顾客，推销产品。这种推销形式，可以针对顾客的需要提供有效的服务，方便顾客。此种形式是一种积极主动的、名副其实的“正宗”推销形式。

（2）柜台推销。它是指企业在适当地点设置固定的门市，由营业员接待进入门市的顾客，推销产品。门市的营业员是广义的推销人员。柜台推销与上门推销正好相反，它是等客上门式的推销方式。由于门市里的产品种类齐全，能满足顾客多方面的购买要求，为顾客提供较多的购买方便，并且可以保证商品安全无损。故此，顾客比较乐于接受这种方式。柜台推销适合于零星小商品、贵重商品和容易损坏的商品。

（3）会议推销。它指的是利用各种会议向与会人员宣传和介绍产品，开展推销活动。例如，在订货会、交易会、展览会、物资交流会等会议上推销产品均属会议推销。这种推销形式接触面广，推销集中，可以同时向多个推销对象推销产品，成交额较大，推销效果较好。

（二）人员推销的推销对象

（1）向消费者推销。推销人员向消费者推销产品，必须对消费者有所了解。为此，要掌握消费者的年龄、性别、民族、职业、宗教信仰等基本情况，进而了解消费者的购买欲望、购买能力、购买特点和习惯等，并且要注意消费者的心理反应。对不同的消费者，施以不同的推销技巧。

（2）向生产用户推销。将产品推向生产用户的必备条件是熟悉生产用户的有关情况，包括生产用户的生产规模、人员构成、经营管理水平、产品设计与制作过程及资金情况等。在此前提下，推销人员还要善于准确而恰当地说明自己产品的优点；并能对生产用户使用该产品后所得到的效益做简要分析，以满足其需要；同时，推销人员还应帮助生产用户解决疑难问题，以取得用户信任。

（3）向中间商推销。与生产用户一样，中间商也对所购商品具有丰富的专门知识，其购买行为也属于理智型。这就需要推销人员具备相当的业务知识和较高的推销技巧。在向中间商推销产品时，首先要了解中间商的类型、业务特点、经营规模、经济实力及他们在整个分销渠道中的地位；其次，应向中间商提供有关信息，给中间商提供帮助，建立友谊，扩大销售。

（三）人员推销的基本策略

1. 试探性策略

这种策略是在不了解顾客的情况下，推销人员运用刺激性手段引发顾客产生购买行为的策略。推销人员事先设计好能引起顾客兴趣、能刺激顾客购买欲望的推销语言，通过渗透性交谈进行刺激，在交谈中观察顾客的反应；然后根据其反应采取相应的对策，并选用得体的语言，再对顾客进行刺激，进一步观察顾客的反应，以了解顾客的真实需要，诱发购买动机，引导产生购买行为。

2. 针对性策略

针对性策略是指推销人员在基本了解顾客某些情况的前提下，有针对性地对顾客进行宣传、介绍，以引起顾客的兴趣和好感，从而达到成交的目的。因推销人员常常在事前已根据顾客的有关情况设计好推销语言。

3. 诱导性策略

诱导性策略是指推销人员运用能激起顾客某种需求的说服方法，诱发引导顾客产生购买行为。这种策略是一种创造性推销策略，它对推销人员要求较高，要求推销人员能因势利导，诱发、唤起顾客的需求；并能不失时机地宣传介绍和推荐所推销的产品，以满足顾客对产品的需求。

五、人员推销的基本步骤

（一）寻找目标顾客

推销工作是从识别潜在客户开始的，推销人员必须具备寻找顾客的技能。寻找客户线索的方法是多种多样的，如通过现有顾客发现和联系潜在的顾客，查阅各种报刊资料发现潜在顾客，利用企业名录和电话号码簿查找用户，通过有业务联系的企业介绍新客户等等。推销人员必须善于筛选有价值的线索，并通过研究顾客的经济能力、具体需求、地理位里等来衡量他们的资格和潜在价值。

（二）准备工作

在正式接触顾客之前，推销人员应做好充分的准备。首先，推销人员应具备充分的产品知识，如产品的特点、性能、成分和用途等。其次，要全面了解访问对象的情况，对消费品购买者应了解其姓名、年龄、职业、个人爱好和生活习惯，以便掌握其需求特点。如果向企业用户推销产品，应了解该企业基本情况，包括购买动机和购买行为，需求量和价格承受能力。再次，要掌握市场竞争情况，如竞争对手的产品特点、产品价格、竞争实力及主要策略。最后，确定访问的最佳方式和时间。

（三）正式访问

正式访问是指推销人员与顾客面对面地交谈。推销人员应该知道初次与顾客交往时如何会见和问候他们，使双方的关系有一个良好的开端。在这方面，推销人员的仪表、开场白和随后谈论的内容非常重要。有经验的推销人员往往不是一见面就推销产品，而是通过与顾客的交谈来联络感情。这时推销人员要给顾客一个好印象，为后面的推销做好准备。

（四）介绍

介绍是推销过程的中心环节。推销人员可以采取不同的方法向顾客介绍产品，如通过样品照片、说明书、图纸等形式加以说明。这里所说的介绍绝不是单纯地介绍产品，因为顾客购买某种商品的目的是为了满足某种需要，从这个意义上说，买卖只不过是为达到这一目的的手段。所以，推销人员应着重说明产品给顾客带来的特殊利益，设法刺激顾客为满足某种需要产生购买欲望。实践证明，那些使顾客认识到产品的特殊使用价值（如安全、省时、省力、节能，等等）的推销人员要比单纯介绍产品的推销人员有着更高的推销效率。

（五）排解异议

推销工作往往不是一帆风顺的，推销人员应随时准备应付不同意见。一个有经验的推

销人员应当具备与持有不同意见的顾客洽谈的技巧，要善于倾听反对意见，还要随时准备好化解反对意见的措辞和论据。

（六）成交

在洽谈过程中，推销人员必须懂得如何从顾客那里发现可以达成交易的信号，如顾客的动作、语言、评论和提出的问题。如果发现对方有所表示，应立即抓住机会，签约成交。推销人员也可以给予购买者一定的优惠条件．如赠送礼物或免费赠送额外数量等来刺激其购买。

（七）事后跟踪

签约成交并不是推销过程的完结。推销人员要使顾客满意并重复购买，必须与顾客保持长期联系，如提供售后服务、指导消费、帮助顾客解决问题等。经常回访可以增进买卖双方的感情，使顾客做出有利于企业的购买行为。

学习任务三　广告策略

一、广告的概念

广告一词源于拉丁语，有“注意”“诱导”“大喊大叫”和“广而告之”之义。广告作为一种传递信息的活动，它是企业在促销中普遍重视且应用最广的促销方式。市场营销学中探讨的广告，是一种经济广告。

市场营销学中的广告是广告主以促进销售为目的，付出一定的费用，通过特定的媒体传播商品或劳务等有关经济信息的大众传播活动。从广告的概念可以看出：

（1）广告是以广大消费者为广告对象的大众传播活动；

（2）广告以传播商品或劳务等有关经济信息为其内容；

（3）广告是通过特定的媒体来实现的，并且广告主要对使用的媒体支付一定的费用；

（4）广告的目的是为了促进商品销售，进而获得较好的经济效益。

【案例 9-3】

雨伞——请自由取用

日本大阪新电机日本桥分店，有个独特的广告妙术——每逢暴雨骤至之时，店员们马上把雨伞架放置在商店门口，每个伞架有 30 把雨伞，伞架上写着：“亲爱的顾客，请自由取用，并请下次来店时带来，以利其他顾客。”未带雨伞的顾客顿时愁眉舒展，欣然取伞而去。当有人问及，如顾客不将雨伞送回怎么办？经理回答说：“这些雨伞都是廉价的而且伞上都印有新电机的商标。因此，即使顾客不送也没关系，就是当作广告也是值得的。这对商店来说，是惠而不费的美事。”

（案例来源：中国经典营销案例库）

二、广告的构成要素

一个典型的广告活动由5个要素构成：

（1）广告主，是指发布广告的单位和个人；

（2）广告媒体，是指传递信息的载体；

（3）广告费用，是指广告主开展广告活动所必须支付的各种费用，包括广告调研费、设计制作费、广告媒体费、广告机构办公费，以及工作人员的相关支出等；

（4）广告受众，是广告的对象即接受广告信息的人；

（5）广告信息，是指广告的具体内容。

三、广告的种类

根据不同的划分标准，广告有不同的种类。

（一）根据广告的内容和目的划分

1. 商品广告

它是针对商品销售开展的大众传播活动。商品广告按其目的不同可分为3种类型：

（1）告知性广告目标：通过广告使消费者了解企业及产品的有关信息。它适用于：

①让消费者了解新产品已投放市场；

②向消费者介绍某种新产品的新用途；

③介绍企业的产品价格调整情况；

④解释产品的使用和保养方法；

⑤介绍企业能提供的服务项目；

⑥纠正消费者对企业的不正确印象；

⑦消除顾客购买产品的后顾之忧，树立企业的形象和提高企业的知名度。

（2）说服性广告目标：通过广告使消费者偏爱和购买企业的产品。它适用于：

①当产品竞争十分激烈时，企业通过广告使消费者认识到本企业的产品特色，促使消费者选购本企业产品；

②当市场上同类产品较多时，促使消费者对本企业的产品牌号产生偏爱，鼓励竞争者的顾客购买本企业的产品；

③转变顾客对某些产品特征的感觉，使其真正了解产品的价值。

（3）提示性广告目标：通过广告提醒消费者采取某种行为。它适用于：

①当产品处于成熟期时，企业通过反复做广告，使消费者经常想到本企业的产品；

②提醒消费者在不久的将来需要某种产品；

③提示消费者购买某种产品的地点；

④在某种产品的销售淡季使消费者不忘记该产品。

2. 企业广告

企业广告又称商誉广告。这类广告着重宣传、介绍企业名称、企业精神、企业概况

(包括厂史、生产能力、服务项目等情况)等有关企业信息，其目的是提高企业的声望、名誉和形象。

3. 公益广告

公益广告是用来宣传公益事业或公共道德的广告。

(二) 根据广告传播的区域来划分

1. 全国性广告

全国性广告是指采用信息传播能覆盖全国的媒体所做的广告，以此激发全国消费者对所广告的产品产生需求。在全国发行的报纸、杂志及广播、电视等媒体上所做的广告，均属全国性广告。这种广告要求广告产品是适合全国通用的产品，并且，因其费用较高，也只适合生产规模较大、服务范围较广的大企业，而对实力较弱的小企业实用性较差。

2. 地区性广告

地区性广告指的是采用信息传播只能覆盖一定区域的媒体所做的广告，借以刺激某些特定地区消费者对产品的需求。在省、县报纸、杂志、广播、电视上所做的广告，均属此类；路牌、霓虹灯上的广告也属地区性广告。此类广告传播范围小，多适合于生产规模小、产品通用性差的企业和产品进行广告宣传。

此外，还有一些分类。例如，按广告的形式划分，可分为文字广告和图画广告；按广告的媒体不同，可分为报纸广告、杂志广告、广播广告、电视广告和因特网广告等。

四、广告的特点

(一) 传播面广

广告是借助大众媒体传播信息的，它的公众性和普及性赋予广告突出的“广而告之”的优点。广告主可以通过电视、报纸、广播、杂志等大众传媒在短期内迅速地将其信息告之众多的目标消费者和社会公众，这是人员推销等其他促销方式方法与之无法比拟的。

(二) 传递速度快

广告是利用大众媒体传递信息的，大众传媒是一种迅捷的信息传播途径。它能使广告主发行的信息在很短的时间内传达给目标消费者。因此，在现代信息化社会，它是一种富有效率的促销方式。

(三) 表现力强

广告是一种富有表现力的信息传递方式。它可以借助各种艺术形式、手段与技巧，提供将一个企业及其产品感情化、性格化、戏剧化的表现机会，增大其说服力与吸引力。

五、广告媒体及其选择

(一) 广告媒体的种类

广告媒体的种类很多，各种媒体接触的听(观)众不同，影响力不同，广告效果也不同，为了实现广告的接触度、频率和效果等目标，应了解各类媒体的主要优缺点，以选择适当的广告媒体。

（1）报纸。报纸这种广告媒体，其优越性表现在：①影响广泛。报纸是传播新闻的重要工具，与人民群众有密切联系，发行量大。②传播迅速。可及时地传递有关经济信息。③简便灵活，制作方便，费用较低。④便于剪贴存查。⑤信赖性强。借助报纸的威信，能提高广告的可信度。报纸媒体的不足是：因报纸登载内容庞杂，易分散对广告的注意力；印刷不精美，吸引力低；广告时效短，重复性差，只能维持当期的效果。

（2）广播。广播媒体的优越性有：①传播迅速、及时。②制作简单，费用较低。③具有较高的灵活性。④听众广泛，不论男女老幼、是否识字，均能受其影响。使用广播做广告的局限性在于：时间短促，转瞬即逝，不便记忆；有声无形，印象不深；不便存查。

（3）电视。电视作为广告媒体虽然在 20 世纪 40 年代才出现，但因其有图文并茂之优势，发展很快，并力胜群芳，成为最重要的广告媒体。具体说来，电视广告媒体的优点有：①因电视有形、有色，听视结合，使广告形象、生动、逼真、感染力强。②由于电视已成为人们文化生活的重要组成部分，收视率较高，使电视广告的宣传范围广，影响面大。③宣传手法灵活多样，艺术性强。电视做广告媒体的缺点是：时间性强，不易存查；制作复杂，费用较高；因播放节目繁多，易分散对广告的注意力。

（4）杂志。杂志以登载各种专门知识为主，是各类专门产品的良好的广告媒体。它作为广告媒体，优点有：①广告宣传对象明确，针对性强，有的放矢。②广告会同杂志有较长的保存期，读者可以反复查看。③因杂志发行面广，可以扩大广告的宣传区域。④由于杂志读者一般有较高的文化水平和生活水平，比较容易接受新事物，故利于刊登开拓性广告。⑤印刷精美，能较好地反映产品的外观形象，易引起读者注意。缺点表现在：发行周期长，灵活性较差，传播不及时；读者较少，传播不广泛。

（5）户外媒体。地理位置选择好，利用各种美术，造型等艺术手段，使广告鲜明、醒目、美观、简明，容易记忆。局限是受空间限制，复杂的内容无法表达。

（6）邮寄媒体。针对对象明确，选择性好，迅速及时。但不易生动化形象化，广告比较呆板，所涉及的范围也有限。

（二）选择媒体时应考虑的因素

1. 消费者接受媒体的习惯

由于消费者的性别、年龄、收入、受教育的水平、职业及生活习惯不同，他们对广告媒体的接触有很大差别。企业针对不同消费者的特点选择广告媒体。例如，对于儿童用品，选择电视可能更为合适；对女性用品一般选择女性杂志或是电视等。

2. 产品的性质和特点

不同性质的产品，其使用价值与使用范围各异，所选择的广告媒体必须适合其产品的性质与特点。比如，技术性的产品多选择专业性杂志，而生活用品一般采用大众传播媒体；照相机可以采用电视作为传播媒体，而服装则应该选择有色彩的杂志广告媒体。

3. 销售的范围

广告宣传的范围要和商品销售的范围一致。一般来说，全国性销售的产品可以通过全国性的广告媒体进行传播；只在地区内销售的产品则只选择地方性的媒体。

4. 媒体的费用

各种广告媒体的收费标准不同，所以广告的成本也各不相同；即使同种媒体，也因范围、时间等而价格各异。必须注意广告费用不能只注意绝对数字上的差异，更重要的是注意目标沟通对象的人数与成本之间的对比关系。

5. 其他因素

包括媒体的知名度、竞争对手的特点及企业的经济实力等。

总之，企业在进行媒体选择时，必须考虑自身内外的各种因素，综合权衡利弊做出决策。

（三）广告媒体的选择策略

（1）无差别市场广告策略。无差别市场广告策略运用在同质市场，指在一定时期内运用各种广告媒体向同一个大目标市场推出相同内容主题的广告，以广为宣传，迅速占领市场。

（2）差别市场广告策略。差别市场广告策略是指在一定时期内，针对细分的目标市场，选择部分媒体或媒体组合进行广告宣传。

（3）集中市场广告策略。集中市场广告策略就是把广告力量专注于一个或几个细分的目标市场。

（4）动态策略。两种动态策略：一是先宽后窄，先采用较多媒体，待征得广告信息反馈、研究反馈来源后，以反馈较多的媒体为下一步媒体选择目标；二是先窄后宽，以少数媒体开头，观察反应，若反应不强烈，则有两个对策，其一是另择媒体再试，其二是启用更多的媒体同时开展广告攻势。

六、广告宣传的内容和设计

（一）广告宣传的内容

（1）产品名称。

（2）产品的性能与用途。

（3）说明产品的使用方法。

（4）介绍效果。

（5）表明售后服务。

（6）标明企业名称、地点及联系方法。

（二）广告的设计

广告效果，不仅决定于广告媒体的选择，还取决于广告设计的质量。高质量的广告必须遵循下列原则来设计。

（1）真实性。

（2）社会性。

（3）针对性。

（4）艺术性。

七、广告效果的测定

广告效果有经济效果和社会效果之分，也有即效性效果与迟效性效果之分，还有促销效果和广告本身效果的分类。在此，我们按最后一种分类测定其效果。

（一）广告促销效果的测定

广告促销效果，也称广告的直接经济效果，它反映广告费用与商品销售量（额）之间的比例关系。广告促销效果的测定，是以商品销售量（额）增减幅度作为衡量标准的。测定方法很多，主要有以下几种：

（1）试验法。在不同地区或同一地区不同时间内改变广告的投入量，测定销售额的变动情况，可用分组试验来测定不同地区广告费用的变化和销售额变化的关系；用间歇试验来测定不同时期广告费用的变化和销售额变化的关系。

（2）相关分析法。用线性回归分析法分析广告费用和销售额是否存在相互关系，相互关系的紧密程度如何等，以此来评价广告的效果。

（3）销售效果测定法。以广告播出前后产品销售量的变化情况判断广告的效果。

企业只有通过对广告效果的评定，才能看出广告对产品和企业的作用如何。这是为进一步做好促销工作不可缺少的重要环节。

（二）广告本身效果的测定

广告本身效果不是以销售数量的大小为衡量标准，而主要是以广告对目标市场消费者所引起心理效应的大小为标准，包括对商品信息的注意、兴趣、情绪、记忆、理解、动机等。因此，对广告本身效果的测定，应主要测定知名度、注意度、理解度、记忆度、视听率、购买动机等项目。测定方法中，常用的有以下几种：

（1）直接评分法。企业邀请顾客或广告专家观看各种广告，然后请他们对广告吸引力、可续性、认识力、行为力等方面评价打分。这种方法可找出各广告中的优劣，淘汰不符合要求的广告方案。

（2）实验室法。在广告分析实验室中，研究人员运用各种仪器测定某一广告对人的心理、生理反应，如心跳、血压、瞳孔放大、出汗兴奋等反应。可用用于测定广告对人们的吸引力，但无法测定人们对广告的态度、信任和偏好等因素。

（3）回忆测试法。研究人员请顾客观看一些广告，然后要求消费者回忆广告的内容，看其广告信息在人们心目中的印象深浅；也可直接请一些消费者回忆最近接触过的广告内容，评定最有影响的产品名称和公司形象。

【案例 9-4】

营销透视——丰田霸道的莽撞广告

崎岖的山路上，一辆丰田“陆地巡洋舰”迎坡而上，后面的铁链上拉着一辆看起来笨重的“东风”大卡车；一辆行驶在路上的丰田“霸道”引来路旁一只石狮的垂首侧目，另一只石狮还抬起右爪敬礼。该广告的文案为“霸道，你不得不尊敬”。

刊载于《汽车之友》和美国《商业周刊》中文版2003年第12期的这两则丰田新车广

告刚一露面，就在读者中引起了轩然大波。“这是明显的辱华广告!”很多看到过这两幅广告的读者认为石狮子有象征中国的意味，丰田霸道广告却让它们向一辆日本品牌的汽车“敬礼”“鞠躬”。“考虑到卢沟桥、石狮子、抗日三者之间的关系，更加让人愤恨”。对于拖拽卡车的“丰田陆地巡洋舰”广告，很多人则认为，广告图中的卡车系国产东风汽车，绿色的东风卡车与我国的军车非常相像，有污辱中国军车之嫌。选择这样的画面为其做广告，极不严肃。在舆论的强大压力下，丰田公司和负责制作此广告的盛世长城广告公司先后在2003年12月4日公开向中国读者致歉。

（案例来源：《汽车之友》杂志 2003年第12期）

学习任务四 营业推广策略

营业推广又称销售促进，它是指企业运用各种短期诱因鼓励消费者和中间商购买，经销或代理企业产品或服务的促销活动。营业推广是与人员推销、广告、公共关系相并列的四种促销方式之一，是构成促销组合的一个重要方面。

一、营业推广的特点

（一）营业推广促销效果显著

在开展营业推广活动中，可选用的方式多种多样。一般说来，只要能选择合理的营业推广方式，就会很快地收到明显的增销效果，而不像广告和公共关系那样需要一个较长的时期才能见效。因此，营业推广适合于在一定时期、一定任务的短期性的促销活动中使用。

（二）营业推广是一种辅助性促销方式

人员推销、广告和公关都是常规性的促销方式，而多数营业推广方式则是非正规性和非经常性的，只能是它们的补充方式。亦即，使用营业推广方式开展促销活动，虽能在短期内取得明显的效果，但它一般不能单独使用，常常配合其他促销方式使用。营业推广方式的运用能使与其配合的促销方式更好地发挥作用。

（三）针对性强

企业根据需要，可以有针对性地开展针对消费者、中间商、销售人员的营业推广活动，调动相关人员的积极性，并能很快地、明显地收到增销的效果。

与此相对应，营业推广也有其消极和产生副作用的一面。营业推广的形式较多，如果方法运用不当，求售过急，会损害产品和与其相关的制造商、经销商的声望。有些营业推广方法，如打折、赠送等，不适合追求高品质、高档次形象的企业。同行业间各企业频繁使用营业推广手段，有可能影响正常销售，引发企业间的过度竞争，破坏同行业间和平共处、公平竞争的局面。

二、营业推广的作用

（一）营业推广可以有效地加速新产品进入市场的过程

当消费者对刚投放市场的新产品还未能有足够的了解和做出积极反应时，通过一些必要的推广措施可以在短期内迅速地为新产品开辟道路。

（二）营业推广可以有效地抵御和击败竞争对手的促销活动

当竞争者大规模地发起促销活动时，如不及时地采取针锋相对的促销措施，往往会大面积地损失已享有的市场份额。对此，可采用减价赠券或减价包装的方式来增强企业经营的同类产品对顾客的吸引力，以此来稳定和扩大自己的顾客队伍。此外，还可采用购货累计折扣和优待的方式来促使顾客增加购货数量和提高购货频率等。

（三）营业推广可以有效地刺激消费者购买和向消费者灌输对本企业有利的意见

当消费者在众多的同类商品中进行选择，尚未做出购买决策时，及时的推广手段的运用往往可以产生出人意料的效果。

（四）营业推广可以有效地影响中间商，特别是零售商的交易行为

生产企业在销售产品中同中间商保持良好关系，取得他们的合作是至关重要的。因此，生产企业往往采用多种营业推广方式来促使中间商，特别是零售商做出有利于自身的经营决策。

三、建立营业推广目标

根据营业推广的不同对象，其目标主要有以下 3 个方面：

（1）对消费者的营业推广目标有：鼓励老顾客增加采购量，促使新顾客试用产品，吸引竞争者顾客购买本企业产品等；

（2）对中间商的营业推广目标有：促使中间商经营新品种、扩大采购批量，增加库存数量、采购落令商品、抵制竞争者的促销活动，增加本企业产品的陈列空间，积极推销本企业产品等；

（3）对推销人员的营业推广目标有：鼓励其积极推销本企业的新产品，努力开拓市场、寻找新顾客、大力推销落令商品等。

四、营业推广的方式

（一）针对消费者的营业推广

（1）赠送样品。向消费者免费赠送样品，可以鼓励消费者认购，也可以获取消费者对产品的反应。样品赠送，可以有选择地赠送，也可在商店或闹市区或附在其他商品中无选择地赠送。这是介绍、推销新产品的一种促销方式，但费用较高，对高值商品不宜采用。

（2）赠送代价券。代价券作为对某种商品免付一部分价款的证明，持有者在购买本企业产品时免付一部分货款。代价券可以邮寄，也可附在商品或广告之中赠送，还可以向购

买商品达到一定的数量或数额的顾客赠送。这种形式，有利于刺激消费者使用老产品，也可以鼓励消费者购买新产品。

(3) 包装兑现。采用商品包装来兑换现金。如收集到若干个某种饮料瓶盖，可兑换一定数量的现金或实物，借以鼓励消费者购买该种饮料。这种方式的有效运用，也体现了企业的绿色营销观念，有利于树立良好的企业形象。

(4) 提供赠品。对购买价格较高的商品的顾客赠送相关商品（价格相对较低、符合质量标准的商品）有利于刺激高价商品的销售。由此，提供赠品是有效的营业推广方式。

(5) 商品展销。展销可以集中消费者的注意力和购买力。在展销期间，质量精良、价格优惠、提供周到服务的商品备受青睐。可以说，参展是难得的营业推广机会和有效的促销方式。

此外，还有有奖销售、降价销售等方式。

(二) 针对中间商的营业推广

(1) 购买折扣。为刺激、鼓励中间商购买并大批量地购买本企业产品，对中间商第一次购买和购买数量较多的中间商给予一定的折扣优待，购买数量越大，折扣越多。折扣可以直接支付，也可以从付款金额中扣出，还可以赠送商品作为折扣。

(2) 资助。是指生产者为中间商提供陈列商品、支付部分广告费用和部分运费等补贴或津贴。在这种方式下，中间商陈列本企业产品，企业可免费或低价提供陈列商品；中间商为本企业产品做广告，生产者可资助一定比例的广告费用；为刺激距离较远的中间商经销本企业产品，可给予一定比例的运费补贴。

(3) 经销奖励。对经销本企业产品有突出成绩的中间商给予奖励。这种方式能刺激经销业绩突出者加倍努力，更加积极主动地经销本企业产品，同时，也有利于诱使其他中间商为多经销本企业产品而努力，从而促进产品销售。

(三) 针对销售人员的营业推广

生产厂家对销售人员的营业推广，主要有销售奖金、培训进修、旅游度假，并把销售人员的晋升、收入与成绩结合起来，以激发销售人员的工作热情，还可以用赠送礼品等，配合短期促销活动。

五、营业推广的控制

营业推广是一种促销效果比较显著的促销方式，但倘若使用不当，不仅达不到促销的目的，反而会影响产品销售，甚至损害企业的形象。因此，企业在运用营业推广方式促销时，必须予以控制。

(一) 建立营业推广的目标

营业推广目标在总体上是受企业市场营销总目标制约的，是这一总目标在促销策略方面的具体化。在不同类型的目标市场上，营业推广的目标是各不相同的。对消费者来说，推广目标可以确定为鼓励经常和重复购买、吸引新购买者试用，改进和树立品牌形象等；对中间商来说，推广目标可以确定为促使零售商购买新的产品项目和提高购买水平，鼓励非季节性购买，建立起零售商对该品牌忠诚，打进新的零售行业等；对推销人员来说，推广目标可以确定为鼓励对新产品成熟型号的支持，鼓励更高的销售水平等。企业营销部门要通过多因素的分析，确定一定时期内营业推广的目标并尽可能使之数量化。

（二）选择营业推广的工具

营业推广的工具是多种多样的，各有其特点和使用范围。在选择营业推广的工具时要考虑的主要因素包括：

（1）市场类型。

（2）营业推广目标。

（3）竞争条件和环境。

（4）促销预算分配及每种推广工具的预算。

此外，往往有这样的情况，即同一推广目标可以来用多种推广工具来实现。这里就有一个推广工具的比较选择和优化组合问题，目的是为了实现最优的推广效益。

（三）制定营业推广方案

在制订营业推广方案时，要注意以下几点：

1. 比较和确定刺激程度

要使推广取得成功，一定程度的刺激是必要的。刺激程度越高，引起的销售反应也会越大，但这种效应也存在递减的规律。因此，要对以往的推广实践进行分析和总结，并结合新的环境条件，确定适当的刺激程度和相应的开支水平。

2. 选择营业推广对象

推广是面向目标市场的每一个人还是有选择的某类团体，范围控制在多大，哪些人是推广的主要目标，这种选择的正确与否都会直接影响到推广的最终效果。

3. 选择营业推广的媒介

比如选定赠券这种推广工具，那么还须进一步确定有多少用来放在包装中，多少用来邮寄，多少放在杂志、报纸等广告媒介中，而这些又涉及不同的接受率和开支水平。

4. 选择营业推广的时机

在何时开始发动推广，持续多长时间效果最好等，也是值得研究的主要问题。持续时间过短，由于在这一时间内无法实现重复购买，很多应获取的利益不能实现；持续时间过长，又会引起开支过大和损失刺激购买的力量，并容易使企业产品在顾客心目中降低身价。按照有关研究，每个季度搞 3 次左右的推广活动为宜，每次的持续时间以平均购买周期的长度为宜。

5. 确定营业推广的预算

这要考虑各种推广工具的使用范围、额度、各种产品所处的生命周期的不同阶段等多种因素来加以平衡和确定。

（四）实验、实施和控制营业推广方案

虽然营业推广方案是在经验的基础上确定的，但仍然需要进行必要的实验来检验推广工具的选择是否适当，刺激程度是否理想，现有的途径是否有效。实验可采取询问消费

者、填调研表、在有限的地区内试行方案等方式进行，当实验同预期相近时，便可进入实施阶段。在实施中，要密切注意和测量市场反应，并及时进行必要的推广范围、强度、频度和重点的调整，保持对推广方案实施的良好控制，以顺利实现预期的目标。

（五）评估营业推广的效果

在营业推广方案实施后要对其有效性进行总的评估，最普通的方法是比较推广前、推广期间和推广后的市场份额变化。此外，营销人员也可以采用消费者调研的方式来了解事后有多少人能回忆起这项推广活动，他们如何看待这项推广活动，有多少人从中得益，这项活动如何影响他们后来的品牌选择行为，等等。营业推广效果的评估还可以通过变更刺激程度、推广时间、推广媒介、推广对象来获得。

学习任务五 公共关系策略

一、公共关系的概念及特征

（一）公共关系的概念

公共关系又称公众关系，是指企业在从事市场营销活动中正确处理企业与社会公众的关系，以便树立企业的良好形象，从而促进产品销售的一种活动。

（二）公共关系的特征

（1）公共关系是一定社会组织与其相关的社会公众之间的相互关系。这里包括3层含义：其一，公关活动的主体是一定的组织，如企业、机关、团体等。其二，公关活动的对象，既包括企业外部的顾客、竞争者、新闻界、金融界、政府各有关部门及其他社会公众，又包括企业内部职工、股东。这些公关对象构成了企业公关活动的客体。企业与公关对象关系的好坏直接或间接地影响企业的发展。其三，公关活动的媒介是各种信息沟通工具和大众传播渠道。作为公关主体的企业，借此与客体进行联系、沟通、交往。

（2）公共关系的目标是为企业广结良缘，在社会公众中创造良好的企业形象和社会声誉。一个企业的形象和声誉是其无形的财富。良好的形象和声誉是企业富有生命力的表现，也是公关的真正目的之所在。企业以公共关系为促销手段，是利用一切可能利用的方式和途径，让社会公众熟悉企业的经营宗旨，了解企业的产品种类、规格及服务方式和内容等有关情况，使企业在社会上享有较高的声誉和较好的形象，促进产品销售的顺利进行。

（3）公共关系的活动以真诚合作、平等互利、共同发展为基本原则。公共关系以一定的利益关系为基础，这就决定了主客双方必须均有诚意，平等互利，并且要协调、兼顾企业利益和公众利益。这样，才能满足双方需求，以维护和发展良好的关系。否则，只顾企业利益而忽视公众利益，在交往中损人利己，不考虑企业信誉和形象，就不能构成良好的关系，也毫无公共关系可言。

(4) 公共关系是一种信息沟通，是创造“人和”的艺术。公共关系是企业与其相关的社会公众之间的一种信息交流活动。企业从事公关活动，能沟通企业上下、内外的信息，建立相互间的理解、信任与支持，协调和改善企业的社会关系环境。公共关系追求的是企业内部和企业外部人际关系的和谐统一。

(5) 公共关系是一种长期活动。公共关系着手于平时努力，着眼于长远打算。公共关系的效果不是急功近利的短期行为所能达到的，需要连续的、有计划的努力。企业要树立良好的社会形象和信誉，不能拘泥于一时一地的得失，而要追求长期的稳定的战略性关系。

总之，公共关系着眼于企业长期效益，而广告则倾向于产品销售。

【案例 9-5】

35 次紧急电话

美国记者基泰丝来到东京的奥达克余百货公司买了一台“索尼”牌唱机，准备作为见面礼，送给住在东京的婆家。售货员彬彬有礼，特地为她挑了一台未启封包装的机子。回到住所，基泰丝开机试用时，却发现该机没有装内件，因而根本无法使用。她不由得火冒三丈，准备第二天一早就去“奥达克余”交涉，并迅速写好了一篇新闻稿，题目是《笑脸背后的真面目》。

第二天一早，基泰丝在动身之前，忽然收到“奥达克余”打来的道歉电话。50 分钟以后，一辆汽车赶到她的住处。从车上跳下“奥达克余”的副经理和提着大皮箱的职员。两人一进客厅便俯首鞠躬，表示特来请罪。除了送来一台新的合格的唱机外，又加送蛋糕一盒、毛巾一套和著名唱片一张。接着。副经理又打开记事簿，宣读了一份备忘录。上面记载着公司通宵达旦地纠正这一失误的全部经过。

原来，在下午清点商品时，售货员发现错将一个空心货样卖给了顾客。她立即报告公司警卫迅速寻找，但为时已晚，经理接到报告后，马上召集有关人员商议后，连夜开始了一连串大海捞针般的行动：打了 32 次紧急电话，向东京各大宾馆查询，再打电话问纽约“美国快递公司”总部，深夜接到回电，得知顾客在美国父母的电话号码。接着又打电话去美国，得知顾客在东京婆家的电话号码。终于弄清了这位顾客在东京期间的住址和电话，这期间的紧急电话，合计 35 次！

这一切使基泰丝深受感动。她立即重写了新闻稿，题目就叫《35 次紧急电话》。

此事曾被美国公共关系协会推举为世界性公共关系范例。“奥达克余”在不到 20 小时的时间内，能够将一起由于自身失误而引发的风波妥善地平息下去，应当说是得力于强烈的公关危机意识和及时的公关举措。

（案例来源：市场营销学教学案例　MBA 智库文档）

二、公共关系的作用

公共关系是一门“内求团结，外求发展”的经营管理艺术，是一项与企业生存发展休戚相关的事业。其作用主要表现在：

（一）搜集信息，监测环境

信息是企业生存与发展必不可少的资源。运用各种公关手段可以采集各种有关信息，监测企业所处的环境。企业公关需要采集的信息包括以下几方面：

（1）产品形象信息。这是指消费者对本企业产品的各种反应与评价，如对产品质量、性能、用途、价格、包装、售后服务等的反应评价。

（2）企业形象信息。企业要了解自己的形象，除产品形象的信息外，还必须采集以下信息：①公众对企业组织机构的评价。如组织机构是否健全、设置是否合理、上下左右是否协调、运转是否灵活、办事效率高不高等。②公众对企业经营管理水平的评价。在经营决策上，企业的经营方针是否正确，决策过程是否科学，决策目标是否合理、可行；在生产管理上，生产计划是否完善，生产组织是否恰当；在销售管理上，市场预测是否科学、准确，产品定价是否合理，促销是否有力；在人事管理上，用人是否得当，等等。③公众对企业人员素质的评价。包括对决策层领导人员和一般人员素质的评价。评价指标有文化水平、工作能力、业务水平、交际能力、应变能力、创新精神、开拓意识、工作态度、工作效率等。④公众对企业服务质量的评价，包括对服务意识、服务态度等方面的评价。

（3）企业内部公众的信息。企业的职工作为社会公众的一部分，必然对企业产生不同的反应与评价。通过对企业内部职工意见的了解，能掌握职工对企业的期望，企业应树立什么样的形象，才能对职工产生向心力和凝聚力。企业内部公众的信息，可以通过意见书、各职能部门的计划、总结、工作报告及企业内部的舆论工具等来获得。

（4）其他信息。企业不可能脱离外界而存在，投资者的投资意向、竞争者的动态、顾客的需求变化及国内外政治、经济、文化、科技等方面的重大变化，都直接或间接地影响到企业的经营决策。公共关系作为社会经济趋势的监测者，应广泛地收集这些有关社会经济的信息。

（二）咨询建议，决策参考

公共关系的这一职能是利用所搜集到的各种信息，进行综合分析，考查企业的决策和行为在公众中产生的效应及影响程度，预测企业决策和行为与公众可能意向之间的吻合程度，并及时、准确地向企业的决策者进行咨询，提出合理而可行的建议。

（1）公共关系参与决策目标的确立。确立决策目标是决策过程的最重要一环。公共关系是整体决策目标系统中的重要因素。它从全局和社会的角度来综合评价各职能部门的决策目标可能导致的社会效果，从而发现和揭示问题，提醒决策者按公众需求和社会效益制定决策目标。

（2）公共关系是获取决策信息的重要渠道。合理、正确的决策依赖于及时。准确、全面的信息，公关部门可以利用它与企业内部、外部的广泛交流，为决策开辟广泛的信息渠道。据此，能为决策者提供内部信息和外部信息，提供决策依据。

（3）公共关系是拟定决策方案不可缺少的参谋。公共关系作为决策参谋，能帮助决策者评价各方案的社会效果，提高决策方案的社会适应能力和应变能力。

（4）公共关系为决策方案实施效果提供反馈信息。信息的反馈，有助于修改、完善决策方案。这是公关职能之一。公关部门可以利用它与公众建立的关系网络和信息沟通渠道，对正在实施的决策方案进行追踪监测，并及时反馈对其评价的信息。

（三）舆论宣传，创造气氛

这一职能是指公共关系作为企业的“喉舌”，将企业的有关信息及时、准确、有效地传送给特定的公众对象，为企业树立良好形象创造良好的舆论气氛。如公关活动，能提高企业的知名度、美誉度，给公众留下良好形象；能持续不断、潜移默化地完善舆论气氛，因势利导，引导公众舆论朝着有利于企业的方向发展；还能适当地控制和纠正对企业不利的公众舆论，及时将改进措施公之于众，避免扩大不良影响，从而收到化消极为积极、尽快恢复声誉的效果。

（四）交往沟通，协调关系

企业是一个开放系统，不仅内部各要素需要相互联系、相互作用。而且需要与系统外部环境进行各种交往、沟通。交往沟通是公关的基础，任何公共关系的建立、维护与发展都依赖于主客体的交往沟通。只有交往，才能实现信息沟通，使企业的内部信息有效地输向外部，使外部有关信息及时地输入企业内部，从而使企业与外部各界达到相互协调。协调关系，不仅要协调企业与外界的关系，还要协调企业内部关系，包括企业与其成员之间的关系、企业内部不同部门成员之间的关系等，要使全体成员与企业之间达到理解和共鸣，增强凝聚力。

（五）教育引导，社会服务

公共关系具有教育和服务的职能，是指通过广泛、细致、耐心的劝服性教育和优惠性、赞助性服务，来诱导公众对企业产生好感。对企业内部，公关部门代表社会公众，向企业内部成员输入公关意识，诱发企业内部各部门及全体成员都重视企业整体形象和声誉。对企业外部各界，公关部门代表企业，通过劝服性教育和实惠性社会服务，使社会公众对企业的行为、产品等产生认同和接受。

三、公共关系的活动方式

（一）利用新闻媒介

由新闻媒介提供的宣传报道对企业来说是种免费广告，它能给企业带来许多好处。首先，它能比广告创造更大的新闻价值，有时甚至是一种轰动效应，而且能鼓舞企业内部的士气和信心，一个企业或者产品能作为新闻报道而受到赞扬，无疑是一种有力的激励。其次，宣传报道比广告更具有可信性，使消费者在心理上感到客观和真实。

（二）参与社会活动

企业在从事生产经营活动的同时，还应积极参与社会活动。在社会活动中体现自己的社会责任，赢得社会公众的理解和信任。充分表现企业作为社会的一个成员应尽的责任和义务。另一方面结交社会各界朋友，建立起广泛和良好的人际关系。

（三）组织宣传展览

在公共关系活动中，企业可以印发各种宣传材料，如介绍企业的小册子、业务资讯、

图片画册、音像资料等、还可以举办形式多样的展览会、报告会、纪念会及有奖竞赛等，通过这些活动使社会公众了解企业的历史、业绩、名优产品、优秀人物、发展的前景，而达到树立企业形象的目的。

（四）应对突发事件

当企业外部环境出现重大变化，或自身的营销工作出现失误时，应利用公关措施及时予以调节和补救；当出现不利于企业发展的社会舆论或影响时，要运用应急公关措施进行反驳和纠正。对于任何企业来讲，恰到好处地应对突发事件，化解危机，往往也正是提升企业形象的良机。

四、公共关系的工作程序

公共关系在实施中必须遵循一定的程序。主要是确定目标、选择方法、实施项目和评价效果 4 个相互衔接的步骤。

（一）确定目标

在调查研究的基础上，根据社会公众对企业的了解和意见来具体确定公共关系目标。公共关系主要是利用信息沟通的原理和方法来进行活动的，因此，不同时期公共关系的具体目标是不相同的。

（二）选择方法

正确的方法是实现目标的保证，上面所介绍的各种方法都具有一定的针对性，有不同的适用范围，有的主要是增进企业目标公众的支持与理解，有的主要是提高企业知名度，有的主要是促进产品销售。企业应根据总目标的要求和具体情况选择公共关系的方法。

（三）实施计划

对企业来说开展公共关系活动存在着许多不确定因素，较难控制，困难也较大。为了保证公共关系计划的实现，首先要有组织的保证，明确公共关系部门职责；其次要提高公共关系人员的素质；再次要坚持以诚取信的原则；最后要善于抓住机遇。

（四）评价效果

对公共关系活动效果的评价往往是比较困难的。因为其一，传播信息的成效是一个潜移默化的过程，很难以具体的数据反映出来；其二，公共关系往往是配合着其他营销活动一道进行的，其收效也难单独列出。但人们观念和态度上的转变总会在行为中体现出来。

小　结

（1）促销，是企业将有关企业及其产品的信息通过各种方式传递给目标市场，促进其了解、信赖并购买本企业的产品，以达到扩大销售的目的。促销工作的核心是沟通信息。促销的目的是引发、刺激消费者产生购买行为。

（2）促销组合是指企业根据产品的特点和营销目标，综合各种影响因素，对人员推销、广告、营业推广和公共关系4种促销手段的选择、编配和综合运用，形成整体促销的策略或技巧。

(3) 人员推销是企业运用推销人员直接向顾客推销商品和劳务的一种促销活动。推销人员、推销对象和推销品是3个基本要素。

(4) 广告是广告主以促进销售为目的，付出一定的费用，通过特定的媒体传播商品或劳务等有关经济信息的大众传播活动。

(5) 营业推广又称销售促进，它是指企业运用各种短期诱因鼓励消费者和中间商购买，经销或代理企业产品或服务的促销活动。

(6) 公共关系，是指企业在从事市场营销活动中正确处理企业与社会公众的关系，以便树立企业的良好形象，从而促进产品销售的一种活动。

同步测试

一、思考练习题

1. 简述“推式策略”与“拉式策略”的特点及适应的情况。
2. 人员推销与非人员推销相比，其优点表现在哪些方面？
3. “推销产品本身”与“推销产品所带给顾客的利益”有何不同？

二、案例分析题

可口可乐在中国的促销策略

可口可乐进入中国市场累计50多年。这个有近120年历史的优秀的企业凭借原有的名牌效应，通过奉行3个环环相扣的3P原则——“无处不在（pervasiveness）”“心中首选（perference）”“物有所值（price to value）”，迅速打开了中国市场。1999年，该饮料的销售量为160亿标准箱。2000年第四季度，其在中国的销售量再次大幅增长近25%。可口可乐公司计划在2010年之前达到350亿标准箱的销售目标。

1. 广告策略

可口可乐公司在中国的广告策略，用简单的一句话来表达就是：在广告上必须用消费者明白的方式去沟通。具体来说，其广告策略就是启用张惠妹、谢霆锋、伏明霞、张柏芝这些“新人类”做广告模特，走“年轻化”路线。

在可口可乐的广告中，“新星”是可口可乐永远的题材：先是张惠妹的“雪碧，晶晶亮，透心凉”；然后是新生代偶像谢霆锋出演的可口可乐数码精英总动员，这个广告带动国内的销售增长了24%；2000年末又推出谢霆锋、林心如、张震岳三人的“月亮/滑板篇”；2001年春节到来之际，又推出一款乡土味浓厚的“泥娃娃阿福贺新年”的广告，以动画的形式推广2.25升瓶装系列产品。这是可口可乐继“大风车”“舞龙”广告之后的第三部专为中国市场推出的“新年贺岁广告”；紧接着就是三届奥运会冠军得主、中国跳水皇后伏明霞与可口可乐（中国）饮料有限公司签约，成为新世纪“雪碧”品牌在中国的第一位广告代言人，并拍摄了新的辑的广告片。

可口可乐公司近来在全球力推“本地化思维、本地化营销”的市场策略，调动并运用全球不同市场的资源，使可口可乐品牌散发出多元化的活力，而这种活力的表达就是靠生动的促销活动来完成的。

2. 营业推广策略

1997 年 6 月，可口可乐公司推出了主题为“可口可乐红色真好玩”的促销活动。在活动期间，消费者只要购买了“可口可乐”“雪碧”“芬达”的促销包装品，就会发现在易拉罐拉环或塑料瓶标签上印有的红色可口可乐、红太阳、红玫瑰、红苹果等 12 种不同的图案。消费者若能对中奖组合的两个图案（红色可口可乐可以代替任何一种图案），就能赢取背包、手表等 5 款不同奖品。奖品总值超过 1 000 万元。整个促销活动通过报纸、电视、海报、宣传单、活动热线、促销包装等媒体传递出去。透过红得发烫的市场宣传，我们可以看出可口可乐公司匠心独具之处：通过让消费者反复感知红色的概念，从而让红色的可口可乐更深入人心。

2000 年，可口可乐公司在中国内地推出了一套十二生肖的易拉罐，销售日期只到 2 月底，惹得连香港的朋友都从北京成箱地运可乐。胖乎乎的泥阿福也一夜之间登上了国内可口可乐的塑胶机包装，醉翁之意不在酒，“中国娃娃”做形象大使不仅是为了给大伙拜个年，更是为了推选可口可乐公司“本土化”的战略。

3. 公关策略

可口可乐公司在中国的公关活动一刻都不停歇。从体育、教育、文娱到环保，可口可乐公司利用一切可利用的机会提高自己的知名度。可口可乐公司在中国的运动旋风首先从足球刮起。可口可乐杯全国青年锦标赛为中国选拔了不少足球尖子，并成为中国青年足球最重要的赛事。“可口可乐——临门一脚”足球培训班自 1986 年在中国实施以来，十多年间已培训了超过 1 000 多名青少年足球教练，使近 100 万的儿童得到了先进的技术训练。

可口可乐公司积极利用奥运题材在中国开展公关活动。例如，1992 年可口可乐中国有限公司赞助 6 名中国选手，参加在西班牙巴塞罗那举办的全球奥运火炬接力长跑活动；1994 年，著名运动员王秀丽也由可口可乐赞助，代表中国在瑞典利利哈默市传递奥运火炬；1995 年，可口可乐公司三度赞助中国神射手许海峰及 12 名全国选拔的代表，其中包括 3 名希望工程优秀受助生，参加在美国亚特兰大举办的奥运火炬接力活动。可口可乐公司也在国内主办多项相关活动，仅奥林匹克日长跑便已超过十多年的历史。

同样，可口可乐公司在中国也十分关注教育事业。例如，可口可乐公司积极赞助许多教育、扶贫、助学的项目，其中以对“希望工程”的捐助最为有名。1997 年，可口可乐公司及中国的装瓶厂捐赠 200 万美元，在数十个贫困山村共建了 50 所希望小学和 100 个希望书库，帮助 300~600 名小学生改善了学习环境。可口可乐公司还捐助 500 万元人民币，设立了 10000 个奖学金名额，让贫困的学生可以完成 6 年的学业。可口可乐公司在我国还与当地青基会、教委、团委及大学共同挑选一些品学兼优的特困生，帮助他们解决生活费及学费问题，协助我国培养优秀的人才。这个项目于 1997 年开始实行，有超过 1 000 名学生受惠。

4. 独到的捆绑式销售

捆绑式销售的源头大概可以追溯到可口可乐与麦当劳、联想、大家宝及方正的合作。捆绑式销售不同于赠品促销。赠品促销只有一个品牌主体，另一个或更多的品牌处于附属的被动地位，或者企业赠送自己生产的产品，只有一个品牌。目前，面对铺天盖地的赠品促销，理性的消费者越来越不买账，赠品促销几乎起不到应有的作用。而捆绑式销售则不同，它是两个或者多个品牌处于平等的地位，互相推广，把市场做大，达到“双赢”的目的。

可口可乐与联想的“数码精英总动员”、可口可乐与方正的“动感互联你我他”的广告在各种媒体上连番轰炸，联想与方正作为促销奖品的承担方也获益匪浅。在此之前，可口可乐与北京大家宝薯片共同演绎的“绝妙搭配好滋味”的促销活动也非常成功。在降价、打折、抽奖、赠送礼品等传统促销方法已经难以刺激消费者购买欲望的今天，可口可乐是微甜的饮料，大家宝是微咸的休闲食品，两者可以在口感上相互搭配，这就是双方合作的基础，这也是可口可乐公司运用产品亲和力市场策略的生动体现。本土化要有较为理想的载体，联想、方正和大家宝都是本地品牌，与可口可乐一样都是大众化产品，而且在当地市场有一定的知名度，容易被当地消费者接受和依赖。

（案例来源：《无处不在的可口可乐》2012 年 7 月　龙文元）

思考题

1. 可口可乐是如何根据中国市场本土化特点进行促销策划的？
2. 可口可乐近年来在中国大陆的促销活动又有哪些新创举？

舒蕾的终端战役

一、洗发水行业现状

简而言之，中国洗发水市场现在市场潜力巨大，竞争十分激烈。

自从 1989 年宝洁这个跨国公司进入中国以来，就在中国洗发水行业掀起的一个又一个让人叹为观止的波澜。并且，在此后漫漫十年的时间里，以营养、柔顺、去屑为代表的宝洁三剑客潘婷、飘柔、海飞丝几乎垄断了中国洗发水市场的绝对份额——它们不仅占据着中国洗发水市场的前 3 位，并以总和超过 50%的份额处于绝对垄断之势。想在洗发水领域有所发展的企业无不被这三座大山压得喘不过气来，无不生存在宝洁的阴影里难以重见天日。

然而，洗发水市场巨大的市场空间和高额的行业利润空间，吸引了众多中国自有品牌的积极加入，改变了洗发水市场的格局。据专家估计，中国洗发水的消费量呈不断增加之势，市场规模会不断扩大。据统计，目前中国的洗发水市场销售量早已超过日本、接近美国，但以人均合算还低于这些发达国家。洗发水市场每年有数以百亿计而且仍不断增长的市场空间。

这一广阔的市场空间及洗发水市场相对高的市场利润吸引了无数的新生品牌前赴后继地加入这一白热化的行业。这一点从电视广告上可清晰地看出，因为洗发行业的特殊性，

传统上大家都把电视广告作为推广品牌最主要的手段。2001年拉芳、蒂花之秀、好迪、飘影、柏丽丝先后在CCTV密集投放广告，大举进军全国市场，给本已竞争激烈的洗发水市场火上加油。据中央电视台2001年5月广告龙榜显示，好迪、亮庄、拉芳、柏丽等品牌洗发水已冲破飘柔、潘婷、夏士莲、花王等合资品牌的阵线，位居该台当月洗发水广告花费前4名。

除了从电视广告投入量反映出中国洗发水市场风起云涌外，国产洗发水实质上已对老牌合资洗发水的地位造成冲突。1995年，奥妮向宝洁发起挑战，推出皂角洗发膏，打出"植物一派，重庆奥妮"的口号，以天然植物成分反击洋品牌化学洗发路线，使之声势大张。再加上1997年成功推出百年润发，并配合经典广告做宣传，使其市场占有率飙升，达到12.5%，单品牌的占有率仅次于飘柔。1996年，丝宝集团推出的舒蕾在1999~2000年取得突破性胜利。据AC尼尔森对2000年中国广告市场的调查统计，舒蕾与飘柔、夏士莲、海飞丝成为2000年洗发水广告花费最高的品牌。2000年中国商业信息中心对全国300个大型商场调查统计显示，舒蕾2000年销售近20亿元人民币，与宝洁的飘柔、海飞丝进入洗发水品牌前3名。丝宝集团超过联合利华、花王，跻身洗发水市场第2位。

舒蕾可以说是众多中小洗发水品牌的代表，它是怎样做出这样的成绩的?

二、舒蕾的终端运作

舒蕾是丽花丝宝的一个品牌。舒蕾从一个名不见经传的小品牌迅速地成长到一个市场占有率第二，品牌价值超过了宝洁的海飞丝、潘婷，仅次于飘柔的知名品牌，丝宝集团特色的终端战略功不可没。

（一）丝宝集团背景介绍

丽花丝宝集团成立于1989年3月，在香港注册，创始人是定居于香港的梁亮胜。实际上，丝宝公司的主体是在大陆，并以武汉作为基地。创业之初，很多朋友劝梁亮胜把基地选在广东。但是，梁亮胜认为丽花丝宝的定位是一个全国性的品牌，要选就应该选辐射力强的地方。1989年日用品国营批发还是销售的主渠道，当时全都是国营百货公司，并不像现在有很多大商场和超市，销售不可能直接给商场，必须通过一级批发站、二级批发站进行。在国内辐射力强且范围比较广的就是号称"九省通衢"的武汉。梁亮胜认为，武汉是一个很好的集散地，周围几个省都靠它批发商品。选择武汉，不仅节约很多运输成本，也可以让产品流通很快。定"都"于武汉后。梁亮胜就亲自带领郑明强、刘诗伟等人做市场，最初的做法是除了打电视广告，就是把国外商店化妆品陈列的一套移植过来，这一套很管用。刘诗伟用心操作过，这也成为其后来的"终端思路"的原始根据。武汉也成了丝宝集团终端运作的基地。

丽花丝宝和宝洁几乎是同时进入中国内地的，但不同的是，宝洁携外资强大的资本优势，每年以巨额的广告投入迅速成为国内洗发水品牌的代言人，而丽花丝宝自出生以来就命运多舛：先是遭遇商标之争，接着被贴上蒙骗之名，市场无情使丽花丝宝只能成为一个二、三流的品牌，甚至在武汉，广东过来的美国绿丹兰的名声也盖过了它。这种局面显然是梁亮胜不愿面对的。为了从丽花丝宝不温不火的状态中寻找亮点，丝宝选择了洗发水这个大众消费品，"焗油护发"的舒蕾就这样诞生了。

(二) 舒蕾的终端运作

在舒蕾的推广中，丝宝集团避开和宝洁正面交锋，采取了不同的模式。《商界》曾对此做了详细的分析，那就是坚决放弃总代理制，花大力气自建网络。1997~1998年，舒蕾先从终端入手，在人员宣传、产品陈列、柜台促销上大做文章。舒蕾利用丽花丝宝积累的网络资源，采取“先两极，后中间”的渠道拓展原则，重点抓大卖场和零售店的铺货，从而带动中型店的开发。另外，舒蕾还在各大商场设立了1 000多个专柜，不惜一切代价，让舒蕾的堆码、灯箱、POP海报占据卖场最显眼的位置。同时还组建销售小分队，随时为居民区的杂货店、小超市、发廊补货。据悉，目前舒蕾的网络已遍及全国30多个城市，几乎每个二级、三级市场都有舒蕾红色的身影。而这种代价也不菲，舒蕾一次大型推广会的费用就高达500万元，从现在舒蕾坐上洗发水市场第二把交椅的奇迹来看，这种投入也正如丝宝人自己所说的那样是值得的，也是必需的。

1. 贴近竞争对手，实施终端压制

广告是营销中的一个重要因素，电视广告在洗发水行业的作用更是居功至伟。宝洁公司花了一大笔咨询费从世界营销战略大师杰克·特劳特中得到的建议就是：把资金集中在电视广告投放上。所以大规模的空中轰炸大多是由宝洁发起。成为领导者后，宝洁更是大规模运用电视广告，在竞争中筑起一道强大的堡垒。这是宝洁公司一直以来领先的秘诀。也成了洗发水厂商模仿的入市模式：一般的洗发水厂商都是先用广告拉动，打响知名度后，再找经销、代理商，铺垫渠道，达到产品上市的目的。

然而，对于初上市的舒蕾而言，对手是占据了中国洗发水市场半壁江山的宝洁、联合利华等，异常强大。无论从资源、实力还是市场地位上舒蕾都毫无优势可言。如果盲目地打广告、搞营销战，只能和百年润发一样被逼近死角。因此，舒蕾只能集中精力发掘对手的脆弱之处，将自己的全部进攻力量集中于该点，才能克敌制胜。所以舒蕾没有像一般品牌推广一样从广告做起，他们选择了终端战役。宝洁、联合利华品牌推广注重实行“高端轰炸”，期望通过广告将人流吸引到终端卖场其产品的柜前。舒蕾看中了那些强大对手带来的丰盛的客流，在各卖场紧靠竞争对手，争取与竞争对手拥有相仿甚至更多的陈列空间，以期最大限度地发挥终端沟通优势，促进购买竞争品牌的消费者转而购买自己的品牌，提升自我的品牌价值同时遏制了竞争对手。

在舒蕾的精心策划下，曾出现过这样的情况：在某些超市，品种齐全的宝洁公司系列洗护产品集中在一两个货架上且偏于一隅；而品牌集中品类单一的舒蕾洗发水却阔阔气气地占据了三四个货架，抢尽了风头。舒蕾就是用这种终端战略，抢占了宝洁、联合利华等大品牌的不少市场份额，逐步成长壮大。

2. 打造声势，吸引终端卖场的眼球

通过紧贴竞争对手的竞争策略，大量的客流涌到舒蕾的柜前。然而，怎样吸引住顾客注意力，让他们乐得看、愿意买舒蕾的产品，又成了舒蕾终端卖场急需解决的问题。上市之初，舒蕾没有强大的广告支持，也没什么名气，只能通过打造卖场声势来留住顾客。

首先，舒蕾会确定最佳卖场寻找客源。这样做的好处在于客流量最大的地方可以吸引人气，便于活动开展，同时最佳卖场的销售额相对也是最多的，对争夺市场份额也非常重

要。接着，舒蕾制造宏大气势吸引顾客。舒蕾曾在武汉某超市卖场促销，店面周围有几十条舒蕾的广告旗帜，广场上还悬挂2条横幅，超市的主楼墙体上贴满了舒蕾的POP广告，超市主通道上立有要几个舒蕾产品的大堆头。进入主卖场，消费者第一感受就是来到了一片红色海洋中，整个卖场的布置错落有致，极具震撼力，给顾客留下深刻的印象。最后，舒蕾用简明生动的卖场信息留住顾客。舒蕾的终端卖场的传播原则是：传达越少，消费者接受的越多。的确，现在的广告信息太多，消费者乐于接受的是简单明了的信息。舒蕾在终端卖场总是力求清楚简明，不论是产品包装、店头宣传、店内陈列都令消费者一望便知。不仅便于消费者的品牌识别，也方便了消费者的购买。一方面加大了销售量，也有效地传播了品牌知名度。

3. 独特的终端促销策略

舒蕾的销售是从卖场终端做起的，打破了洗发水一贯的高端轰炸的游戏规则，不在广告、派发方面比拼，省下这些费用，用于终端卖场促销上。

舒蕾首先在终端卖场实施人海战术，安排了很多促销、导购人员，让舒蕾有更多的机会与消费者接触，吸引顾客的注意力。进而凭借舒蕾优良的品质，让消费者对产品产生需求，成为忠实的顾客。最后以这种终端力量拉动上级的渠道去销售舒蕾的产品，很快就产生了铺天盖地的影响力。并且，舒蕾的促销人员很专业化。这些促销人员都要经过专门的培训，对产品知识了如指掌，可以随时为消费者解惑，而且一个区域里还有一名组长负责巡视不同的卖场，检查促销人员的工作。这些促销人员向消费者解说有以下几个步骤：一是请看，二是请听，三是请试，四是请买，实际上到了最后一个步骤，消费者已经在这种强大的攻势下乖乖掏腰包了。

其次，舒蕾的终端促销很有竞争力：①舒蕾的促销产品丰富且不断更新。虽然和舒蕾一样做终端的厂家也不少，但很多不如舒蕾见效，原因就在于这些厂家还固守在老一套的买一送一模式。而舒蕾除了买一送一，还配了很多新奇的赠品，像便携式吹风机、打火机、雨伞、迷你小风扇……花样翻新的促销品自然吸引了消费者的目光，又买又送让双方皆大欢喜。②舒蕾注重了促销的点面结合。在大卖场，舒蕾经常利用节假日进行大规模的现场促销表演，有时装秀，有歌唱赛，中间再穿插与产品有关的有奖问答，热闹非凡，进一步也提高了产品的销售。而一些空间比较小的卖场，舒蕾则紧紧守住店门口，进行小规模的促销。这样做，不放过每一个卖场，消费者就被包围在一片红色海洋中。

最后，舒蕾采用终端对抗促销，以巩固终端。终端对抗促销是集中体现在快速消费品行业的一种针对行业竞品的促销策略，其特点是：反应迅速，对手一露头立即先发制人，进行对抗促销。舒蕾被誉为是竞争对抗性促销策略的专家。舒蕾的终端促销原则是：对手不促销，自己常促销；对手小促销，自己大促销；在终端卖场促销舒蕾的活动不断，时间上与竞争对手一致，促销方式多种多样，如赠品促销、人员促销、节日促销、联合促销等，不断带给消费者惊喜，加强舒蕾“永远给顾客以真正价值”的形象。舒蕾的这种终端促销策略，使得舒蕾品牌“遇弱则强，遇强愈强，”产生了极大的市场促销竞争威慑力。

三、丝宝集团终端运作的套路

终端市场历来是商家们拼抢得最激烈的地方。为了抢滩终端，各企业军团无不是想破脑袋，费尽思量。那么决胜终端的关键点何在呢？丝宝运作舒蕾终端的套路或许能有所启示。

1. 渠道扁平化来运作市场，提高“市场单产量”

丝宝集团在各地设立分公司、联络处，对主要的零售点实现直接供货与管理，从而建立起强有力的由厂商控制的垂直营销系统。并有厂家直接做市场推广，实行适当的人海战术，以赠品促销、人员促销、活动促销、联合促销的营销手段来与消费者沟通。丝宝的营销触角已延伸到三线城市，甚至是大型乡镇，依靠企业自身的营销队伍对市场进行精耕细作，提高“市场单产量”，实行盈利拓展。中国的人力成本低以及市场特性决定了企业利用终端人员的“口”这一媒体的可行性，这是效果最显著、见效最快、最容易核算成本、操作最简单的媒体之一。

2. 促销营销

丝宝成立了舒蕾的促销突击队，对各小型区域市场轮流促销，以促销、人员推广来和消费者直接互动沟通。中国中小城市的消费者对以促销人员为媒介的互动式沟通很容易接受，对洗发水这样的快速消费品而言，没有比直接的促销推广更能立即促成购买行为的了。有些业内人士认为，丝宝是目前中国运用促销最频繁、规模最大、档次最高、气势最大、覆盖范围最广的企业之一。

3. 营销费用支出中终端占绝对大头

丝宝的营销费用支出中终端占绝对大头。丝宝的营销实践是对快速消费品而言终端占80%，广告占20%，并根据产品特性、市场成熟程度、企业营销模式等而有所变化。

赠品促销

丝宝通过不断创新的赠品来打动消费者，中国的消费者（尤其是中小型城市的）在接受产品的正常零售价时，如果有一点赠品，基本上就可以瓦解其对竞品的忠诚度，也就是“降价二分钱，瓦解一切忠诚度”。

终端主动拦截消费者

终端已成为日用消费品最重要的营销战略性资源，你抢占了终端，竞争产品就少了相应的空间。企业抢占终端资源的多少，基本上就决定了其销量的多少。

（案例来源：中国经典营销案例库）

思考题

1. 宝洁和丽花丝宝产品的推广策略有什么不同？
2. 丝宝集团卖场终端建设有什么特色？
3. 国内其他的洗发水集团也能运用“终端思路”获得成功吗？为什么？

项目十　国际市场营销

学习目标

了解国际市场营销的概念；

理解国际市场营销的环境、进入方式；

掌握国际市场营销组合策略。

任务引入

宜家营造温馨的家

世界四大家具品牌的宜家家居（IKEA）是创立于1943年的一家瑞典家居用品企业，它的创始人是瑞典人坎普拉德，其“创造温馨舒适的家”经营理念融入整个集团的运作，并在其逐步的扩张中将自己的触角伸及世界各地，产品的范围扩展到各类家居用品。2003年全世界总共有3.1亿顾客来访各地的宜家商场。宜家集团2004财政年度（2003年9月1日至2004年8月31日）销售额为128亿欧元（约1 170亿瑞典克朗），并在44个国家总共拥有84 000名员工。1999年，它位居全球最有价值品牌第43位，2000年，升至40位，品牌价值达到60亿美元。1998年，宜家来到中国落户上海，1999年在北京开设家居广场，并迅速蹿升为中国家居市场的明星。而宜家的创始人更是一度被评为世界上的最富有的人。

宜家家居与众不同之处是他所经营的家具不是成品，而是以组件的形式出售，顾客可以自己拿起特殊的工具，DIY自己喜欢的家具，这对于当时DIY成风的欧美市场来说，不啻是一种独创的销售方式。早在1985年，宜家便成功地打入美国市场，当时是在费城郊区设第一家商店，欧美的消费者认为自己动手组装自己中意的家具是一种享受，所以，在弗吉尼亚州的宜家商店开业仅1年左右，销售额就达到4 000万美元。

“全球化营销”和“当地化营销”是成功的跨国公司并行不悖的原则。我们将面临一个被科特勒博士称为“双枝营销”的时代，而且还会持续很久。宜家家居在中国市场的成功除了具备DIY这种对于国人来说比较新奇的销售方式外，更加突显的是宜家所独有的个性和颇具人文关怀的经营理念：更美好的日常生活。宜家旨在提供种类反繁多、美观实用、老百姓买得起的家居用品。

在宜家商场里，家居用品应有尽有：沙发、床、桌子、椅子、纺织品、厨房餐具、地板、地毯、厨房家具、浴室用品、灯具及植物。其目的是让顾客受到灵感启发，与顾客分享创造巧妙设计的好方法、好主意。

在北京所能辐射的河北省的很多地方，那里的人也会被吸引到宜家家居进行采购，“到宜家去！”成了推动唐山、保定、石家庄等周边城市的时尚年轻人去北京的原动力。去宜家买家居用品是和去吃麦当劳，喝星巴克的咖啡作为一种风尚，而超越了简单的购物。

卖场人性化布局的设计也从一个侧面体现了宜家家居人文关怀的一个方面，一个好的卖场布局能够促使顾客走遍每个角落，并能够激发顾客的购买欲望和购买冲动。在北京，宜家家居的15 000平方米的卖场共有3层，各层的功能区分十分醒目，流动的路线设计让逛卖场变得轻松便捷，一层提货，二三层是商品展示区，宜家的商场布置更是显示着其对顾客的重视。IKEA的卖场设计有着其标准规范，进入商场后，地板上有箭头指引顾客按最佳顺序逛完整个商场。主通道旁边为展示区，展示区的深度不会超过4米，以保证顾客不会走太长的距离。展示区按照客厅、饭厅、工作室、卧室、厨房、儿童用品和餐厅的顺序排列。这种顺序是从顾客习惯出发制定的，客厅最为重要、饭厅是人们处理日常事务的地方，家庭办公室紧随其后，卧室是最后一个大型家具区。——这种展示有利于给客户一个装饰效果的整体展示；同时还能够带动顾客的联想空间，关联性的陈列往往能够激发连带购买；这样不仅在顾客得到了超需求的满足，也使宜家赚得钵满盆足。

与其说宜家家居出售的是产品，不如讲宜家卖的是环境，出售的是一种生活方式。而在不同的文化和地域背景下，宜家会做到有的放矢，具体情况具体分析，这正是宜家家居得以在全世界范围风靡的原因所在。例如，在北京，大部分的居民居住空间不似欧美国家那样宽敞，相对比较狭小，无法放置结构复杂而挤占空间大的家居用品，而以小巧美观实用的居家用品为主流。在宜家家居的三层商品展示厅，他们设计了58个家居室的“样板间”，将相关的产品按照功能区分进行有效的组合，并结合整体的色彩、结构、形状及配饰等细节，为顾客创造不同视觉效果而风格迥异的时尚搭配，且展示了一种强烈的平民化的不失本土特色的欧式文化。

对于细节的关注，使得顾客在购物的同时享受到有别于在国内逛建材市场的疲惫和枯燥，一种以人为本的小节设计更是透出在激烈竞争中立于不败的不二法门。

宜家的服务是体贴和自由的，没有推销员在你的耳边喋喋不休，全球180多家的宜家家居都奉以“轻松自在”为销售的至高境界，但不失周到的细节安排，如在货架上放有说明书、记录簿、尺子、铅笔等工具方便顾客自由选用，除非你要求店员帮助，否则宜家的工作人员不会打扰你，真正实现了无干扰购物。

在国内的很多家具商店所不同的是，国内家具店动辄会在一些易脏或是相对比较贵重的沙发或床上标明“贵重物品（白色易脏），请勿试坐”的警告，而在宜家，所有能坐的商品，顾客无一不可坐上去试试感觉。在客流量大的周末，宜家沙发区的长沙发上几乎坐满了人。宜家出售的“桑德伯”沙发、“高利可斯达”餐椅的展示处还特意提示顾客：“请坐上去！感觉一下它是多么舒服！”

宜家总是提醒顾客“多看一眼标签：在标签上您会看到购买指南、保养方法、价格。”如宜家出售的“四季被”的标签上，就这样写着：

"四季被，三被合一，一层是温凉舒适的夏季被，一层是中暖度的春秋被，你也可以把两层放在一起，那就是温暖的冬季被。被芯填料：65%鸭绒，35%鸭毛，被芯外套为100%棉。四季被可在60℃温水中清洗，也可以用干衣机甩干。

如果你不懂怎样挑选地毯，宜家会用漫画的方式告诉你："用这样的方法来挑选我们的地毯"：一是把地毯翻开来看它的背面；二是把地毯展开来看它的里面；三是把地毯折起来看它鼓起来的样子；四是把地毯卷起看它团起来的样子。

（案例来源：《这就是宜家》2015 年 9 月 安德斯·代尔维格）

思考题

1. "宜家"从瑞典引入我国带来了哪些特别的地方？
2. "宜家"对环境的营造对其他企业有哪些提醒？

学习任务一 国际市场营销概述

一、国际市场营销的概念

国际市场营销是指商品和劳务流入一个以上国家的消费者或用户手中的过程。换言之，国际市场营销是一种跨国界的社会和管理过程，是企业通过计划，定价促销和引导，创造产品和价值并在国际市场上进行交换，以满足多国消费者的需要和获取利润的活动。

对国际市场营销这一概念的理解应把握好以下 3 个要点：

（1）国际市场营销是跨国营销活动，只有将产品和劳务销往国外或境外市场才是国际市场营销；

（2）国际市场营销是企业的跨国销售活动管理过程，跨国公司、出口企业等是国际市场营销的主体；

（3）国际市场营销活动是为了满足国外消费者和用户的需求，必须注意产品和劳务的市场适销性。

国际市场营销学是关于跨国企业如何从顾客的需求和欲望出发，有计划、有组织、有目的地将产品、技术、资本和劳务迅速转移到消费者或用户手中，达到顾客的最大满足，以实现企业的利润目标的科学。国际市场营销的基本思想是企业的全部活动必须以国外消费者为中心，以满足国外消费者的需求和欲望为出发点。通过满足国外消费者的需求，吸引更多的顾客和拥有更大的市场占有率，以达到企业的营销目标，并同时兼顾社会公众利益，保护环境，提高社会福利，促进人类的共同发展。

二、开展国际市场营销的重要意义

积极开展国际市场营销，从宏观上和微观上都具有重要的意义。

（一）加速经济建设

世界各国经济、技术发展不平衡，特别是科学技术高度发展的今天，任何一个国家都不可能拥有本国经济所需要的一切资源，更不可能拥有发展需要的所有先进技术。要加速发展本国经济，就需要积极开展国际市场营销，将国内产品打入国际市场，顺利实现产品的价值并获得更多盈利，通过出口创汇，引进先进、科学的技术和设备，加速本国的经济发展。

（二）扩大产品销售

积极开展国际市场营销，为企业开展了营销领域，可以寻求更广泛的市场，扩大企业的产品销售：一是通过销售获得更大的利润回报，二是通过扩大销售来扩大企业的生产规模，降低产品单位成本，获得规模效益。

（三）规避经营风险

积极开展国际市场营销可以在本国经济不景气时，积极开拓国际市场，寻求有利的市场机会，在一定程度上避开国内市场饱和与竞争过度给企业带来的损失。同时，对于跨国公司来说，开展多国的市场营销，可以在全球范围内选择有利的市场机会，保证企业的健康发展。

（四）加速企业成长

积极开展国际市场营销，使企业投身到激烈的国际市场竞争中去，可以磨炼企业的生产发展能力，加快技术进步，提高经营管理水平，从而加速企业成长壮大。对于我国这样一个发展中国家来说，加入世界贸易组织对众多的企业既是压力也是动力，既有挑战又有机会，在我国现代化建设过程中，鼓励国内企业积极开展国际市场营销，参与国际竞争，可以在强手如林的激烈竞争中锻炼企业，在融入世界经济主流的同时从根本上转变我国企业的发展思路，锻造出适应国际竞争环境的新型现代企业。

三、国际营销与国内营销、国际贸易的比较

（一）国际营销与国内营销的比较

国际市场营销与国内营销之间，既有联系，又有区别。联系体现在两者的基本理论、营销观念、营销过程和营销原则等方面具有相通性。区别体现在企业的国际市场营销活动是在本国以外的其他国家进行的。国际市场营销和国内营销相比有以下特点：

1. 营销环境的差异性

由于世界各国的地理位置、资源状况、政治经济制度、法律法规、生产力发展水平及文化背景等方面存在着较大的差别，所以影响国际市场营销的环境与国内市场营销相比也就有了较大的差异，甚至有时大相径庭。这种差异至少带来了双重困难：一方面，由于母国与目标市场国家的环境不同，在国内市场营销中的一些可控因素到了国际市场营销中就可能成为不可控因素；另一方面，由于不同目标国家的环境有差异，所以适应某国环境的市场营销不一定能适应其他国家的环境。

2. 营销系统的复杂性

营销系统是指融入有组织交换活动的各种相互作用、相互影响的参加者、市场、流程或力量的总和。与国内营销系统相比，国际营销系统更加复杂。

3. 营销过程的风险性

由于国际市场营销比国内市场营销更复杂、更多变，因此，国际市场营销的风险要比国内市场营销大得多，这些风险主要包括政治风险、交易风险、运输风险、价格风险、汇率风险等。

4. 市场容量大，竞争激烈

在国际营销中，企业面对更多的国外消费者和来自全球的竞争者，由于各国的地理距离和文化差异等因素，企业又难以及时了解和掌握竞争对手的情况，因此，企业面对的竞争更为激烈。

总之，国际市场营销的上述特点，要求国际市场营销人员甚至是国内市场营销人员要了解世界经济发展变化规律和发展方向，了解各国的文化，具有全球意识。

（二）国际营销与国际贸易的比较

国际贸易是指各国之间的产品和劳务交换，主要着眼于国家的权益，而国际市场营销则是以企业为主体从事的国际市场的商品和劳务的交换活动，主要是以企业利益为基础的生产经营活动。

国际营销与国际贸易虽然都是跨越国界的经营活动，但两者行为主体不同，信息来源不同。国际营销比国际贸易包含的作业流程更宽，它包含引导产品从生产者到消费者手中的全过程，而国际贸易一般只包括其中的国际交换过程；国际营销不仅重视国际交换，而且也重视国际生产与国际消费；国际营销涉及跨越国境的所有方式，而国际贸易只涉及进出口方式；国际营销活动比国际贸易更富有主动性及创造性，是集生产、交换和消费于一身的综合性企业活动，而不仅仅是单纯的贸易活动。

【案例 10-1】

韩国汽车怎样打入美国市场

美国是世界上最大的小轿车市场，而且也是世界利润最高的轿车市场。据分析，日本汽车制造商的利润大部分来自北美市场。不难想象，各国汽车制造商都想打入美国市场。但在过去的几年中，进入美国的汽车商中韩国的现代汽车取得显著的成功。分析原因有以下 3 个有利因素。

1. 时机有利

当前世界贸易保护主义盛行，但由于国与国之间的经济发展不平衡，对一个国家的贸易壁垒可能成为其他国家打入市场的绝好机会。由于日本对美国的汽车出口受到所谓“自愿配额”的限制，出口数量停留在每年 230 万辆上。日本采取了向高档车转移的方针，逐步提高售价。美国的三大汽车商出于最优利润的考虑，采取了保持销量、提高售价的做法。这就使低档小型的经济车的市场出现了缺口。这给韩国汽车提供了打入美国市场的机会。

2. 币值有利

由于韩元对美元是稳定的，比价基本不变。因美元对日元大幅度贬值，韩元对日元也就相对贬值，这就使韩国汽车的美元成本大大低于日本汽车的美元成本。

3. 员工素质有利

美国轿车工业趋向于“夕阳工业”，三大美国汽车商相继关闭多条生产线、解雇工人，新一代有才华的青年都不愿去汽车业谋职，使得工人年龄相对上升，素质相对下降。而韩国的汽车工业正处于上升时期，汽车工人社会地位很高，汽车厂可毫不费力地招到最优秀、最能干的工人，而其工资只是美国汽车工人的十分之一。现在韩国汽车工人的平均年龄只有27岁，比日本的34岁还要年轻7岁。

在自己的产品上，现代汽车采用的并不是当代最先进的汽车技术，而是20世纪80年代初日本三菱汽车公司技术，这一技术在美国市场上已有5年历史，产品可靠、耐用、标准度高，维修非常方便。与之成为对照的日本铃木汽车，采用的是当代最新技术生产的马达，油耗量是轿车问世以来最低的，但其维修难度相应上升，产品成本也相应偏高，而其可靠性、耐久性还是一个问号。

在产品的价格上，现代汽车采用了快速渗透定价策略，比同等级的日本车定价约低1 000美元，被美国汽车界评为“日本技术，韩国价格”。

现代汽车采取了在产品的开发与生产过程中联合，但在销售环节上独立，保证100%的销售控制的市场运作方法。

在渠道上，现代汽车选择了先出口加拿大，后打入美国的迂回路线。加拿大市场与美国市场极为相似，世界主要厂商均在加拿大销售汽车。由于加拿大市场比美国市场小得多，有问题易于发现，也易于及时解决，代价也小得多。现代汽车采取了“少而精”的网点策略，在全美只建立了总共200个经销点，使每个经销点都有较高的销售量，保证了经销商有厚利可图。

现代汽车充分考虑了政治因素，把零部件的采购纳入到整个经营战略中统一考虑，尽可能地采用美国零部件，以保证其产品有较高的“美国成分”。而在加拿大，现代汽车中的“加拿大成分”也是进口国中最高的。现代汽车集团总经理说，我们必须考虑双向贸易。

（案例来源：http：//www.chinadmd.com）

简要评析

从国际市场营销角度来看，韩国汽车之所以能成功地打入美国市场是有其多方面原因的：首先，韩国“现代汽车”把握住了国际市场营销环境造成的市场进入机会，利用日美贸易政策的摩擦和限制以及汇率优势，在美国这一极具市场潜力的国际市场中牢牢地捕捉住了机会，并及时扩大其市场份额，为其国际市场营销成功打下了良好基础。

其次，“现代汽车”充分考虑了美国及加拿大消费者的民族情感和社会价值观念，从政治角度出发处理经济问题，以整车中的“美国成分”和“加拿大成分”的增加为代价，取得了“民心”和异国消费者的“认同感”，从而降低了非经济的社会问题风险，减小了

引起贸易摩擦的因素，降低了跨国营销障碍的“门槛”，改善了国际营销环境。

第三，“现代汽车”在产品策略上采用了稳妥的策略，考虑了外国市场消费者的习惯，采用了已被美国市场认可的技术，同时由于有较高的技术成熟度与可靠性，增加了购买外国车的“安全感”和购后维修服务的便利与可靠感。

第四，在价格策略上，“现代汽车”依靠延伸产品造成的经济批量，采用快速渗透的策略，一方面使捕捉到的国际市场机会得以充分利用，同时增强了自身的市场竞争力，形成独特的目标市场，避免了与美、日高档车的市场碰撞。

第五，在国际营销渠道上，“现代公司”也有两个较为成功之处。一是借道加拿大市场形成市场进入的避难择易，从而避开了直接进入贸易壁垒相对较强的美国市场，又充分利用了加拿大与美国之间贸易联系较紧密、商品流通限制少、转移较为便利的条件；二是在自己营销力量较强的情况下，坚持了对销售环节的全面控制，并且保持了销售中间商的经营规模，从而使“现代汽车”有了较为顺畅、有效的渠道。

韩国现代汽车进入美国市场的成功还在于充分利用了“比较利益”。正因为自身劳动力价格较低且在降低生产成本的同时保证了产品质量，形成资源配置和利用的优势，再加上正确的国际营销策略，所以取得成功也就有其必然性了。

学习任务二　国际市场营销环境

一、政治法律环境

（一）政局的稳定性

政局稳定的国家，企业进入该国市场的政治风险较小。对所谓政治不稳定性的衡量并不存在世界公认的标准，以下特定指标可供分析时参考：①政权更迭率。一国的更迭，往往带来政府政策的变化，造成企业营销的政治环境改变。②暴力事件出现率。一般认为，暴力事件出现是政治不稳定的一个直接信号。③文化分裂。文化分裂是一种由文化因素转化为政治因素的例子。④宗教冲突。宗教信仰的差别是潜在的政治不稳定性指标之一。

（二）对外贸易政策

各国在一定时期内对进出口贸易所实行的政策，由各国对外贸易总政策、进出口政策、国别对外贸易政策及关税政策构成。

实行自由贸易政策的国家，减少或取消对进出口贸易的各种限制、特权和优惠，允许商品自由地输出输入。

实行保护贸易政策的国家，其政府通过各种措施，限制外国商品的进口，鼓励本国商品的出口，以保护国内工农业生产和市场。

（三）政府干预措施

常用的干预措施有：

1. 关税壁垒和贸易壁垒

关税壁垒是利用关税水平的高低来控制国外货物进口类别和数量的一种措施，如使用多栏税则和对倾销、补贴征收反倾销税和反补贴等。贸易壁垒，非关税壁垒，是指除关税以外的一切限制进口与鼓励出口的措施。

2. 贸易壁垒的手段

目前各国常用的贸易壁垒手段有：进口配额制、进口押金进口许可证制、出口信贷外汇管制、信贷国家担保制进出口的国家垄断、出口补贴购买国货法、最低限价。

（四）国家间关系

企业所属国与目标市场国之间关系的好坏，往往直接影响到企业国际市场营销的成败。一个政治上成熟的国家应该与其他国家保持友好关系，并遵守国际法和国际公约。一般而言，从是否参加地方性或国际性组织及是否遵守双边和多边条约可以大概看出一个国家与其他国家关系的状况。国际性组织的会员国间也有相互的关系存在，每一个国际性组织都会影响其会员国的行为。一般而言，一个国家加入国际性组织越多，则其受法律规章的束缚也越大，与其他国家关系也越密切。

（五）产品政治敏感度

在国际市场营销中，有些产品往往容易引起目标市场国政府的特别注意，这就是政治敏锐性。

（六）国际贸易条约和协定

国际市场营销必须符合当事人所在国缔结或参加的有关国际经济贸易方面的条约所做的规定，以及普遍性国际组织所做出的有关国际经济问题的决议。

（七）国际贸易公约

国际贸易公约是指以国际公约的形式规定的一系列国际贸易法规。

二、经济环境

经济环境包括本国、目标市场国和国际的经济形势，经济发展规模、速度、水平，经济制度、体制，参加国际经济组织、国际经济活动的状况，国际经济地位、经济发展阶段、经济结构类型、国家或地区的产业布局和城市（城镇）化程度，以及水利、能源、交通、通信等基础设施状况，消费者收入水平、消费水平、消费方式和消费结构，消费倾向和储蓄倾向，消费者储蓄和信贷状况，货币供应量、币值、外汇储备量、汇率、物价水平、通货膨胀率，外贸和国际收支状况等。一个国家或地区的经济发展规模和水平通常以GDP（或GNP）和人均GDP（或GNP）的统计指标来反映，经济发展速度则通常由这些指标的年增长率来反映。

（一）经济体制

各国的经济体制是企业进行国际市场营销的必须了解的一个重要经济因素，因为它决

定了不同国家经济活动的各个方面。

（二）市场规模

企业在考察进入的国家、地区时，首先要分析其市场的规模和容量。消费者收入水平不但影响市场结构、消费行为，而且更影响一个国家的市场规模和市场潜力。

（三）自然条件

一个国家的自然条件是指自然界的实际状况和潜在的财富，如矿藏和水利资源，以及土地面积、地形和气候。各种自然状况对市场营销活动有着直接或间接的影响。

（四）基础设施

基础设施是分析国际经济环境的重要因素。一般来说，经济发展水平越高的国家，基础设施越完善。

（五）通货膨胀率

由于各国的经济体制、货币体系和货币政策不同，金融环境与通货膨胀也不一样。一般来说，通货膨胀会使实际工资下降，购买力下降，需求也会下降；但有时，消费者往往担心物价继续上涨，纷纷抢购商品，反而刺激了需求，所以进行营销决策时必须具体问题具体分析。

（六）外国投资状况

在分析外国经济环境时，国际营销人员还应了解其他国际投资者在该国的投资状况，了解国际性企业在该市场的数量、投资规模、经营业务的性质和范围等。

三、社会文化环境

（一）语言

语言是人们沟通思想的主要工具，也是一种文化区别于其他文化的最明显标志。企业同国外市场打交道时，常会因为语言障碍而影响到与当地人的思想交流。故了解掌握世界上使用较广的几种主要语言，对于国际市场营销非常重要。

（二）物质文化

一个国家或地区的技术和经济状况构成物质文化，在进入目标市场之前，国际市场营销人员必须首先评估该国的物质文化标准。

（三）价值观念与态度

价值观念与态度不同的文化对于时间、变革、财富、风险等都有不同的价值观念和态度，从而影响人们的消费行为和方式。

（四）社会组织

所谓社会组织是指社会中人与人之间的联系方式。

（五）教育

受教育水平的高低既反映人们的文化素养，也影响他们的消费结构、购买行为和审美观念，从而对企业开展国际市场营销的4个方面——产品策略、定价策略、分销策略和促销策略都有影响。

（六）宗教

宗教信仰直接影响着人们的生活态度、价值观念、风俗习惯和消费行为。企业要进入某一个目标市场国，就必须了解当地的教规，尊重当地人民的宗教信仰，并适当加以利用。

（七）风俗习惯

世界上不同国家的风俗习惯千差万别，甚至在同一国家里，不同地区也有极不相同的习俗，从而对国际市场营销产生不同的影响。

（八）社会阶层

市场营销管理者应该识别不同社会阶层的消费者，以便更好地满足他们的需要。

【案例10-2】

可口可乐在印度收回失地

可口可乐两度被"轰走"

印度人口众多，消费潜力巨大，一直以来都是可口可乐公司的主攻目标。但自从20世纪70年代进入印度市场以来，可口可乐曾有过两次被"赶出"印度的尴尬经历。1974年，印度政府颁布了《外汇管制法》，规定外资在合资企业中所持股份额不得超过40%，超过比例的必须限期让出股份。不满此项规定的可口可乐与IBM联手退出了印度市场。几年后，挡不住印度庞大市场的诱惑，可口可乐再度登陆印度，逐渐在印度软饮料市场上占据优势。可惜好景不长，1977年，时任人民党政府要求可口可乐公司公开配方秘密，转让生产技术，此举招来可口可乐的抗议，当时的印度工业部长、现任国防部长的费尔南德斯以保护民族工业为由，将可口可乐赶出了印度。

百事可乐成霸主

尽管两度受挫，但可口可乐毫不动摇开拓印度市场的决心。等印度实施经济改革政策后，可口可乐于1993年第三次重返印度市场，但却发现此时的印度饮料市场已是"老对手"——百事可乐的天下。自可口可乐第二次撤离后，百事可乐抓住空当，迅速杀进了印度市场。有了前车之鉴，百事可乐采取了4条措施，包括与当地集团组成合营企业，让当地伙伴游说政府；帮助印度出口农产品，使其出口额大于进口软饮料浓缩液的成本；承诺不仅将在主要城市销售，而且尽最大努力销往乡村地区；公开食品包装、加工和掺水等新技术。百事可乐因此迅速确立了霸主地位。

可口可乐毕竟是全球软饮料的"龙头老大"，为收复失地，近年来可口可乐公司对印度市场着实下了苦功。据印度官方资料显示，1991~2002年，美国对印度投资最多，占印度引进外资的21.38%，而其中可口可乐直接投资额达6.94亿美元，是所有美国公司中对印投资最多的。古普塔透露，可口可乐印度公司未来还将引进30条新的生产线，将印度可口可乐年人均消费量从目前的7升增加到14升。

让农民喝得起可乐2002年，可口可乐印度公司曾在一项市场调研报告中认为，印度

80%的人居住在农村，但他们全年饮料消费份额目前只占27%，随着经济的不断发展，印度农村无疑有着十分广阔的拓展空间。为让农民喝得起可乐，可口可乐公司不断在降低成本上下功夫，去年针对农村市场推出了可回收的200毫升玻璃瓶装可乐，销售量一下增加了50%。目前，可口可乐在印度的销售网络已超过3500个村镇，销售点发展到90万个。

虽然软饮料仍是可口可乐的核心产业，但他们又开发了茶叶、纯净水、咖啡、果汁及其他饮料作为新的增长点，以迎合不同消费群体，尤其是年轻人的口味。

请印度明星做广告

在印度饮料市场竞争呈现白热化的情况下，可口可乐印度公司近年来不断推出新的措施，加强对企业的科学管理。可口可乐印度公司与分布在世界各地的大多数分公司不同，可乐瓶由当地不同厂商提供，这导致系统无法兼容，而且生产厂家间缺乏沟通。2000年，可口可乐与萨普等印度IT公司合作，耗资近千万美元，全面完善包括硬件、软件和连通能力在内的公司主要IT基础设施，用网络技术优化企业生产管理，整合印度各地的子公司。

可口可乐印度公司一直将广告促销放在战略高度，从赞助印度人人爱看的板球比赛，到重金邀请印度宝莱坞影视巨星做形象代言人，公司每年都投入巨资以各种形式进行大张旗鼓的广告宣传。尽管由于广告费用过高，可口可乐印度公司2001年亏损了1.38亿美元，但他们继续在广告战中与百事可乐比着“烧钱”，并把在印度家喻户晓的前世界小姐阿什瓦娅·蕾、当红小生阿米尔·汗等都聘到可口可乐的宣传大战中，吸引了众多年轻消费者的眼球。这些措施在很大程度上改变了可口可乐在印度消费者印象中“严肃有余，活泼不足”的旧形象。

（案例来源：中国经济网）

学习任务三　国际市场营销的进入方式

一旦企业决定进入某个国家市场，接下来应该选择最合适的进入方式。进入国际市场的方式是指企业对进入外国市场的产品、技术、技能、管理诀窍或其他资源进行系统的规划。

一、出口进入方式

出口进入方式是企业进入国际市场最简单易行的方式。企业通过出口方式一方面可以实现国内集中生产而在若干国家分散销售，以实规模经营目的；另一方面，通过出口方式来逐步向国际市场渗透，积累国际市场营销经验。

出口进入方式又包括：间接出口——通过国内中间商进行产品出口；直接出口——通过国外中介机构出口或自己经营出口

（一）间接出口

（1）中间商熟悉国外市场条件，有助于将企业的产品销往国外市场。

（2）所需投资较少，不必组织自己的海外推销队伍，不必自己签订出口合同。

国内出口中间商有 4 种类型：

①国内出口商。这种中间商购买制造商的产品，自行向国外销售。

②国内的出口代理商。出口代理商负责寻找国外的销售机会，并代表制造商参与。

③合作机构。由一个代表数家制造商并部分地受其管理和控制的经济组织。

④出口经营公司。这种中间商负责经营一个公司的出口业务，收取费用。

（3）所承担的风险较小。

（二）直接出口

（1）企业自己的销售机构（国外销售分支机构）。

（2）独立分销商与销售分支机构。

出口进入模式的优点：资本投入少；可以帮助企业实现区位优势和规模经济优势；是获取出口经验的有效途径；具有高度的灵活性。

出口进入模式的缺点：关税与非关税壁垒可能导致出口产品失去与当地产品的竞争优势；高额运输成本；产品到达当地市场的时间过长；难以保持对当地代理商和当地视察需求的监制。

二、合同进入方式

国际营销企业和目标国家的企业之间在转让技术、工艺、经营方式等方面订立长期的非投资性合同，转让方由此进入接受方市场。

（一）许可证贸易

企业在一定时限内将其工业产权（专利、技术或商标）的使用权转移给国外另一家企业，并得到许可费或其他补偿。

优点：通过许可证贸易进入国际市场，许可方无须在国际上进行生产和市场营销方面的投资，可降低费用；同时，由于许可证接受方不仅负责生产，还负责营销，这样进行国际市场营销的企业风险就小得多。

缺点：企业对国际市场营销活动控制力减弱；企业获利较少；有可能培养了潜在的竞争对手。为扬长避短，企业应通过创新，不断推出新技术，以保证自己的相对优势。

（二）特许经营

企业在一定时限内将其工业产权（专利、技术或商标）的使用权和经营模式授权给国外另一家企业，并收取许可费。同时提供企业管理、市场运作等方面的建议和支持。

优点：借助特性经营者在不同市场建立销售网点，提高企业品牌的影响力和产品销售额；测试外国市场，降低海外投资的风险。

缺点：对被特许方的控制和指导能力有限，易导致失败。

采用特许经营者必须具备 4 个条件：①产品、服务得到广泛认可；②具有特色；③特

许的过程和系统易学并能很快投入运营；④边际利润要能满足双方的投资收益标准。

三、投资进入方式

企业用股份控制的方式，直接参与海外企业的生产或服务业的经营。

(一) 合资进入

与目标国家的企业联合投资共同经营共同分享股权以及管理权公担风险。

优点：

(1) 合资进入由于由当地人参与了股权和经营管理，所以更容易被东道国接受；

(2) 有利于开拓国际市场；

(3) 可以避免东道国政府没收征用外资的风险还可以享受某些优惠政策。

缺点：

(1) 有碍于进行跨国经营的公司执行全球统一协调战略；

(2) 合资企业难以保护好双方的技术秘密和商业秘密。

(二) 独资进入

独资进入是指企业独自到目标国家去投资建厂进行产销活动。

优点：

(1) 保持在东道国市场的竞争力；

(2) 内部的矛盾和冲突比较少；

(3) 避免利益分配问题。

缺点：

(1) 投入资金多；

(2) 可能遇到较大的政治与经济风险。

国际化是大势所趋，但选择何种进入方式——出口进入、合同进入还是投资进入，一句话：是风险和收益的权衡。不能仅仅是为了国际化而国际化，而必须从市场经济的原则出发考虑一系列问题。

学习任务四 国际市场营销组合策略

一、国际市场营销的产品策略

企业制定经营战略时，首先要明确企业能提供什么样的产品和服务去满足消费者的要求，也就是要解决产品策略问题。它是市场营销组合策略的基础，从一定意义上讲，企业成功与发展的关键在于产品满足消费者的需求的程度及产品策略正确与否。

国际营销面临的首要问题：采取标准化的产品策略，还是采取差异化的产品策略。跨国经营的公司必须做出的决策，标准化和定制化产品策略，哪种更适合海外市场。

（一）国际产品的标准化策略

国际产品的标准化策略是指企业向不同国家或地区的市场都提供相同的产品。选择产品标准化策略，需要满足一定的条件：有共同的产品需求；有规模经济效益；市场竞争不激烈；能大幅度降低成本。

产品标准化策略可使企业实行规模经济，大幅度降低产品研究、开发、生产、销售等各个环节的成本而提高利润；在全球范围内标准化产品有利于树立产品在世界上的统一形象，强化企业的声誉有助于消费者对企业产品的识别，从而使企业产品在全球享有较高的知名度；产品标准化还可使企业对全球营销进行有效的控制。

（二）国际产品的差异化策略

国际产品的差异化策略是指企业向世界范围内不同国家和地区的市场提供不同产品，以适应不同国家或地区市场的特殊需求。

从国家消费者需求个性角度来生产和销售产品，能更好地满足个性需求，有利于开拓国际市场，也有利于树立企业良好的国际形象，是企业开展国际市场营销的主流产品策略。然而，产品差异化策略对企业也提出了更高的要求。首先是要鉴别各个目标市场国家消费者的需求特征，这对企业的市场调研能力提出了要求；其次是要针对不同的国际市场开发设计不同的产品，要求企业的研究开发能力跟上；最后是企业生产和销售的产品种类增加，其生产成本及营销费用将高于标准化产品，企业的管理难度也将加大。

二、国际营销的价格策略

价格是市场营销组合的一个重要因素。在国际市场竞争中，价格是最为常用和最为敏感的竞争手段之一。同时，企业产品价格的高低直接影响企业的经济效益。由于企业在国际市场面临的营销环境更为复杂，国际市场产品定价比国内市场产品定价也更加复杂。因此，企业必须花大力气去研究国际营销中的定价策略。

鉴于国际市场定价的复杂性，企业在考虑不同定价目标，以及影响定价因素的情况下，可采取不同定价策略。

在国际市场营销活动中，对于同一种产品的价格，是在世界各国市场上保持一致，还是针对各国的不同情况而不同，不同的企业有不同的选择。

（一）统一价格

统一价格是指跨国企业的同一产品在国际市场上采用同一价格。这里的“同一价格”，可理解为母公司与各国子公司的同一产品出厂价折合为同额的母国货币或同额的可兑换货币。例如，某一跨国企业在美国生产的产品的出厂价为每件200美元，若采用统一价格，则在中国和日本子公司生产同一产品的出厂价是与美元的市场汇价相等的人民币和日元。

统一定价的好处是：简单易行，企业不需要调查掌握市场竞争等信息，有利于企业和产品在各国市场上保持一致的形象，有利于节约营销成本，同时便于企业总部对整个营销活动的控制，可减少企业内部产品竞争带来的麻烦。

统一定价的缺点是：汇率是波动的，因此确定统一价格比较困难；各个子公司生产的

产品出口到其他国家时，因各国的税种、税制、中间商毛利水平等不一致，就会使最终价格产生实质性的差异，难于实现统一价格的目标；因各国的需求水平、生产成本和竞争程度等都不相同，因而统一价格在某些国家可能会缺乏竞争力而失去获取最大利润的机会。

总之，跨国企业较少采用统一价格的策略，只有当产品的竞争力强且竞争地位稳定，或所生产的产品是新产品，或不通过任何中间环节直接销售产品时，企业可能采用这一策略。

（二）差别定价

差别定价是指跨国企业允许其国外子公司的同一产品制定不同价格的策略。采用这一策略时，跨国企业对国外子公司的定价不加以干预，不提出硬性的规定，各个子公司可以根据当地当时市场的情况自行做出价格决策。

差别定价的优点是：体现了各国市场的差异性，因为受历史、文化、经济发展水平、国内资源、政府政策等因素的影响，各国的生产成本、竞争状况、分销渠道及分销成本、供求、产品生命周期及税收等都不一样，企业根据差别制定不同的价格，有利于实现利润最大化，有利于兼顾各个子公司的利益。各个子公司自主定价，就能按预定的目标实现自己应得的利益。例如，在成本较低的国家定低价，而在成本高的国家定高价是合情合理的，但如果以统一价格进行控制，就会出现低成本高价格或高成本低价格的不合理现象，最终将失去应得的利润或者是市场。

差别定价的缺点是：可能会导致平行输入。例如，英国潘多拉公司在本国市场以较低的价格销售产品，而美国子公司的同一产品则以高价出售，结果，英国中间商把产品运到美国市场，即使扣除运费、税收和中间商毛利，美国零售商从英国进口潘多拉产品，仍可低于美国子公司 15%~20%的价格进行销售。这种跨国企业内部的价格竞争，不但给相关的子公司带来困难，也损害了跨国公司的整体形象和利益。不过，从众多企业的营销实践上看，大多数都采用差别定价策略。

（三）协调定价

协调定价是指跨国企业对同一产品既不采用同一价格，也不完全放手让各个子公司独立定价的策略。采用这一策略的目标是为了利用统一定价与差别定价的优点，克服其缺点，以跨国企业的价格政策协调各个子公司的定价行为，对同一产品的定价既有计划性又有灵活性，以维护跨国企业的整体利益和各个子公司的特殊利益。这一策略允许多个子公司根据当地的收入水平、生产成本和竞争状况等进行灵活定价，以便提高产品的竞争能力。有时企业会要求某些子公司贯彻总部的政策，如在某国市场实行低价渗透，以便开拓和长期占有该国市场，而在另一国家市场实行高价撇脂，以便在短期内占有这一特殊市场，待该国这一产业成熟后再降低价格或撤出市场。

三、营销渠道策略

（一）国际分销渠道的选择

1. 国际分销渠道的长度

国际分销渠道的长度是指产品或服务从生产者到最终用户或消费者，所经过的渠道层次数。其包括3个环节：一是出口国的分销渠道；二是国与国之间的分销渠道；三是东道国国内的分销渠道。

＊（1）国际市场直接分销渠道与间接分销渠道

国际市场直接分销渠道，是指产品在从生产者流向国外最终消费者或用户的过程中，不经过任何中间商，而由生产者将其产品直接销售给国内出口商、国外消费者或用户。有以下几种方式和途径：

①市场企业直接接受国外用户订货，按购货合同或协议书销售

②生产企业派推销员到国际市场作个别访问，上门推销。

③生产企业在本国开设出口部，或在国外设立分支机构，现货销售，或接受国外客户的订货

④生产企业参加国内外商品博览会、展销会、交易会、订货会等，在会议期间直接与国外客户签订合同。

⑤采取邮购方式，直接将产品销售给国外最终用户或消费者。

⑥生产企业通过电视、电话、计算机网络、电报、传真等，将产品直接销售给最终用户或消费者。

⑦生产企业直接将产品销售给国内出口商，再由国内出口商将产品销售到国外。

国际市场间接分销，是指产品经由国外中间商销售给国际市场最终用户或消费者的一种分销形式，制造商→出口中间商→进口中间商→经销商→最终消费者。

（2）国际市场长分销渠道与短分销渠道

2. 国际分销渠道的宽度

它是指渠道的各个层次中所使用的中间商的数量。其包括广泛分销策略，选择性分销策略，独家分销策略。

3. 影响企业选择国际分销渠道的因素

（1）成本：包括开发渠道的投资成本和维持渠道的持续成本；

（2）资金：建立分销渠道的资本要求；

（3）控制：指企业对分销渠道的控制的程度；

（4）覆盖：渠道的市场覆盖面，是指企业通过一定的分销渠道所能达到或影响的市场；

（5）特征：包括自身的企业特征、产品特征以及东道国的市场特征、环境特征等；

（6）连续性：保持渠道的连续性是营销者一项重要任务。

（二）国际中间商的类型

1. 国内中间商

根据国内中间商是否拥有商品所有权可将它分为两类：出口商和出口代理商。凡对出口商品拥有所有权的，称为出口商；凡接受委托，以委托人的身份买卖货物而非拥有商品所有权的，称为出口代理商。

2. 国外中间商

国外中间商也可根据其是否拥有商品的所有权，分为进口经销商和进口代理商。进口

经销商主要类型有：进口商，经销商，批发商和零售商等。进口代理商主要类型有：经纪人，融资经纪商，制造商代理人，经营代理商

3. 制造商设立的国外分支机构

制造商设立的国外分支有国外销售办事处和国外销售分公司。

四、国际市场营销的促销策略

（一）国际人员销售策略

人员销售是指企业派出或委托推销人员，向国际市场顾客和潜在顾客面对面地宣传产品，促进顾客购买。其特点是信息传递的双向性、推销目的的双重、推销过程的灵活性、利于建立长期供销关系。而目前国际市场上人员销售的类型主要有4种，一是企业经常性派出的外销人员或跨国公司的销售人员，二是企业临时派出的有特殊任务的推销人员和售后服务人员，三是企业在国外有分支机构的推销人员，四是利用国际市场的代理商和经销商进行推销。

国际推销人员来源于本国公司、目标市场所在国或第三国。对于这些销售人员的培训也是多方面的。例如，企业资料、产品知识、技术知识、市场情况、竞争对手情况、推销技巧、必要的法律知识和商务知识等。而对国际推销人员评估也有许多种，大致为横向比较，纵向比较，对推销人员的工作态度、品行、素质等进行评价，评估时要考虑目标市场的特点以及不同社会文化因素等的影响。

（二）国际广告策略

所谓国际广告策略，就是指国际广告的信息传播策略。由于国际广告活动是在国际市场范围内展开的，它必须要解决的一个重要问题就是如何以有效的策略执行并实施广告信息的传播。国际广告策略有一体化策略和本土化策略。

制定国际广告策略，首先必须有一个具体的广告目标。广告目标总的来说，一是通过广告在公众中树立企业或产品的良好形象；二是引起和刺激公众对本企业产品的兴趣并导致购买。当然，最终的目标是为了盈利。

但国际广告要实现其目标，必须使广告能适应目标市场所在国的各类环境因素，在此基础上选择广告的方式和广告的媒体。从事国际化经营的企业都面临着国际广告标准化或差异化的选择。

1. 标准化广告

标准化广告是指在世界各地以同一种广告促销。

采用标准化广告策略，可以降低企业广告促销活动的成本；充分发挥企业人、财、物的整体效益；易于与企业营销总目标保持一致并以统一的整体形象传递给目标市场国，从而增强消费者对企业及产品的印象。但是，国际广告标准化也有其不尽人意之处，其中最主要的是没考虑到各国市场的特殊性，特别是在特殊性成为矛盾的主要方面时，标准化的策略更显得力不从心。

2. 差异化广告

差异化广告是指在不同的国家以不同的广告促销。

国际广告差异化策略的主要优点在于，适应不同文化背景的消费者的需求；利于克服当地市场的进入障碍；针对性较强。其缺点是企业总部对各国市场的广告宣传控制较差，甚至出现相互矛盾，影响企业形象。

总之，无论是选择标准化还是差异化广告策略，其目的都在于将有关信息传递给消费者，使消费者理解及接受这些信息，促进企业产品的销售。

广告内容的设计是一项较为复杂的工作，既要有科学性，又要有艺术性，而且必须与广告目标紧密相连，为实现广告目标服务。设计一则成功的广告，要求广告设计者具有较高的创造力和想象力。广告设计还必须考虑 3 个因素：一是所推销的产品在不同国家有不同的需示。二是不同国家消费者特点，如价值观、风俗习惯等不同。三是广告对不同国家有关法律的适应。

（三）国际公关策略

国际公共关系通常是指这样一类公共关系活动，即一个组织在本国以外地区所进行的公共关系活动，或对国外有着显著影响的公共关系工作。一般来说，国际公共关系分企业国际公共关系和政府国际公共关系两种。其活动方式有新闻和记者招待会，公益服务活动，书面、视听资料，建立企业的统一标识，电话咨询服务，参加及组织联谊活动等。

（四）国际营业推广策略

国际营业推广是人员推销、广告和公共关系以外的能刺激需求、扩大销售的多种。营业推广的特点是促销效果明显、辅助性促销方式、不宜长期使用。其方式对于消费者市场与中间商的不同有划分开来。对于消费者市场而言，营业推广的方式有赠送样品、代价券、包装兑现、廉价包装等；对于中间商来说，则可以用购买折扣、资助、推销奖金的方式。

小 结

（1）国际市场营销是一种跨国界的社会和管理过程，是企业通过计划，定价促销和引导，创造产品和价值并在国际市场上进行交换，以满足多国消费者的需要和获取利润的活动。

（2）国际市场营销环境主要包括政治法律环境、经济环境和社会文化环境。

（3）国际市场营销进入方式有出口进入方式、合同进入方式和投资进入方式。

（4）国际市场营销组合策略有产品策略、价格策略、渠道策略和促销策略。

同步测试

一、思考练习题

1. 什么是国际市场营销，它有哪些特点？
2. 简述国际营销与国内营销、国际营销与国际贸易之间的差别。
3. 国际市场营销的进入方式有哪些？

二、案例分析题

继1997年底八佰伴及1998年中大丸百货公司在香港相继停业后，2000年9月18日，世界第二大超市集团“家乐福”位于香港杏花村、荃湾、屯门及元朗的4所大型超市全部停业，撤离香港。

法资家乐福集团，在全球共有5200多间分店，遍布26个国家及地区，全球的年销售额达363亿美元，盈利达7.6亿美元，员工逾24万人。家乐福在我国的台湾、深圳、北京、上海的大型连锁超市，生意均蒸蒸日上，为何独独兵败香港？

家乐福声明其停业原因，是由于香港市场竞争激烈，又难以在香港觅得合适的地方开办大型超级市场，短期内难以在市场争取到足够占有率。家乐福倒闭的责任可从两个方面来分析：

1. 从它自身来看

第一，家乐福的“一站式购物”（让顾客一次购足所需物品）不适合香港地窄人稠的购物环境。家乐福的购物理念建基于地方宽敞，与香港寸土寸金的社会环境背道而驰，显然资源运用不当。这一点反映了家乐福在适应香港社会环境方面的不足和欠缺。

第二，家乐福在香港没有物业，而本身需要数万至10万方英尺（1英尺等于0.305米）的面积经营，背负庞大租金的包袱，同时受租约限制，做成声势时租约已满，竞争对手觊觎它的铺位，会以更高租金夺取；家乐福原先的优势是货品包罗万象，但对手迅速模仿，这项优势也逐渐失去。除了已开的4间分店外，家乐福还在将军澳新都城和马鞍山新港城中心租用了逾30万平方英尺的楼面，却一直未能开业，这也给它带来沉重的经济负担。

第三，家乐福在中国台湾有20家分店，能够形成配送规模，但在香港只有4家分店，直接导致配送的成本相对高昂。在进军香港期间，它还与供货商发生了一些争执，几乎诉诸法律。

2. 从外部来看

第一是在1996年它进军中国香港的时候，正好遇上香港历史上租金最贵时期，经营成本高昂，这对于以低价取胜的家乐福来说，是一个沉重的压力，并且在这期间又不幸遭遇亚洲金融风暴，香港经济也大受打击，家乐福受这几年通货紧缩影响，一直无盈利。

第二是由于香港本地超市集团百佳、惠康、华润、苹果速销等掀起的减价战，给家乐福的经营以重创。作为国际知名的超市集团，家乐福设有主动参加这场长达两年的减价大战，但几家本地超市集团的竞相削价，终于使家乐福难以承受，在进军香港的中途铩羽而归。

（案例来源：《家乐福神话》2014 年 6 月）

思考题

1. 你认为家乐福败走香港的真正原因何在？
2. 你认为世界零售业“巨无霸”打入中国以后，中国本土零售商能与之决一雌雄吗？
3. 家乐福败走中国香港对中国大陆零售业发展有何启示？
4. “入世”后中国大陆零售业如何制定与世界零售业巨头的竞争策略？

宝马汽车公司的营销组合

宝马汽车公司位于德国南部的巴伐利亚州。宝马公司拥有 16 座制造工厂、10 万余名员工。公司汽车年产量 100 万辆，并且生产飞机引擎和摩托车。宝马集团（宝马汽车和宝马机车加上宝马控股的路华与越野路华公司，以及从事飞机引擎制造的宝马—劳斯莱斯公司）1994 年的总产值在全欧洲排第七，营业额排第五，成为全球十大交通运输工具生产厂商。

汽车工业自形成以来，一直稳定发展，现已成为全球最重要、规模最大的工业部门之一。但是，20 世纪 80 年代中期，美国国内汽车市场趋于饱和，竞争非常激烈，汽车行业出现不景气；90 年代之后，日本、欧洲等国家的汽车制造业都发展缓慢，全球汽车行业进入了调整阶段。汽车行业需要新的经济增长点。而此时亚洲经济正以惊人的速度发展，被喻为“四小龙”的新加坡、中国香港和中国台湾、韩国的人均收入水平已接近中等发达国家水平。此外，中国、泰国、印尼等国的具有汽车购买能力的中产阶级的数量正飞速增长。世界汽车巨头都虎视着亚洲，尤其是东亚这块世界汽车业最后争夺的市场。宝马公司也将目标定向了亚洲。

1. 产品策略

宝马公司试图吸引新一代寻求经济和社会地位成功的亚洲商人。宝马的产品定位是：最完美的驾驶工具。宝马要传递给顾客创新、动力、美感的品牌魅力。这个诉求的三大支持是：设计、动力和科技。公司的所有促销活动都以这个定位为主题，并在上述三者中选取至少一项作为支持。每个要素的宣传都要考虑到宝马的顾客群，要使顾客感觉到宝马是“成功的新象征”。要实现这一目标，宝马公司欲采取两种手段：一是区别旧与新，使宝马从其他品牌中脱颖而出；二是明确哪些期望宝马成为自己成功和地位象征的车主有哪些需求，并去满足它。

宝马汽车种类繁多，分别以不同系列来设定。在亚洲地区，宝马公司根据亚洲顾客的需求，着重推销宝马三系列、宝马五系列、宝马七系列、宝马八系列。这几个车型的共同特点是：节能。

（1）宝马三系列。三系列原为中高级小型车，新三系列有三种车体变化：四门房车、双座跑车、敞篷车和三门小型车，共有 7 种引擎。车内空间宽敞舒适。

（2）宝马五系列。备有强力引擎的中型房车五系列是宝马的新发明。五系列除了在外形上比三系列大，它们的灵敏度是相似的。拥有两种车体设计的五系列配有从 1800 马力

到4000马力的引擎，4个、6个或8个汽缸。五系列提供多样化的车型，足以满足人们对各类大小汽车的所有需求。

(3) 宝马七系列。七系列于1994年9月进军亚洲，无论从外观或内部看都属于宝马大型车等级。七系列房车的特点包括了优良品质、舒适与创新设计，已成为宝马汽车的象征。七系列除了有基本车体以外，还有加长车型可供选择。

(4) 宝马八系列。八系列延续了宝马优质跑车的传统，造型独特、优雅。

2. 定价策略

宝马的目标在追求成功的高价政策，以高于其他大众车的价格出现。宝马公司认为宝马制订高价策略是因为：高价也就意味着宝马汽车的高品质，高价也意味着宝马品牌的地位和声望，高价表示了宝马品牌与竞争品牌相比具有的专用性和独特性，高价更显示出车主的社会成就。总之，宝马的高价策略是以公司拥有的优于其他厂商品牌的优质产品和完善的服务特性，以及宝马品牌象征的价值为基础的。宝马汽车的价格比同类汽车一般要高出10%~20%。

3. 渠道策略

宝马公司早在1985年就在新加坡成立了亚太地区，负责新加坡、韩国、中国香港特别行政区和中国台湾等分支机构的销售事务。

在销售方式上，宝马公司采取直销的方式。宝马是独特、个性化且技术领先的品牌，宝马锁定的顾客并非是大众化汽车市场，因此，必须采用细致的、个性化的手段，用直接、有效的方式把信息传递给顾客。直销是最能符合这种需要的销售方式。宝马公司在亚洲共有3000多名直销人员，由他们直接创造宝马的销售奇迹。

宝马在亚洲直销的两个主要目标是：一是要有能力面对不确定的目标市场；二是要能把信息成功地传递给目标顾客。这些目标单靠传统的广告方式难以奏效。直销要实现的其他目标还有：加强宝马与顾客的沟通，使宝马成为和顾客距离最近的一个成功企业；利用与顾客的交谈，和顾客建立长期稳定的关系；公司的财务状况、销售状况、售后服务、零件配备情况都要与顾客及其他企业外部相通者沟通；利用已有的宝马顾客的口碑，传递宝马的信息，树立宝马的品牌形象；利用现有的顾客信息资料，建立起公司内部营销信息系统。宝马还把销售努力重点放在提供良好服务和保证零配件供应上。对新开辟的营销区域，在没开展销售活动之前，便先设立服务机构，以建立起一支可靠的销售支持渠道。

4. 促销策略

宝马公司的促销策略并不急功近利地以销售量的提高为目的，而是考虑到促销活动一定要达到如下目标：成功地把宝马的品位融入潜在顾客中；加强顾客与宝马之间的感情连接；在宝马的整体形象的基础上，完善宝马产品与服务的组合；向顾客提供详尽的产品信息。最终，通过各种促销方式使宝马能够有和顾客直接接触的机会，相互沟通信息，树立起良好的品牌形象。

宝马公司考虑到当今的消费者面对着无数的广告和商业信息，为了有效地使信息传递给目标顾客，宝马采用了多种促销方式。所采用的促销方式包括：广告、直销、公共关系活动。

（1）广告。宝马公司认为：当今社会越来越多的媒体具备超越国际的影响力，因而要使广告所传达的信息能够一致是绝对必要的。宝马为亚洲地区制订了一套广告计划，保证在亚洲各国通过广告宣传的宝马品牌形象是统一的。同时这套广告计划要通过集团总部的审查，以保证与公司在欧美地区的广告宣传没有冲突。宝马公司凭借了香港特别行政区、新加坡等地的电视、报纸、杂志等多种广告媒体开展广告宣传活动。这些活动主要分为两个阶段：第一阶段主要是告知消费者宝马是第一高级豪华车品牌，同时介绍宝马公司的成就和成功经验；第二阶段宝马用第七系列作为主要的宣传产品，强调宝马的设计、安全、舒适和全方位的售后服务。

（2）公关活动。广告的一大缺陷是不能与目标顾客进行直接的接触，而公关活动能够达到这一目的。宝马公司在亚洲主要举办宝马国际高尔夫金杯赛和宝马汽车鉴赏巡礼两个公关活动。S马国际金杯赛是当时全球业余高尔夫球赛中规模最大的。这项赛事的目的是促使宝马汽车与自己的目标市场进行沟通，这是因为高尔夫球历来被认为是绅士运动，即喜欢高尔夫球的人，尤其是业余爱好者多数是较高收入和较高社会地位的人士，而这些人正是宝马汽车的目标市场。宝马汽车鉴赏巡礼活动的目的是在特定的环境里，即在高级的展览中心陈列展示宝马汽车，把宝马的基本特性、动力、创新和美感以及它的高贵、优雅的品牌形象展示给消费者，并强化这种印象。此外，宝马公司还定期举行新闻记者招待会，在电视和电台的节目中与顾客代表和汽车专家共同探讨宝马车的功能，让潜在顾客试开宝马车，这些活动也加强了宝马与顾客的沟通。

（案例来源：《宝马中国慢跑》2013 年 5 月　马吉英）

思考题

1. 你认为企业设计营销组合策略的步骤是什么？
2. 宝马公司的营销组合策略是如何组织成一个有机统一的？

参考文献

[1] [美] 菲利普·科特勒．市场营销：原理与实践[M].16 版．北京：中国人民大学出版社，2015.

[2] 李文国，杜琳．市场营销[M]．北京：清华大学出版社，2012.

[3] 陆克斌．市场营销[M]．上海：上海财经大学出版社，2012.

[4] 郭国庆．市场营销学[M].2 版．北京：中国人民大学出版社，2014.

[5] 李兵．孙子兵法与市场营销[M]．北京：北京大学出版社，2015.

[6] 杨勇．市场营销策划[M]．北京：北京大学出版社，2014.

[7] 赵铁．市场营销[M].2 版．北京：清华大学出版社，2014.

[8] 曾艳．市场营销[M]．北京：水利水电出版社，2012.

[9] 王吉方．市场营销[M]．北京：机械工业出版社，2010.

[10] 易正伟．市场营销[M].3 版．大连：大连理工大学出版社，2012.

[11] 张蕾．市场营销——基本理论与案例分析[M].3 版．北京：中国人民大学出版社，2012.

[12] 杨勇，陈建萍．市场营销[M].2 版．北京：中国人民大学出版社，2015.

[13] 勾殿红．市场营销[M].2 版．北京：中国人民大学出版社，2014.

[14] 梁惠琼，余远坤．市场营销[M]．北京：清华大学出版社，2010.

[15] 彭于寿．市场营销案例分析教程[M]．北京：北京大学出版社，2015.

[16] 王天春．市场营销案例分析[M].2 版．大连：东北财经大学出版社，2013.

[17] 张荣．市场营销案例集[M]．杭州：浙江大学出版社，2014.

[18] 江明华，李季．中国企业市场营销案例[M]．北京：化学工业出版社，2012.